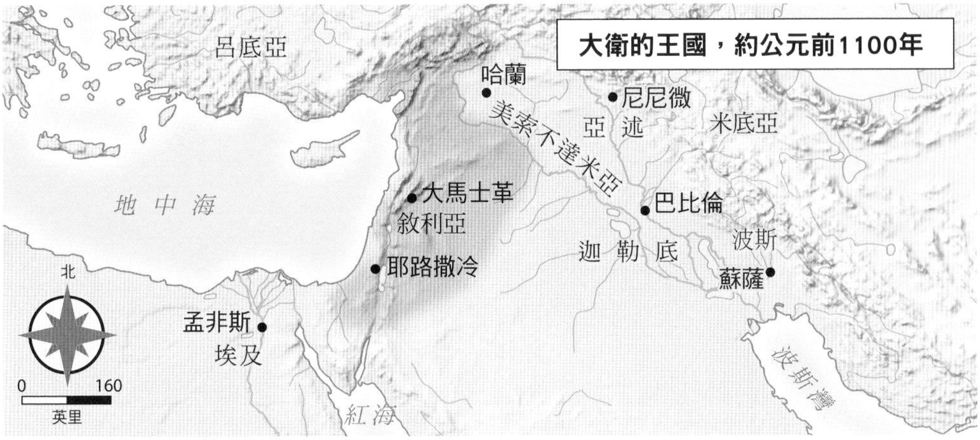

地圖一　大衛的王國，約公元前 1100 年

古代以色列人的第二任國王大衛王，將原本只是一些部落群集成的小領土，擴大為一個可觀的王國。對錫安主義者而言，在中東建立猶太國家，就是實現猶太人長久以來返回故土的夢想。19 世紀晚期的政治錫安主義將這個夢想轉變為政治運動，但是這個願景本身比現代錫安主義早了數千年。詳見第二章〈故土的某一處〉。

地圖二　鄂圖曼巴勒斯坦的猶太城鎮與村落，1914 年

政治錫安主義在 19 世紀末期啟動後，猶太人真正開始移居巴勒斯坦。當時控制巴勒斯坦的鄂圖曼人試圖限制猶太人移民。然而，仍有許多猶太聚落在當時與 20 世紀建立起來。其中有些後來成為集體社區基布茲（kibbutz，錫安主義涉入社會主義的象徵），有些則成為現代化的歐式都會中心，如特拉維夫。詳見第四章〈從夢想到實現的微光〉。

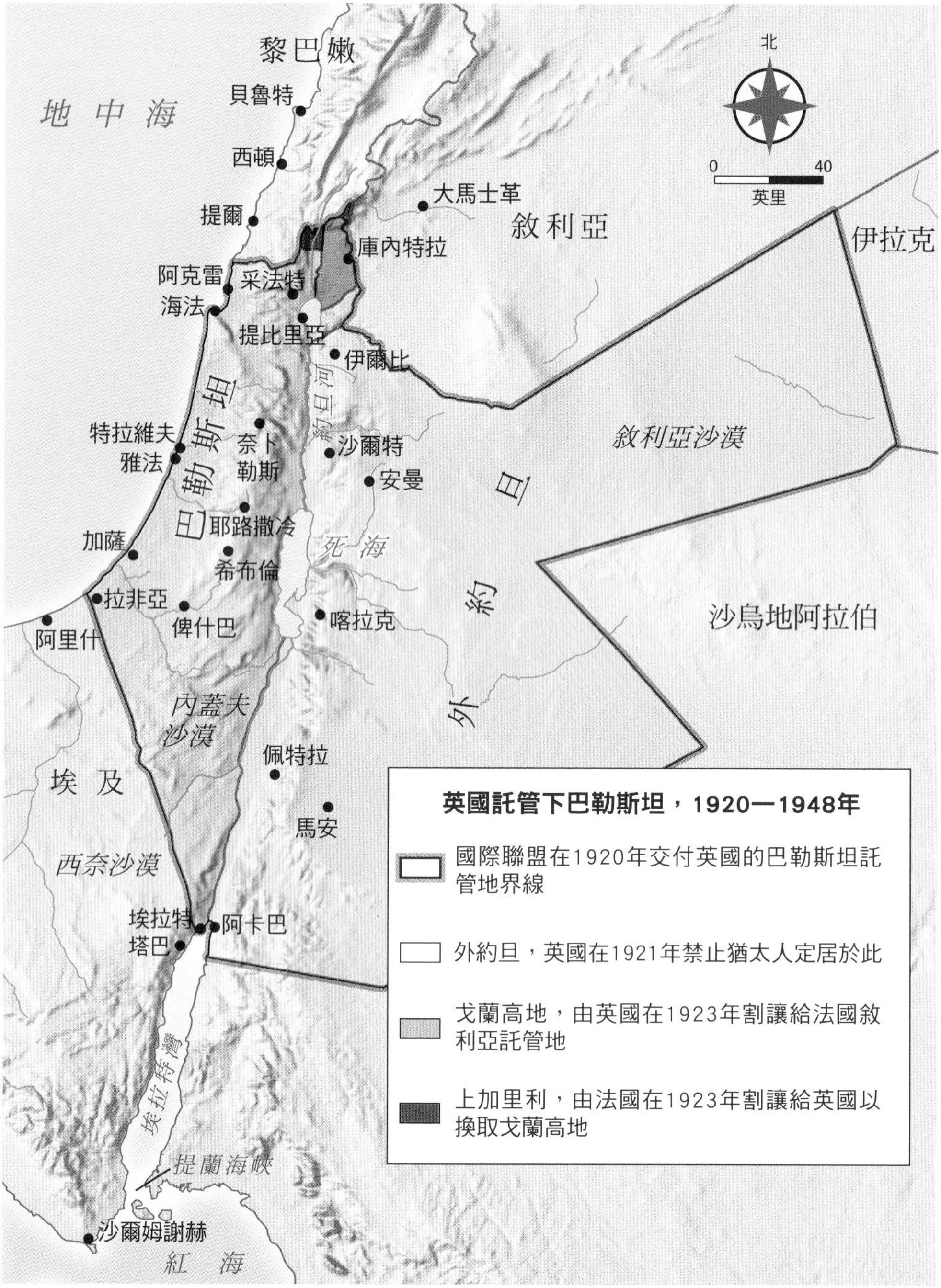

地圖三　英國託管下巴勒斯坦，1920—1948 年

鄂圖曼帝國在第一次世界大戰中戰敗後，巴勒斯坦由大英帝國接掌，稱為英國巴勒斯坦託管地。1917 年發布的《貝爾福宣言》聲明英國贊成「在巴勒斯坦建立猶太人的民族家園」，但沒有明確表示這個民族家園的界線為何。然而，1937 年的巴勒斯坦皇家委員會暗示，這個家園應涵蓋整片巴勒斯坦歷史地區，包括約旦河兩岸。1948 年，以色列國在巴勒斯坦託管地的一小片土地上成立。詳見第五章〈《貝爾福宣言》：帝國為建國背書〉。

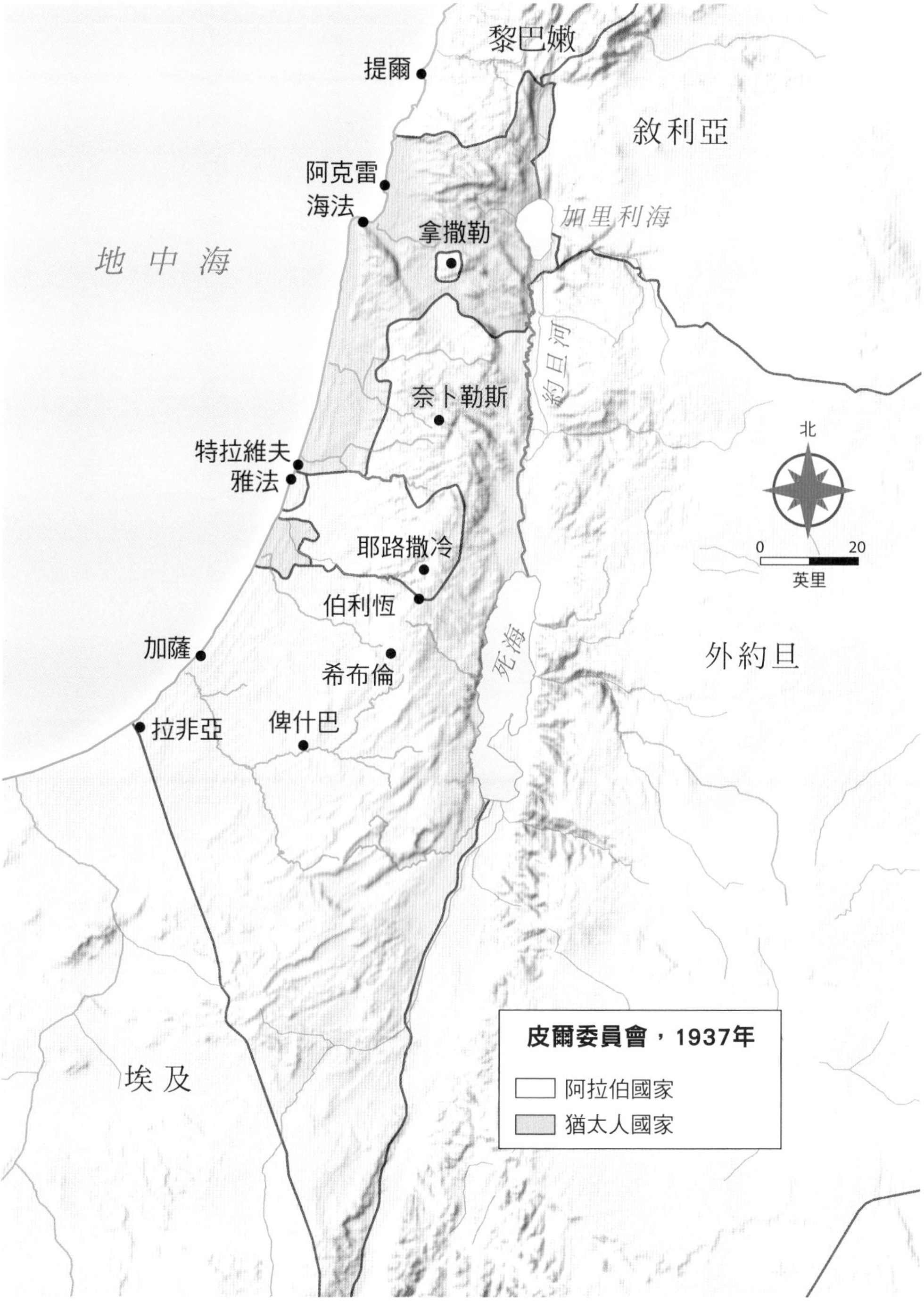

地圖四　皮爾委員會，1937 年

皮爾委員會是 1936 年被派往巴勒斯坦的英國代表團，負責為當地猶太人與阿拉伯人之間日益擴大的衝突尋找解決方案。1937 年，委員會發布報告，成為第一個正式建議該片領域由猶太人與阿拉伯人分治的組織（實質上就是「兩國方案」的最初版本）。儘管不情願，巴勒斯坦的猶太人社群依舒夫仍接受了這個提案，阿拉伯領導人則斷然拒絕。詳見第六章〈即使能離開，他們也無處可去〉。

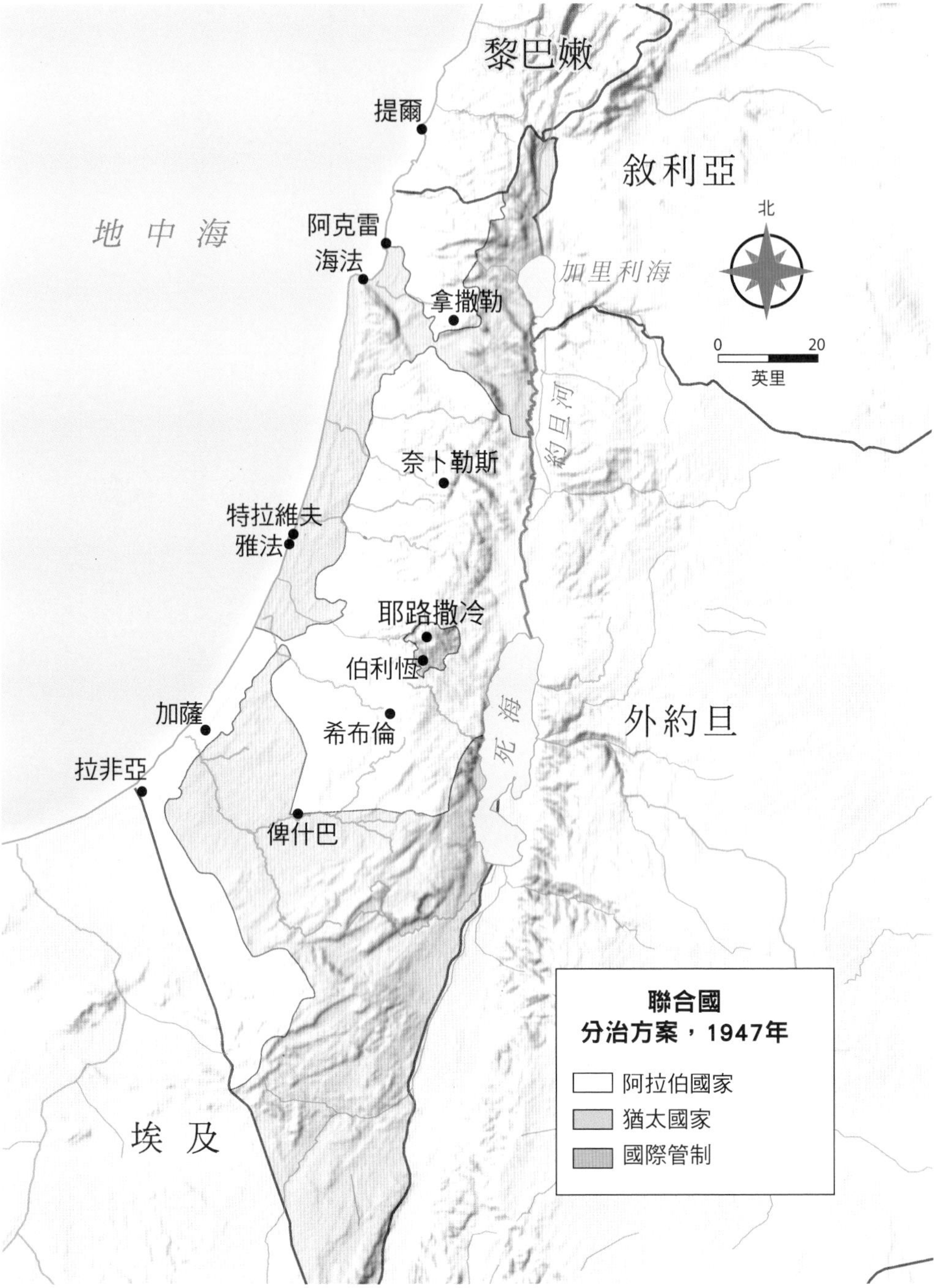

地圖五　聯合國分治方案，1947 年

1947 年，聯合國巴勒斯坦特別委員會建議將巴勒斯坦分為兩國，分屬於猶太人與阿拉伯人。聯合國大會在 1947 年 11 月 29 日通過這個當時稱為 181 號決議的方案。雖然分配給猶太國家的土地只有巴勒斯坦託管地的 12%，猶太人社群仍決定接受分治方案。阿拉伯領導人拒絕這個方案，並在次日發動戰爭，這就是後來的以色列獨立戰爭。詳見第七章〈伊舒夫反抗英國人，阿拉伯人反對分治〉。

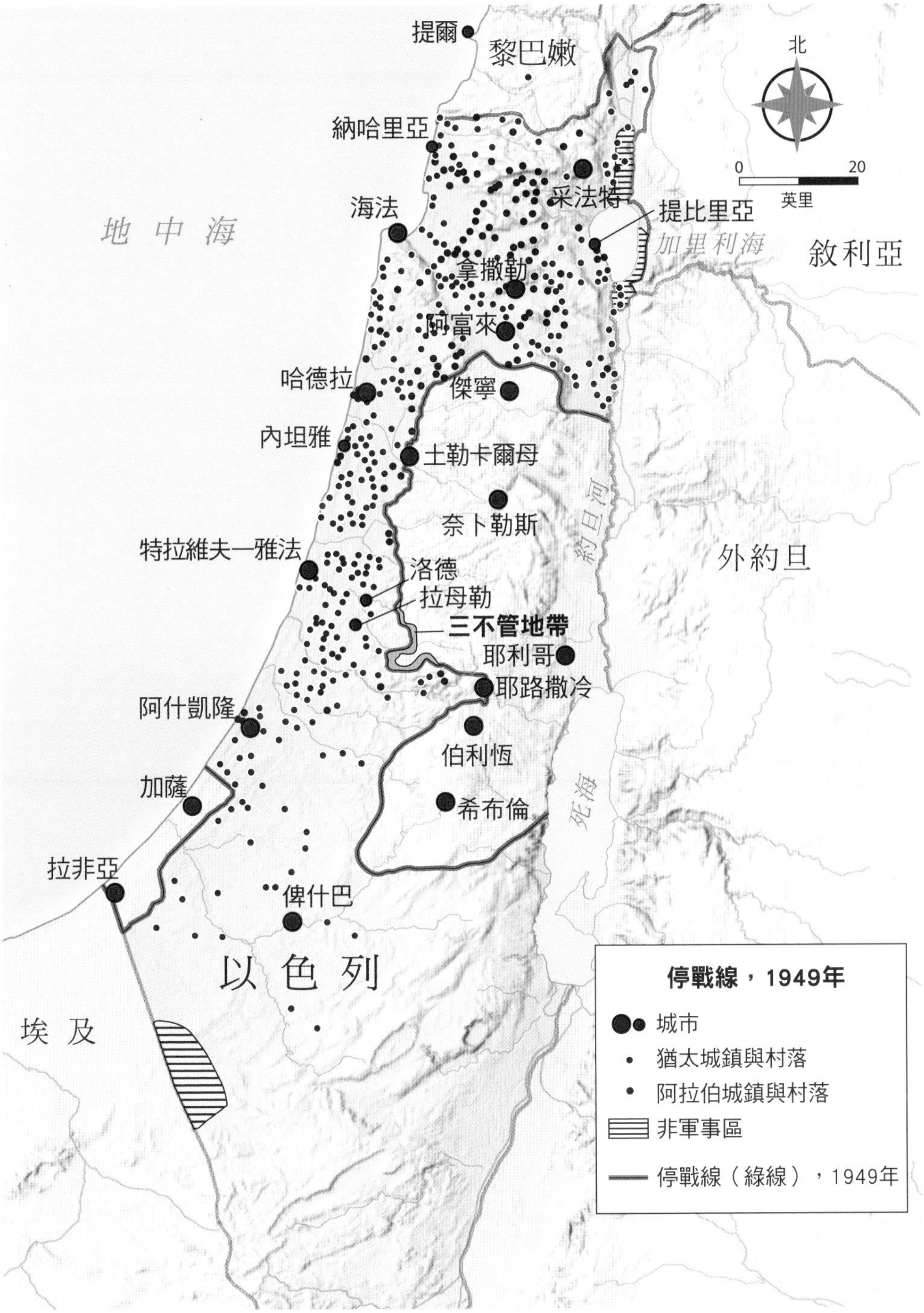

地圖六　停戰線，1949 年

獨立戰爭期間，以色列將邊界擴大至超越聯合國在 1947 年劃分給它的範圍。雖然與以色列交戰的阿拉伯國家拒絕與猶太國簽署和平協議，但是這場戰爭結束時的停戰協議，基本上就是以色列直到 1967 年六日戰爭以前的國界。詳見第八章〈獨立建國：以色列誕生〉。

地圖七　以色列與阿拉伯世界

第二次世界大戰後，中東劃分為今日地圖上的現代民族國家。直到埃及在 1979 年成為第一個與以色列簽署和平協議的阿拉伯國家（約旦後來跟進），整個中東阿拉伯世界都致力於毀滅以色列。即使建立了可畏的軍事力量，仍不能完全消除以色列自覺像敵國環伺下一座汪洋孤島的感受。

地圖八　六日戰爭後，1967 年

埃及在 1967 年 6 月準備發動攻擊，該國總統納瑟揚言要摧毀猶太國家，以色列空軍於是發動先制攻擊，在還沒開戰前就先實質摧毀了埃及空軍。在迅雷不及掩耳的六日中，以色列將領土擴大超過三倍，獲取了 42,000 平方英里土地。它從埃及手中奪下加薩走廊與西奈半島，從約旦取得約旦河西岸，並拿下敘利亞的戈蘭高地。多年後，以色列在 1967 年以前的邊界成為和平談判的框架，也是提議中的巴勒斯坦國邊界。詳見第十二章〈永遠改變一個國家的六日戰爭〉。

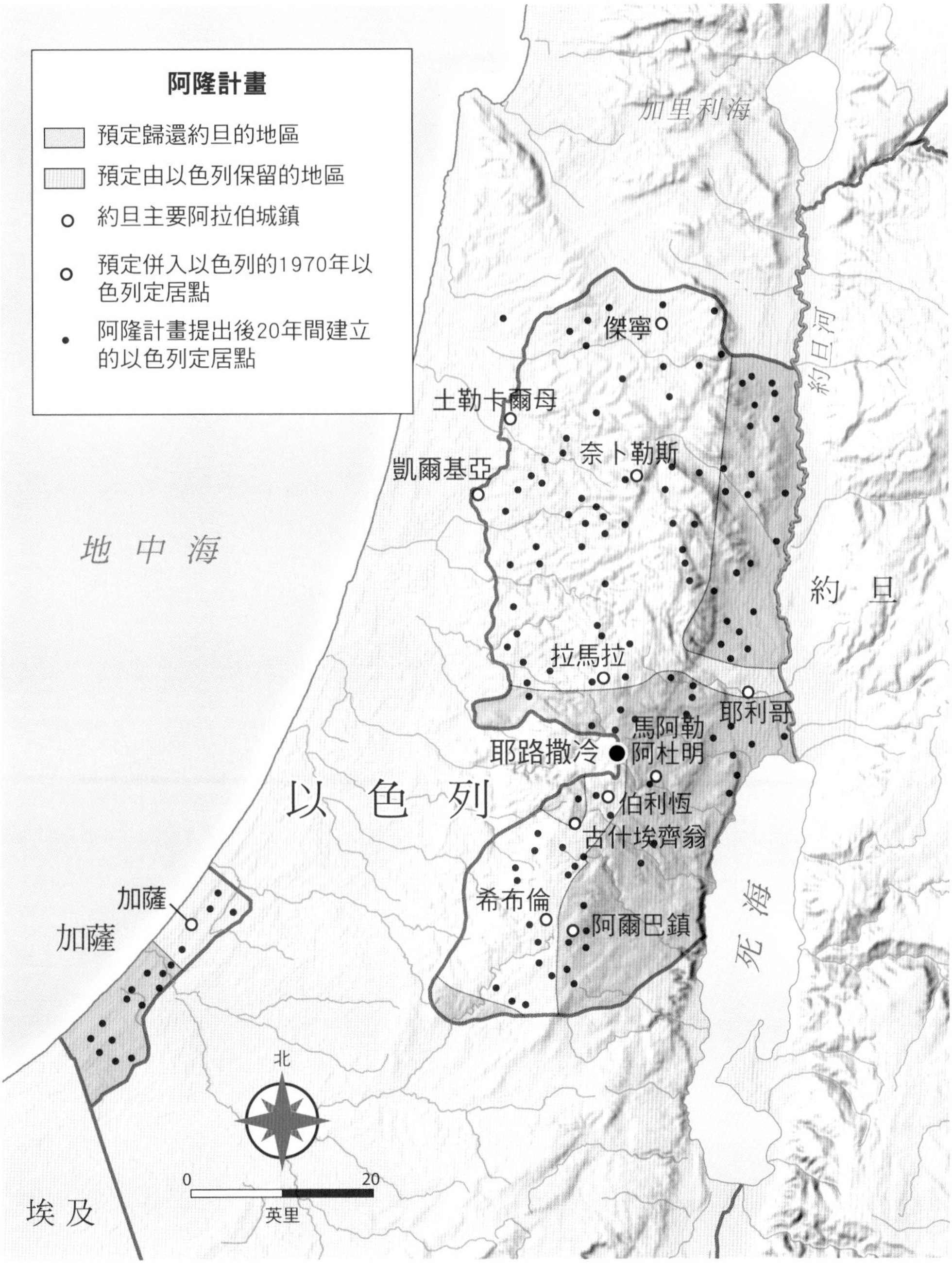

地圖九　阿隆計畫，1970 年

1970 年，伊加爾．阿隆針對如何處置以色列在六日戰爭中取得的領土提出計畫。他建議以色列沿約旦河谷建立一個定居點區，作為敵人若從東面來襲的早期預警系統。西岸其餘地區則交還給巴勒斯坦人或約旦人掌管。這個計畫從未成為以色列的官方政策，也遭到約旦等國拒絕，但許多以色列定居點確實在阿隆建議的地區建立起來。這個計畫也成為數十年後其他西岸分治方案的先聲。詳見第十三章〈占領的包袱〉。

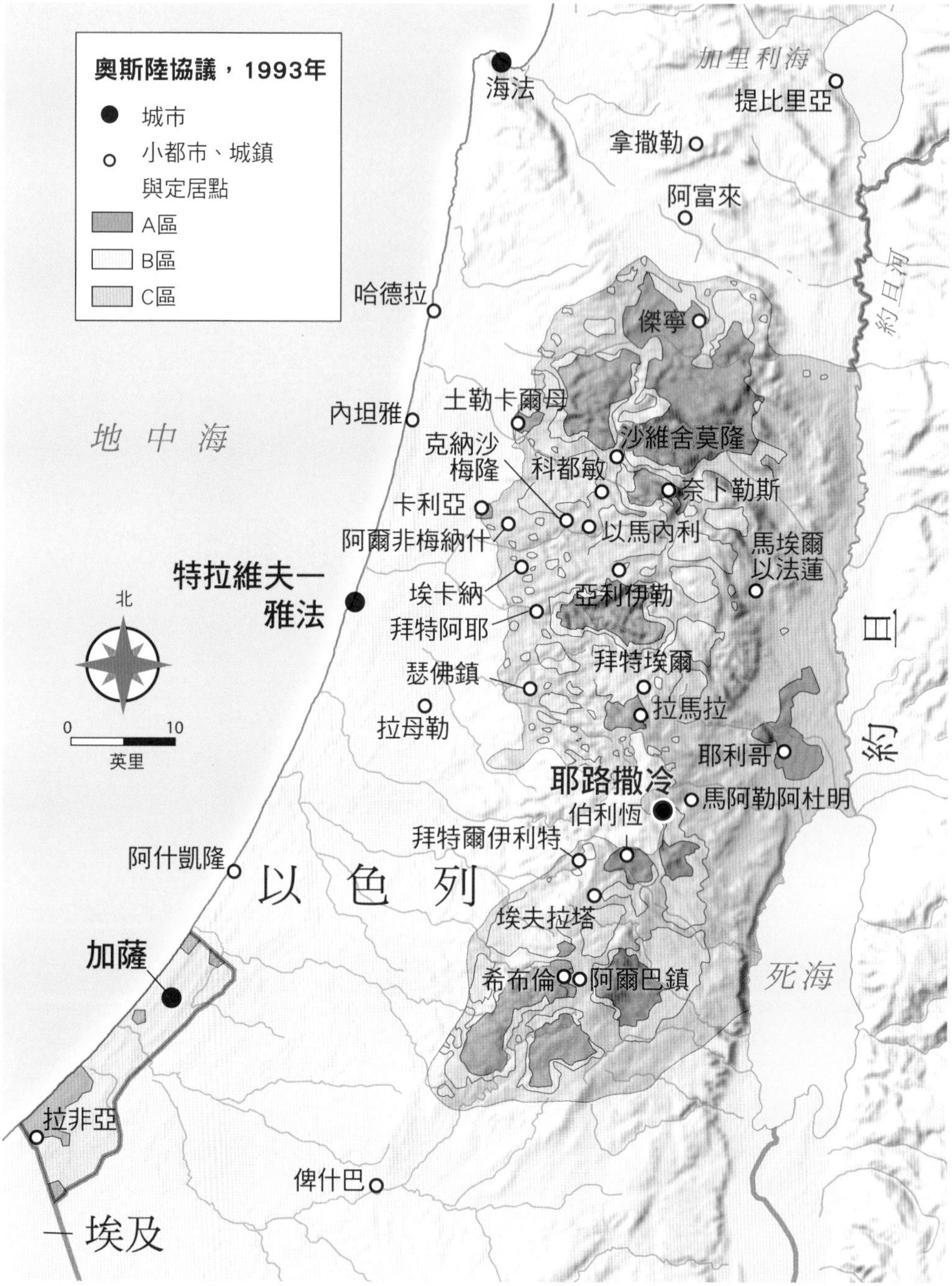

地圖十　奧斯陸協議，1993 年

奧斯陸協議的本意，是要朝建立巴勒斯坦國踏出第一步。協議中規定巴勒斯坦自治政府將分階段取得對巴勒斯坦領土的控制權。A 區在落實協議的第一階段中移交給巴勒斯坦自治政府，B 區由以巴共同維安，而 C 區由以色列控制。協議簽訂後，卻在幾年後因為以色列總理拉賓遇刺和巴勒斯坦暴力激增而瓦解。詳見第十六章〈師法錫安主義：巴勒斯坦民族主義興起〉。

猶太民族的千年建國之路

以色列

A CONCISE HISTORY OF A
NATION REBORN
ISRAEL

DANIEL GORDIS
丹尼爾・格迪斯——著　胡宗香——譯

獻給

艾拉・薩拉・本・薩森—格迪斯（Ella Sara Ben Sasson-Gordis）

רָנִּי וְשִׂמְחִי, בַּת-צִיּוֹן

（《撒迦利亞書》第2章14節）

與

貝拉・柴可夫（Bayla Chaikof）

她終其一生對以色列的熱愛和對猶太教育的投入，至今仍持續啟發她的兒孫

你禁止聲音不要哀哭，
禁止眼目不要流淚；
因你所作之工必有賞賜……
你末後必有指望——
你的兒女必回到自己的境界。

——《耶利米書》第三十一章十六至十七節

人的一生，我以為，應深植於故土的某一處，這裡受到溫柔的親情之愛，那是對土地、對人所從事之勞動、對縈繞不去的聲響和鄉音的愛，是對於在未來將拓展的知識中，讓這片早期家園既熟悉又獨特的所有事物的愛……在故土的這一處，清晰明確的早期記憶與親愛之感互相交織。

——喬治．艾略特（George Eliot），《丹尼爾．戴蘭達》（*Daniel Deronda*）

目次

序言
一則浩大的人類敘事

在以色列，要當個現實主義者，你先得相信奇蹟。

——大衛·本—古里昂（David Ben-Gurion），以色列首任總理[1]

「猶太人正透過立法手段被逐出俄羅斯，」馬克·吐溫在一八九八年的《哈潑雜誌》（*Harper's Magazine*）中寫道，[2]「西班牙在四百年前〔決定〕驅逐他，奧地利大約在兩世紀後這樣做。歐洲基督教地區在每個時代都……限制他的活動。法規將猶太人所能從事的行業一一剝奪，直到幾乎一個都不剩。他不准務農，不准當律師，不准在猶太人以外的人身上行醫，不准從事手工藝。面對這個強大的敵人，連高等學府與科學研究院都必須大門緊閉。」

然而，馬克·吐溫指出，有一名猶太人的策略，可以確保猶太人的未來會比過去好。「你聽說過〔西奧多·赫茨爾（Theodor Herzl）的〕計畫嗎？他希望將全世界的猶太人聚集在巴勒斯坦，組成自己的政府——我猜想是依附在蘇丹的宗主權下。在去年的〔第一屆錫安主義大會（First Zionist Congress）〕……有來自各地的代表，這個提案獲得壓倒性的支持。」*

* 譯注：錫安主義（Zionism）也譯為猶太復國主義，本書採用錫安主義，以保留與錫安（Zion，指耶路撒冷與以色列故土）的連結。

馬克・吐溫以欣賞的語氣描述猶太人的成就，對他們在歐洲的困境流露同情，甚至對他們在巴勒斯坦建國重燃的渴望有些諒解。但是他也有所保留。「我不是蘇丹，我也不是表達反對，但是如果全世界最機巧的民族要在一個自由國家內聚集起來……我想最好加以阻止。讓這個種族發現他們自己的力量並不妥當。如果馬知道自己的力量，我們就沒得騎了。」

馬克・吐溫也許比他自己知道的還有先見之明。以色列在他的文章於《哈潑雜誌》刊出的正好五十年後建國，在許多方面這都是人類史上卓絕的故事。很難找到還有哪一個民族在經歷那麼悲慘的時期之後，能在短短數十年間成就那麼多事情，抵達那樣的高度。過去一世紀在以色列發生的一切雖然真實無比，有時聽來卻彷彿童話故事。

以色列的故事，是一個無家可歸的民族懷抱夢想歷數千年而不滅的故事，是一個民族從深淵邊緣獲得救贖的故事，是一個國家在似乎沒有未來可言時打造出未來的故事。猶太人自公元七〇年被羅馬人逐出猶大地（Judea，或譯猶地亞）之後，兩千年來一直夢想回到祖先的土地。他們的日常儀習中經常提及耶路撒冷，也充滿祈請上帝讓他們回歸錫安的懇求。不管身在何處，祈禱時他們總面向耶路撒冷。逾越節晚餐以互祝「明年在耶路撒冷」（Next year in Jerusalem）為結束。猶太人從不是自願離開錫安，也從沒有停止相信有一天他們會回去。

十九世紀末、二十世紀初之時，少數猶太人開始遷居至巴勒斯坦，有些人是因為深信歐洲很快將爆發對猶太人的暴力，但其他人純粹出自意識形態。在歐洲國族主義的年代，他們認為猶太人也應該有自己的國家。然而很不幸地，讓猶太人夢想成真的不是他們的祈禱，而是二十世紀的恐怖歷史。

英國人雖然在一九一七年以《貝爾福宣言》（Balfour Declaration）宣告支持猶太人建國的想法，但進展緩慢。他們的態度且從模稜兩可轉變為充滿敵意；一九三〇年代，英國開始阻擋猶太人移民到巴勒斯坦，使錫安主義創立可存續國家才初具雛形的希望受挫。接著在一九三九年到一九四五年之間，世界上最大的猶太族群，即波蘭的三百三十萬猶太人，有九〇%被納粹謀殺。總計，納粹殺害了全球三分之一的猶太人。

這場史無前例的種族滅絕，加上其他因素，讓國際共識慢慢開始轉變。事態日益明朗：猶太人需要一個去處。錫安主義者一時未能建國，但持續建立各種體制，最後終於迫使英國人離去。一九四八年五月，以色列國誕生。

以色列建國早年極為艱困。新的國家沒有任何財政準備金，基礎建設幾乎付之闕如，卻突然必須吸收遠超過本身人口的大量移民。北非、伊朗、伊拉克和其他地方的猶太人，在猶太國建立後遭地主國逐出，數以十萬計的湧入以色列；另有十五萬名大屠殺難民，也帶著他們恐怖經歷留下的所有創傷來到以色列。以色列的國土有些地方本來沼澤充斥，尚未開墾，其他地方多為荒漠，加上天然資源匱乏，現金幾已用罄，其實很難餵飽這麼多人，並提供遮風蔽雨之處，政府只好開始實施糧食配給。建國才幾年，這個國家已經面臨財政崩潰的危險。

不過以色列人沒有放棄，有部分原因是他們無處可去。一直對猶太建國概念充滿矛盾的美國猶太人，為需款孔急的以色列提供了財務資源。後來德國為猶太人大屠殺償付賠款，讓以色列開始慢慢脫離貧窮與衰弱的處境。時移世易，以色列建造了道路與製造業的基礎設施、全國輸水系統以及許多房屋。它展現軍事實力，成為國際要角，甚至擴及所在區域以外的地方，與美國、英國和法國在複雜的國際權謀角力中相互合作。建國二十年後，以色列的成功，以及猶太人和從前迥異的形象，讓蘇聯的猶太人要求政府准許他們移民。又過幾十年後，以色列成為西方多數國家豔羨的經濟與科技強國，在那斯達克股票市場上市的公司比整個歐洲大陸國家的加起來還多。

到處都可看到以色列出人意料的富強跡象。一九五〇年代還在實施食物配給的國家，到二〇〇〇年已可生產數十種在國際上獲獎的葡萄酒。數十年間只有一家（政府控制的）電視台的國家，如今有許多頻道，生產的電影參與角逐奧斯卡金像獎。有許多大屠殺倖存者生活的國家，在某些人眼中是無助與消極被動的化身，卻成了軍事強權。長久以來視學習為神聖的民族，把這個傳統帶到他們新生的國家，成果卓越，贏得多項諾貝爾獎，也為許多領域的研究立下國際標竿。

以色列的故事是國家的故事，但也是革命的故事。錫安主義是致力於改寫猶太人生存狀態的運動。錫安主義者堅信，猶太民族重生的時候到了。

在許多方面，錫安主義是對舊日猶太教的反叛。隨著歐洲猶太人一再遭到攻擊且永遠被邊緣化，錫安主義領袖開始主張，歐洲人固然難辭其咎，但猶太人自己也有責任。猶太人該停止扮演隨時待命的受害者，在暫時可稱為家的任何地方生活，直到地主國決定驅逐或謀殺境內的猶太人為止。英國在一二九〇年逐出猶太人，西班牙在一四九二年，然後是激烈的歐洲反猶太主義來臨。錫安主義領袖指控，當這一切發生的同時，猶太人始終消極、軟弱、害怕，瑟縮圍聚在古老的神聖文獻前，沒有起而捍衛自己，創造歷史。

對許多早期錫安主義思想家來說，這就是需要改變的事。他們的革命狂熱怎樣形容都不為過。錫安主義從許多層面而言，就是要切斷與先前之事的關係。猶太人迫切的想要塑造一種新的猶太人，連自己的名字都改了。以色列的前四任總理就是例子。大衛．本－古里昂出生時的名字是大衛．古魯恩（David Gruen）；摩西．夏里特（Moshe Sharett）本名摩西．舍爾托克（Moshe Shertok）；列維．艾希科爾（Levi Eshkol）本名列維．希科尼可（Levi Shkolnik）；果爾達．梅爾（Golda Meir，以色列首位女總理）原名果爾達．梅耶森（Golda Meyerson）。他們透過改變名字表示「到此為止」——該是時候換一個新的猶太世界觀、新的猶太體格、新的猶太家園、新的猶太名字了。該是時候有一種「新猶太人」出現，那就是重生的猶太民族。

這個新猶太人已經在以色列國出現。事實上，新猶太人以許多形式出現。以色列讓人著迷的一個原因，是針對猶太教與猶太人現在與未來該是何種樣貌的對話一直持續。有時候這個對話有禮而自持，其他時候則爆發為在以色列多個政治戰線上的激烈爭鬥。儘管有許多尖銳情緒與言詞，在創造新猶太人這一方面，錫安主義獲得的成功令人欽佩。今日的猶太人已非昔日瑟縮恐懼的歐洲人。無庸置疑，錫安主義成功創造了新的猶太人。

錫安主義也是針對「可能有猶太人在地球上無處為家」而起的革命。歐洲在二十世紀中爆發種族滅絕仇恨時，許多猶太人無處可逃。美國關閉了邊界，加拿大亦然；英國禁止猶太人移民巴勒斯坦。滿載數百名猶太人的船隻在海上航行，迫切地尋找能靠岸的地方，但往往徒勞無功。有時候，船隻滿載逃離大屠殺的猶太人駛離歐洲，最後卻被迫折返，或是遭敵艦刻意擊沉，只因為沒人想接收「多餘的猶太人」。錫安主義決意改變這一點，一心追求一個猶太人永遠不會無家可歸的世界。在這一方面，以色列建國也使夢想成真。

猶太人在流亡中懨懨度日了幾世紀之後，錫安主義要恢復猶太民族的豐富文化，這種豐富性來自一個民族能夠居住在其祖先的家園中，使用自己的語言，擘畫自己的未來。如果猶太人如他們的儀文所記載分散到「地的四方」，錫安主義者希望做的就是再度把他們聚集起來。如果數千年的流亡讓曾經有人使用而生氣蓬勃的希伯來文，成了只用於聖典和儀文中的語言，那錫安主義就要為這古老的語言注入新生命。猶太人將和其他民族一樣，創造自己的音樂、藝術、文學和詩歌，會有高雅的文化，也會有通俗的文化。猶太人將生活在他們祖先的城市，走在和他們聖經先祖一樣的道路上。猶太領袖將制定有關戰爭與和平、經濟、健康醫療和移民的政策。這些，以及更多，錫安主義都做到了。以色列如何反映出猶太民族的這場重生，是這本書講述的一部分故事。

當然，錫安主義並未實現其所有的追求。赫茨爾與以色列・贊威爾（Israel Zangwill）等人相信，猶太人將為中東帶來無比的進步，居住在當地的民族一定會歡迎他們。他們希望、也以為可以在毫無衝突的情況下建立猶太國。這個夢想太天真了，後果是悲劇。自建國以前的數十年，以色列就陷入了慘烈而痛苦的衝突，而且讓人遺憾的是，這個衝突沒有止息的跡象。

從許多層面而言，現代以色列是赫茨爾一手擘畫的，他也相信，一旦猶太人有自己的國家，歐洲與世界其他地方的反猶太主義就會成為過去。這個希望同樣也太天真了。在某些方面，以色列其實讓世界對猶太人的看法，以及猶太人在歐洲的處境，都更為複雜。以色列國際聲望的興衰起伏，在以色列的故事中是關鍵一環，本書也將加以檢視。

以色列是個複雜而充滿活力的地方。這個國家處處是神聖之地，但也有世俗（有些人會說是褻瀆）而活力十足的酒吧和音樂圈子。它的社會在某些方面極為傳統，在其他方面又超級現代。這裡有遠離多數現代化事物的極端正統猶太教徒，也有全世界最高科技的首都之一。以此為家的猶太人擁有不同膚色，來自不同族裔背景，說不同語言，有的世俗有的虔誠，還有許多非猶太人。以色列接收的許多移民（以每人平均而言，以色列接收的移民比世上其他國家都多），大多來自沒有民主傳統的國家，然而以色列一直是民主政體，而且欣欣向榮。即使以面積和人口而言都是蕞爾小國，以色列和它的故事卻經常是世界關注的中心。不了解這個猶太國家，不了解它的諸般活力與錯綜複雜，就不可能了解今日的世界。

雖然以色列受到世界矚目，至今卻沒有一本以持平觀點詳究其歷史的著作，像本書一樣對廣大讀者講述以色列的故事。當然，有不少極為傑出的以色列史單本著作，但是其中多本的篇幅都比本書長兩到三倍，甚至更長，因而不太可能吸引一般讀者。較長篇幅讓這些著作得以深入探討在本書中只稍微觸及的某些議題，或討論這些頁面中並未提及的議題或事件，但這也往往模糊了整體的「故事」，也正是這本書所講述的。

這些書中有許多呈現發生了**什麼**事情，但沒有充分說明事情**為什麼**發生，或故事的不同元素如何構成連貫的整體。然而以色列在全球事務中所占有的中心角色，讓我們不能不了解它。因此這本書描述的是猶太國這個**想法**的故事——有關這個想法的起源，它如何保存下來，夢想如何成真。

講述發生了**什麼**事情的時候，本書特別聚焦在事情**為什麼**發生。猶太人從何獲得前去巴勒斯坦，在那裡建立國家的想法？為什麼有那麼多地方，錫安主義者卻堅持他們的國家非得要在巴勒斯坦？世界其他人什麼時候、又為了什麼開始支持這個想法？大多來自非民主國家的人民，是怎麼建立起一個自誕生以來穩定前行、讓人欽佩的民主政體？為什麼以色列人在那麼多議題上有這麼激烈的歧見，而且似乎無望解決？為什麼以色列和美國的猶太社群，長久以來在許多關鍵議題上意見那麼分歧？以色列的未來如何？

這本書也描述對以色列人如何看待自己與他們的國家至關重要的許多故事。正如保羅．里維爾（Paul Revere）的夜騎報信，喬治．華盛頓（George Washington）克服萬難夜渡冰凍的德拉瓦河，和奮勇戰到最後一人的阿拉摩（Alamo）之戰在美國人民的國家敘事占有中心地位，以色列也有關於自身歷史的這類故事。這些記憶對於了解以色列人的心態，他們如何看待自己的歷史和國家，以及世界如何看待他們，都至為關鍵，因此這本書也會擇要講述。

書中也會介紹這些歷史背後那些可敬可畏、熱情又古怪的人。不過，為了保持篇幅相對精簡，本書以鳥瞰觀點處理以色列的許多歷史事件。比如在提到以色列的戰爭時，這本書著重探討以色列為什麼捲入特定戰爭、事件梗概，以及某場戰爭對以色列社會與國際地位有何影響。以色列歷來戰爭的軍事戰績已有其他書籍記錄，那不是本書的目的。

有些其他議題本書幾乎沒有碰觸。比如，以色列的經濟史引人入勝，但是除了一些特定歷史時刻，如德國償付賠款拯救了以色列經濟，或是以色列出乎想像的高科技榮景，這本書對以色列的經濟並未投以太多關注。出於必要，許多事件與人物並不在這本簡史的涵括範圍內。

任何有關以色列這麼複雜而包袱沉重的國家相對精簡的書，從本質而言就是詮釋性的作品。即使有些看似「客觀」的事實，仍然是激烈爭議的主題，而不可諱言，關鍵人物的動機和意圖更是難以斷言。

然而，在關於事實的爭論以外還有一個更大的問題，亦即在有關以色列的「敘事」中，哪一個才是最持平的。每個人來寫這樣一本書，都會是不同的寫法。要多麼讚揚這個國家的成就，該何時、又該如何凸顯其錯誤與讓人失望處，什麼該納入、什麼該省略，怎麼去想某些人**為什麼**做出某些決定和選擇，又怎麼把這一切整理為清楚連貫的觀點，這都是許多讀者一定會有不同看法的議題。

我試圖對這許多立場保持敏感，同時以我認為可用事實支撐的方式講述這個故事。我同時聚焦在以色列的成就與失誤，其非凡的歷史與令人擔憂的未來，以及其意圖良善與源自惡意之舉，透過這種方式，用一則故事而非諸多事實的總和來表述以色列的歷史。正如許多精采的故事一樣，這裡面有人物在發展完成後淡出，也有人犯了錯但仍努力追求偉大。這則故事中出場的包括人物、運動、政黨、國家和其他。我盡我所能以引人入勝同時公允持平的方式講述這則故事。

《以色列》說的是一個小國的歷史，以及這個小國家源頭處的古老想法。這本書說的是一個國家的故事，長久以來它總是化不可能為可能，但仍面對讓人卻步（有些人說是無法克服）的敵人與障礙。這本書說的也是一個民族以極大代價重生的故事。以色列的故事錯綜複雜，戲劇化而哀傷。它的故事充滿驚奇也激勵人心，不管我們看向世界的哪個角落，幾乎都受到其影響。

現在正是講述這則故事的時候，為了了解發生的事情，更重要的是，了解它們背後的為什麼。

第一章 詩歌與政治：尋覓家園的猶太民族

在那溫暖美麗的土地上，是否亦邪惡為王，災禍橫生？

——哈伊姆·納赫曼·比亞利克，〈致鳥兒〉

詩人將成為一代人的聲音，他哀傷的靈魂像一扇窗，通往整個民族的痛苦。出版詩作〈致鳥兒〉（El Hatzippor）時才十九歲的哈伊姆·納赫曼·比亞利克（Chaim Nachman Bialik），很快獲認為有史以來最偉大的希伯來詩人之一，更是他的時代最偉大的希伯來詩人。比亞利克的詩不僅捕捉到猶太人在十九世紀末感到的絕望悲傷，也捕捉到他們對心目中家園的渴望，儘管他們從未見過那裡。

「我的靈魂多渴望聽到你的聲音，」詩人對剛從錫安（Zion）回來的鳥兒說，當時那兒名喚巴勒斯坦。他問鳥兒他想像中的恬靜美好之地生活如何。「上帝是否憐恤錫安？」「露水是否如珍珠般落在黑門山上？」「在那溫暖美麗的土地上，是否亦邪惡為王，災禍橫生？」與其說是問題，這些思索不如說是充滿渴盼的夢想，對象是海洋彼岸曾經的猶太人家園——比亞利克和他那一代人認為，那裡也許能再度成為他們的家園。

比亞利克出版〈致鳥兒〉的一八九二年其時，生活在東歐的猶太人在各方面都堪稱悲慘。俄國的猶太人大多只准住在一個特定區域，稱為隔離屯墾區（Pale of Settlement）。在政府與地方當局的鼓勵或漠視下，以猶太人為對象的暴行肆虐。對猶太人的攻擊由來已久，稱為「反猶暴亂」（pogrom），但是在十九世紀近尾聲時更形激烈，分布更廣。在一八六〇年代的羅馬尼亞和一八七一年的敖德薩（Odessa）都曾發生反猶暴亂。猶太人自知他們面對的是完全非理性的憎恨，不是理性所能化解。

歐洲的反猶情緒日形複雜。在東歐，激發反猶情緒的主要是神學主張或猶太人殺死耶穌的指控。*然而，在當時醉心科學的中歐與西歐則發展出種族理論。歐洲種族主義者說，猶太人現在的問題不是他們的信仰，而是他們的種族。連改宗基督信仰都不再能把猶太人「修好」。一八七九年，德國人威廉·馬爾（Wilhelm Marr）否定猶太人可以融入一般社會的想法，甚至自創一詞，用以指稱他自己就抱持的現代仇猶心態：「反閃族主義」（anti-Semitism）。[1]

歐洲對猶太人的鄙夷不只透過暴力展現。一八八〇年代，俄羅斯政府嚴格限制能進入學校和大學就讀的猶太人數量。當權者想盡辦法，也找到無數方法侵擾猶太人。一八九一至一八九二年，俄羅斯警察逐出莫斯科的猶太人不下二萬人。[2]猶太人四面楚歌，整個歐洲大陸都對他們投以輕蔑和侵擾。

許多猶太人原以為事情會有所改變，以為現代性會帶來理性與寬容的新時代，但這個希望迅速

---

* 這個指控在《馬太福音》第二十七章二十四至二十五節中首度隱晦地提出：「彼拉多見說也無濟於事，反要生亂，就拿水在眾人面前洗手，說：流這義人的血，罪不在我，你們承當吧。眾人都回答說：他的血歸到我們和我們的子孫身上。」

消逝。猶太裔俄國小說家佩芮茲（彼得）．斯摩倫斯金（Peretz〔Peter〕Smolenskin，一八四二—一八八五）曾警告猶太人應該要當現實主義者。「不要相信那些聲稱這個時代屬於智慧與愛的人；不要信靠那些讚美現時屬於正義和誠信之人的言詞；全是謊言！」[3]

最後，時間讓許多人看清，雖然猶太人在東歐的生活已經很糟，情況還將無止境地變壞。一波巨大的出走潮隨之而來。一八八二至一九一四年間有大約二百五十萬猶太人離開東歐，主要源自奧地利、波蘭與羅馬尼亞。第一次世界大戰前的十五年間，大約有一百三十萬猶太人離開俄羅斯。[4]絕大多數前往美國，創立了後來欣欣向榮的二十世紀美國猶太人社群。一小部分人去了巴勒斯坦。

比亞利克是在這樣絕望的氛圍下誕生於一八七三年。六歲喪父後，他在恪守信仰的祖父教養下長大。他接受經典猶太教育，在heder（傳統猶太學堂）學習，十三歲時再進入日托米爾經學院（Zhitomir Yeshiva）就讀至十七歲為止。然而，他與同時代的許多猶太年輕人一樣，深受西方文化與猶太啟蒙運動「哈斯卡拉」（haskalah）的世界所吸引（很快地，許多與他同為錫安主義作家和領袖的人也是如此）。哈斯卡拉始於一七七〇年代，並持續至一八八〇年代，目標在改革猶太人對傳統和集體主義的重視，將一種更理性、具分析性、智性和個人化的生活方式引入猶太社會。

不過，哈斯卡拉不只是一場智識運動，它也牽涉社會與國家議題。對哈斯卡拉的擁護者而言，猶太人面臨的挑戰是如何超越隔離聚居區（ghetto）受限縮的生活，「讓猶太民族增加自信，恢復尊嚴，重新喚起情感生活，活化美感，在各方面反制長期受孤立和限制所導致的僵化」。[5]

比亞利克接觸到哈斯卡拉，是在他轉學至一所新的猶太經學院之後。為了以較現代的方式研究傳統猶太教，他轉學至立陶宛瓦洛任（Volozhin）享譽世界的猶太經學院。他在這裡接觸到哈斯卡拉，旋即參與了「以色列的永恆」（Netzach Israel），這個錫安主義地下學生團體致力於整合猶太民族主義、啟蒙運動與正統猶太教。

比亞利克在一八九一年離開瓦洛任前往敖德薩，也是當時南俄的現代猶太文化中心。*在這個知識圈的深刻影響下，他於一八九二年出版了〈致鳥兒〉。

此後不久，比亞利克回到日托米爾，以確保祖父不會發現他「脫逃」至敖德薩。回到家時，他發現祖父和哥哥都已來日無多。家中絕望的氣氛似乎反映了周圍猶太人的處境。祖父與兄長死後，他在波蘭南部小鎮索斯諾維茨（Sosnowiec）謀得教授希伯來文的工作，但是這份工作讓他深感痛苦。不過，痛苦有其代價。他幾乎毫不中斷地寫作，不久之後就有了名氣，躋身世上最有才華的猶太詩人之列。

比亞利克並非所有詩作都以猶太人的憂苦為主題。他在一八九八年寫的一首詩，非關猶太人的絕望，而是關於猶太人的希望。這首詩名為〈錫安的集會〉（Mikra’ei Zion），為紀念一八九七年在巴塞爾（Basel）舉行的第一屆錫安主義大會（First Zionist Congress）而寫。他在這首滿盈希望與期盼的詩中寫道：「即使救贖尚未到來，我們的救贖主依然在世；偉大的時刻將臨。」

這突如其來的希望源自何處？比亞利克認為愈來愈近的「偉大時刻」是什麼？在巴塞爾發生的

* 錫安主義（Zionism）一詞指在以色列地重建猶太民族家園的運動，由當時著名的公共知識分子納坦．伯恩鮑姆（Nathan Birnbaum）所創。他在一八九〇年四月一日為他的《自我解放》（*Self-Emancipation*）期刊撰寫的文章中首度使用這一詞，並在一八九二年一月首度在公開演說中使用。（Lawrence Epstein, *The Dream of Zion: The Story of the First Zionist Congress* [Lanham, MD: Rowman and Littlefield, 2016], p. 13.）

事情為何如此重要？這個救贖主是誰？

第一屆錫安主義大會的代表，從全球各地來到巴塞爾。從英國和美國，從巴勒斯坦和阿拉伯國家，從俄羅斯、德國、法國等等。一百九十七名代表帶著創造歷史的心情齊聚於瑞士。

當時是一八九七年八月，自從羅馬人摧毀第二聖殿，放逐了居住在猶大地的多數猶太人之後，這是世界各地的猶太人近兩千年來首度齊聚一堂，要奪回歷史的掌控權。在赫茨爾號召下，他們不再只是分散在地球各處、互不相連的一群群猶太人，而是要在一千多年來首度重申他們自古以來的主張：他們是一個民族，決心要讓猶太人成為世界歷史舞台上的行動者，而非旁觀者。

穿著高雅的他們進入大廳時，頭頂的巨大牌子有一個大衛之星和簡單兩個字：ZIONISTEN-KONGRESS。他們以各自的母語交談，多數是男子但也有女性，有些富裕有些貧窮。空氣中的能量簡直觸手可及。等他們終於入座後，第一屆錫安主義大會以三聲槌響揭開序幕。首先是對蘇丹的讚詞，這是必要的形式，因為當時巴勒斯坦在鄂圖曼帝國的控制下。接著，來自羅馬尼亞雅夕（Jassy）的卡爾．利珀（Karl Lippe）醫生站起身。他是Hovevei Zion（「愛錫安之人」）*的長期成員，也是此次大會最年長的代表。他依照猶太傳統遮蓋頭部，誦讀傳統的猶太教shehecheyanu禱文，許多出席者為之落淚：「讚頌祢，我們的主我們的神，讓我們活著，保護我們，使我們得以抵達這一刻。」

接下來，召集這次會議的赫茨爾起身發言。「我們在這裡，」他以德語起頭，「要為庇護猶太國的房子奠下基石。」[6]

在赫茨爾生活與工作的西歐，光是猶太國需要一棟房子提供庇護的想法，就已經引發了比在東方大的爭議。西歐猶太人與比亞利克世界裡的東歐人不同，他們仍懷抱一線希望，認為反猶運動已是過往陳跡。畢竟，昔日猶太人被迫生活於其中的隔離聚居區高牆已經倒下，而猶太人已湧入歐洲大陸的都會中心。他們迅速成為歐洲精英的一分子，在教育、文化與經濟方面沿著歐洲的社會階梯往上爬。表面上，他們的生活似乎比一個世紀前改善許多。

> 一八〇〇年，書寫中歐與西歐文化史，可以隻字不提猶太人或任一特定的猶太人……在歐洲的政治、智識生活、研究或科學領域中，連一個猶太人都從未有過……接近一九〇〇年時，局面已全然改觀。猶太人或猶太裔的人，如今在經濟、政治、科學與藝術領域都扮演重要角色。[7]

儘管經歷了許多世紀以來的諸多限制與反閃族主義，猶太人仍在相當短的時間內獲得驚人成就。他們成為專業人士、知識分子、卓越的科學家，以及重大智識與社會運動的領袖。

但即使取得這些進展，西歐的猶太人還是無法免於歐洲大陸對他們的仇恨。若說東歐猶太人經常成為代罪羔羊，被指為破壞秩序的革命分子，在西歐，他們則背負了社會財政弊病的罪責。猶太人僅占德國人口不到一%，卻迅速在社會各行各業中取得引人注目的高階位置，特別是在金融與政治領域。

---

* 嚴格來說，這個組織的名字是 Hibat Zion（「錫安之愛」），成員稱為 hovevei Zion（「愛錫安之人」）。然而隨著時間流逝，Hibat Zion 與 Hovevei Zion 成為互通的用語，都可用以指這個組織本身。

但許多德國人開始感到憤恨。不論在哪裡，幾乎都能感受到反猶情緒的氛圍。報紙、書籍與雜誌大肆抨擊刻板印象中貪婪而腐敗的猶太資本家，這一主題形塑了後來在二十世紀中發動種族滅絕的政權。一八七三年的金融危機仍餘波盪漾之際，德國中產階級將他們此前未曾經歷過的財務困難歸咎於猶太人。雖然「貴族的貪婪不比任何人少……但在普遍的迷思中……貴族一直是偉大的政治家、勇敢的士兵與一心奉獻的公僕。在金融危機後，大眾的憤怒並不是對準他們與他們所主宰的政府，而是猶太人」。[8]

在西歐，重新喚起歐洲人敵意的，正是猶太人對現代性的擁抱，以及他們的職業與智識成就。猶太人期望歐洲人對他們的仇恨留在過去，但是歐洲對猶太人的仇恨似乎源源不絕，而且即將滿溢出來。猶太人不管怎麼做都無法改變這一點。

赫茨爾便是在這個充滿可能、迷人但也讓人日益絕望的世界中成長。他在一八六〇生於佩斯（Pest，是後來合併為布達佩斯的兩座城市之一），十八歲時與家人遷居至維也納。他在那裡接觸到歐洲社會豐厚的知識與文化，而且與比亞利克一樣，很快愛上了這一切。他大量閱讀，夢想變得與他熱切閱讀的那些作者一樣有名。他與比亞利克一樣，幾乎隨時在寫作。然而，雖然他真正愛的是藝術，特別是劇場，他的父母與其他長輩卻擔心他維持生活的能力，鼓勵他學法律。於是赫茨爾進入維也納大學就讀。

進了大學不久，赫茨爾看到當時重要的知識分子歐根．卡爾．杜林（Eugen Karl Dühring）的一本著作。那本書名為《從種族、道德與文化論猶太人問題》（*The Jewish Problem as a Problem of Race, Morals and Culture*，一八八二），書中主張歐洲猶太人的解放與他們融入歐洲社會，對歐洲造成損害。杜林提倡將猶太人的解放予以逆轉，他的追隨者中有人開始談到將猶太人送回隔離聚居區。

杜林的想法讓赫茨爾感到憂慮，同樣讓他憂慮的是杜林絕對不是沒受過教育的暴徒。「杜林結合了無可否認的聰明才智與廣博知識，如果連他都會這樣寫，」赫茨爾思忖，「那我們該預期無知的大眾會有什麼想法？」[9]

諷刺的是，杜林身為著名的歐洲知識分子與惡毒的反猶太主義者，卻是讓赫茨爾一心投入「猶太問題」的關鍵人物之一。赫茨爾後來思索自己對猶太人與他們在歐洲的未來展開關注的起源，在日記中寫道：「必定是從我讀了杜林的書那時開始。」[10]

不過，事實上這個種子早在更久以前就種下。他後來回憶，自己年幼時有位老師在解釋「異教徒」（heathen）一詞的意義時說：「偶像崇拜者、穆斯林與猶太人。」[11]在維也納大學時，赫茨爾曾申請加入Lesehalle，這個學生社團專門從事知識性的對話與辯論。但是在一八八一年三月，Lesehalle在某次「討論」演變為惡毒的反猶太事件後遭解散。赫茨爾不屈不撓，轉而加入維也納的德國民族主義學生兄弟會之一——Albia。然而事實證明，即使在那裡，大學作為歐洲精英知識分子的重鎮，根本上仍對猶太人抱持敵意。赫茨爾加入的兩年後，幾名兄弟會成員出席了理查·華格納（Richard Wagner）的紀念活動，而這個活動再度演變為反猶太集會。[12]赫茨爾退出兄弟會以示抗議，但是兄弟會成員拒絕讓他退出，後來依照他們的方式將他除名。

赫茨爾首次接觸到他以生命投入的中心思想，即建立猶太國的必要，很可能是在匈牙利國會。據說，匈牙利民族主義者暨全國反猶太黨（National Anti-Semitic Party）創辦人吉奧佐·伊斯托奇（Győző Istóczy）曾提出解決匈牙利「猶太人問題」的方法，是讓猶太人建立自己的國家，到那裡生活。[13]「猶太人，滾去巴勒斯坦！」成為匈牙利反猶太運動的口號。諷刺的是，伊斯托奇喊出的口號，後來成為赫茨爾的座右銘。

伊斯托奇叫猶太人滾去巴勒斯坦的仇恨言論，是否真的對赫茨爾產生具體影響，我們無從得知。確知的是，赫茨爾在事業發展的每一步都遇上反猶太主義。離開維也納後他搬至巴黎，為本部位於維也納的歐洲大報《新自由報》（*Neue Freie Presse*）撰稿，逐漸受到矚目。在巴黎時期，他報導了巴拿馬運河建造資金的醜聞，有數名猶太金融家因為這個計畫而被控賄賂與貪腐。不過，比醜聞本身更撼動赫茨爾的是，涉入此事的猶太人，都來自法國政治與軍事圈子的知名家庭，但他們仍被形容為四海為家而無根的典型猶太人，拿著淳樸忠誠的法國公民的辛苦錢去做投機生意。[14]

在奧地利，他看到以知識為基礎的反猶太主義興起，連歐洲一流大學最傑出的學者都沒有加以拒斥。如今他又在法國看到，連民主體制與共和政府都不是解決之道。

赫茨爾與比亞利克一樣，把心中所想都傾注於他的寫作中。一八九四年秋，赫茨爾密集工作了兩個多星期之後，完成了劇作《新隔離區》（*The New Ghetto*），這是他第一齣有鮮明猶太人角色的劇本，也公開探討了「猶太問題」。這齣戲以不算含蓄或有藝術性的手法所要傳達的重點是，雖然歐洲解放了猶太人，但猶太人實質上仍生活在社會與經濟的隔離區中，沒有一刻不承受證明自己清白的壓力。[15]即使在表面上已解放的西歐，猶太人在證明清白以前仍被假定有罪。

但事態很快演變得更壞。赫茨爾忙於《新隔離區》的時候，法國爆發又一樁醜聞。法國猶太裔砲兵軍官阿佛列．德雷佛斯（Alfred Dreyfus）上尉受控將法國機密洩露給德國。當時法國仍處於革命層出不窮的時期，而德雷佛斯的審判成了相互競爭的政黨間鬥爭的場域。由於審判明顯不公，當德雷佛斯被判有罪，並在難堪的情況下遭褫奪軍銜後，著名法國小說家、記者暨公眾知識分子埃米爾．左拉（Émile Zola）寫下他現已成經典的信函〈我控訴〉（J'Accuse），指控政府公然抱持反猶太主義及不公正的判德雷佛斯入獄。

根據一般說法，是德雷佛斯的審判讓赫茨爾開始投入歐洲的「猶太人問題」，但歷史學者現在認為事實並非如此。赫茨爾確實在某篇專欄中提到德雷佛斯曾對獄卒說：「你要明白，我是私人恩怨的受害者。我受迫害只因為我是猶太人。」[16]但是德雷佛斯的猶太人身分並不是赫茨爾寫作的重點。

說來諷刺，赫茨爾最輝煌的成功，源自一次徹底失敗的會面。他找上金融家與慈善家莫里斯·德·赫希男爵（Baron Maurice de Hirsch），希望他支持自己建立猶太國的大膽想法。但是赫希憂心猶太人在東歐的未來，心中對於「猶太問題」另有解決方案。男爵認為巴勒斯坦這個選項不切實際，已經資助了一些俄國猶太人遷居至阿根廷。赫茨爾試圖反駁，但是他回應赫希的方式青澀無力，最後無功而返。他立志下次要一雪前恥，因此決定把想法寫下來，釐清自己究竟想對赫希說什麼。

不屈不撓的赫茨爾帶著更完善的論證，找上了另一個以慈善聞名的猶太家庭，即著名的羅斯柴爾德家族（Rothschilds）。為此，他將已經著手撰寫的計畫進一步發展，成為更詳細也更條理分明的論述。後來他以這個版本為基礎，寫成了他最著名的一本書《猶太國》（*The Jewish State*）。

他的主張相當簡單明瞭。解決「猶太問題」的方式是建立猶太國，建國地點尚待確定，可能是阿根廷或巴勒斯坦。赫茨爾與赫希不同，他堅信這個目標極有可能企及。他主張，讓猶太人擁有自己的國家事實上對各方都有好處。

他認為，不僅是猶太國裡的猶太人能免於反猶太主義，猶太國的存在還可以終結世界各地的反猶太主義。「猶太人的離去不會引發經濟混亂、危機或迫害，」赫茨爾主張，「他們離開的國家會進入繁榮時期。」論及猶太國的建立，他說：「它的開始就是反猶太主義的結束。」[17]這個目標絕不只是空中樓閣。他毫不客氣地說，與建立了主權國家的許多其他民族相比，猶太人的教育程度高得多。如果那些民族能革命成功，猶太人也一定可以。

赫茨爾以相似的理由主張，猶太人的建國運動不會碰上太多阻力，國際社會會支持這個想法，因為這些國家也為「猶太問題」而「飽受困擾」。他寫道：

建立一個新國家既不可笑也非不可能。我們在有生之年已目睹其他民族的建國過程，他們多數並非中產階級成員，而是比我們貧窮、教育程度比我們低，因而也比我們弱勢。所有受反猶太主義之苦的政府，都會有強烈興趣幫助我們取得我們所追求的主權。[18]

他提出，世人反對猶太人不是出自社會或宗教理由，而是政治理由，因此需要國際社會能接受的政治解決方案。

我想我了解反猶太主義這個極為複雜的運動。我從猶太人的觀點思考這件事，但並不摻雜恐懼或仇恨……我認為猶太問題既不是社會問題也不是宗教問題，儘管有時會以這些或其他問題的形式呈現。它是一個國族問題，要解決它，只能把它變成國際政治問題，由世界各個文明國家共商討論與解決。[19]

但猶太人散布於歐洲和世界各地，看似分散零碎，這個事實又該如何看待？赫茨爾說，任何人都不該被這樣的離散狀態誤導。「我們是一個民族——就一個民族。」[20]他堅決認為，既然其他民族都有國家，猶太人也應該如此。

赫茨爾在狂熱激昂的狀態中寫下他的書。「過去一段時間，」他在描述寫作過程時說，「我忙於一部無比偉大的作品。此刻我還不知道是否會繼續寫完。它看來像個龐大的夢想。但是過去多少天多少週以來，它占據了我的全副心神。」[21]

它也占據了閱讀者的全副心神。《猶太國》篇幅不長，大約一百頁，卻讓赫茨爾成為猶太世界家喻戶曉的人物。一八九六年二月出版的這本書轟動了全世界。它不斷加印、被翻譯為各種語言，比現代任何一本猶太著作更迅速而廣泛的為人所閱讀。「單在一八九六年，這本書就以英語、希伯來語、意第緒語、羅馬尼亞語、保加利亞語、俄語和法語出版。學生對他提出的想法尤為熱情。《猶太國》的出版，讓赫茨爾幾乎在一夜之間從人單力孤成為一個國際運動的領袖。」[22]

這個運動的中心思想現在聽來平常，在當時卻是驚人的提議。而多數猶太人都被說服了：猶太民族需要一個國家，也能建立一個國家。

雖然是赫茨爾讓錫安主義成為政治運動，但早在他以前就有人開始提出類似的想法。赫茨爾出版《猶太國》的四十多年前，亞伯拉罕．瑪普（Avraham Mapu）在一八五三年出版了第一本現代希伯來文小說。瑪普和比亞利克一樣出生在傳統家庭，但後來深深為歐洲文化著迷。瑪普的小說名為《錫安之戀》（*The Love of Zion*），背景是聖經時代的古以色列，在先知以賽亞的時期。這部小說不僅是一則故事，還為猶太人生活在祖先家園時的記憶賦予新生命，「公開表達出……一個民族對更完整豐富的生活無聲的渴盼」。[23]這本書觸動了猶太人的心弦，成為暢銷作品。現代錫安主義的最初跡象因為瑪普而萌芽了。

不過，更戲劇化的是摩西・赫斯（Moses Hess，一八一二－一八七五）的作品。赫斯誕生於德國，有一段時間由他謹守傳統的拉比祖父撫養（與比亞利克一樣）。赫斯崇信巴魯諾・斯賓諾沙（Baruch Spinoza），這位荷蘭猶太裔哲學家是判教的泛神論者。後來，赫斯的激進思想傾向讓他走向社會主義。與傳統猶太信仰漸行漸遠的他，還娶了一名勞工階級的天主教女子。[24]

但赫斯很快明白，即使他背棄猶太教、擁抱社會主義，還娶了天主教女性，仍然不能免於歐洲的反猶太主義。「即使改宗其他信仰，都無法緩解猶太人在德國反猶太主義下承受的巨大壓力，」他寫道，「德國人憎恨猶太人的宗教，但更恨猶太人這個種族——他們憎恨猶太人奇怪的信仰，但更恨他們奇怪的鼻子。」[25]

因此，赫斯在一八六二年寫了《羅馬與耶路撒冷》（*Rome and Jerusalem*）[26]，並在書中主張，歐洲對猶太人的接納永遠不可依恃。他寫道：「我們在那些國家中永遠是陌生人。他們可能容忍我們，甚至給予我們自由，但只要我們把『何處為佳何處為鄉』（ubi bene ibi patria）的原則置於我們自身偉大的國族記憶之上，將永遠不會獲得他們的尊敬。」[27]他說，猶太人應該回到巴勒斯坦——他們數千年來夢寐以求、不斷談及的祖先家園，在那裡耕耘土地，建立一個社會主義社會。

《羅馬與耶路撒冷》現在公認為政治錫安主義史上的重要文本，然而赫斯在世時，這本著作幾乎無人聞問。當時的猶太人沒有那麼憂心在歐洲生活的未來，因此並未嚴肅看待他。[28]赫茨爾在寫了《猶太國》之後才讀到《羅馬與耶路撒冷》，他寫道：「我們嘗試的一切早寫在他書裡。」[29]正如研究這場運動的一位傑出史學家所指出，錫安主義是「誕生兩次的運動」。[30]

赫斯的《羅馬與耶路撒冷》是早於赫茨爾的錫安主義著作，而且注定成為經典，但它不是唯一一個。還有一部由里昂．平斯克（Leon Pinsker）所寫。平斯克於一八二一年出生在深受哈斯卡拉影響的俄國家庭。他是最早到敖德薩讀大學的猶太人之一，原本讀法律，但是他很快意識到，由於猶太人有職業名額限制，他會永遠找不到工作，因此轉而行醫。

平斯克與其他人一樣，因為猶太人遭受的暴力對待而投身公共生活。在他的情形中，是一八七一年的敖德薩反猶暴亂與一八八一年更廣泛的攻擊行為讓他深受震動。他最後的結論是，猶太人永遠不會被東道國接納。他寫道：「對活人來說，猶太人是死人；對本地人來說，猶太人是外來者與流浪者；對有產者來說，猶太人是乞丐；對窮人來說，猶太人是剝削者與百萬富翁；對愛國者來說，猶太人是沒有國家的人；對所有階級的人來說，他是深受怨恨的敵手。」[31]一八八一年反猶暴亂的一年之後，他寫了《自我解放》（*Auto-Emancipation*）一書，副標題是「一名俄國猶太人給同胞的警告」，他在書中呼籲猶太人追求國族的重生與獨立。

赫斯的著作乏人聞問，平斯克的作品則引發了一些關注。書出版兩年後，他參與創立了「愛錫安之人」，這是促進猶太人移民至巴勒斯坦的最初幾個歐洲組織之一。然而他察覺到光有這個組織還不夠；猶太人需要一個領袖。「我們可能少了一位像摩西這樣的天生領袖——歷史不會一再賜予這樣的引路者給一個民族，」他寫下，「但若能清楚認知我們最需要什麼，認知到擁有自己的家園是絕對必要的，就可以在我們之中號召起一些有幹勁、可敬而傑出的人民之友，由他們擔負領袖的角色，或許以不亞於摩西一人的能力，引領我們脫離恥辱和迫害。」[32]

平斯克在想像的彷彿就是赫茨爾這樣的人。

早期錫安主義緩緩萌芽了，在這樣的背景下，赫茨爾的書與前人寫成的書不同，問世後席捲全世界。《猶太國》引發了深刻的興奮期待，出版才幾星期後，就有人在一八九六年三月初對赫茨爾提出了錫安主義大會的想法，他也立刻積極投入。事實上，他是廢寢忘食。一名參與早期籌劃階段的人說：「大會以外的世界對他來說都不存在了。他全心關注這個工作的所有細節，事必躬親。他發布指令，也監督指令的執行。過程中他始終語氣溫和，帶著友善的笑容，但又如此堅決明確，乃至根本沒人想到要違逆或反對他。」[33]

經過近十八個月的籌劃後，赫茨爾終於確保大會將是一場盛事。他要在大會於一八九七年八月二十九日開幕時，透過隆重的場面宣告一場偉大新政治運動的開始。他堅持所有出席的男士都要穿燕尾服打白領結（也有女性代表）。馬克斯・諾多（Max Nordau）可能是赫茨爾最親近的戰友，也是早期錫安主義者中唯一在參與運動前就在國際知識界中享有聲譽的。但是那天穿著日常的他，還是被赫茨爾要求回飯店換上規定的服裝。

有些觀察者認為他對戲劇效果的追求有些太過，甚至有些可笑，但赫茨爾的動機絕不只是製造效果。「我們需要一個象徵，讓與會代表和世人看到此事的不同凡響，宣告讓我們齊聚一堂的夢想是件偉大而美好的事情。」[34]

第一屆錫安主義大會儘管看似鋪張，意識形態紛陳，許多想法只具雛形，卻大獲成功。觀眾深受吸引，全心投入這個帶有嚴肅知識性質的計畫，即使是好幾個小時的演講也能坐著聽完。[35]

大會最卓著的成果之一，是清楚定義了新組成的運動目標為何。針對用字遣詞熱烈討論數日後，大會最後草擬出的錫安主義綱領如下：

錫安主義所追求的，是為猶太民族在巴勒斯坦建立受到公眾承認與法律保障的家園……大會構想以下列方式達成此目標：

1. 促進農人、工人與匠人移居至巴勒斯坦。
2. 依照猶太人所處各國法律，將所有猶太人透過適當的地方與全國機構組織起來。
3. 強化猶太人的國族感情與意識。
4. 採取準備措施，以取得實現錫安主義目標所需要的政府同意。[36]

歐洲猶太人獲得解放後善加利用了歐洲的教育機會，因此我們不難了解，為什麼當時與會代表之一茲維．赫曼．夏皮拉（Zvi Hermann Shapira）教授會呼籲，在發動政治錫安主義之際，應同時在巴勒斯坦建立一所「希伯來大學」。從一開始，錫安主義就是一場屬於知識和文化的運動，誕生自傳統猶太教與歐洲啟蒙運動的交會，結合了猶太人迫切絕望的感受與對永恆的追求，對教育和寫作的重視不下於對政治目標的投入。

大會也制定了國歌。寫於一八七八年的〈希望〉（Hatikvah）是首簡單的國歌，比原始詩作簡短許多，只有一句歌詞：

只要在最深的心底，
仍有猶太的心靈在渴望，
仍有眼睛朝向東方盡頭，

凝望著錫安的方向，
我們的希望便沒有破滅；
那兩千年唯一的希望，
要在我們的土地上做自由的民族，
在錫安之地和耶路撒冷。*

大會還討論了許多其他議題。第一屆錫安主義大會首度提出猶太國家基金的想法（Jewish National Fund，原本的目的是購買並開發鄂圖曼帝國控制的巴勒斯坦土地）。大會也設立了許多委員會與行政單位，後來的復國運動能那麼有效是得力於此。

在精心策劃每個細節，並投注龐大精力確保其順利實現後，赫茨爾在大會結束後的心情彷如身在雲端。數週後他在日記裡寫道：「如果要我用一句話總結巴塞爾大會——而且我會小心避免在公開場合這樣說——那句話會是『我在巴塞爾創立了猶太國』。若我在今日大聲說出這句話，舉世都會報以嘲笑。但也許不出五年，更不用說五十年後，每個人都會承認這件事。」[37]

充滿嶄新活力的赫茨爾比之前更堅定了。他首度前往巴勒斯坦。很符合他行事風格的是，他去那裡不是為了親睹猶太人故土（也是他認為猶太國最終可能的創建地之一**），而是為了利用當時的政治情勢。德皇威廉二世與蘇丹的數名代表當時正在聖地（Holy Land）造訪，赫茨爾認為要獲取他們的善意，最簡單的方式就是在那裡與他們會面。[38]

德皇絕不是理所當然的盟友。參與第一屆錫安主義大會的一名德國人在會後寫信給德皇，詳述大會的目標。收到信後，德皇在頁緣處寫下：「就讓那些猶太佬趁早去巴勒斯坦吧。我不會阻礙他們。」[39]但是德皇對猶太人的厭憎並沒有影響赫茨爾努力見到他的決心。即使是反猶太主義者，只要與他目標相同，赫茨爾就願意與他們合作，一切都是為了推進建立猶太國的目標。

赫茨爾在巴勒斯坦看見的是堪稱無窮的潛力，而他對那片貧瘠土地的許多印象，都可以在他最著名的虛構作品，名為《新故土》（*Altneuland*）的烏托邦小說中看見。《新故土》出版於一九〇二年，在書中，赫茨爾以相仿於那個時代其他烏托邦小說的風格，想像出一個未來的猶太國。故事主角是一名已融入歐洲社會的猶太人和他的非猶太人旅伴，他們在一座荒遠小島上過了數年與世隔絕的生活後，發現在巴勒斯坦重新建立的猶太國。赫茨爾描述的社會像個恬靜田園。荒漠已被改造得繁花盛開，現代城市取代了赫茨爾造訪時見到的簡陋社區。不同信仰的人和諧共存，以各自的方式敬拜他們的神，空氣中一絲緊張的氣息也沒有。巴勒斯坦充滿了知識分子、發明家、作家和高貴的政治家。

這完全是對未來巴勒斯坦的烏托邦式想像，但或許正因為猶太人在歐洲的生活變得愈來愈絕望，許多讀者深受這樣的願景所吸引：

---

* 〈希望〉與許多其他國歌都不同。多數國歌，如〈星條旗〉、〈馬賽曲〉，甚至是〈國際歌〉與其他許多，談及的都是戰爭與衝突，〈希望〉則沒有。它也是少見以小調譜寫的國歌，由於旋律抒情而哀傷，不可能隨之行軍。

** 在赫茨爾寫下《猶太國》的一八九六年，他並不確定應該在何處建立他想像中的國家。「我想到兩塊領土，」他寫道，「巴勒斯坦與阿根廷。」（見Theodor Herzl, *The Jewish State* [New York: Dover Publications, 1989], p.64）。然而，六年後，在他寫於一九〇二年的《新故土》中，赫茨爾已經明確的想像猶太國將於巴勒斯坦建立。

安息日的魔法籠罩聖城，城市褪去了各種髒汙、噪音和難聞的氣味，原本，這一切經常讓歷經漫長艱辛的旅途才抵達終點，屬於不同信仰的虔誠朝聖者心生厭惡。過去，在抵達各自的聖殿前，他們必須忍受許多令人作嘔的景象。現在一切都不同了……土地和街道鋪設得很好，受到良好照料……穆斯林、猶太人與基督徒的福利機構、醫院和診所並肩而立。和平宮矗立在一座宏偉廣場的中心，裡面經常舉辦和平愛好者與科學家的國際會議，因為耶路撒冷現在涵納人類精神所有最美好的追求：信心、愛、知識。[40]

獲得修復的不只是耶路撒冷。猶太人家園的建立甚且解決了歐洲猶太人的問題：

華特醫生……描述起猶太人大規模移民對於留在歐洲的猶太人有何影響。他必須說，他一直很清楚，錫安主義對於移民的猶太人與待在歐洲的猶太人會同樣有益。[41]

那是個大膽的夢想，在許多方面異想天開，但是它也很快變得異常實際。歐洲猶太人的處境愈是絕望，他們就愈願意去想像一個截然不同的世界。赫斯如此，平斯克如此，後來的比亞利克也是。赫茨爾將這些強烈情感轉化為一個政治運動。他從未錯認這一切會很容易，但他也從不懷疑這個夢想可以成真。他在《新故土》的卷首語言簡意賅，傳達給讀者的訊息很簡單：「若你志在實現，它就不是夢想。」[42]

第二章
故土的某一處

耶和華將那些被擄的帶回錫安的時候，
我們好像做夢的人。

——《詩篇》第一百二十六篇

從世界各地來到巴塞爾，在一八九七年齊聚於第一屆錫安主義大會的代表，普遍被認為是錫安主義運動的創造者，但事實不盡如此。這些參與者啟動的是錫安主義政治運動。但是他們這場運動的核心夢想，那回歸以色列地祖先故土的渴望，源起於更早的時候。這個夢想，與猶太民族一樣古老。

在自己祖先的土地上，才能以在其他地方都不可能的方式繁盛發展，明白到這一點的不只是猶太人。早在第一屆錫安主義大會的二十多年前，喬治・艾略特（George Eliot，瑪麗・安・艾凡斯〔Mary Ann Evans〕的筆名）就寫過一個民族對一片土地的愛可以有多大力量——而且完全沒有提到猶太人：

人的一生，我以為，應深植於故土的某一處，這裡受到溫柔的親情之愛，那是對土地、對人

> 所從事之勞動、對縈繞不去的聲響和鄉音的愛，是對於在未來將拓展的知識中，讓這片早期家園既熟悉又獨特的所有事物的愛……在故土的這一處，清晰明確的早期記憶與親愛之感互相交織。[1]

要了解今日的以色列，了解它的夢想、成功與挫敗，以及它的國民如何因應國家面對的挑戰，就必須了解猶太人從古以來的自我敘事，以及以色列地（Land of Israel）在這則故事裡的中心地位。對猶太人而言，是聖經讓他們對錫安的記憶「與親愛之感互相交織」，因為聖經在他們眼中猶如一本「民族日記」。當然，對虔誠的猶太人而言，聖經是上帝揭示的話語，充滿了各種誡命，告訴他們該如何生活。對世俗的猶太人而言，聖經是史上最偉大的文學作品之一。然而對所有猶太人而言，聖經就是講述他們民族故事的一部著作，述說他們喜愛什麼，曾居住於何處，獲得哪些成功，何時遭遇失敗。這是他們的家族故事。而這則家族故事的中心元素就是以色列地，也就是赫茨爾如今殷殷敦促他們回去的地方。他們的「日記」暗指，少了故事中心的那片土地，就不能有猶太國，也不會有猶太家族。

從最初，以色列地就是猶太民族敘事的一部分。聖經中描述猶太人誕生的那一刻時，是這麼寫的：「耶和華對亞伯蘭*說，『你要離開本地……往我所要指示你的地去』。」[2]亞伯蘭遵命而去，不久後，上帝對他說：「我要把這地賜給你的後裔。」[3]「應許之地」的概念在猶太人的故事初始那一刻就已出現。

那片應許之地將始終在猶太人的故事中占據中心地位。亞伯拉罕居住在迦南（Canaan，這片土地當時的名稱），但為求生存，他與他的子嗣偶爾必須前往鄰近的土地（尤其在饑荒時）。在許多方面，《創世紀》（統稱為《妥拉》（*Torah*）的「摩西五經」中的第一部）訴說的是土地的故事，是關於建立城市、挖鑿水井、購買墓穴與家族分地的故事，是關於離開又回歸一片土地的故事。《創世紀》本質上是亞伯拉罕複雜大家族的故事，但是這個家族受命居住於上的土地，在這個故事中扮演了中心角色。

《創世紀》結束，而《出埃及記》揭開序幕時，亞伯拉罕的後代不再只是一個家族，而是一個民族。如今稱為以色列人（Israelites）的他們被囚困在埃及，為法老的奴隸。然而法老直覺的知道，不可能永遠讓以色列人為奴，因為以色列人一有機會便想回到他們的土地。法老告訴他的子民：「看哪，這以色列民比我們還多。來吧，我們不如用巧計待他們，恐怕他們多起來，日後若遇什麼爭戰的事，就連合我們的仇敵攻擊我們，離開這地去了。」[4]法老明白，只要一有機會以色列人就會反叛，不為搶奪他的王位，只為返回家鄉。法老感覺到一個民族與其土地之間有股磁力般的吸引力。而不管是哪個民族，一定會為了回到古老的家園而奮鬥。

後來的事情確實如此。新的領袖崛起，並決心終結以色列人受奴役的狀態。摩西將以色列人從奴役中解放，帶領他們出走埃及。《妥拉》的其餘經書，就在以色列人漫長跋涉到應許之地的旅途中開展。那是一段穿越沙漠的四十年旅程，途中穿插飢渴與戰役，懷疑與反叛。數千年後的錫安主義者了解《妥拉》的訊息——通往真自由的道路將是漫長而艱辛的。在《約書亞記》中，以色列人

---

* 亞伯蘭的名字在《創世紀》十七章第十五節改為亞伯拉罕：「從此以後，你的名不再叫亞伯蘭，要叫亞伯拉罕，因為我已立你作多國的父。」

終於抵達亞伯拉罕曾經履足之地，而最重要的一點已經再明白不過——回家永遠不會是簡單的事。

聖經的敘述還指出了關於建立民族家園的另一個重點：即使在以色列人抵達以後，要在他們的家園安居也非易事。根據聖經的敘述，這片土地上有七個不同國家，還有其他國家從外部威脅此地。[5]戰爭頻仍，而以色列經歷的幾種政治領導模式都以失敗收場。最終，由十二支派組成的以色列人，厭倦了為在這片土地上安住而永無止息的鬥爭，要求立一個國王。

以色列人的第一個國王掃羅有許多缺陷，很快就被年輕的大衛取代。一開始看似個頭矮小而謙遜自抑的大衛，後來成為嫻熟的軍事將領，建立了穩定的君主政體與龐大的王國。（**見地圖一**）雖然大衛也有缺陷（他有時冷酷無情），但是在聖經講述的故事中，他體現了遠見、力量與精神感受力——對他的描述是，以一個血肉之軀的凡人而言，他是最接近完美理想的領袖。因此也就不難明白，為什麼在第一屆錫安主義大會上，一名代表想要描述赫茨爾的非凡氣度時，他會這樣寫：

> 我們面前浮現一個卓絕而崇高的身影，舉止和身形都具王者之姿，他深邃的眼睛裡有沉靜的威嚴與不可言喻的悲傷……那是大衛家族的皇室後裔，死而復生，身上披掛著傳說、奇幻與美麗。[6]

第一屆錫安主義大會的神奇氛圍與力量，有一部分是因為參與者覺得這場盛會似乎是重返昔日榮耀的開始，那是猶太人幾千年前曾享有的榮耀，是他們過往的繁榮昌盛——而那一切都發生在以色列地。

大衛將王國傳給兒子所羅門，所羅門在公元前第十世紀於耶路撒冷建造了第一聖殿（First

Temple）。第一聖殿成為以色列人信仰生活的中心，他們在這裡獻祭，一年三度前往朝聖。耶路撒冷與第一聖殿形同以色列世界的首都。第一和第二聖殿都建於其上的聖殿山（Temple Mount）是猶太人的聖地，也是基督徒和穆斯林的聖地。對基督徒而言，這裡是耶穌講道、抨擊聖殿內的貪瀆，並驅逐兌換銀錢者之地。對穆斯林而言，聖殿山的神聖性來自阿克薩清真寺（Al Aqsa Mosque）和圓頂清真寺（Dome of the Rock），這兩棟建築造於公元六九一至六九二年間，用以紀念穆斯林傳統中認為是穆罕默德夜行登霄之地。

不過，所羅門的建設計畫代價高昂，他為了籌得經費提高稅賦。後果是各支派開始躁動，特別是北方支派，他們認為所羅門偏袒南方支派，忽略了他們。儘管出現政治不安，所羅門仍成功維持了聯合王國的統一。但是他的兒子羅波安（Rehaboam）欠缺他的政治手腕，王國於是在公元前九二八年分裂為兩個國家，彼此間征戰不休：一個是北方的以色列王國（由以色列十二支派中的十個支派組成），另一個是南方的猶大王國（Judea，由十二支派中的兩個支派組成）。

由此展開了猶太人自我敘事中的又一個主題：不團結的危險。裂解為二的以色列王國帶來的是災難。北方王國陷入權力鬥爭，在兩個世紀內有多達十九個不同王朝統治。雪上加霜的是，兩個王國經常猛烈交戰。

現代以色列生活中另一個重要的向度，也在數千年前的聖經中就提到了。一如這片區域自古至今的情況，以色列的兩個王國為強敵環伺。北有位於今日伊拉克北部的亞述帝國（**見地圖一**），這個凶殘的軍事強權威脅到幼發拉底河以西的許多國家，包括以色列與猶大王國在內。除了亞述帝國，北方還有另一個造成威脅的強權：亞蘭（Aram）。正東邊的巴比倫帝國也經常捲入該地區的征戰殺伐。南邊幅員遼闊的埃及帝國又讓情勢更形複雜。想要控制該地區的任何國家，都必須征服以色列和猶大王國所在的土地。在許多方面，不論結果如何，猶太人的王國都注定命運多舛：勝出的不管是哪個強權，最終都將征服他們。

這一點也是現代以色列看待自身挑戰的觀點之一。早在當年，中東就是情勢複雜的區域。早在當年，生存就是持續不斷的奮鬥。

處境艱難的兩個以色列王國竭盡所能自保。他們組成聯盟，納貢給帝國。然而就長遠來看，這些策略都是徒勞。在這段充滿各種協約與競爭的曲折故事裡，兩個王國持續趨於衰弱。最後再也無法生存下去只是遲早的問題，既是因為兩國間的內鬥，也因為周圍環繞了龐大而隨時威脅他們的軍隊。

公元前七三三年到七三二年間，亞述國王提格拉特帕拉沙爾三世（Tiglath-Pileser III）兼併了加里利（Galilee）與外約旦（Transjordan），將居民大量遣送出境。透過這種做法，他在中東引入了一種新的戰術，直到現代仍重複上演，也就是強制遣送大量人群。對以色列人而言，遭到強制遣送，對他們的信仰生活造成了幾個影響。直到當時，以色列人的身分認同主要依附於一個人所屬的支派。但是這些支派的身分認同衍生自他們所居住的土地。一旦以色列人從自己的土地被放逐，支派認同就幾乎無以為繼。

突然之間，由於落入了非他們所願的處境，以色列人被迫重新想像，身為這個民族的一分子意味著什麼。在其後數千年間，這不只一次成為猶太人（與錫安主義者）在變動不居的世界中所面對的挑戰。

聖經並未告訴我們北方王國的十個支派被逐後的命運。放逐的敘事聚焦在任何民族被迫遷徙時所面臨的危險，而猶太人與阿拉伯人在二十世紀都將再度遭受這樣的命運。不論聖經時代那些失落的支派後來命運如何，根據聖經的講述，猶大王國的兩個支派便是僅存的以色列人與後來的猶太人。

由於南方王國仍面對北方與南方的強權，對殘存的兩個支派而言，生存的挑戰仍未結束。亞述的軍事力量趨於衰落，但巴比倫很快填補了權力真空。在南邊，依然強大的埃及帝國仍隱伏威脅。接著，猶大王國的領袖犯了一連串代價高昂的錯誤，使他們的處境大為惡化。猶大國王誤判巴比倫帝國已經衰弱，決定不再向巴比倫國王納貢。憤怒的巴比倫人在公元前五九八年入侵猶大王國，殺了國王，並在不久後洗劫聖殿，擄走約一萬人（多數為士兵與工匠）。巴比倫國王借用亞述國王先前的做法，企圖藉由流放其人民，擊潰猶大國人的國族意志。

猶大人依然反叛不斷，拒絕臣服於巴比倫的統治，新的巴比倫國王尼布甲尼撒（Nebuchadnezzar）於是再度入侵猶大王國。這一次，為了徹底鎮壓猶太人的反叛，巴比倫人決定不只要驅逐與流散當地人口，還要摧毀以色列地的猶太生活象徵。公元前五八六年，他們放火燒毀了所羅門的聖殿。

如今，連猶大王國也灰飛煙滅。猶太人的獨立地位告終。巴比倫流亡（Babylonian exile，又譯「巴比倫之囚」）的時代展開，而猶太人將永遠不會再全體一起生活在以色列地。

以色列人的宗教以獻祭敬拜和祭司領導為中心，有鑑於此，聖殿被毀，以及隨之毀棄的獻祭儀式和祭司權力，本來很可能會造成以色列生活方式的終結。然而，以色列的領袖憑藉著他們的社會與宗教天才，懇求他們的追隨者不要將這些損失視為終結，而是即使遭逢大難也要抱持希望。

先知耶利米（Jeremiah）目睹了耶路撒冷的陷落，後來在被逐期間提出預言，他堅稱，發生的事情雖然殘酷，但不必然表示他們民族的終結。「你們要蓋造房屋，住在其中；栽種田園，吃其中所產的；娶妻生兒女，為你們的兒子娶妻，使你們的女兒嫁人，生兒養女。在那裡生養眾多，不致減少。」[7]耶利米宣揚的是希望與忍耐，他堅稱猶太人與上帝之間的盟約仍在，但是他們必須等待比自己強大的力量讓他們回歸錫安。

然而另有一個迥然不同的觀點，在聖經中由先知哈拿尼雅（Hananiah）代表。他堅稱巴比倫人只會統治兩年——不是七十年——並暗指以色列人無須習慣流亡生活，因為他們很快就能回家，遠比耶利米說的時間還要早。

耶利米和哈拿尼雅之間的辯論——猶太人應該習慣流亡生活，還是堅持儘快返回故土——將在猶太人的生活中持續千百年。同樣的辯論在赫茨爾與他信仰虔誠的反對者間激烈上演，前者迫切地想要建立猶太國，後者則欲將命運交到上帝手中。更後來的論辯也反映出相似立場：以色列早期領袖希望世界各地的猶太人都來到以色列，而美國猶太人領袖則堅持，美國猶太人已經在祖先故土以外的地方找到理想家園。

最終，猶太人流亡了數十年。但是回到祖傳家園錫安的夢想並未因而暗淡。流亡的以色列人將集體記憶聚焦在他們離開的那片土地，依然認為那是他們的家園。《詩篇》讓我們得以瞥見當時許多人的世界觀。「我們曾在巴比倫的河邊坐下，一追想錫安就哭了。」《詩篇》第一百三十七篇這麼說。[8]他們哭泣，同時也夢想回到他們失落的故土。另一篇詩歌說的不是因為懷想錫安而掉的眼淚，而是對更美好的日子終將到來的夢想：

當耶和華將那些被擄的帶回錫安的時候，我們好像做夢的人。
我們滿口喜笑、滿舌歡呼的時候，
外邦中就有人說：「耶和華為他們行了大事！」
耶和華果然為我們行了大事，我們就歡喜。
耶和華啊，求你使我們被擄的人歸回，好像南地的河水復流。
流淚撒種的，必歡呼收割！
那帶種流淚出去的，必要歡歡樂樂地帶禾捆回來！[9]

這首詩篇為猶太人傳唱千百年。他們從未見過那片土地，也知道自己可能活不到返回故土的那一天。他們對於希冀回去的地方所知不多，但在他們靈魂深處有一個他們知道必將實現的承諾——有一天他們會回家。在那一天以前，關於錫安的夢想將一直是他們心靈與民族生活的中心支柱。

在《希伯來聖經》的結語中，波斯國王居魯士於公元前五三九年擊敗巴比倫後，對流亡者說他們可以返鄉並重建聖殿。「你們中間凡做〔耶和華〕子民的，可以上去〔耶路撒冷〕。」[10]流亡者中有多少人選擇回到錫安、重建聖殿，我們不得而知，但顯然只有一小部分。[11]

然而在聖經織就的故事中，焦點並不是選擇繼續流亡的人，而是居魯士告訴他們該回家了的敦促。猶太人的國族敘事以上帝告訴亞伯蘭「往我所要指示你的地去」（以色列地）為開端，而以聖經最後的話語為結束：「可以上去〔耶路撒冷〕。」

聖經中的故事頗具啟示性，以應許的家園為始，猶太人返回以色列地為終。它講述一個民族的故事，他們永遠懷抱渴望，從不放棄有一天終將回家的應許。

聽從居魯士諭令自巴比倫返回以色列地的人，看到的是一個動盪不安的區域——與今日相去不遠。回來的少數人最後重建了聖殿，雖然新的聖殿起初完全不能與昔日的聖殿相比。第二聖殿將聳立約六百年，但猶太人的主權則時斷時續。

波斯帝國興起又衰落後，亞歷山大大帝征服了該地區。希臘統治有時非常嚴苛，宗教自由往往被殘暴的限制。雖然許多猶太人擁抱了環繞在他們周圍的希臘化文化，仍有少數人堅決認為必須抵抗外來文化與宗教的影響——這樣的模式在其後千百年的猶太生活中將一再重複。他們相信，只是生活在祖傳的家園中還不夠。在這裡的生活必須由猶太生活中向來至關重要的理想、信念與承諾所塑造，才會有意義。

面對希臘人對猶太宗教自由的壓抑，猶太反抗團體起而戰鬥，這是自大衛王國以來，猶太人最可觀的一次武力展現。公元前一六四年，名為馬加比家族（Maccabees）的一小群猶太人起而反抗希臘人，獲得成功。他們建立了以色列地四百多年來第一個自治的猶太國家，而這次成功透過光明節（Hanukkah）永為後世的猶太人所慶頌。

然而猶太人享有主權約一個世紀後，再度成為附庸國，這次的宗主國是羅馬帝國。起先，羅馬統治下的生活尚可忍受。羅馬與猶大地距離遙遠，羅馬領袖並不太關心居住在以色列地的以色列人如何生活。與那個時代所有臣服於他國的民族一樣，以色列人背負沉重的賦稅，但是生活上大致不受干預。不過，時間改變了這一切。羅馬統治愈來愈高壓，不僅提高賦稅，還逐漸消除猶太人的宗教自由。公元六年，羅馬開始直接統治猶大地，猶太人連主權的假象都沒有了。

猶太人對主權的渴望讓他們再度起而反抗。名為奮銳黨（Zealots）的一小群人主張對羅馬人發動軍事起義。公元六六年興兵起義後，反抗軍一開始逼退了羅馬人。然而羅馬軍事力量龐大，猶大地的反抗者難與抗衡。到了公元七〇年，羅馬大軍已兵臨城下，準備攻入耶路撒冷。耶路撒冷成了圍城，羅馬軍隊不准任何東西進出。存糧用罄後，城內居民開始挨餓，不久之後羅馬人便破牆而入，夷平了耶路撒冷城，燒毀第二聖殿。猶太居民遭屠殺殆盡，而該地區殘存的猶太人中許多遭到放逐，兩千年的流亡由此展開。

第二猶太聯邦（Second Jewish Commonwealth，亦稱第二聖殿時期）慘烈地結束了，耶路撒冷不復存在。然而，不甘臣服於羅馬統治的強烈意志，使得依然有少數的反抗勢力據點留存。其中最著名也苦撐最久的，是奮銳黨的據點馬薩達（Masada，這座山上築有防禦工事，位於死海西緣）。但是他們注定敗亡；羅馬實在太強大了，奮銳黨人也心知肚明。最後，羅馬人包圍了他們，但與其死於羅馬人手下，或是更悲慘的被賣身為奴為娼，這些力戰到底的猶太戰士決定自殺。先由少數人殺掉幾乎所有婦女、小孩和多數男性，直到最後剩下的一名奮銳黨人結束了自己的生命。馬薩達山上近一千名猶太人中，最後活下來的只有兩名女性和五名孩童。[12]

對抗羅馬的漫長戰爭讓猶太人付出了駭人的代價。我們對這段時期的資訊多數來自歷史學家約瑟夫斯（Josephus），據他記載，有數十萬猶太人死於這場戰爭，其他許多人或被賣身為奴，或被迫在羅馬礦場工作。

驚人的是，即使在羅馬人手下遭到如此慘烈挫敗，猶太人想在祖傳土地上恢復主權統治的渴望並沒有因此熄滅。第二聖殿被毀約六十年後，羅馬皇帝哈德良（Hadrian）在公元一三〇年宣布重建耶路撒冷的計畫。然而，他不是要恢復耶路撒冷昔日輝煌的猶太樣貌，而是重新命名它為愛利亞加比多連（Aelia Capitolina），並打算在原址建立一座異教聖壇。他開始稱這個區域為敘利亞—巴勒斯廷納（Syria Palestina），這也是今日巴勒斯坦（Palestine）之名的由來。

受此刺激，西門・巴柯巴（Simeon Bar Kokhba）在年老的智者拉比阿奇瓦（Rabbi Akiva）支持下密謀起義，數十萬戰士加入他的行列。這次起義在公元一三二年全面展開，而一如公元六六年的那次起義，面對羅馬軍隊，猶太人一開始打了幾場勝仗。巴柯巴奪下耶路撒冷和其他大片土地。每解放一個地方，他就在當地施行猶太人的自主統治。現代考古學家找到不少那個時期的錢幣，上面以希伯來文刻著「以色列的救贖」、「以色列的自由」或「耶路撒冷的自由」，都是巴柯巴短暫主權政體下的產物。[13]

然而，一如過往，羅馬帝國的龐大軍力遠遠超越反抗軍。哈德良的軍隊壓制了巴柯巴和他的戰士，迫使他們撤退到耶路撒冷南邊的城市貝塔爾（Betar）。公元一三五年，羅馬人掃除了三年抗爭最後的殘存勢力。根據古代記載，有五十八萬名男子被殺，更多人則被送到奴隸市場。

猶大地第三度陷落，猶太主權政體又一次告終。這一次，不會再有七十年後的快速復原，不會再有聖殿被毀六十年後的起義。這一次，一切真的結束了。

此後近兩千年——確切說是一千七百六十二年——猶太人將過著沒有政治自主權的生活。他們以別人統治的土地為家，在待他們時好時壞的地主國仰人鼻息。大致而言，沒有人認真嘗試恢復猶太主權，直到赫茨爾在一八九七年於巴塞爾召集了第一屆錫安主義大會。赫茨爾號召大家起而反抗，恢復古以色列的榮光，結束那漫長而腐蝕人心的流亡。猶太人不該再在他們身處的國家，過著受統治者喜好而左右的生活。他堅信，這是猶太人自己創造歷史的時候了。

赫茨爾在一八九七年的巴塞爾站在第一屆錫安主義大會的講壇上時，猶太人返回故土的夢想已經維持了近兩千年。他們是怎麼做到的？他們如何維繫對一個從未見過的地方的記憶？用艾略特的話來說，他們如何「讓這片早期家園既熟悉又獨特」，即使他們從未在那裡居住或造訪過那裡，而且可能永遠都不會？

猶太人所做的，是週期性的重溫歷史時刻，即使他們自己並未經驗過那些時刻；某種程度上，這是為了他們所夢想、像他們後來終於齊聚在巴塞爾的那樣一天做準備。猶太傳統的傑出之處在於，猶太人得以透過禮儀和節日召喚過往，並且讓這個過往顯得既屬於現世又真實無比。不管他們做什麼、說什麼、想什麼，以色列地永遠是他們的中心焦點。在每日三次的祈禱中，他們面朝耶路撒冷的方向。一個又一個世紀過去，而他們總在希伯來曆埃波月（Av）的第九日禁食，這是猶太傳統中兩座聖殿被毀之日。不管坐在西班牙還是波蘭的餐桌旁，他們在誦念飯後感恩禱告時，總會包括祈神賜福的這一句：「讚美祢，上帝，以慈悲重建耶路撒冷。」逾越節晚餐結束時，不管在非洲或歐洲，在葉門或伊拉克，世界各地的猶太人都會歌唱「明年在耶路撒冷」。猶太婚禮中，傳統上新郎總要打破一個杯子，提醒慶祝者即使在喜悅的時刻也毋忘被毀的耶路撒冷。還有其他若非數百也有數十個的猶太宗教習俗，為世世代代從未見過錫安（耶路撒冷）、也知道自己永遠不會見到錫安的猶太人，保存了錫安之夢。

這個保存猶太人記憶的策略，說明了為什麼比亞利克在一八九二年出版的〈致鳥兒〉會引起那麼大的共鳴。這首詩的文字是新的，但它表達的夢想不是。在某些方面，比亞利克只是延續了耶利米、哈拿尼雅與《詩篇》都曾說過的：猶太人也許散居在許多不同地方，但他們真正的家園永遠只有一個地方。

這個魔法奏效了。十九世紀末歐洲開始排斥猶太人的時候，當民族主義席捲歐陸，許多猶太人感覺到能以歐洲為家的時日不多了的時候，他們本能的知道他們還有一個在別處的家。不論是虔誠或世俗、知識分子與否、住在東歐或西歐，他們自小接觸的傳統實在太常指涉到錫安之夢，因此當赫茨爾寫出《猶太國》，它所訴說的夢想對猶太人而言是再熟悉不過了。赫茨爾的想法能這麼迅速地傳播，主要是因為這些想法並不是全新的，他只是讓猶太人已懷抱千百年的夢想變得鮮明如真。

因此我們也就不用驚訝，為什麼巴塞爾大會的一名代表會有這樣的觀察：「每個坐在那裡的人都激動難抑，彷彿有奇蹟出現。事實上，難道我們眼前的不是奇蹟嗎？接著，熱烈的掌聲爆發出來；全體代表鼓掌、吶喊、揮舞手帕，如此持續了十五分鐘。」[14]畢竟，對那些已經對歐洲絕望，認為錫安主義是重燃夢想與希望之開端的猶太人，赫茨爾就是那最早到了「我所要指示你的地」的亞伯拉罕。他是摩西，帶領追隨者前往應許之地。他是大衛，帶來恢復猶太主權的希望。他是巴柯巴，堅決認為抵抗歷史力量的時候已經到來。赫茨爾幾乎憑一己之力為古老的夢想注入生命，重新建立起希望，並啟發了猶太人，使他們得以為自己想像截然不同的未來。

第一屆錫安主義大會之後，政治錫安主義起飛了，但在許多方面它並無新意。其實，它是一個重新復活的古老夢想。

第三章
是對話而非意識形態：錫安主義者在世紀之交的分歧

猶太人因身為猶太人而肉體或精神遭折磨、自尊受傷害、財產遭劫掠的任何地方，都是基希涅夫。讓我們拯救那些仍能被拯救的！

——赫茨爾，第六屆錫安主義大會，一九〇三年[1]

「我們抱著對我們國家、帝國與世界的高度期望進入二十世紀的黎明，」邱吉爾在一九四九年感傷的回憶，「十九世紀晚期大半都是自由有所進展的時期。一九〇〇年，最普遍的感受是我們正抱著希望朝更光明、更開闊、更安適的日子前進。」[2]

十九、二十世紀之交，許多猶太人也與邱吉爾同樣樂觀。邱吉爾提到的自由進展，理應為歐洲猶太人帶來充滿新機會的一段時期。一八九七年的第一屆錫安主義大會，預示了猶太人將加入國際大家庭，更讓未來顯得光明無比。

因此，當這些樂觀期望落空，當二十世紀以對猶太人的猛烈暴力揭開序幕時，許多猶太人深受震動。在俄國，暴力肇端於《錫安長老會紀要》（*The Protocols of the Elders of Zion*）的出版，這是一份偽造的「會議紀錄」，出自一場虛構的會議，假稱猶太人在會中密謀操控傳媒與世界經濟以統治全球。《紀要》一書有多種語言譯本，在全球各地流傳。

此後不久，俄國對猶太人的敵意從文字化為暴力。所有攻擊中，最讓猶太人震驚的是一九〇三年的基希涅夫（Kishinev）反猶暴亂。恐怖從該年的復活節，四月十九日開始：

起初是年輕人開始騷擾猶太人，要他們離開楚夫林斯基廣場（Chuflinskii Square），隨著節日飲酒的人群愈來愈醉，成年人也逐漸加入這個行列。當日傍晚，大約有二十五群人，每群平均三十五人，同時散入比薩拉比亞（Bessarabia）首府的猶太區，在青年男孩帶頭下砸毀房屋和商店的窗戶。皇家學校（Royal School）與該城宗教學院的學生與神學院學生手持鐵棍與斧頭，也加入暴徒行列，在打劫者協助下劫掠並毀壞財物。當地警察全未嘗試介入，祕密警察首長拉文達（Levendal）反而鼓勵暴徒繼續……東正教主教雅科夫（Iakov）乘馬車經過街道時，還為主要是摩爾多瓦人的攻擊者賜福。[3]

暴徒發現總督不會出手干預之後，事態愈演愈烈。肆意妄為的殘暴行為簡直難以用筆墨形容。後來發生的事情是：

夜晚時的謀殺與大屠殺……五萬名猶太人（人口的三分之一）淪為野蠻行為的受害者……有一名兩歲男孩活生生被割下舌頭……年輕時即一眼失明的梅耶．魏斯曼（Meyer Weissman）拿出六十盧布，懇求毀壞他小雜貨店的暴徒饒過他的性命；暴徒首領拿了錢之後，把魏斯曼的另一眼也挖出來，還說：「你永遠不能再看到基督徒孩子了。」有些人頭部被插入鋼釘；有人身體被一切為二；有人被開腸剖肚後裡面塞入羽毛。婦女與女孩遭強暴，有些人乳房被割去。[4]

《聖彼得堡公報》（*St. Petersburgskiye Vedomosti*）後來報導，這些恐怖事件發生時，上流社會的人「平靜地走過，漠不關心地看著這些恐怖的景象」。[5]一直到內政部長派電報給總督，要求他制止這場屠殺，軍隊才出動，並於四月二十一日早上開始戒嚴。

猶太人死傷慘重。暴亂期間有三十四名猶太男性（包括兩名嬰兒）與七名女性被殺害，後來又有八名猶太人傷重而死。財產受到大規模破壞。暴亂後不久抵達該城的記者報導，當地的非猶太人居民沒有表現出任何「遺憾或悔恨」。[6]

暴亂後不久，在敖德薩猶太歷史委員會（Jewish Historical Commission）請求下，比亞利克前往基希涅夫訪問倖存者，要把發生的事情寫出來。比亞利克是這項任務的當然人選。自十年前出版詩作〈致鳥兒〉之後，他的名聲就日益高漲。他的詩集在一九〇一年出版時，他已是他那一代公認最偉大的希伯來作家之一，甚至是最偉大的。錫安主義領袖澤維・賈博廷斯基（Ze’ev Jabotinsky）本身也是極具才華的作家，他說比亞利克是「現代文學圈中，唯一用他的詩直接塑造了一整代人靈魂的詩人」。[7]

比亞利克在基希涅夫所見所聞讓他震驚。他的文學回應是篇幅宏偉的《屠殺之城》（*In the City of Slaughter*），然而讓人意外的是，在這首詩中他憤怒的對象不僅是那些打家劫舍、犯下強暴謀殺惡行的暴徒，還包括猶太人自己。在這首複雜的長篇詩作中段，比亞利克描述了一間房屋的地下室，在這裡，一群哥薩克暴徒凶殘並反覆地強暴猶太女性。根據比亞利克的重述，這野蠻的攻擊發生時，猶太男性躲在酒桶後面，害怕到連試著阻止暴徒都做不到。比亞利克以尖刻的反諷稱他們為「馬加比之子」，認為他們正是歐洲猶太人所有問題的具體象徵。

接著，比亞利克把怒火轉向了猶太傳統。據他「描述」，在攻擊事件後，身為祭司家族後裔的這些男性，從他們慘遭蹂躪但一息尚存的妻子身上跨過，奔去拉比身邊問他：「我的妻子還能與我同房嗎？」[8]

「你們擔心的竟是**這個**？」比亞利克的文字彷如怒吼。你們所愛之人被凌辱、被傷害、被侵犯，橫陳地上，而你們只關心猶太律法的一個問題，想知道你們是否仍能與妻子同房？你們的人性到哪裡了？你們成了什麼？

當然，比亞利克描述的場景是否屬實無關緊要。他畢竟是詩人而非歷史學家。重要的是他的驚駭，他的驚駭既是為了歐洲人能做出的事情，也是為了在猶太傳統培養下消極被動的猶太人所做不出的事情。

比亞利克宣告，從自己的土地被放逐，不只讓猶太人失去力量和勇氣，更腐蝕了他感受的能力。放逐的生活已經毀了他。而猶太傳統的法律制度，或許曾在敗壞的世界中創造出純淨與神聖的時刻與空間，但現在卻讓猶太人不去關心真正重要的事情，造成他靈魂的腐壞。基本上，比亞利克的意思是猶太傳統像個惡性腫瘤，摧毀了猶太人的人性。

因此對比亞利克和他的許多同代人而言，錫安主義的重點和歸返猶太家園的理由，不僅是要建立一個庇護所，或是解決歐洲的「猶太人問題」。猶太人必須返回故土的原因是，唯有在那裡，他們才能打造出「新猶太人」。他堅信，重現昔日馬加比家族的時機已經來臨。猶太國重生的時候已經到來。

比亞利克絕非唯一受到基希涅夫事件徹底改變的猶太領袖。對赫茨爾而言，基希涅夫只是再度證明猶太人迫切需要一個家園——不管在哪裡建立這個家園都行。赫茨爾曾經想過在阿根廷建國的可能性，而由於與鄂圖曼帝國的交涉幾無進展，他又開始考慮巴勒斯坦以外的地方。

第六屆錫安主義大會在一九〇三年八月二十三日召開時，赫茨爾提起基希涅夫，他堅決認為基希涅夫不是一個事件或地方，而是一種狀態。他堅稱：「猶太人因身為猶太人而肉體或精神遭折磨、自尊受傷害、財產遭劫掠的任何地方，都是基希涅夫。讓我們拯救那些仍能被拯救的！」[9]他寫信給與他共同奮鬥的馬克斯．諾多，認為他們應接受英國提供的東非領土。他提醒諾多，這個提議「是唯一的一個……一言以蔽之，我們應該順應當下的政治時局」。[10]

這個「當下的政治時局」始作俑者是約瑟夫．張伯倫（Joseph Chamberlain，英國殖民地大臣），在赫茨爾施加的外交壓力之下，他建議猶太人與其堅持回到巴勒斯坦，不如在東非找一片土地。這個提議後來稱為「烏干達計畫」（嚴格來說這片土地位於現代肯亞境內，只是在此前不久還是英屬烏干達的一部分）[11]，赫茨爾在第六屆錫安主義大會上提出這個選項後，不意外地引發了激烈辯論。支持這項計畫的人認為「烏干達」不會是猶太人的最終目的地，只是在返回位於巴勒斯坦的故土定居前暫時的停留處。民族—宗教派（national-religious）的代表身為虔誠的猶太教徒，本可預期他們會堅持光復以色列地，但出乎意料的是，他們當中有些人與赫茨爾有同樣的絕望感，因而投票支持計畫。*

---

* 烏干達不是唯一被提出來取代巴勒斯坦的選項。迫切尋找安身處的猶太人曾提出並試圖實現過幾個其他可能。十九世紀早期有人提出紐約州的大島（Grand Island）。其後數十年的其他提議包括東非的瓦辛基蘇（Uasin Gishu，一九〇三—一九〇五），安哥拉的本格拉高原（Benguela Plateau，一九〇七—一九一四），馬達加斯加（一九三三—一九四二），塔斯馬尼亞的戴維港（Port Davey，一九四〇—一九四五），以及蘇利南（一九三八—一九四八）。這些為了猶太人新家園似無止境的追索，一直到以色列在一九四八年建國後才結束。（Adam Rovner, *In the Shadow of Zion: Promised Lands Before Israel* [New York: NYU Press, 2014].）

但是這個構想受到強烈抗拒。有多少人願意移居到一個地方，只為了不久之後再度離開？許多人憂心，猶太人根本不會搬去「烏干達」，或者即使去了，如果有一天巴勒斯坦成為選項，他們不會再次遷居。烏干達計畫有可能破壞回到巴勒斯坦的任何一點希望。錫安主義的目的不僅在於為猶太人找到家園，而是要在他們祖先的故土上重新建立家園。連許多世俗派的錫安主義者（他們對以色列地的感情不具**宗教性**），都投票反對提案，他們堅認：「放棄錫安〔即耶路撒冷〕，即使只是一個小時，都是嚴重且根本的叛離了意識形態。」[12]俄國代表中「有些來自基希涅夫」[13]，他們應該比任何人更深刻感受到為猶太人找到避風港的急迫性，但有些俄國代表依然激烈反對在東非建立猶太國的想法。

赫茨爾很快意識到自己製造了一個他無法控制的風暴。錫安主義大會以及錫安主義運動出現嚴重分裂。赫茨爾沒有任何能立即彌補傷害的方法。

錫安主義社群陷入深刻與尖銳的辯論，而且會一直如此——直到永遠。烏干達構想逐漸消退，最後變得無關緊要。但是又會出現其他議題。當時已日益清楚的一件事是，錫安主義永遠不會只是單純的政治運動。錫安主義的中心是猶太人的未來與猶太民族家園——但究竟該如何達成這些需求，往後將持續造成往往棘手而尖銳的爭論。儘管錫安主義是一場運動，它其實更是一場複雜而往往帶有火藥味的對話。

所有參與者都明白，一場難看的對決對誰都沒有好處，因此大會試著迴避烏干達問題，只投票決定研究這個提案的可行性。即使如此，這還是讓一些代表憤怒不已，帶領反對陣營的耶希爾・塔希利諾（Yechiel Tschlenow）在投票後憤怒地走出會場，其他一百二十八名反對提議的代表也同時離場。

赫茨爾沮喪地離開了大會。健康不佳又深為俄國猶太人悲慘處境而憂心的他，眼看著心愛的大會四分五裂，而原因正是自己提出的爭議性提案。到了一九〇四年春天，他顯然已經明白自己這項策略失誤有多嚴重，在錫安主義執行機構（Zionist Executive）後來被稱為「和解大會」的一次會議中，他說：「我們的解決方案唯有巴勒斯坦。」[14]

一如赫茨爾所料，烏干達計畫最終在一九〇五年七月的第七屆錫安主義大會上被否決了。但赫茨爾沒有活到那時候。年僅四十四歲的他，在一九〇四年七月三日死於心臟衰竭。

赫茨爾從年少時就知道自己有心臟問題。然而他從未顧及自己所冒的生命風險，明知如此仍為了追求他深信能拯救同胞的夢想而犧牲自己。猶太人不僅體認到他的犧牲，也體認到他幾乎隻手推動了猶太人歷史的巨大轉變。

一名作者寫道：「維也納從未經歷過這樣一場葬禮。」[15]猶太作家史帝方・茲維格（Stefan Zweig）參加了赫茨爾的葬禮，他寫道：

那一個七月天很奇特，所有目睹的人都難以忘懷。突然間，人們從每一座車站、每一列火車、每一個區域、每一座港口，夜以繼日地、數以千計地來到這裡。西歐與東歐的猶太人、俄國與土耳其的猶太人、每一地區和每個遙遠村莊的猶太人，都湧入了這座城市，臉上仍流露這個壞消息帶給他們的震驚。長久以來被異議與謠言模糊的真相，此時強大地展現在我們面前——我們如今要安葬的這名男子是一場偉大運動的領袖。突然間，維也納人發現死去的不是一位普通作家或詩人，而是一個形塑想法的人，這樣的人鮮少出現在歷史的舞台上。深刻的痛苦穿入了這個民族所有人的心中，而我首次明白這卓絕的男子以他的遠見為這世界灌注了多少勇氣和希望。[16]

猶太人上一次擁有這樣的領袖，已經是千百年前的事了。

赫茨爾與比亞利克都不是唯一受到基希涅夫事件徹底改變的錫安主義領袖。「基希涅夫的殺戮充滿我心中，我無法思考任何其他事情。」亞舍・茲維・金茲伯格（Asher Zvi Ginzberg）如此寫道。他也認為猶太人必須成為與現在不同的模樣。「這是一個恥辱：五百萬人讓自己成為別人的負擔，伸出脖子來任人宰割又大聲呼救，卻不嘗試捍衛自己的尊嚴與性命。」[17]

金茲伯格於一八五六年生於烏克蘭（比赫茨爾早四年），以筆名阿哈德・哈阿姆（Ahad Ha'am，「人民的一分子」）為世人所知。很早就展現出卓絕天才的阿哈德・哈阿姆，誕生在深植於極端正統哈西迪（Hasidic）猶太教傳統的家庭中，家人也期待他會待在這個傳統的世界裡。然而，就像比亞利克與其他人，阿哈德・哈阿姆受到歐洲與猶太啟蒙運動哈斯卡拉所提供的更廣大的智識世界吸引。一個模式逐漸浮現。當年許多最著名的錫安主義思想家都誕生在正統派家庭，但或多或少都背離了猶太傳統的世界。在他們的領導下，錫安主義成為一個融合體，既有深厚的猶太知識，同時又對這些人從小浸淫其中的絕大多數傳統懷抱敵意。*

阿哈德・哈阿姆與其他背離了傳統猶太世界的人不同，他保存了對於形塑他的性靈世界的喜愛。有個故事是這麼流傳的：他的父親警告他若持續閱讀異端文本，就不得再取用他的藏書。阿哈德・哈阿姆為此異常緊張，有一次甚至燒了一本書，好隱藏他對陌生文學世界的探索；[18]無論如何，他都不願冒險被拒於父親的猶太經典藏書門外。

為了順從父親，他甚至同意娶一名宗教背景正確的女子為妻，在十四歲時與出身哈西迪猶太教望族的女子締結婚姻，儘管他並不怎麼喜愛這名女子。[19]讓人有些意外的是，這段婚姻維持了下去。

他父親的生活陷入困難時（這又是許多早期錫安主義領袖生平共有的細節），阿哈德．哈阿姆決定搬到敖德薩，這裡是深深吸引他的猶太知識文藝復興重鎮。敖德薩是唯一准許猶太人生活的俄國城市，擁有蓬勃發展的猶太知識圈子，許多最偉大的錫安主義思想家都從這裡發跡。

阿哈德．哈阿姆全心投入了敖德薩這個猶太文化溫床，不過，與同樣這麼做的一些錫安主義思想家不同的是，他並非沒有內心衝突。對於哈西迪猶太教世界的美學，他仍保存一種本能的忠誠。一八八八年，他在名為〈破舊的手稿〉（Ketavim Balim）的一篇文章中，少見地坦露了自己的內心：

> 在那些漫長的冬夜中，有時候我坐在男男女女的有識之士當中，坐在擺放了不潔淨的（tref）食物和撲克牌的桌邊，內心喜悅而臉龐發亮，突然間——我不知道為何如此——突然間有一張非常陳舊的桌子出現在我眼前，它的桌腳壞了，上面滿是破舊的〔神聖〕書本，那些書本暗沉而破爛，但無比珍貴，而我獨自坐在這些書本之中，靠一支蠟燭黯淡的光線閱讀它們，打開一

* 信仰與知識循此軌跡發展的錫安主義作家出奇的多，例如諾多、A．D．戈登（A. D. Gordon）、艾利澤．本—耶胡達（Eliezer Ben-Yehuda）、米卡．尤瑟夫．貝爾狄契夫斯基（Micha Josef Berdyczewski）、阿哈德．哈阿姆、哈伊姆．魏茨曼（Chaim Weizmann）、尤瑟夫．布倫納（Yosef Brenner）與貝爾．卡茨尼爾森（Berl Katznelson），在本書稍後的章節都會出現。

本又闔上一本，根本沒有看裡面微小的字跡……而整個世界就好像伊甸園。[20]

他對自己選擇背離的世界這種毫不掩飾的熱愛，使他與某些其他錫安主義作家截然不同。他堅定認為猶太人需要的不是主權，他相信猶太人有一種與非猶太人不同的天生精神性。非猶太人的民族主義根植於權力，而在猶太信仰中，精神應能戰勝實質權力。他在大約同時期寫道：「不以民族文化為基礎的政治理念，很可能引誘我們背離對偉大精神性的忠誠，在我們心中產生一種傾向，欲透過獲取實質權力和政治支配力找到通往榮耀的途徑，切斷了將我們與過往連結的那一條線。」[21]他認為錫安主義應專注於在巴勒斯坦創造一個精神中心，而非一個國家。

尤其讓阿哈德．哈阿姆憤怒的是，赫茨爾的願景沒有任何獨屬於猶太人的特色。「不如讓猶太人從歷史上消失，」他寫道，「也不要讓他們在一個由猶太裔人口所組成，但除此以外並不算猶太國家的小國裡，陷入無意義的權力支配。」[22]

阿哈德．哈阿姆相信赫茨爾也許真的想拯救猶太民族，但是他認為赫茨爾的計畫嚴重偏離正途：

他不僅未將文化考慮在內，他的政治風格尚且代表了與猶太歷史決然且不祥的斷裂：他經營群眾（阿哈德．哈阿姆立即譴責這是煽動群眾），又承諾快速的救贖，喚起與過往假冒救世主的人之間令人恐懼的類同處……他甚至指控赫茨爾是異端邪說者。[23]

阿哈德．哈阿姆提出替代方案。與其朝建立國家努力，他認為猶太人應該在巴勒斯坦建立「殖民地」。這個精神中心將住著猶太世界的精英，並且讓各地猶太人的精神生活都變得更豐富。[24]聖經中的先知以賽亞，曾在數千年前樂觀地宣告過「訓誨必出於錫安」。[25]阿哈德．哈阿姆顯然認為錫安主義應當滿足先知的預言。

在他心目中，猶太人的未來不會只取決於猶太人在錫安的命運。由於猶太主權對他而言並非關鍵因素，因此他對不同的猶太信仰在許多地方蓬勃發展的概念抱持開放。此外，他深信猶太人在美國也能欣欣向榮。「到以色列地（Eretz Israel）還是美國？」他問。「真正的答案……是：到美國，**也到**以色列地。猶太問題的經濟面必須在美國解決，而理念層面的問題……只能在以色列地找到答案。」[26]

赫茨爾的《新故土》在一九〇二年出版後，赫茨爾與阿哈德．哈阿姆（當時他已是赫茨爾反對最力的批評者）之間的戰爭變得更醜惡。但僅僅一年後，基希涅夫的暴亂就使得連最不政治的阿哈德．哈阿姆都暫時停手——所有人都知道猶太人需要放下歧見，準備好逃離歐洲的方式。但是他從未停止反對赫茨爾建立猶太國的計畫。他堅決認為建立國家對猶太人而言將是巨大的錯誤。

當然，阿哈德．哈阿姆輸了與赫茨爾的戰爭，因為錫安主義最後確實導向建國。然而他的想法持續在錫安主義者的世界中迴盪，至今依然如此。

阿哈德．哈阿姆最早的追隨者中，有一群巴勒斯坦知識分子成立了「和平契約」（Brit Shalom），這個組織致力於促進猶太人與阿拉伯人之間的和平，主要方式是倡議猶太人放棄尋求建國。和平契約的成員深信，由於猶太國將永遠與該區域的阿拉伯人處於衝突之中，對猶太人更好的做法是建立一個雙民族國家，國民包括猶太人與阿拉伯人。猶太人與阿拉伯人沒有理由不能共享這片地區，甚至是同住一個鄰里，生活在完全的和諧中。

這個運動的成員從未超過一百人，但是其影響力遠超過其人數。著名成員包括在猶太事務局（Jewish Agency）擔任要職的經濟學者亞瑟・魯平（Arthur Ruppin）、哲學家馬丁・布伯（Martin Buber），還有聞名世界的哲學家暨歷史學者格爾肖姆・朔勒姆（Gershom Scholem）。愛因斯坦從未加入運動但予以支持，美國猶太教改革派拉比暨和平主義者猶大・馬格內斯（Judah Magnes）也是如此，他形塑了希伯來大學的文化（他是這所大學的第一任行政首長，後來擔任校長），因此影響了好幾代以色列學生與學者的想法。後來幾代的美國猶太人領袖都深受阿哈德・哈阿姆影響，而他的追隨者，尤其在以色列建國初期，經常公開懷疑錫安主義是否為了追求建國而犯下重大的策略失誤，無意中將猶太人帶入了歧途。

建國與不建國的願景有一個共通處，那就是不管要實現哪一個，都需要為數不少的猶太人離開現居地，搬到鄂圖曼帝國的一個省分。從這方面而言，至少在這個階段，兩個構想似乎都無實現的可能。

錫安主義的其他形象也在這段時期開始浮現。備受敬重的公共知識分子諾多，大約在德雷佛斯事件時開始投入錫安主義的建國目標。他誕生於佩斯（Pest）的正統猶太教家庭，擔任德國柏林的自由派報紙《福斯日報》（*Vossische Zeitung*）巴黎特派員，為成為德國知識分子而背離了猶太人的世界。為了淡化猶太裔背景，他連自己原先的姓氏蘇菲爾德（Südfeld）都改掉了。

就某種意義而言，諾多預見了基希涅夫事件。早在第二屆錫安主義大會，他就倡議創造「肌肉型猶太人」（Muskeljuden）。他主張，錫安主義者急於建立的新猶太國居民必須是新猶太人——他是個強壯自主的人物，傳統的猶太經學院對他只是遙遠的記憶。

> 太久太久以來，我們一直在懲罰自己的肉體……或者該說的更精確一點——是別人在殘害我們的肉體。他們獲得極大的成功，這可以從隔離聚居區、教堂墓園、中古歐洲通衢大道旁的數十萬猶太人屍體衡量出來……在狹窄的猶太街道上，我們可憐的四肢很快遺忘了它們歡快活潑的動作；在沒有陽光的房舍中，我們的眼睛在晦暗中開始畏怯地眨動；持續受到迫害的恐懼，讓我們有力的聲音變成害怕的低語，只有我們在火刑柱上的殉道者於行刑者面前喊出他們死前的祈禱時，我們的聲音才倏然增強……讓我們重拾我們最古老的傳統；讓我們再一次成為胸膛厚實、強壯堅定、目光敏銳的男子。[27]

諾多認為錫安主義必須在猶太人的意識中，創造一個明確重視體魄的新年代，而且他不孤單。在錫安主義陣營中，最受基希涅夫反猶暴亂所震撼的莫過於弗拉德米爾．澤維．賈博廷斯基（Vladimir Ze’ev Jabotinsky）。[28]一八八○年生於敖德薩的賈博廷斯基是世俗派，相當融入非猶太社會（但後來改用希伯來名澤維），早年在歐洲與帝俄擔任記者與國外特派員。

賈博廷斯基收到基希涅夫暴亂的消息時，正在敖德薩的猶太文學協會演講，主題是平斯克的《自我解放》。這消息雖然令他驚駭，但同樣也不完全意外。在那場屠殺之前，即將發生反猶暴亂的謠言即已四處流傳，賈博廷斯基與其他幾個人開始囤積手槍並談論自我防衛的合法性與重要性。

在他追求建國的生涯中，賈博廷斯基與錫安主義當權派的爭論日益激烈，尤其因為他認為錫安主義者面對反對勢力（先是鄂圖曼帝國，後來是英國）太過軟弱被動，永遠無法達成建立猶太國的目標。他希望「修正」主流錫安主義在獲取土地和進行建設方面的包容和漸進手段，因此他分裂出來，創立了修正錫安主義（Revisionist Zionism）運動。

從理論層面而言，修正派與主流派錫安主義沒有太大差異。兩者都認同「猶太定居區在巴勒斯坦的建立，組成猶太軍隊的權利，以及猶太人移民到巴勒斯坦的自由，而且都將透過與英國之間的外交手段達成」。兩者也都支持猶太人在聖經勾勒的以色列地全境進行屯墾，包括約旦河兩岸。他們的差異處在於必要時使用武力達到目標的意願。

一開始，賈博廷斯基在帝俄境內各地組織猶太自衛隊，並特別著重於青年。數年後，賈博廷斯基在一九二三年創立了修正派青年運動，名為貝塔爾（Betar），紀念公元一三五年巴柯巴領導的反羅馬起義中最後一座堡壘。貝塔爾的目的是對歐洲的青年教授軍事戰術，並進行體能訓練。賈博廷斯基在〈貝塔爾的構想〉（The Idea of Betar）一文中說明了這個運動的目標：

> 很簡單但不易達成：即創造為了更快更好地建立猶太國所需要的那種猶太人……其中最大的困難是，今日的猶太民族既不「正常」也不「健康」，而流散生活會影響正常健康的公民所需要的明智養成過程。[29]

貝塔爾擴散到歐洲各地，在波蘭、拉脫維亞、立陶宛、奧地利、捷克、德國與巴勒斯坦都建立了分支。十年後，這個運動已有七萬名成員。

與阿哈德·哈阿姆與「和平契約」組織不同的是，賈博廷斯基絕非和平主義者。他警告，如果猶太人想要取得巴勒斯坦，就必須準備上戰場。其他錫安主義陣營往往認為，軍事力量與武力的使用和錫安主義的根本精神有些相違，但是對賈博廷斯基與追隨他的修正派成員而言，為了實現猶太人的命運而願意戰鬥，是不需要抱歉的事情。

他們認為，猶太人的命運會讓他們經常需要使用武力。可悲的是，歷史將證明賈博廷斯基與修正派成員的先見之明。

若說對諾多與賈博廷斯基而言，強健的身體是新猶太人的關鍵本質，對其他人而言，新猶太人應專注的則是一種完全不同形式的身體活動。二十世紀的頭十年，基希涅夫反猶暴亂與俄國革命的失敗，造就出一波深受意識形態驅動的移民，他們最主要的代言人是亞倫・大衛・戈登（絕大多數時候以A・D・戈登之名為人所知）。[30]戈登信奉阿哈德・哈阿姆的思想，後來成為勞工錫安主義（Labor Zionism）哲學家，他認同應該有一種新猶太人。但對他而言，新猶太人的興起並不來自揚棄過去，也不來自深刻而脫俗的精神性，或是打造強健的體魄。新猶太人將透過耕耘土地而興起。

戈登生於一八五六年的烏克蘭小鎮波多里亞（Podolia），離烏克蘭與摩爾多瓦（Moldova）的現代邊界不遠，大半輩子都在幫一個有錢親戚管理產業。一九〇四年，四十七歲的戈登不顧其他人勸阻，決定前往巴勒斯坦。他把手邊有的錢都留給妻子和兩個小孩，寄望很快就能把他們也接去。一輩子從事白領工作的他不再年輕，體能衰弱，但是他並不因此退卻，一心要成為土地上的勞動者。他成功了。不論是在佩塔提克瓦（Petach Tikvah）的釀酒廠、加里利（Galilee），還是最後在德加尼亞（Degania，勞工錫安主義運動的第一個「基布茲」*），他總是辛勤耕作，直到筋疲力竭。他在一九二一年生了重病，但是他不顧自己的健康持續工作，而且就像在他之前的赫茨爾一樣，至死方

* 基布茲（kibbutz）用來指稱集體社區，起初主要立足於社會主義理想，並以農業工作為根基。基布茲在以色列建國後的數十年間，成為以色列最具代表性的體制。嚴格來說，德加尼亞是第一個kevutza，即比基布茲略小的集體社區，但今日一般都稱其為第一個基布茲。

休。

然而戈登的精神遺產將啟發好幾代猶太人，先是在依舒夫（Yishuv）*，後來在以色列，尤其是在基布茲運動早期。他心目中的新猶太人將由一種「勞動的宗教」所支撐：

勞動不僅是將人類與土地連結在一起，並使人類擁有土地的力量；勞動也是創造國家文化的基本能量。這正是我們所缺少的——但是我們沒有察覺到這個匱乏。我們是沒有國家的民族，沒有活生生的國家語言，沒有活生生的文化……一個有生命力的文化絕對不會脫離生活，而是會擁抱其所有面向……不管是農耕、築屋或修路，任何工作、任何工藝、任何有生產力的活動，都是文化的一部分，事實上正是文化的根基與內涵。[31]

猶太人必須回到自然，以雙手耕耘土地；戈登認為，太久以來，猶太人都仰賴其智識維生，而這扭曲了猶太民族的靈魂（比亞利克與阿哈德．哈阿姆無疑都會認同這個指控）。對戈登而言，修正之道只能在土地中尋找；該是猶太人回到勞動生活的時候了。「勞動曾讓我們受苦，」戈登曾說，「也將療癒我們。」[32]

戈登的世界觀對於猶太人在巴勒斯坦頭數十年的新生活有著至深且遠的影響。農業在早期基布茲運動的中心地位，以及猶太人以農民身分重回這片土地的形象（雖然即使在全盛時期，從事農業的猶太人也只占很小比例），很大一部分源自戈登深入人心的形象。儘管從事的工作在某些人眼中可能只是低下的勞動，建國前的早期錫安主義者仍引以為榮，這一點也反映出戈登的影響。對avodah ivrit（「猶太勞動」）的投入在某些圈子裡持續至今，延續著戈登的信念：真正的猶太精神性將來自結滿硬繭、沾滿以色列地泥土的雙手。

比亞利克與阿哈德·哈阿姆從未失去對傳統猶太文本，以及這些文本所召喚的世界的熱愛，也將其影響融入各自的寫作當中。然而，有些錫安主義者認為錫安主義不僅要改造猶太信仰，而是要完全將它拋下以繼續向前。這種立場最著名的支持者也許是俄國學者米卡·尤瑟夫·貝爾狄契夫斯基（Micha Josef Berdyczewski），他的名言是錫安主義必須是對猶太信仰的徹底反抗。[33]猶太人應該把自己從猶太傳統、歷史與宗教的教條中解放出來，基本上就是要自我再造。他說：「我們可以當最後的猶太人，或者當最初的希伯來人。」[34]

因此，若說許多錫安主義者排斥傳統猶太教，那麼傳統猶太世界的多數人會排斥錫安主義，也就不足為奇了。雖然在錫安主義者當中也有虔誠的猶太教徒，但是對許多其他人而言，對宗教的篤誠正是不要加入這個運動的一個明確原因。

這些原因的年代可回溯到數千年前。《巴比倫塔木德》（*Babylonian Talmud*）**中有一個備受討論的段落，提到以色列與世界列國許下的三個誓言。列國誓言不會過度壓迫以色列，以色列則誓言不

---

* 依舒夫意指「定居區」，也經常用來指稱以色列建國前的巴勒斯坦猶太社區。「新依舒夫」（New Yishuv）指的是與此處描寫的移民同時間開始抵達的猶太人；「舊依舒夫」（Old Yishuv）則指新移民開始抵達前已經居住在巴勒斯坦的猶太人。

** 《巴比倫塔木德》由流亡巴比倫的猶太人群體於公元二〇〇年至五〇〇年間寫成，是最重要的後聖經時期猶太文獻。這部著作卷帙浩繁（傳統版本共有二十冊），至今仍是世界各地傳統猶太人研讀的主要宗教文獻。

會以武力進入以色列地，也不會反抗列國。[35]

其後千百年間，主張猶太人只能在上帝讓他們回歸時重返故土的人，就是以這段短短的文字為立論基礎。多數人都清楚，要回歸以色列地至少會動用到一些武力，但是他們發過誓不會這麼做。反諷的是，因為宗教原因而反對錫安主義者，和大多為世俗派的和平主義者，如「和平契約」組織的某些成員，都是因為錫安主義勢必牽涉到武力的使用而反對它。

不過，問題的重點不在於那些誓言。對宗教反錫安主義而言，真正的核心問題更為深遠。在流散世界各地的一千多年間，猶太人視他們的世界為由兩種精神狀態所組成——流亡與救贖。[36]耶利米預言猶太人將在造物主決定的時候回歸以色列，而猶太人，尤其是東歐的猶太人，總會不由自主地想起耶利米的預言，認為他們的宗教使他們有義務持續流亡，直到上帝拯救他們。對他們而言，錫安主義想把猶太人的歷史與命運交到人類手中，是從本質上違反了猶太教。而這個運動多數的領袖人物不僅是堅定的世俗派，還激烈反對宗教，只是坐實了這種感覺。他們嚴詞譴責錫安主義者，不願與他們有任何瓜葛。

然而，也有信仰虔誠的錫安主義者。他們與極端正統派不同，原則上並不反對錫安主義，對於猶太人將歷史拿回自己手中不會愧疚不安。儘管如此，他們對猶太人復興的願景與世俗主流派不同。早在十九世紀晚期就已隱約有宗教錫安主義運動的跡象，不過，在一九〇二年的第五屆錫安主義大會聲明錫安主義將專注在猶太文化之後，宗教錫安主義的第一個重要組織米茲拉希（Mizrachi）才成立。創立米茲拉希的虔誠猶太人堅決認為，僅憑文化不可能支撐猶太教。上帝，以及奉行誡令，一直是猶太生活的中心。自從摩西在西奈山領受了上帝啟示的《妥拉》，忠於猶太律法就一直是猶太人生存的關鍵。永遠沒有任何事能改變這點。他們說，如果錫安主義要有任何價值，宗教就必須是其核心。

米茲拉希的成員在一九〇四年於今日的布拉提斯拉瓦（Bratislava）召開第一次世界會議，那是基希涅夫反猶暴亂後的一年，也是赫茨爾逝世的同一年。幾乎全然孤立的他們，既排斥東歐虔誠猶太人的反錫安主義，也不認同錫安主義陣營中許多人的反宗教情緒。他們一直處於相對邊緣的位置，但是並不放棄，直到一九六七年，他們在突然間永遠改變了錫安主義和以色列。

錫安主義成為一連串沒有結論的辯論。有些人（赫茨爾）追求建立國家，其他人（阿哈德．哈阿姆）則堅信建國將導致精神破產，因此猶太人只該追求一個精神中心。有人（比亞利克）認為宗教是毀了猶太人的癌症（儘管比亞利克對猶太宗教文本保有深深的喜愛），其他人（宗教錫安主義者）則視宗教為支撐猶太民族的唯一希望。有些人始終如一的忽視阿拉伯問題，彷彿他們想像出了一個沒有阿拉伯人的巴勒斯坦。還有人的想法與此差異不大（赫茨爾），期望猶太人為該地區帶來的進步可以贏得阿拉伯鄰居的尊敬與欣賞。然而，其他人（賈博廷斯基）認為這種觀點很愚昧，並且說如果猶太人不願意戰鬥，就沒有在錫安的未來。有些人（諾多）想像著透過強健新體魄獲得救贖的猶太人，其他人（戈登）則堅持這種新體魄必須以耕種土地為根基。錫安主義是一個運動，但它也是相互競爭的夢想之集合。

猶太國還是很久以後的事情，還要好幾十年，猶太人才會真的建立那個他們已經為之爭執不休的國家。然而，錫安主義者最後終於成功建國時，這些對立的派系將必須在一個倉促宣告與建立的國家中共同生存。他們之間的歧見再深，仍必須一起生活、愛人、戰鬥、打造國家——和死亡。以色列的派系政治與動盪的政治生活，在許多方面都源自這些早期錫安主義者之間未獲解決的論辯。

猶太國終於建立後，猶太人將必須持續學習共享這個國家。正如偉大的希伯來作家暨早期錫安主義者布倫納所說，從某些方面來說，錫安主義「還來不及生根就被迫長出枝幹」。[37]

第四章 從夢想到實現的微光

猶太人少了它就無法成為國家的兩個東西，是土地與語言。

——艾利澤．本—耶胡達[1]

赫茨爾在十九世紀最後十年以德文寫作時，英語世界最著名的猶太人是以色列．贊威爾（Israel Zangwill）。贊威爾是小說家暨劇作家（對婦權運動亦參與甚深），他同樣離開了從小生長的傳統家庭，成為錫安主義者。

在生涯早期，贊威爾寫了一系列文章，將巴勒斯坦描述為「一片荒野……多岩石而荒涼……一個被遺棄的家園」，也是一片「荒廢頹毀」的土地。[2]關於他的觀點，最常見的說法是他認為巴勒斯坦是「沒有民族的土地，等待著一個沒有土地的民族」。[3]

當然，這不盡然準確。不過，也不全然錯誤。巴勒斯坦**有人**居住，不過他們並未以歐洲人了解的方式組織起來。鄂圖曼人（土耳其帝國）自一五一七年起即控制巴勒斯坦，但是對這裡幾乎毫無建設：

一八〇〇年代早期的巴勒斯坦，大略分屬於貝魯特與敘利亞兩個省分，行政上可以說是一團糟。土耳其人數百年來的漠不關心與治理失當，促成了當地帕夏（pasha，〔譯注：指高級官員如總督或將軍〕）之間一再上演的戰爭，也使貝都因盜匪集團橫行，造成該地四十萬居民（一八四〇年的人口）生活在恐懼中。貿易活動很少。[4]

然而，雖然貧窮而組織鬆散，也沒有任何團結一致的身分認同，但是當地**確實**有人居住，那片土地不是空蕩蕩的。巴勒斯坦有數十萬人居住，多數為阿拉伯人。[5]他們大多過著鄉村生活，分布在這片地區的七、八百座村落中。多數人是佃農，生活在有地主、類似封建體制的制度下，不過也有人生活在如加薩、希布倫（Hebron）、海法（Haifa）與其他城鎮中。阿拉伯民族認同在這段時期尚未發展出來，但是已經可以感覺到其最初的騷動。最早在一八九一年，有些富裕的巴勒斯坦阿拉伯人就開始呼籲土耳其當局，不要准許猶太難民移居巴勒斯坦；他們無比清晰的認知到，該地區的「阿拉伯特色」即將改變。[6]

到了一八七〇年代晚期，已經有大約二萬七千名猶太人住在巴勒斯坦，他們主要集中在耶路撒冷，占當地居民多數。這些猶太人幾乎都很貧窮，極為虔誠，並且一心避免與自己群體以外的人接觸。他們靠著halukka（分配）制度的財務支援維生，這種制度向巴勒斯坦以外的猶太人募款，分配給學者、寡婦、孤兒與其他需要幫助的猶太人。這是一種簡樸的生活方式，幾乎未受現代性影響，也是猶太與阿拉伯居民久已習慣的生活方式。

諷刺的是，改變了巴勒斯坦的是歐洲的反猶太主義。隨著猶太人在歐洲的生活愈來愈無可忍受，猶太人開始大量從歐洲出走。同時，猶太人也重新開始移民到巴勒斯坦。

在他無疑是烏托邦想像之作的《新故土》中，赫茨爾描述了一個猶太人為巴勒斯坦帶來重大進步的未來。因此，他相信，阿拉伯人會張開雙臂歡迎猶太人。同樣地，不論是因為太過理想或天真，贊威爾也想像從歐洲湧入的猶太人對大家都有益處。他在一九〇三年的〈錫安，誰來助我？〉一文中寫道，猶太人將得回這片土地，帶領它進入現代。歐洲猶太人將終於找到家園，而當地居民也將因為經濟改善而受惠。

但是歐洲猶太人即將遇見一個他們根本不了解的文化：

若說蘇丹與他的政府統治領土的方式，符合歐洲人對政府與管理的認知，那是不真實的。在鄂圖曼帝國，治理往往落實於地方：一個部落、宗族、派系或城鎮，才是忠誠所繫的真正政治單位。這讓從旁觀察的歐洲人很困惑，他們有關公民與國籍的現代概念，並不適用於鄂圖曼政治瘋狂的拼貼版圖。[7]

來自歐洲的錫安主義人士，帶著歐洲人對國家與公民的概念前來，即將與巴勒斯坦阿拉伯人屬於部落和宗族的地方體制產生衝突。另一方面，歐洲猶太人也將與封閉排外的巴勒斯坦猶太人產生緊張關係，巴勒斯坦猶太人既反對現代性，也不歡迎把現代性引入中東的歐洲猶太人。對國家與社會的不同理解，對光榮與記憶的分歧感受，以及其他許多對情勢的誤判，在相當程度上餵養了其後多年猶太人與阿拉伯人之間的衝突。

第一波移民到新依舒夫社區的猶太人，大多不是堅定的意識形態追隨者。他們在十九世紀末、二十世紀初出逃至巴勒斯坦的原因，與數百萬逃到北美洲的其他猶太人一樣。這些移民主要來自俄國，為了躲避日趨黑暗危險的歐洲而離開，尋找一個可以讓他們過著簡單的生活、相對安全的地方。

然而，其中有些人懷抱著熱情，想為猶太人創造一個不同的未來。他們帶著對全新的猶太社會的願景來到巴勒斯坦，許多人期待這個新的社會能體現當時在俄國正風行的社會主義理想。（社會主義之父馬克思已於一八八三年過世；布爾什維克革命將於一九一七年發生。）他們認為，這種更新後的猶太生活，只能在他們祖先的故土巴勒斯坦實現。

第一波猶太移民潮稱為第一次回歸（First Aliyah），始於一八八二年，並斷斷續續地持續到一九〇三年。*為了在巴勒斯坦（以及後來的以色列）扶植猶太生活而建立的離散猶太人組織，也在這段時期開始發展。對第一次回歸至關重要的兩個組織在一八八二年成立，一個是平斯克協助創立的「愛錫安之人」（Hovevei Zion），第二個組織名為「比魯」（Bilu）**，成員是一小群大學生（稱為Biluim），儘管人數很少，成果也相對很少，但是他們的熱情與狂熱，以及他們協助創立的聚落蓋代拉（Gedera），都讓他們獲得了傳奇地位。

歐洲錫安主義者大量湧入，讓已經生活在巴勒斯坦的猶太人大為不安。這個群體通稱為舊依舒夫，舊依舒夫的猶太人至為虔誠，對享有權威地位的拉比也極度忠誠。對他們而言，意識形態極端世俗化的依舒夫社區顯得很陌生，甚至是褻瀆的。

依舒夫中至少有一個重要人物希望自己能銜接兩個群體間的鴻溝。一八六五年出生的拉比亞伯拉罕·艾薩克·庫克（Abraham Isaac Kook），在一九〇四年移居至巴勒斯坦（赫茨爾過世的同一年），當時的他已經是備受尊崇的學者。拉比庫克（Rav Kook，這是他最為人知的名字）是徹底的正統派，他沒打算認可新依舒夫那種反宗教、堅定世俗派的生活方式與哲學。但他也不願意當作沒有這些地方。一方面，他絕不認同比亞利克與其他人對傳統猶太教與其對猶太人負面影響的猛烈抨擊，但是他也願意承認猶太生活中確實有什麼地方出了錯。他相信「許多年輕人不尊重權威，是因為他們似乎凌駕其上，而少了能與他們的道德熱情相對應的一套知識系統，導致他們困惑、不滿而憤世嫉俗。他們的反叛本身就是一個跡象，顯示他們『渴求思想與理性，以及隨之而來對更豐富滿盈的情感、對新鮮與活力的渴求』」。[8]拉比庫克與當年拉比體系中的多數權威人物不同，他並不願意把新依舒夫群體簡化地視為判教者。他認為那些拓荒者「充滿愛、公義與力量；拉比的工作是讓他們獲得自覺。與其試圖壓抑這些年輕人，精神領袖應該賦予他們力量，而且正是透過他們所深為鄙夷、甚至是有正當理由鄙夷的《妥拉》」。[9]

拉比庫克就是這樣融合了不同的情感，有些人因而希望由他在兩個看似完全斷裂的世界之間擔任橋梁。外觀上極為傳統的拉比庫克，看起來就像保守舊勢力中那些全面否定錫安主義的猶太人。然而庫克與那些拉比不同，拓荒者的意識形態狂熱以及新依舒夫社區，都讓他深深著迷。「經過田野時，他指著一個地方說：『看！一隻猶太牛！』有次前往里雄錫安（Rishon Le-Zion）的途中，他告訴旅伴：『我願親吻這片土地上的每一顆石頭——甚至是途中的騾子。』」[10]

---

* 每一波移民潮都稱為一次aliyah，希伯來文中指「上行之人」（those who went up）。猶太典籍中對於前往以色列地一律稱為「上行」（going up）。

** 比魯是希伯來文中「雅各家啊，來吧！」的縮寫。希伯來文寫為beit ya'akov lechu ve-nelcha（《以賽亞書》第二章第五節）。

拉比庫克在一九三五年過世後，留下了深刻的思想遺產，有些人期望這些想法能形成不同社群間的橋梁——雖然多數的橋還沒有造好。在一個世代之後的以色列，他的兒子茲維・耶胡達・庫克（Zvi Yehudah Kook）將成為狂熱的意識形態擁護者——有些人還會說，是個造成深刻歧見的人物。

希伯來文的重生，是錫安主義早期的另一場革命。若說赫茨爾是政治錫安主義之父，而阿哈德・哈阿姆是錫安主義運動精神面的創始者，那後來改名為艾利澤・本—耶胡達（Eliezer Ben-Yehuda，意思是猶大之子艾利澤）的艾利澤・帕爾曼（Eliezer Perlman），就是現代希伯來文之父。錫安主義在許多方面都是一場革命。它恢復了猶太人在歷史舞台上的行動者角色，重建了古老的聯邦，也因為本—耶胡達而復興了聖經的語言，復興了猶太人最初用以定義自我的語言。

本—耶胡達的成長背景，與許多錫安主義領袖和猶太啟蒙運動的那些文人很相似。雖然在正統派家庭中長大，他卻更受到世俗派的錫安主義世界所吸引。不過他沒有像比亞利克一樣投入寫詩，而是開始研究古老的希伯來文可以怎麼用於現代散文與日常交談。就讀巴黎大學時，他見證了法國語文對法國民族主義的深遠影響，因而認定猶太民族主義也需要同樣的東西。一八八〇年，他在給未來妻子黛佛拉（Devorah）的信中寫道：「我已經決定……為了擁有我們自己的土地和政治生活，我們也必須擁有將我們凝聚起來的語文。這個語文是希伯來文，但不是拉比與學者的希伯來文。我們必須擁有的是可以用於生活中各種事務的希伯來文。」[11]

本—耶胡達和他的妻子在一八八一年移居至以色列地之後，彼此之間以及與孩子之間便只使用希伯來語。他們不准孩子以希伯來語之外的任何語言與人交談。由於基本上沒有其他使用希伯來語的人，他們的小孩只能與家人交談。本—耶胡達以他自己的方式成為一個熱切的革命者，不亞於赫茨爾或錫安主義領袖中的其他任何一位。

時間為本－耶胡達帶來了這場戰鬥中的夥伴。他與一小群希伯來文的擁護者以驚人的速度寫出了希伯來文學。作家在當時社會中的比例出奇地高，在那樣的社會環境中，他們不僅被視為藝術家，也是猶太民族復興革命的代言人。

這種革命熱情，透過本－耶胡達邀請不少女性在他的數本期刊中發表文章而反映出來。他主張，獨有女性能夠「為已經死去、被遺忘、陳舊、乾枯而硬化的希伯來文，注入情感、溫柔、彈性與細膩感」。[12]依舒夫社區絕對稱不上是人人平等的社會，但是正如第二屆錫安主義大會賦予女性投票與競選公職的權利，依舒夫也出現了早期的女性主義傾向。

依舒夫的知識精英雖然懷抱革命熱情，但是對一般的猶太移民而言，希伯來文並非優先要務。（連赫茨爾都懷疑希伯來文是否能成為猶太國的語言。[13]）早期拓荒者移居巴勒斯坦後面對許多挑戰，自然不會想使用他們無法用以完整表達自己的語言。許多人偏好的語言是東歐猶太社區使用的意第緒語。雅法（Jaffa）經常上演的意第緒語舞台劇總吸引了大批觀眾，他們渴望以自己能輕鬆理解的語言受到娛樂。這是典型的革命精英相對於基層群眾的情況。希伯來文作家一心想要創造高雅文化，但是移居者也同樣強烈地只想放鬆，讓他們的頭腦不用和他們的身體一樣辛苦。

本－耶胡達和他的夥伴所面對的障礙，不只是對於復興一個語言沒有太大熱情的群眾。對虔誠的猶太人而言，希伯來文的復興與錫安主義一樣都有問題。希伯來文是聖經、米示拿（Mishnah，第一部重要的拉比口傳文獻）與猶太儀禮的神聖語言，他們堅決認為不該用於凡俗的事情上，玷汙了它。他們猛烈攻擊本－耶胡達創造希伯來語詞典的工作，丟石頭砸他的辦公室，並向鄂圖曼帝國舉報他，使他短暫遭到囚禁。後來，宗教領袖將他逐出猶太教。本－耶胡達的第一任妻子黛佛拉在一八九一年死於肺結核後，他們不准她入葬於阿什肯納茲*墓園。黛佛拉死後，本—耶胡達娶了她的妹妹亨姆達（Hemda）為妻。

宗教界對本—耶胡達的看法並非全然錯誤。他從不諱言自己和比亞利克等人一樣，認為錫安主義是對於耶路撒冷的那些宗教人士圈子的反叛。烏干達爭議事件之後，本—耶胡達寫道：

「主張在錫安建國者」（Zion Zionists）又一個重大而惡劣的主張是，「那些支持在烏干達建國者」（Ugandists）背棄了我們的整個歷史。這個主張是多麼的惡意虛假?!背棄了過去的人卻指責他人做出同樣的事情！不要被誤導了。唯一沒有背棄過去的人，是「罪惡調查委員會」（反對他的耶路撒冷宗教界人士）。我們所有人，所有人，都背棄了過去，這正是我們的榮耀與光輝！[14]

本—耶胡達在許多方面都孤立不群，他不只引發信仰虔誠者的鄙夷不滿，甚至是對於復興希伯來文投入很深的一些人都看不起他。連「文化民族主義的其他領袖——如阿哈德．哈阿姆和比亞利克——都視他為沒有靈魂的語言技工而鄙視他，雖然他們當中沒有人比得上他從無到有創造出希伯來字彙的能力」。[15]

然而，本—耶胡達緩慢而穩定地在依舒夫社區贏得了廣大追隨者。正統派陣營之前未能說服歐洲猶太人不要加入錫安主義運動，現在又無法阻撓希伯來文的復興。本—耶胡達在這個語言，以及使用這個語言的整個民族的復興中，扮演了關鍵角色，也獲得肯定。他在一九二二年十二月死於耶路撒冷時，大約三萬人參加了他的葬禮，依舒夫社區並以三天的官方哀悼日紀念他。

在巴勒斯坦，正和在歐洲一樣，文學成為一個競爭場域，猶太人在其中針對猶太人可能、又應該成為什麼樣貌提出不同的想像。很快地，希伯來文學成為想像一個重建後的猶太民族家園的載體，同時也是表達錫安主義生活中衝突與歧見的媒介。作家與詩人在形塑這個運動中扮演了中心角色，不管是在依舒夫社區裡，還是在以色列建國後。

寫出依舒夫社區第一部現代希伯來文學著作的，是一八八七年移居巴勒斯坦的澤維・亞維茲（Ze'ev Yavetz）。有些移民對於重新創造猶太人似乎不夠投入，這讓他深感不安，他認為這些人未能了解前來巴勒斯坦的決定應該是出自革命熱情，因此以他銳利的筆鋒展開攻擊。他寫的一則故事中比較了兩種類型的猶太人，並且把他們設定為正好相反：一個是海外猶太人，稱為「遊客」；另一個是拓荒者，稱為「居民」。[16]他偏好的是誰很容易就能看出來。海外猶太人穿著太過華麗而身體虛弱，只關心自己的舒適與外表，他的「鬍鬚剃過了，八字鬍經過梳整……袋子放在大腿上，手裡拿著有弧度和皺褶裝飾的拐杖和陽傘……但他的外表非常蒼白，面容也有缺陷」。[17]

在亞維茲的故事裡，海外猶太人拒絕和拓荒男女與小孩一起坐在地上欣賞風景，因為這樣會弄溼他的長褲。「居民」與「遊客」不同，他腳踏實地而積極活躍；穿著簡單的阿拉伯式服裝，手持自我防禦的武器（而不是陽傘），騎一匹白馬。他體現了健康、自信與對生命的熱情。他正是比亞利克筆下的新猶太人，不會在反猶暴亂時躲在酒桶後面，堅決地與受害者的過往告別，一心要掌握自己的命運。如今，拜亞維茲所賜，那個文學討論中的新猶太人，已經從歐洲移居到巴勒斯坦，脫

* 阿什肯納茲（Ashkenazi）是對歐洲裔猶太人的稱呼，塞法迪（Sephardi）或米茲拉希（Mizrachi）則指來自東方的猶太人（主要是北非與中東）。

離流亡來到了發展初期的依舒夫。

亞維茲只是形塑依舒夫的幾名作家之一。另一位是舒謬爾・尤瑟夫・（謝伊・）恰齊克斯（Shmuel Yosef (Shai) Czaczkes），他後來不僅在依舒夫、也在西方世界成為首屈一指的作家。他經常造訪拉比庫克的家。與新依舒夫的許多成員一樣，他對海外猶太人信奉的猶太教深感憤怒，然而他也和許多人一樣，一生都懷抱對猶太教典籍的喜愛，不願完全揮別這個遺產。對恰齊克斯而言，拉比庫克為這樣的統合提供了可能性。與庫克會面後不久，恰齊克斯發表了短篇小說〈被遺棄的妻子們〉（Agunot），主題是困在破碎婚姻中的女性，她們的丈夫可以拒不同意經過宗教程序離婚，利用猶太律法讓她們彷如囚徒。他以當時剛採用不久的筆名謝伊・阿格農（Shai Agnon）發表這個作品。[18] 一九六六年，他為以色列贏得了首座諾貝爾獎。

像亞維茲這樣的作家以「腳踏實地」、在新家園的泥土中安然自適的拓荒者為題寫作是一回事，但是真正過著那樣的生活又完全是另一回事。擁抱意識形態而有些莽撞的年輕人，帶著滿滿的理想來到巴勒斯坦，但是幾乎全無務農經驗。他們烏托邦式的社會主義農村幾乎馬上就失敗了，他們落得只能向各處尋求財務支援。

依舒夫社區需要的協助多數來自海外猶太人的支持，即使在數十年後以色列建國後仍是如此。這些海外慈善家中有一個關鍵人物是埃德蒙・德・羅斯柴爾德男爵（Baron Edmond de Rothschild）。男爵很快有了「大捐款家」（The Benefactor）的名號，他將一部分財產都挹注到猶太人定居點，提供從房舍、設備到牲口的一切所需。到了世紀之交，他提供的金錢援助總計已達六百萬美元，等於今日的將近一億五千萬美元。

有時也被稱為「莫夏夫*教父」（godfather of the moshavot）的羅斯柴爾德，派遣歐洲的農業專家到巴勒斯坦，為初抵達的移民提供諮詢，並且在當地購買了廣大的土地持分。總計，他買了二百平方英里左右的土地，上面建立了約四十座村莊。他支持的社區從最北邊的美土拉（Metulla）綿延到南方的馬茲克瑞特巴提亞（Mazkeret Batya，原名Ekron），以及現在的主要城鎮如里雄錫安、羅什平納（Rosh Pina）與濟赫龍雅科夫（Zichron Yaakov）。他支持各種類型的農業村落（莫夏夫與基布茲）和城鎮。他的財務援助使得光在一八八〇到一八九五年之間，就有超過三十座這類社區成立。巴勒斯坦在一九三七年大約有一百六十座村落，以此計算，大約三分之一是因為羅斯柴爾德而得以建立。**（見地圖二）**

猶太人購買土地雖然完全合法，卻在鄂圖曼人和當地的阿拉伯人之間都引發關注。鄂圖曼帝國清楚知道猶太人日益有意在巴勒斯坦建立據點，因此開始反制。猶太人回歸組織比魯的成員還沒出發前往巴勒斯坦，當地土耳其官員就宣布巴勒斯坦禁止敖德薩的猶太人進入（這個公告很明顯是針對比魯組織，因為敖德薩正是他們的根據地）。一八五六年，鄂圖曼人通過一項法律，准許外國人在帝國內購買土地，但是到了一八八一年，鄂圖曼人又開始禁止猶太人與基督徒買地，並且在那年宣告仍准許猶太人移居至鄂圖曼帝國，但是巴勒斯坦例外，傳達了清楚無比的訊息。巴勒斯坦土地不准賣給猶太人的禁令，在鄂圖曼統治期間一直存在。

然而，這項禁令未能真正防止猶太人在巴勒斯坦購買土地。「中央當局對於外國人購買土地一事的態度模稜兩可而前後不一，法規的制定並不明確，也有不同詮釋空間。此外，鄂圖曼官僚體系

---

* 莫夏夫（moshav，複數型moshavot或moshavim）是以色列鄉村的合作生產城鎮，通常位於農業區。

各階層普遍都有貪汙腐敗和收受賄賂的情形。」猶太人在巴勒斯坦購買土地的法律途徑依然開放，[19]而依舒夫社區善用了這個機會。在會說阿拉伯語、且已熟悉鄂圖曼文化與政府的舊依舒夫猶太人幫助下，錫安主義者巧妙的利用了複雜而腐敗的鄂圖曼官僚體系的各種後門。連赫茨爾想與蘇丹會面，都必須透過賄賂才能獲得見面機會。

雖然依舒夫的新社區如果少了羅斯柴爾德的捐助可能無法生存，但是羅斯柴爾德與拓荒者間經常意見不合。年輕而充滿理想的移民認為，使用他的巨大財富，是讓他們期望建立的社會主義烏托邦有所妥協。而羅斯柴爾德則對他眼中勞工視權利為理所當然的態度感到失望，並且派他在當地的管理者嚴密監督，更加強了年輕移民認為他們想逃離的資本主義階級跟著他們來到了新家園的感覺。

這樣的模式將在數十年後，在以色列與支持它的海外猶太人之間再度上演。特別是在以色列對外政策與境內宗教多元的事務上，海外猶太人（尤其是美國猶太人）雖是出自好意行事，有時卻會招來以色列人對他們眼中「有錢海外猶太人多管閒事」的不滿。

總計，第一次回歸有二萬至三萬猶太人來到巴勒斯坦。然而，這些早期移民中大約六〇%到九〇%在短短幾年後就離開了。

對這些意識形態熱情高漲的新移民而言，回到祖先的故鄉是既讓人振奮又令人挫折的經驗。他們懷抱理想與願景而來，卻發現自己只能仰賴他人的慷慨。許多移民因為這片土地陽光普照而寧靜祥和的理想化形象而來，但現實中的雅法港卻骯髒惡臭，擠滿互相推擠、往地上吐口水的人群。這極端的差異是第一個跡象，顯示他們在新家園的生活將與他們所預期的大相逕庭。許多人離開，留下來的人發現，在他們夢想打造與實際上能完成的事情之間，有一道深深的鴻溝。有些人甚至覺得歐洲的情勢發展，特別是一九〇三年的烏干達計畫，削弱了他們的努力。如果歐洲的錫安主義支持者打算放棄巴勒斯坦，那他們為什麼還要在並不歡迎他們、而世界錫安主義運動似乎也不在乎的土地上辛勤勞動？

儘管如此，這些早期拓荒者所獲得的成功，其實遠超過他們在自我批判下所能感受到的。當時的他們無從得知，但是他們已經替未來幾波移民潮鋪了路。他們為後來成為以色列村落與城市的社區奠定了基礎。或許最重要的是，對於要將赫茨爾的願景開始轉化為真實需要什麼樣的努力，他們做了最初的示範。

基希涅夫反猶暴亂，以及其後的烏干達計畫迅速出現又消失後不久，第二次回歸（一九〇四—一九一四）開始了。這段期間，約有四萬名大多來自東歐的猶太人前往以色列地。這一波移民在巴勒斯坦成長中的猶太人社群留下了更為深遠與持久的印記。他們在基納瑞（Kinneret，加里利海的希伯來名）南岸建立了第一個基布茲，德加尼亞（Degania）*；創立了第一個猶太自我防禦組織；也建設了日後將成為特拉維夫的雅法郊區。這一波移民最具代表性，激勵了後來好幾代以色列人追

* 拉比庫克與許多傳統的拉比都不一樣，他偶爾會前往完全世俗的市區，有時是為了主持遭當地阿拉伯人殺害的猶太人葬禮。在離海法不遠的莫哈維亞（Merhavia），庫克與其他人為兩名猶太人主持了紀念禮拜。其中一位名為摩西．巴爾斯基（Moshe Barsky）的猶太人來自德加尼亞，他外出幫朋友舒謬爾．戴揚（Shmuel Dayan）買藥時遭到殺害。為了紀念巴爾斯基，舒謬爾將自己的長子，也是在德加尼亞出生的第一批孩子之一，命名為摩西．戴揚。（見 Yehudah Mirsky, *Rav Kook: Mystic in a Time of Revolution* [New Haven, CT: Yale University Press, 2014], p. 84。）

隨；這一波移民也產生了依舒夫社區的領袖，日後成為以色列建國早期關鍵的政治與軍事人物。然而，即使對這些拓荒者而言，生活依然艱困而充滿自我懷疑。正如第一次回歸，對於第二次回歸的艱難困苦最深刻動人的表現，出現在這段時期所產生的文學作品中。

那段時期最偉大的希伯來文作家之一，是尤瑟夫·哈伊姆·布倫納（Yosef Haim Brenner，一八八一—一九二一）。布倫納生在烏克蘭猶太小鎮上一個貧困的傳統猶太家庭中，他到波切普（Pochep）的猶太學校就讀，但是與錫安主義圈子裡的其他人一樣愛上了世俗文化。讓他著迷的是俄國文化，尤其是杜斯妥也夫斯基與托爾斯泰等作家（後來他將他們的作品翻譯為希伯來文）。然而戰爭中斷了布倫納的知識追求。從一九〇一到一九〇四年，他在沙皇的軍隊中服役。日俄戰爭爆發後他逃到倫敦，在那裡居住到一九〇八年。然而，在倫敦的生活感覺也像流亡，因此布倫納在一九〇九年移居到巴勒斯坦，在那裡引領了新一波現代希伯來文學，也成為依舒夫社群中首屈一指的知識分子。

布倫納充滿熱情但也複雜難解。他一方面對錫安主義運動投入很深，同時卻又是個無可救藥的悲觀者，可以說代表了未來數十年間錫安主義運動的特色。他盡心盡力想在巴勒斯坦創造新形式的希伯來文化，有時卻覺得撇開自己的理想不論，錫安主義者正在建立的東西其實毫無烏托邦的性質可言。他說，流亡生活只是換了一個地方，來到了以色列地。[20]

從許多層面而言，他就是「希伯來文學中受苦的世俗聖人」。[21]他是歐洲宗教世界的產物，卻為啟蒙運動深深著迷，正是拉比庫克希望自己新的宗教世界觀能吸引到的人。

但是，依舒夫社區許多早期作家與思想家的內在都藏著深刻的失望傷心，而這一點的一個明顯表徵，就是布倫納並未受到拉比的思想吸引。他「對於猶太人的深刻困境與他那個時代的精神危機，有著冷酷而近乎嚴苛的明晰認識，使他無法接受拉比對於他們那一代人的反叛與渴求帶著神祕主義的神義學論述」。關於庫克，布倫納曾說過：「有時候在……拉比庫克的一些文字中……會感覺到我們面對的是有靈魂的人，狂暴地湧動著——像一個水坑，但有一場風暴攪動起裡面的水浪。」[22]

這就是當時錫安主義者的世界。熱情的人迫切渴求重生的猶太民族，受到傳統世界與美麗但未知新世界的拉扯。擁抱意識形態、一心打造新社會的人，卻在巴勒斯坦的生活現實中碰撞受挫。舊依舒夫和新依舒夫並存。精神的追索者對上建造者。那是個讓人著迷又狂暴騷亂的時代，富含潛力又充斥危險。

錫安主義最後打造出的國家，將反映出許多這些緊張對立。

某些時候，布倫納連這番努力是否得以存續都相當悲觀。在短篇故事〈神經緊張〉（Atzabim，一九一一）中，他對錫安主義未來的擔憂顯而易見。沒有名字的主角對沒有名字的敘事者，訴說自己前往巴勒斯坦的故事歷程，並且自問那一切是否值得。主角離開烏克蘭來到紐約，在血汗工廠中做著縫鈕釦的工作，但後來乘船前往巴勒斯坦，期待在那裡找到更好的未來。然而，他所遇見的現實，和他希望告別的過去一樣索然無味。唯一的不同是，現在他不縫鈕釦，而是改為採收柑橘了。若說錫安曾經是他的夢想，現在對他而言似乎只是非理性的衝動——是「猶太人的神經緊張」發作。

為了建國夢想的發展感到憂慮的不只布倫納。第二次回歸的移民中有一位是大衛・本－古里昂（David Ben-Gurion，日後成為以色列第一任總理），他認為是第一次回歸的移民放棄了夢想。「第一次回歸的拓荒者成為投機者與商店主，拿他們同胞的希望做買賣，為了幾毛錢出賣他們年輕時的志向。他們將流亡的猶太人崇拜的偶像，引入了重生的聖殿中，」他說，「使家園的創建被『偶像崇拜』所玷汙。」[23]這是個嚴厲的指控，也不全然公允，但是其所反映的深刻內省與自我批判，在依舒夫與後來的以色列都能看到。

布倫納雖然是個複雜的人，但卻可能是第二次回歸最具代表性的文化人。他的作品至今仍是公認的傑作，凸顯了以色列至今仍面對的議題。若不是他的生命太過短暫，他無疑還會有更多貢獻，但他在一九二一年雅法暴動中遭阿拉伯暴徒殺害了。

第二次回歸留下兩個持久的遺產，在後來數十年一直影響猶太國：更新後的希伯來文之復興與全面採用，以及可能是錫安主義最具代表性的體制：基布茲。

基布茲主要建立在猶太國家基金向鄂圖曼人購買的土地上，這項運動植根於強烈的社會主義理想，強調集體責任與戈登對耕耘土地的理念。這種集體主義源自猶太移民的俄國背景，最後成為這些早期回歸者對以色列國家精神的最大貢獻。平等高於一切。所有事物都共享，不管是食物、利潤，還是保護土地的責任。連核心家庭的地位都次於基布茲集體社區：小孩不由父母撫養，而是由社區共養，他們不睡在父母家中，而是睡在小孩專用房舍裡。

這樣的生活充滿熱情與豐富的意識形態，體現了許多拓荒者懷抱而來的社會與經濟願景。晚上，基布茲所有成員聚集在公共食堂，討論實務事項與基布茲的意識形態。多數基布茲成員也都是公開的世俗派，他們相信，透過體力勞動，他們正將自己轉變為比亞利克、戈登與許多人數十年前所寫過的新猶太人。

然而，基布茲對意識形態的強調，往往有其代價，尤其是意識形態開始分歧的時候。舉例而言，當主要受到俄國革命影響的早期基布茲，對於如何回應史達林與共產主義受損的形象無法獲得共識時，有些基布茲就一分為二。夫妻因為基布茲分裂而永遠分開的情況並不少見，他們各自居住於分裂出的二個新集體社區之一，家庭因此而撕裂，孩子成為父母理念鬥爭下無辜的受害者。

早期的基布茲運動凸顯了另一種拉鋸，也是以色列社會之後必須面對的：存在於建立集體與個人重要性之間的緊張關係。這一點可見於許多革命運動，錫安主義也不例外。在以色列流傳的故事中，最能描繪這種緊張關係的是拉赫爾．布勞斯坦．塞拉（Rachel Bluwstein Sela）的例子，她以筆名女詩人拉赫爾（Rachel HaMishoreret）為人所知。

她年輕時就移居巴勒斯坦，大家都叫她拉赫爾。一九一九年，年方二十九的她搬到德加尼亞。然而，她曾在俄國旅行一段時間，可能在那時染上肺結核，在抵達德加尼亞後不久就病倒了。由於擔心社區中其他人的健康，基布茲強迫她離開。

在她短暫的餘生中，拉赫爾四處漫遊，勉強維生，最後在一九三一年死於療養院。然而，她的詩仍持續反映她對基布茲的眷戀，以及被自己加入的社區斷然排拒的痛苦，至今，她的詩仍在以色列的學校中教授，被視為國寶。[24]她有一首很著名的詩，名為〈或許〉，在近一個世紀後的今天仍在以色列傳唱，詩中傳達了她的惆悵思念：

或許從未如此。
或許
我從未早起前往田野
伴著眉頭留下的汗水勞動

也從未在炎熱漫長的
收成日
在堆滿一捆捆作物的馬車上
以我的聲音歌唱
也從未浸浴清洗我自己，在那平靜的
藍色水中
在我的加里利海。喔，我的加里利海，
你曾存在或只是在我夢中？[25]

為了建國大業而付出一切的人，難道不值得更多回報嗎？集體社區才是唯一重要的嗎？新猶太人難道對個人沒有任何義務嗎？即使這表示會對集體造成一些風險？

拉赫爾的詩對於意識形態熱情所帶來的豐盈與危險提出了艱難的問題，儘管如此，一九三〇年代的基布茲運動能蓬勃發展，是因為基布茲體現了獨特的國家建構拓荒精神。集體主義和國族主義意識形態如此緊密交纏，以至於「在一九三四年離開基布茲的年輕拓荒者是背叛了朋友和運動，而若在一九三七到三九年，他會覺得自己還背叛了國家」。[26]

然而，基布茲運動一直都只吸引了依舒夫人口的一小部分。在基布茲於一九四七年的高峰時，依舒夫的猶太人也只有七％生活在基布茲。然而，基布茲對於後來的以色列社會產生了巨大的影響。[27]以色列早期領袖許多都出身基布茲，而即使對不是生活在基布茲的人而言，那裡也是以色列拓荒精神的象徵。由於特意建立在以色列危險的邊境上，基布茲後來也對以色列的國防至關重要。

而這一點又在這些社區中創造了忠貞愛國的文化。

一九六〇年代，以色列只有四%的人口居住在基布茲，卻有大約一五%的國會議員出身自這些聚落。六日戰爭中，「基布茲成員在戰爭死傷人數中所占的比例，幾乎比他們在總人口中占的比例高了五倍。陣亡士兵中幾乎五分之一來自基布茲。戰死軍官中幾乎每三個就有一個是基布茲的成員」。[28]若說以色列有一座「工廠」，專門在建國後頭數十年生產對國家的熱情效忠，那座工廠就是基布茲。

許多移民熱烈投身建立一個理想社會主義社會的猶太典範時，其他人則渴望生活在與他們離開的歐洲都會地景相似的地方。少數人加入了既有的阿拉伯城市，但卻感到這些地方的中東特質太過強烈，與他們習慣的歐洲常俗極為不同。大約六十名經濟條件尚可的專業人士，決定在巴勒斯坦建立第一個「猶太郊區」，就在雅法北方不遠。相對於雅法這座古老港市的環境，這些人一心想要建立的地方是「『潔淨、美麗而健康的』。離開歐洲猶太人聚居區的環境，只為換到中東猶太人聚居區的環境，似乎是錯誤的，是『反錫安主義的』」。[29]

一九〇九年，特拉維夫誕生了。「特拉維夫」（Tel Aviv）是赫茨爾的烏托邦小說《新故土》希伯來文譯本的書名。*短短數十年後就成為世界級城市的這個新郊區，一開始就不是要成為「農村，

---

* Tel指的是一代代人在同一個地點生活並重建聚落後的房屋與建築遺留堆積而成的小丘。隨著時間流逝，小丘的高度會上升，形成一座崗陵，可以一層層發掘出當地不同的生活時期。Tel是對過去的指涉。Aviv則是希伯來文中「春天」的意思。因此Tel Aviv捕捉到赫茨爾在書中提到的「新故土」意涵。

而是……一座城市，仿效創建者所熟悉的不同歐洲典範而打造。對某些人而言，它將是巴勒斯坦的敖德薩。對其他人而言，它會是地中海畔的維也納」。[30]在創建者的願景中，特拉維夫是高雅的錫安主義文化能蓬勃發展之地；比亞利克與當時許多其他重要作家都以那裡為家。復興希伯來文的努力奏效了，「到一九三〇年，市立學校中已有超過一萬三千名講希伯來語的學童」。[31]

特拉維夫後來有「第一座講希伯來語的城市」之名，如今看來不足為奇，然而，光是在某個地方有某個城市能成為「講希伯來語的城市」，就是有時激進的錫安主義革命副產品，更是第二次回歸的移民狂熱意識形態的產品。本—耶胡達的成功：

> 又由錫安主義移居者鋼鐵般的意志所強化，特別是第二次回歸的移民。對於說意第緒語和俄語的猶太人而言，以希伯來文為他們在家中與田間的日常用語，即使他們的所有本能都在呼喊著想要放鬆，無疑是個難熬的考驗。但是他們堅守這個紀律，就和他們面對在巴勒斯坦生活的其他困苦時一樣堅忍。當時，多數的錫安主義農民與工人都已完全接受本—耶胡達的主張：造就一個國家的是它的語言，重要性不下於它的血和汗。[32]

依舒夫培養出日益豐富的文學作品、知識階層，以及出版界與熱切的讀者，這些在該地區都是前所未見的。而特拉維夫因為其高教育程度的精英文學圈子，很快成為「『第二個來比錫』，那是歐洲的希伯來文出版重鎮」。[33]希伯來文不再只是一小群意識形態支持者在革命狂熱驅動下的計畫。錫安主義運動領袖人物之一，也是巴勒斯坦希伯來教師聯盟（Hebrew Teachers' Federation）創辦人梅納赫姆．烏什金（Menachem Ussishkin）曾說：

村落學校裡的孩童學到多少基本的初級文法……多少歷史、或多少科學，並不重要。但他們必須學習的是：成為強壯健康的村民，成為喜愛他們的環境與體力勞動的村民，最重要的是，成為以全心靈喜愛希伯來語言與猶太國的村民。[34]

依舒夫在智識上的投入遠不止於希伯來文，也不止於在特拉維夫孕育智識生活。在一八九七年的第一屆錫安主義大會上，夏皮拉就主張在巴勒斯坦創立一所大學，使教育成為建國運動的中心焦點之一。到了一九〇三年，依舒夫已經成立教師協會，清楚顯示出教育將在依舒夫與後來的猶太國扮演重要角色。

以色列在數十年後贏得多項諾貝爾獎，並以「新創國度」為人所知，很大一部分要歸功於猶太信仰數千年來以及錫安主義革命自最初即對教育賦予的重視。

前兩次回歸時熱切的意識形態支持者與基層移民，在依舒夫留下了不可抹滅的印記。雖然許多人離開，而留下來的人在巴勒斯坦的生活也絕不容易，但是他們創建了最初的新猶太聚落，也建立了基布茲運動。他們復興希伯來文，創建第一座講希伯來語的城市特拉維夫，隨後以他們的「新」語言發展戲劇並生產許多出版品，探討不同主題。

這些都是實現赫茨爾與阿哈德．哈阿姆的夢想的第一步。通往獨立建國的道路依然漫長，但猶太人已經開始打造基礎建設，終將建立赫茨爾所迫切渴望的國家。同時，阿哈德．哈阿姆認為巴勒斯坦應該成為猶太人文化中心的信念也依稀可見，數千年來第一次，猶太人不再只是為了政治主權在打基礎和做準備，他們同時也可以看見、聽到和感受一個猶太社會該是什麼模樣。這個社會將有語言、文學與獨特的生活方式。

自羅馬人放逐猶太人以來，錫安主義讓猶太人首次感受到，一個更新後的猶太民族可能的樣貌。

第五章
《貝爾福宣言》：帝國為建國背書

國王陛下的政府贊成在巴勒斯坦建立猶太人的民族家園。

——《貝爾福宣言》，一九一七年

依舒夫的生活持續改善，但歐洲卻是大難將至。這個世紀將見證人類歷史上最慘烈的殺戮。兩次世界大戰使這個世紀前半籠罩在陰影下，造成包括戰士與平民在內約八千萬到一億人死亡。接下來，史達林將再屠殺二千萬人。

賈博廷斯基與其他人預見了大難將至。他在第一次世界大戰開打前就預言了類似的悲劇，提及「兩個或更多強權間毀滅性的戰爭，以現代技術所有浩大的瘋狂進行……造成難以計數的死傷，耗費龐大金錢——包括直接、間接和附帶的支出，導致剩餘的金錢已不足以咎責賠償」。[1]

其他人則認為無論發生什麼事，即將來臨的恐怖都不會很快結束。英國外相愛德華・格雷爵士（Sir Edward Grey）曾說：「歐洲各地的燈火都熄滅了。吾輩此生不會再看到它們亮起。」[2]

對錫安主義者而言，第一次世界大戰前夕的一個關鍵問題是，鄂圖曼人是否會失去對中東的掌控？若然，英國會不會取得對該區域的控制？建國運動很快因為如何因應眼前的不確定而產生分歧，諾多堅決認為錫安主義者應該盡可能討好鄂圖曼人。然而，彷彿是要證明他錯了，甫獲指派為鄂圖曼帝國埃及戰線指揮官的傑馬爾・帕夏（Djemal Pasha），在鄂圖曼帝國參戰數週後，就明確表態反對錫安主義。他解散了由勞工領袖本—古里昂和伊札克・本—茲維（Yitzhak Ben-Zvi）成立的效忠土耳其猶太防禦組織，關閉了錫安主義報紙《團結報》（*Ha'achdut*），並宣告所有錫安主義者都是土耳其的敵人，可能要以死為代價。

本—古里昂起初以為錫安主義的希望在於鄂圖曼人，但是當土耳其人開始將特拉維夫的猶太人遣送出境，他才發覺自己的錯誤，轉而效忠英國人。以賈博廷斯基為首的其他人則從一開始就堅稱，與英國站在同一陣線才是推動建國目標的最佳方式。賈博廷斯基深信若鄂圖曼人持續統治，猶太人就幾乎沒有可能建國，[3]他既急於看到鄂圖曼帝國解體，又確信這是必然的結果。英國政治領袖正準備對德國與鄂圖曼帝國（以及其他國家）宣戰，他認為說服他們的時機已然到來，需要充分讓他們明白猶太建國是正義之事。「如果我們不宣示任何方向，企圖兩邊討好，那我們將失去一切。我們必須表態支持協約國，並且以猶太士兵協助他們征服以色列地。」[4]

傑馬爾下令大規模將猶太人自巴勒斯坦遣送出境後，有些人被送去埃及的加巴里（Gabbari）軍營。賈博廷斯基也在其中，並且在加巴里認識了約瑟夫・特魯姆珀多爾（Joseph Trumpeldor）。特魯姆珀多爾一八八〇年生於高加索，一九〇四年在日俄戰爭中為俄國作戰時失去了左臂。他因為英勇作戰而五度獲沙皇授勛，後來成為俄國軍隊中第一個晉升軍官的猶太人。一九一二年他離開俄國前往巴勒斯坦，在加里利海水濱附近的田野中工作。一九一四年，他與數千人一起遭傑馬爾遣送出境。

同時，在南非打過波耳戰爭的愛爾蘭新教徒約翰・亨利・帕特森（John Henry Patterson）中校抵達埃及，此時英國正在尋找能指揮猶太人軍事編制單位，協助對抗土耳其人的軍官。這個職務派給了對猶太歷史有深入了解，也同情猶太建國目標的帕特森。最終，賈博廷斯基與特魯姆珀多爾和帕特森合作（帕特森後來說特魯姆珀多爾是「我認識最勇敢的男子」），成立了錫安騾子軍團（Zion Mule Corps）。

錫安騾子軍團是自巴柯巴在大約一千八百年前領軍反抗羅馬人以來，第一支組織在猶太旗幟下的戰鬥團體，象徵了古老猶太榮光的更新。其中數名成員後來成為以色列國防軍的核心人物。傑馬爾大規模遣送猶太人出境的結果是，二千年來，猶太人首度有了軍隊的雛形，這不能不說有些諷刺。

特魯姆珀多爾死於一九二〇年的特爾海（Tel Hai）防禦戰，根據錫安主義者流傳的說法，他在死前說：「沒關係，為我們的國家而死很好。」賈博廷斯基在三年後成立貝塔爾組織時，不只是以西門．巴柯巴最後死守的據點命名，也是為了特魯姆珀多爾而命名。*

錫安主義者雖然知道鄂圖曼人反對猶太建國運動，但是許多人仍認為在鄂圖曼人與英國人之間的衝突選邊站並不明智。因此他們在位於中立國的哥本哈根設立了聯絡辦事處。然而其他人對於英國將勝利並取得巴勒斯坦則有信心得多，因此熱切投入與倫敦建立關係。

沒人比哈伊姆．魏茨曼（Chaim Weizmann）更適合這個任務。後來成為以色列首任總統的魏茨曼，一八七四年生於平斯克（Pinsk，位於今日的白俄羅斯但當時屬於帝俄）附近的莫塔爾（Motal），他與那個年代的許多錫安主義領袖一樣，是傳統俄國猶太家庭的產物；同樣地，他後來

---

* 貝塔爾（Betar）也是Brit Yosef Trumpeldor的縮寫。Brit Yosef Trumpeldor的意思是「約瑟夫．特魯姆珀多爾之盟約」。

也受到歐洲較寬廣的智識世界所吸引。智慧過人的他，在知識上也是個自由的靈魂；他最早的一位老師後來曾說：「他如果不成為天才，就會成為改變信仰者。」[5]

魏茨曼先後在德國以及瑞士的夫里堡大學（University of Fribourg）攻讀化學，於一八九九年取得有機化學博士學位。魏茨曼沒有參加一八九七年在巴塞爾舉辦的第一屆錫安主義大會（雖然他原本打算去），但是後來的每一屆他都參加了，並迅速成為建國運動的中心人物。他早期的主要努力目標之一，是提倡在巴勒斯坦建立高等教育機構。希伯來大學在耶路撒冷的創立，他厥功甚偉，而他致力於創辦以科學和技術為主的大學，讓Technion（以色列理工學院）得以在一九一二年成立。他也是魏茨曼科學院（Weizmann Institute of Science）的創辦人之一，成立於一九三四年的這所學院，後來成為享譽國際的研究中心。

一九〇四年，魏茨曼獲任為曼徹斯特大學副教授，並在兩年後經人介紹，認識了前景看好的英國國會議員亞瑟·貝爾福（Arthur Balfour）。曾經支持烏干達計畫的貝爾福，對魏茨曼相當折服。魏茨曼逐漸讓貝爾福認同猶太建國的目標。

一九一六年，魏茨曼成為英國海軍部實驗室負責人，為了工作從曼徹斯特遷居至倫敦。他的研究帶來丙酮的發展，這種關鍵成分用於海軍的柯代炸藥（cordite）中，在英國作戰中扮演重要角色。魏茨曼因為這項發現而備受讚譽，他利用新獲得的地位認識的英國要人，是其他錫安主義領袖做夢都見不到的。

另一方面，鄂圖曼帝國瀕臨崩潰的態勢趨於明顯，英國與法國開始考慮如何瓜分中東，雖然這兩國對這片土地還沒有任何實質權利。

一九一五年尾聲，英法兩國召集了一系列會議，各自陳述己方的期待。英國指派的代表是馬克·塞克斯（Mark Sykes）爵士，他是天主教徒，曾在中東讀書，一九〇三年度蜜月時去了巴勒斯坦，專業生涯多在外交部度過。法國代表是弗朗索瓦·喬治—皮寇（François Georges-Picot），同樣是職業外交官，協商期間任法國駐倫敦大使館一等祕書。塞克斯先前建議巴勒斯坦應該由英國控制，但是並未言明這片領域的邊界為何。塞克斯與皮寇達成的協議正式名稱為《小亞細亞協議》（Asia Minor Agreement），但是通常稱為《塞克斯—皮寇協議》（Sykes-Picot Agreement），約定由法國控制現代敘利亞和黎巴嫩。印度對大英帝國的重要性，使得英國需要隨時能通行蘇伊士運河（見**地圖八**；英國對運河的需要，會在一九五六年以色列發動的西奈戰役中扮演中心角色），因此協議由英國獲得從地中海到約旦河的沿岸狹長地帶，包含現代的約旦、伊拉克南部、海法港與阿克雷港（Acre）以及整個內蓋夫沙漠（Negev）。根據協議，加里利海以南至加薩以北的西巴勒斯坦由國際接管。[6]這份協議也包含針對耶路撒冷聖地的條款，建議將這些聖地交由國際監督與管理。

整個協商過程中，塞克斯或皮寇都沒有考慮到錫安主義者或巴勒斯坦阿拉伯人的利益，而協議讓阿拉伯人與猶太人都難以接受。阿拉伯人對於兩個外國勢力自行瓜分中東（而且根本連戰爭都還沒打贏）深感憤怒。亨利·麥克馬洪爵士（Henry McMahon，英國駐埃及高級專員）在更早之前與胡珊·本·阿里（Hussein bin Ali，麥加領袖）進行討論時，力勸阿拉伯人推翻鄂圖曼帝國。他說服阿里，將土耳其人趕出巴勒斯坦，並且在北邊的敘利亞與南方的葉門之間建立一個阿拉伯國家，以符合英國利益。因此，《塞克斯—皮寇協議》在阿拉伯人看來直接違反了英國的承諾。英國與當地巴勒斯坦人口之間的關係，從一開始就烏雲罩頂。

錫安主義者也同樣不滿。法國人反對錫安主義，因此法英聯合控制該地區，很可能不利於他們的目標。魏茨曼與其他錫安主義者更屬意英國保護國的概念，相信英國「給予殖民地（白種）人民的自由超過任何其他帝國勢力」，另一方面，法國在他們看來則「堅持把殖民地人民變成法國公民，抹滅他們的民族身分」。[7]錫安主義者因此一心想確保巴勒斯坦由英國控制，然而他們終將失望，因為最後他們發現英國對猶太建國的支持，遠比魏茨曼和其他人所期待的少。

這一切發生的同時，巴勒斯坦的猶太人目睹了鄂圖曼帝國對其亞美尼亞人口的屠殺。自一九一五年起，健康男性被強迫勞動，接著女性與小孩遭遣送出境，踏上敘利亞沙漠的死亡行軍，一共導致約一百五十萬亞美尼亞人死亡。依舒夫社區的猶太人深感憂心：如果鄂圖曼人能對亞美尼亞人犯下種族屠殺，難道對巴勒斯坦猶太人不會做出同樣事情嗎？

有一小群猶太人自發的採取行動，以幫助巴勒斯坦擺脫鄂圖曼人。阿隆索赫恩（Aaronsohn）家族組成並領導了一個小小的間諜集團，主要成員包括阿隆．阿隆索赫恩（Aaron Aaronsohn），他是農業學家，因為在加里利地區發現一種古老的小麥而小有名氣，還有他的妹妹莎拉與莉芙卡，以及莉芙卡的未婚夫阿佛夏隆姆．范恩伯格（Avshalom Feinberg），這個團體自稱為尼利（Nili）。*

該地區遭蝗災襲擊時，土耳其人指派阿隆索赫恩領導防堵工作。這立刻使得阿隆索赫恩得以自由出入該區各地的政府辦公室與軍用設施，他在這些地方搜集了大量資料後提供給英國人。英國人一開始存疑，但最後決定阿隆索赫恩有可用之處。他留在開羅擔任與英國的聯絡人，他的妹妹莎拉、弟弟亞歷山大、范恩伯格（以及其他二十到六十人——各方估計數字不同）則負責間諜集團的日常工作。

尼利的主要活動，是將鄂圖曼帝國防禦工事、部隊、鐵路與水源的相關資訊傳遞給英國人，以協助英國的奇襲計畫。尼利將竊取的資訊透過密碼與信號燈，傳送給停泊在亞特利特（海法南方不遠）近岸的一艘小型英國海軍遊艇，每兩週一次。遊艇不再出現之後，他們轉而使用信鴿。

然而信鴿導致了尼利的末日。一九一七年九月，土耳其人攔截了帶著密信的一隻信鴿，鄂圖曼帝國因而掌握到間諜集團運作的證據。到了一九一七年秋天，尼利的多數成員已遭逮捕，其中數名在酷刑下供出了其他人的資訊。有些成員遭判死刑，還有一人在大馬士革公開處以絞刑。

當時二十八歲的莎拉，在濟赫龍雅科夫（Zichron Yaakov）遭捕之後也受到殘酷虐待。然而她用計獲准返家，表面上是為了拿一些乾淨衣服，以替換遭刑求後浸滿血的衣物。她打定主意絕不招供，用藏在家裡的手槍朝自己的嘴巴開槍，彌留數日後才死去。

尼利的活動可能對戰爭結果沒有重大影響，然而尼利與莎拉自我犧牲的故事，在依舒夫成為眾人傳頌的事蹟，因為它無比清晰地說明了要將外國勢力趕出巴勒斯坦（先是鄂圖曼人，然後是數十年後的英國人），需要什麼樣的決心與勇氣。

另一方面，在倫敦的魏茨曼，孜孜不倦地為了推動錫安主義目標而努力。然而，他在建國運動中沒有任何正式職位，許多人視他為自走砲。但無論他個人紀律如何，他與英國權力中心的接近無人能比，他利用這個優勢籠絡、哄勸，力陳猶太人在巴勒斯坦建國的主張。

這工作並不容易。主要偏向阿拉伯人的外交部認為，阿拉伯人較有立場主張對巴勒斯坦的權

* 尼利是聖經用語 Netzach Yisrael Lo Yeshaker 的縮寫，意思是「以色列的大能者必不說謊」，出自《撒母耳記．上》第十五章第二十九節。

利，而從實際面而言，他們也不願意觸怒巴勒斯坦阿拉伯人。[8]然而，大衛・勞合・喬治（David Lloyd George）在一九一六年當上首相後，機會來敲門了。赫茨爾在進行烏干達計畫的協商時，正是由勞合・喬治擔任代表錫安主義運動方的律師，因此他既承認錫安主義的古老根源，也深信猶太人為巴勒斯坦這片土地所能做的，絕對比其阿拉伯居民多。「四大強權堅定支持錫安主義，」他說，「不論對或錯，好與壞，錫安主義都植根於悠久的傳統、當下的需要、與未來的希望，而比起這片古老土地上七十萬阿拉伯居民的欲望與偏見，這一切的意義深遠得多。我認為這才是正確的。」[9]

魏茨曼從勞合・喬治的政治崛起中看到珍貴的機會，因而極力籠絡勞合・喬治與貝爾福（時任英國外長）。他也著力經營與極具影響力的英國外交官塞克斯的關係，稱他為「我們最棒的一個發現」。[10]

雙方都積極忙碌的採取行動。魏茨曼極力運作推動他的目標時，有些猶太裔英國國會議員仍持續抨擊錫安主義者的企圖，擔心在英國和其他地方的反猶情緒會升高，尤其若阿拉伯人報以憤怒回應。塞克斯與他的外交部同僚也對其他政府官員展開工作，說服他們猶太人對巴勒斯坦有正當主張。

魏茨曼獲得勝利。他此生最大的成就，以一封信的形式到來——勞合・喬治日後在回憶錄中寫下，《貝爾福宣言》是「為了獎賞他在生產丙酮上的重要工作」[11]而送給魏茨曼的。那封信由貝爾福寫給華特・羅斯柴爾德勛爵（Lord Walter Rothschild），日期是一九一七年十一月二日，內容如下：

親愛的羅斯柴爾德勛爵：

我很榮幸代表國王陛下的政府，向您傳達下列支持猶太建國目標的宣言，這份宣言已經呈交內閣並獲得通過。

「國王陛下的政府贊成在巴勒斯坦建立猶太人的民族家園，並將盡力促成這項目標的實現，但要明確表達，不得有任何行為是可能危及巴勒斯坦既有非猶太社群的公民和宗教權利，或猶太人在其他國家享有的權利與政治地位。」

若您能把宣言的內容轉告錫安主義聯盟，我將十分感謝。

亞瑟・詹姆士・貝爾福謹啟[12]

從赫茨爾在一八九七年於巴塞爾發起他初具雛形的運動之後才過了二十年，如今全世界最強大的帝國已經承認了錫安主義運動，與運動站在同一邊，並承諾盡力推動其目標。如果他不是已經在十三年前辭世，赫茨爾一定會為之訝然。

一九一七年的《貝爾福宣言》是歷史上極為重要的文件，卻出奇地語焉不詳。雖然提到「猶太人的民族家園」，卻對猶太國隻字未提。這個「民族家園」將在何時（又如何）創立的時程表付之闕如。文中也未提到要在巴勒斯坦創立猶太人「民族家園」，該怎麼做才不會侵犯「巴勒斯坦既有非猶太社群的公民和宗教權利」。宣言中也未言明「巴勒斯坦」指的是哪裡，因為文中既沒有地圖，也沒有界定這片領域的範圍。最後，文件忽視了一個事實：這份宣言發出的時候，巴勒斯坦仍由鄂圖曼人控制。雖然英國人有信心很快就能掌控巴勒斯坦，但在當時，巴勒斯坦根本不是他們所能擺布的。

不過，上面這些問題中，至少有一些的答案不言自明。英國政治領袖似乎確實有意在猶太人占多數的地區建立一個國家。[13]而他們屬意的領土顯然幅員遼闊。大約二十年後，一九三七年的巴勒斯坦皇家委員會（Palestine Royal Commission）指出，「在發布《貝爾福宣言》的時候，建立猶太民族家園的預定土地，指的是整片巴勒斯坦歷史區域」，這包括今日以色利和約旦境內的約旦河兩岸地區。**（見地圖三）**

至於英國尚未控制巴勒斯坦這一點，英國人確信鄂圖曼帝國即將崩解，而根據《塞克斯—皮寇協議》所勾勒的內容，巴勒斯坦很快就會屬於英國。誠然，《貝爾福宣言》發布的六週後，由埃德蒙・艾倫比（Edmund Allenby）將軍指揮的埃及遠征軍（Egyptian Expeditionary Force）就把防守的鄂圖曼人逐出了耶路撒冷。在充滿英式威儀的典禮中，艾倫比從雅法門徒步進入耶路撒冷舊城區，表示對這座聖城的尊崇，而數百名旁觀者以及耶路撒冷爭奪戰中和英軍並肩作戰的士兵，則站滿街道兩旁。[14]

巴勒斯坦現在落入英國人手中了——而他們承諾過巴勒斯坦會是猶太人的。他們後來持續控制猶太人祖先家園三十一年，直到一九四八年五月以色列建國之時。

與此同時，依舒夫持續發展。一九一三年在維也納舉辦的第十一屆錫安主義大會決議，應該在耶路撒冷建立一所大學，而且應該在五年內展開建設。[15]《貝爾福宣言》發布還不到一年後的一九一八年七月二十四日，數千人齊聚一處，參加希伯來大學在斯科普斯山（Mount Scopus）的奠基典禮。從一開始，智識生活在依舒夫社區與最終建立的猶太國的中心地位就顯而易見。

一九一八年第一次世界大戰結束，人類再度得以在全球移動。移動的自由，加上歐洲新一輪的反猶情緒，以及在俄國造成十萬至二十萬猶太人死亡的武裝衝突，引發了前往巴勒斯坦的下一波移民潮。第三次回歸（一九一九－一九二三年）共有三萬五千人來到巴勒斯坦。在戰爭改變的國際局勢激勵下，第三次回歸的成員參與打造了發展中的建國前機構，最後是這些機構讓猶太人贏得主權統治變得可能。在《貝爾福宣言》後來到巴勒斯坦的第一波猶太人，也是首度感受到他們的建國目標如今受國際認可的猶太移民。

人口流入有助於帶動不同領域的技術進展，最主要是在世界這個角落屬於稀缺品的水資源領域。事實上，英國人在那段時期限制猶太移民的人數，宣稱的理由就是該區域的天然資源無法支撐想要移民到巴勒斯坦的數千猶太人。[16]這使得與水相關的研究成了迫切之事。依舒夫的領袖明白，他們不只需要為已經抵達的人供水，還需要證明給英國人與全世界看，該地區可以支撐的移民人數，遠比英國人所聲稱的還多。

知道這片土地的本質，就會知道這是艱鉅的挑戰。錫安主義運動在一八八〇至一九一四年間的土地購買，多數集中在雅法與海法之間的西部海岸平原，以及東邊的傑茲瑞爾（Jezreel）谷地與約旦河谷，而他們買下的土地多數沼澤充斥，未經開發，杳無人煙。來自俄國的移民拓荒者建立的第一座村落是佩塔提克瓦，但是在爆發瘧疾後被迫離開。哈德拉（Hadera）過半數的居民在建村後前二十年中死亡，也是因為瘧疾。[17]但是他們不屈不撓，繼續努力。拓荒者在短短兩年後就回到佩塔提克瓦，排乾沼澤，耕作土地，把這個地區改造為柑橘生產重鎮，尤以其甜橙園聞名。大衛・本－古里昂（以色列首任總理）在佩塔提克瓦的甜橙園工作時也曾感染瘧疾。

基布茲社區也參與排乾沼澤和將疾病從這片土地上消除的努力。羅斯柴爾德男爵在這個過程中厥功甚偉，他引入的埃及工人對於排乾沼澤和消滅瘧疾的協助至為重要。透過緩慢而堅定的努力，基布茲的成員逐漸取得進展。

同時，錫安主義運動領袖展現出的遠見，足可與在土地上努力之人的勇氣匹配。他們買下看似無法居住的沼澤地，而且往往價格高昂。被問到這樣的做法是否明智時，第一屆錫安主義大會祕書、後來主掌猶太國家基金的梅納赫姆．烏什金堅稱，沒有任何代價太過高昂。「巴勒斯坦的土地價格會年年增加；今天不買下的，我們很可能再也買不到。」[18]

他們的進展驚人。到一九三八年，美國農業部派土壤科學家沃特．克雷．婁德密爾克（Walter Clay Lowdermilk）調查歐洲、北美與巴勒斯坦的土壤時，依舒夫發展出的水技術已經遠比猶太人剛抵達時進步了。婁德密爾克寫道，猶太人的成果讓他「震驚」，並將依舒夫所進行的農地墾殖描述為他行旅世界各地見過的這類工作中「最傑出的」。[19*]

依舒夫也在這段時期發展其政治機構。一九二〇年四月十九日，依舒夫舉行了Asefat Hanivharim（「代表大會」）的選舉，這是英治巴勒斯坦的猶太人議會大會，有三百一十四個席位（這是唯一一次有這麼多代表）。這次選舉延續赫茨爾當年世界錫安主義組織（World Zionist Organization）的投票傳統，以得票百分比為根據，照比例分配政黨席次。得票率三〇％的政黨可獲得三〇％的席次，以此類推。

一九二〇年那次選舉，沒有任一政黨贏得絕對多數。事實上，在這以後，不管是在依舒夫的代表大會，或是在獨立建國後取代了它的以色列國會，都不會有任一政黨贏得絕對多數。一九二〇年那次選舉中，最大的單一派系是勞工運動陣營，但也只有七十個席次。新選出的大會成為依舒夫待任政府（government-in-waiting）的國會。

依舒夫是怎麼發展出民主傳統的？畢竟，多數來到依舒夫的移民都來自非民主國家。俄國與波蘭猶太人並未生活在民主政體中，鄂圖曼人治下的猶太人也未曾生活在民主政體下，猶太人傳統上也並不特別民主。聖經時期的國王並非民選，傳下《塔木德》的拉比雖然不是王朝的產物，也稱不上是透過民主過程選出。這種追求民主的動機——不管在依舒夫還是後來的以色列——從何而來？

猶太社群的民主傾向始於被放逐後。被迫從故土流浪到歐洲各地的他們，一直需要從無到有建立社群結構。從一五八〇年一直到一七六四年，「四國理事會」（Council of Four Lands，總部位於波蘭盧布令）就是大波蘭、小波蘭、羅塞尼亞（Ruthenia）與沃里尼亞（Volhynia）的猶太人權力中心。這個理事會透過選舉產生，負責處理稅務、與非猶太社群間的關係，以及其他事務。四國理事會以及歐洲各地猶太社群的小型地方性理事會，都經由民主選舉產生。這個模式後來為錫安主義大會所複製。到了二十世紀初期，歐洲猶太人自主投票、立法與課稅已經有大約三百五十年了。[20]

這個傳統歷經十九與二十世紀初期巴勒斯坦絕非民主的環境而依然存在，並在猶太國於一九四八年建立後，成功的轉變了一波波來自非民主國家的猶太移民。事實上，第二次世界大戰後創立的約一百個國家當中（多數是因為帝國解體），以色列是一開始即為民主政體，並持續維持民主運作至今的少數國家之一。

---

* 婁德密爾克後來將他的發現彙整成《巴勒斯坦：應許之地》（*Palestine, Land of Promise*）一書，極為暢銷。美國小羅斯福總統死時，這本書就攤開在他書桌上，很可能是他生前讀的最後一本書。（Seth M. Siegel, *Let There Be Water: Israel's Solution for a Water-Starved World* [New York: Thomas Dunne Books, 2015], p. 30.）

第一屆代表大會在一九二〇年四月選出的同一天，依舒夫的命運也在義大利小鎮聖雷摩商議中。在聖雷摩會議（San Remo Conference）中，英國、法國、義大利與日本代表齊聚一堂，討論如何劃分鄂圖曼帝國的領土。他們並未畫出精確的地圖，而是就大略原則達成協議。對依舒夫而言，聖雷摩會議意義最重大之處，是參與國在四月二十五日承認了一九一七年的《貝爾福宣言》，將其納入決議，並正式將巴勒斯坦交由英國託管。

如今，猶太人將在巴勒斯坦擁有民族家園不再只是英國的政策——而是第一次世界大戰勝利國的明確立場。

巴勒斯坦阿拉伯人深感憤怒，並以暴力回應，這樣的模式將在後來一再重複。一九二〇年，在耶路撒冷暴動的阿拉伯人殺死六名猶太人，並造成其他人受傷。一九二一年在雅法也發生暴動並迅速蔓延，造成四十多名猶太人死亡，包括尤瑟夫・哈伊姆・布倫納。

諷刺的是，暴動也成為後來的以色列軍隊最早的開端。當時，猶太人自衛組織已存在數十年。一九〇七年，小型祕密防衛團體巴—吉奧拉（Bar-Giora）成立，是最早的這類組織之一。與其他同質團體一樣，巴—吉奧拉由小群猶太人組成，收費提供防衛服務。巴—吉奧拉守衛的是塞傑拉（Sejera，今名伊拉尼亞），本—古里昂初抵巴勒斯坦後曾在這座定居點的田間工作。巴—吉奧拉在兩年後的一九〇九年解散，以發展更大的防衛團體，名為哈紹莫（Hashomer，「守望者」）。哈紹莫開始擴大範圍，為猶太人與其村落提供保安服務。這是為巴勒斯坦猶太社區提供有組織的防衛最早的努力。

哈紹莫打算取代猶太農場上的阿拉伯警衛，甚至有在烏克蘭哥薩克村落的農場上部署守衛者的偉大構想，但是後來無疾而終。[21]如今，在阿拉伯人日益蔓延的暴力下，並認清英國人不會為猶太人提供充分保護後，依舒夫領袖在一九二一年決定創立哈加納（Haganah，「防衛」），以保護猶太農場與村落。哈加納將其任務擴大為包括預防與擊退攻擊。不過，在其成立後的前幾年，哈加納的組織鬆散，成效亦不彰。

然而，依舒夫學習自我防禦之際，卻遭受了重大的外交挫敗。一九二二年，《貝爾福宣言》發布才四年、被納入聖雷莫決議才一年後，出任英國殖民地大臣、此前被視為錫安主義之友的邱吉爾，決定重劃中東地圖，而且並未諮詢他的錫安主義盟友。[22]他將約旦河以東的巴勒斯坦割出，創立了名為外約旦的國家（Transjordan，今約旦）。[23]

《貝爾福宣言》和聖雷摩會議所帶來的成功去日未遠，但深信巴勒斯坦託管地的地圖就是未來以色列國地圖的錫安主義者，卻突然看到他們未來家園四分之三的土地被拱手讓人，猶太國將遠比他們所想像的小。雖然他們當時不可能曉得，但是這個國家在未來數十年內還將縮得更小。

邱吉爾忙著分割巴勒斯坦託管地時，因為猶太移民與國際上對猶太國的支持而深感憤怒的巴勒斯坦阿拉伯人，又爆發了對依舒夫的新一波攻擊。錫安主義領袖如今明白，他們在規劃時沒有充分考慮到阿拉伯人的抗拒。阿哈德．哈阿姆對這個失誤直言不諱：「我們習於把阿拉伯人想成沙漠裡的原始人，好像驢子一般的民族，看不到也不了解周圍發生的事情。這是大錯特錯。」[24]

阿哈德．哈阿姆從未尋求建國，因此他也許有理由抱持一線希望，認為猶太人與阿拉伯人可能和平共存。然而，在一心投入猶太建國的人眼中，與阿拉伯人之間日趨惡化的關係是更為不祥的徵兆。關於日益升高的緊張，沒人說得比賈博廷斯基更直白，他在一九二三年寫了兩本小冊，分別為《鐵牆》（*The Iron Wall*）與《鐵牆之外》（*Beyond the Iron Wall*）。賈博廷斯基堅決主張，低估阿拉伯人是個錯誤，他們對巴勒斯坦的依戀，無異於任何民族對自己居住土地的依戀：

那些和平販子企圖說服我們，阿拉伯人要不是傻子，可以被我們隱瞞真正的目標而欺騙，要不就是貪汙腐敗，可以在賄賂下將他們對巴勒斯坦的優先主張讓給我們，以此交換文化與經濟優勢。我拒絕對巴勒斯坦阿拉伯人的這種理解。文化上他們落後我們五百年，既沒有我們的堅忍，也沒有我們的決心；但他們解讀心理的能力不下於我們，他們的心智也和我們一樣，因為數世紀以來針對細微文字的爭論而變得敏銳。我們可以說得天花亂墜，說我們的目標多麼無害，用甜蜜的話語淡化與美化這些目標，讓它們變得可以下嚥，但他們知道我們要什麼，正如我們知道他們不要什麼。他們對巴勒斯坦有著不下於我們的出自本能的愛，不願它被人奪走，正如昔日的阿茲特克人對古墨西哥那樣，也正如蘇族印第安人對他們綿延的大草原那樣。[25]

他說，這表示阿拉伯人永遠不會出於自願的與錫安主義者達成協議。如果錫安主義者想要在巴勒斯坦有一席之地，就必須以一道鐵牆迎擊阿拉伯人的暴力：

這不代表與巴勒斯坦阿拉伯人之間不可能達成任何協議。不可能達成的是出於自願的協議。只要阿拉伯人覺得還有一丁點擺脫我們的希望，他們就不會願意放棄這個希望，只為換取好聽的話或是生活所需，因為他們不是一群烏合之眾，而是一個活生生的民族。一個活生生的民族會在如此攸關重大的事情上讓步，只會是因為他們不再有擺脫我們的任何希望，因為他們無法突破那道鐵牆。要到那時，他們才會放棄以「永不！」為口號的極端主義領袖。[26]

賈博廷斯基下面這段話，成為後來數十年間以色列政治右派的精神指引：「獲得這樣的協議唯一的方式就是這道鐵牆，意思是一個在巴勒斯坦的強大勢力，不受任何阿拉伯壓力影響。易言之，要在未來達成協議的唯一方式，就是放棄現在求取協議的任何想法。」[27]

很不幸，賈博廷斯基一語成讖。新一波暴力很快爆發，徹底摧毀了一個古老的猶太社區。

圍繞耶路撒冷聖殿山的緊張情勢已經悶燒數月。一九二八年九月，猶太人在西牆前立起一道臨時的分隔牆，讓男性與女性可以依照猶太傳統，在贖罪日時各自祈禱。大穆夫提（grand mufti，伊斯蘭教長）哈吉·阿敏·侯塞尼（Haj Amin al-Husseini）的回應是要求限制猶太人在西牆的活動，由此開啟了一種煽動情緒、只會更加激化事態的模式。[28]

接著，猶太人對聖地 al-Haram al-Sharif（「高貴聖所」，猶太人稱之為聖殿山）有所圖謀的謠言開始傳播，而圓頂清真寺受破壞的造假影像也流傳開來；*穆斯林領袖聲稱「破壞」是猶太人所為。[29]一九二九年八月二十三日星期五，阿拉伯青年在希布倫朝著猶太傳統學堂的學生丟擲石頭。當天稍晚，名為舒繆爾·羅森霍茲（Shmuel Rosenholtz）的年輕男子獨自前往學堂時，阿拉伯人闖入建築，將他殺害。他是愈演愈烈的暴動中數十名死者的第一人。

---

* 猶太人占領聖殿山或摧毀該處清真寺的謠言，是阿拉伯人—猶太人衝突中一再出現的主題，而且自兩個族群間最早的暴力相對以來就具有十足的煽動力。一九二九年，這些謠言導致有數百年歷史的希布倫社區遭摧毀，基本上就是點燃阿拉伯人—猶太人衝突的事件。二〇〇〇年，當時為國會議員的艾里爾·夏隆（Ariel Sharon）事先就宣布並合法的聖殿山之行（他沒有進入任何一座清真寺），引發了穆斯林的怒火，阿拉法特以此為由，發動了第二次起義（Second Intifada），從二〇〇〇年持續到二〇〇四年，造成數千人死亡。二〇一五年，（虛構的）流言指稱，以色列打算改變誰能造訪聖殿山並在那裡祈禱的現行規定，這個流言被用以煽動情緒，並引發了又一波暴力，阿拉伯人不僅刺殺與射擊猶太人，並以車輛進行攻擊。

次日早晨是猶太人的安息日，揮舞著棍棒、刀子與斧頭的阿拉伯暴徒開始包圍希布倫猶太社區。阿拉伯婦女與孩童朝猶太人丟擲石頭，男性則打家劫舍、破壞猶太人的財產。許多害怕的猶太人躲在社區一名拉比的家中，暴動者把目標轉向他，跟他談條件。如果拉比將阿什肯納茲猶太人交出來，他們就放過當地的中東猶太人。拉比拒絕後，暴民殺了他。後來的暴動擴散到希布倫以外地區。暴亂過後，共有一百三十三名猶太人死亡，其中光在希布倫就有六十七人。[30]數百名在屠殺中倖存的猶太人是他們的阿拉伯鄰居所救，有些是冒著極大的個人危險把猶太人藏在自己家中。[31]儘管如此，四百年前由來自西班牙的猶太難民所建立，為全世界最古老猶太社區之一的希布倫，[32]已被徹底摧毀。

基希涅夫的歷史在巴勒斯坦重演了。

一九二九年的阿拉伯人暴動，與希布倫猶太社區遭到的大規模屠殺，使依舒夫開始發展準軍事能力。哈加納購買外國武器也自行生產，最後建立了共有二萬五千名男女志願者的二十個分支。在相當短的時間內，哈加納就從一個未受訓練的軍隊，自我改造為組織精良的地下部隊。一支猶太軍隊已然開始成形。

當時，哈加納遵循 havlagah 政策，即「克制」。哈加納戰士收到的指令是只要守衛猶太社區，除此不要有任何行動。他們可以在能力所及內盡量預防攻擊，但是在得知規劃中的攻擊事件以前，不得採取任何行動。[33]

然而，隨著阿拉伯人對巴勒斯坦猶太人的暴力升高，havlagah 政策也引發爭議。賈博廷斯基在「鐵牆」中寫過，錫安主義者必須以暴制暴，而依舒夫的情勢似乎證明了他是對的。一九三一年，深受賈博廷斯基影響的一群戰士脫離哈加納，創立了自己的戰鬥派系。他們不會再等著被攻擊，而是會主動對敵人開戰。這個團體一開始名為哈加納B（Haganah Bet），後來改名為Irgun Tzva'i Leumi（「國民軍隊組織」），以Irgun（伊爾貢）之名為人所知。*起初，多數戰士都是賈博廷斯基的修正錫安主義運動（即貝塔爾）成員；事實上，賈博廷斯基還是這個團體的最高指揮官，雖然這只是名義上的職位，因為他已遭英國人逐出巴勒斯坦。一直到一九四〇年逝世前他都保有這個頭銜。

Irgun對使用武力的取向與哈加納迥然相異。哈加納所屬的主流錫安主義，以對戰爭或戰鬥隻字不提的〈希望〉為頌歌，貝塔爾的頌歌則反映賈博廷斯基的世界觀，以及他在依舒夫和以色列政界追隨者的立場，明確表達了必要時透過戰鬥拯救猶太民族的決心：

面對每個難關
在上升和挫折的時刻
仍能點起火
引燃起義的火焰
因為沉默如糞土
犧牲血和精神
成就隱藏的榮光
是死，還是征服山頭

---

* Irgun也以Etzel為人所知，Etzel是Irgun Tzva'i Leumi希伯來文寫法的首字母略稱。

尤德法、馬薩達、貝塔爾*

依舒夫的猶太人慢慢學會自我防禦的同時，歐洲猶太人的處境則愈來愈危殆。第一次世界大戰已然恐怖，但是對猶太人而言，更具毀滅性的戰爭即將爆發。相較於歐洲即將來臨之事，基希涅夫和希布倫發生的暴力將顯得小巫見大巫。猶太人有史以來所經歷最黑暗與恐怖的時期就要展開。

* 譯注：尤德法與馬薩達都是第二聖殿時期猶太人起義的據點，死守者寧願自殺也不降伏於羅馬人，貝塔爾則是巴柯巴起義的最後據點。

第六章
即使能離開，他們也無處可去

我們將與英國並肩對抗希特勒，彷彿沒有那個白皮書；我們將對抗那個白皮書，彷彿沒有戰爭。

——大衛·本—古里昂，一九三九年

一九二五年，希特勒出版《我的奮鬥》。猶太人意圖併吞世界，他寫道，而到了那時，他們將毀滅全人類。「如果……猶太人擊敗世上其他民族，他的冠冕，將是全人類的喪禮花圈，而這個星球將如同數千年前一樣，在人類蕩然無存的情況下在虛空中移動。」希特勒宣告，錫安主義是猶太人陰謀的一環：

錫安主義者企圖讓世界其他人相信，猶太人新興的國族意識會因為在巴勒斯坦建立猶太國而滿足，這就是猶太人想用另一種方式欺騙頭腦簡單的外邦人。他們在巴勒斯坦建立猶太國全然不是為了在那裡生活。他們真正的目標，是為他們在國際上的欺瞞哄騙建立一個中心組織。[1]

一九三三年一月，希特勒出任德國首相。三月選舉後，納粹黨依然維持國會最大黨的地位。由於希特勒在將近十年前就出版了《我的奮鬥》，德國人對於他們選出了什麼樣的人，應該是充分了解的。「猶太人將是強化的民族仇恨、壓迫、對自由的剝奪與獨裁統治下的第一個受害者」，大衛·本—古里昂如此預言。[2]

本名大衛·古魯恩（David Gruen）的大衛·本—古里昂一八八六年生於小鎮普恩斯克（Plonsk，位於今日波蘭，但當時為帝俄的一部分）。他與許多早期錫安主義領袖一樣，成長在一個信仰虔誠，但是對世俗學問與錫安主義都很投入的家庭中。他年幼時看過父親在家中舉行「愛錫安之人」的聚會。在那些聚會，以及亞伯拉罕·瑪普充滿對錫安渴慕的聖經小說《錫安之戀》先後影響下，年輕的古魯恩成為熱忱的錫安主義者，日後並將聖經視為建立猶太國的道德基礎指引。

古魯恩十七歲時得知了第六屆錫安主義大會上討論的烏干達計畫，對於建國運動居然會考慮放棄在猶太人故土上建立猶太國的想法深感憤怒。他的結論是，要在巴勒斯坦建立猶太國，需要的是行動而非空言，因此決定移居至巴勒斯坦。

古魯恩最後在一九〇六年九月七日抵達雅法港——正是赫茨爾在《新故土》中描述的那座港口。不久後他就在佩塔提克瓦的柑橘園工作。他相信體力勞動是建立猶太國的關鍵（依循戈登建立的傳統），在加里利四處遷移，到幾座不同農場工作過。他在一九一〇年遷居耶路撒冷，加入錫安工人黨（Poalei Zion）官方刊物《團結》（*Achdut*）的編輯委員會。他在那裡以他新改用的希伯來化姓氏本—古里昂，發表了第一篇文章。

由於巴勒斯坦由鄂圖曼人控制，本—古里昂判斷，自己若想在依舒夫扮演領導角色，就必須接受土耳其教育。一九一一年，他離開巴勒斯坦，前往土耳其攻讀法律（不過沒有完成學位），後又赴美國傳播拓荒運動的消息，並參加錫安工人黨的會議。住在紐約時他認識了寶拉·孟維斯（Paula

Munweis），兩人於一九一七年結婚，育有一子二女。

《貝爾福宣言》發表後，本—古里昂效忠的對象從土耳其改為英國。他加入英國陸軍的猶太軍團，在巴勒斯坦戰役中與英國人並肩對抗土耳其人。雖然他持續與錫安工人黨合作，卻也建立了自己的政黨，名為「勞工團結」（Achdut Ha’avoda），成員主要是分裂後的錫安工人黨中較左傾的成員。一九二一年，本—古里昂成為依舒夫勞工總工會Histadrut的祕書。他領導Histadrut十三年，在依舒夫領導高層中建立了穩固地位。本—古里昂在一九三三年預言歐洲大難臨頭時，已經是依舒夫公認最權威的聲音。

歐洲恐怖將臨的氛圍，在依舒夫引發了矛盾情緒。在某個程度上，事態發展肯定了來到巴勒斯坦的人所憂慮之事，證明他們對歷史的不祥預感是準確的。這無疑讓提早離開歐洲來到依舒夫的人，多少覺得自己的看法終獲證實，但許多居住在巴勒斯坦的猶太人，決心盡全力幫助歐洲猶太人。

有些人希望透過經濟施壓和抵制德國，讓希特勒政權放緩，並改變其日益反猶但尚未意圖殺人的政策。賈博廷斯基的期望是，如果統一的猶太陣線可以對德國造成重大經濟損害，也許可以保全德國的公民權利，同時促進猶太人的解放。[3]

然而，依舒夫多數人反對抵制德國，並堅稱對付納粹德國最有效的方式是直接協商。這個立場背後的原因有幾個。依舒夫成員擔心杯葛行動會激怒德國，只是讓當地猶太人的處境更糟；他們也希望透過與德國的協商，促進德國猶太人移民到依舒夫。

圍繞杯葛行動而起的爭議，引發了依舒夫歷史上頗為怪異的一個事件，至今仍籠罩在神祕中。

當時的猶太事務局政治處長、也是實質上的外交部長哈伊姆・阿羅索洛夫（Chaim Arlosoroff），在一九二四年為了逃離反猶暴亂，舉家從烏克蘭遷居至特拉維夫。在前往巴勒斯坦以前，他在德國待了一段時間，取得經濟博士學位。

停留德國期間，他與名為瑪格達・里卻爾（Magda Ritschel）的女子有過一段情，這名女子後來嫁給惡名昭彰的納粹宣傳部長約瑟夫・戈培爾（Joseph Goebbels）。一九三三年六月，已成為依舒夫高層領袖的阿羅索洛夫返回德國，與德國官員進行協商，而且顯然透過舊情人的人脈，見到需要會面之人。[4]他前往德國的任務是推展「轉移協定」（Ha’avarah），這個協議將使德國猶太人得以離開德國，但無須放棄所有資產。從德國移民的猶太人可將現金存到一個基金內，而巴勒斯坦的銀行可以取得這筆基金，接著由這些銀行購買德國貨物運至巴勒斯坦，巴勒斯坦的商人買下這些貨物，貨款再歸還給從德國移民到巴勒斯坦的猶太人。[5]每個人似乎都能從中得益。德國可擺脫它不要的猶太人，依舒夫受惠於新湧入的移民，離開德國的猶太人可以保有部分資產，而巴勒斯坦則得以進口它亟需的德國貨品。大約二萬名德國猶太人使用了這個計畫，共有三千萬美元從德國轉移到依舒夫。

然而，隨著德國加強對猶太人的迫害，轉移協定的爭議也愈來愈大。許多人說阿羅索洛夫與魔鬼交易。本—古里昂為這個計畫辯護，稱之為在增加移民的同時養活依舒夫的方式，但其他人認為必須抵制德國，而轉移協定會削弱抵制行動的影響力。賈博廷斯基大力抨擊轉移協定；他認為這個莽撞的行為會緩和德國的經濟孤立。修正錫安主義報紙《人民陣線》（*Hazit Ha’am*）在一九三三年六月十六日刊出專欄，譴責阿羅索洛夫所商議的協定並提出警告：猶太人「會知道如何回應這可憎的行為」。文中透露了阿羅索洛夫的個人資料。[6]

那天晚上，阿羅索洛夫與他的太太西瑪到特拉維夫的海灘散步。兩名男子從黑暗中現身，其中一人用手電筒照亮阿羅索洛夫的臉，另一人拔出手槍射擊。阿羅索洛夫被緊急送往醫院，但在幾小時後死於手術台上。

阿羅索洛夫之死，立刻被歸咎於賈博廷斯基的修正錫安主義黨（Revisionist Party）。兩天後，修正派組織貝塔爾的成員亞伯拉罕．斯塔夫斯基（Avraham Stavsky），在西瑪指認他為持手電筒的男子後遭到逮捕。另有兩名修正派成員被捕，其中一人的罪名是幫凶，另一人是持槍者。左派怪罪賈博廷斯基，說是他策劃整個計畫，並把槍「上了膛」。賈博廷斯基則投入大量人力和資源，為被捕的三人辯護。斯塔夫斯基初審定罪並判死刑，但是在巴勒斯坦的英國上訴法院推翻判決後，於一九三四年七月獲釋。

此後再未有人因此案被定罪，而阿羅索洛夫遇刺案至今仍是個謎。不過，在猶太國，這不是猶太人因為政治爭議而自相殘殺的最後一次。

一如依舒夫的某些成員所預料，歐洲日益惡化的情況，其實對促進移民有好處。阿拉伯人發動的暴力已暫時平息，而依舒夫的基礎建設也在發展中。慢慢地，巴勒斯坦的生活不再那麼艱苦。由於美國緊縮了移民限制（蘇聯也是，但猶太人並沒爭著想去），到了一九三〇年代，巴勒斯坦已成為猶太移民的主要目的地。猶太事務局現金短缺，又受到來自託管政府的壓力，只好限制能進入巴勒斯坦的移民人數。移民需要「證書」，為了取得證書的競爭有時變得很醜陋，也有人指控事務局准許進入巴勒斯坦的多是富裕階級與比較可能支持本—古里昂政治理念的人。移民是個極為敏感的主題，一觸即發，在往後的以色列歷史上始終如此。

第四次回歸（一九二四—一九二九）的組成者，主要是居住在城市的中產階級波蘭移民，而如今隨第五次回歸（一九三二—一九三六）抵達的移民，則被認為是受過良好教育而富裕的德國人，迫切想要逃離歐洲日益讓人恐懼的反猶環境。然而，事實上，第五次回歸的多數移民來自中歐與東歐，就和之前幾次回歸的成員一樣，移民人數也在增加。一九三四年，希特勒的反猶政策只會愈來愈惡毒的態勢趨於明顯，依舒夫迎來了截至當時單年人數最多的移民，有大約四萬二千名猶太人抵達以色列地。依舒夫的猶太人人數，正朝著建國所需的臨界量緩緩移動。

比亞利克在基希涅夫暴亂後寫下《屠殺之城》時，不論是他還是他的讀者，都無法想像歐洲即將陷入的黑暗。比亞利克後來在一九二一年離開俄國前往德國，繼而在一九二四年移居巴勒斯坦。抵達之後，比亞利克大力投入公共事務，寫作量比從前少了很多，但他依然是一整個世代的代言人。一九三四年夏天，比亞利克前往維也納接受攝護腺手術。手術失敗，他於一九三四年七月四日辭世。

依舒夫桂冠詩人的葬禮，讓整座特拉維夫市停擺。巨大的海報上載明了葬禮時間，而即使在中東夏日烈陽當頭的酷熱中，仍有數千人走上街頭，加入送葬隊伍的行列，那情景與本—耶胡達一九二二年的盛大葬禮若有相似。送葬隊伍中有虔誠與世俗的人，有阿什肯納茲與米茲拉希猶太人——他們不僅來自特拉維夫，而是來自巴勒斯坦各地。幾乎每棟建築都飾以綁了黑色絲帶的藍白色旗子。比亞利克的棺木運到當地墓園後下葬，他右邊是阿哈德．哈阿姆，左邊是阿羅索洛夫。政治運動者（阿羅索洛夫）、詩人（比亞利克）與哲學家（阿哈德．哈阿姆）並肩長眠——這景象適切的反映出錫安主義深厚的智識根源與其中許多不同的聲音，以及這許多支流在關鍵時刻匯聚合流的能力。

納粹在一九三五年通過了《紐倫堡法條》（Nuremberg Laws），剝奪德國猶太人的公民身分，並且禁止猶太人和其他民族通婚或有婚外性行為。前往巴勒斯坦的移民人數再次達到歷史新高，共有六萬一千名猶太人。總計在一九三三到一九三六年間，巴勒斯坦的猶太人口從二十三萬四千九百六十七人，成長到三十八萬四千零七十八人。原本僅占人口五分之一的猶太人，如今占了近三分之一。

文化與智識的爆發式發展改變了依舒夫，而很快地，這個發展便反映出傳統與現代、虔誠與世俗、阿什肯納茲與塞法迪猶太人，以及社會主義信徒與自由市場派城市居民的融合。

屬於猶太人的民俗文化開始浮現。比如在一九二〇年代晚期，特拉維夫以普珥節（Purim）為中心，舉辦了以斯帖王后選美比賽。[7]比賽的目的在於搭起橋梁，因此刻意將阿什肯納茲與米茲拉希猶太人都納入參賽者。這次競賽的意義遠超過一次選美活動，而是要協助官員選出依舒夫的非正式代表。選美活動因為依舒夫的虔誠人士施壓而在一九二九年終止，但是形塑與改變依舒夫的歐洲影響已經顯而易見。巴勒斯坦經歷了根本性的改變，與第一次和第二次回歸者所移居的未開發土地已經截然不同。

一九三二年，依舒夫舉辦了第一屆馬加比運動會（Maccabiah games），來自世界各地的猶太男女在為期九天的運動賽事中參與體操、籃球、田徑、游泳與網球等項目的競賽。舉辦運動會也有出自意識形態的原因。運動會讓諾多的「肌肉型猶太人」獲得充分展現，也有助於推動阿哈德．哈阿姆希望巴勒斯坦成為猶太文化中心的構想。依舒夫也希望藉由比賽吸引許多猶太人來到巴勒斯坦，能增加移民人數。

劇場與民俗舞蹈成為依舒夫生活的支柱。劇場舞者參與國家舞蹈比賽（National Dance Competition），民俗舞者則在幾年後於一九四四年首度舉辦、當時極具代表性的達利亞舞蹈節（Dalia Festival）展現才華。[8]一開始只是在依舒夫舉辦的舞蹈競賽，卻在後來數十年間形塑了錫安主義文化，因為「以色列民俗舞蹈」一直是錫安主義活動的一大特色。「一九四〇年代，以色列民俗舞蹈已經向外輸出，且被視為新猶太人的重要指標。」民俗舞蹈成為「以色列身分認同的重要象徵，也是以色列文化對全世界最重要而成功的輸出品之一」。[9]

依舒夫的智識與經濟生活也發生重大轉變。德國移民湧入，使希伯來大學的學生人數大幅上升，銀行與金融業也開始發展。德國猶太人與部分的中產階級波蘭猶太人，帶著可觀的財務資產來到巴勒斯坦，因此巴勒斯坦很快有了百貨公司與高檔咖啡館。在（顯然導致了阿羅索洛夫遇刺的）轉移協定下，現金開始流入依舒夫。猶太人向樂於以地產換取現金的當地阿拉伯人買下愈來愈多土地。

然而，對依舒夫而言的絕佳進展，對阿拉伯人而言卻是對現狀的嚴重破壞。許多當地人覺得自己的生活方式，在快速湧入的猶太移民潮下無處容身。阿拉伯人的挫折不滿，再度爆發成為暴力。

一九三六年四月十五日，阿拉伯人在土勒卡爾母（Tulkarm，位於今日西岸地區的內坦雅以東）附近槍擊三名猶太駕駛，其中一人當場死亡，另一人五天後死亡，第三人則保住性命。兩天後，一個激進猶太派系為了報復，射殺住在佩塔提克瓦一棟小屋中的兩名阿拉伯人。同一天，就在其中一名猶太受害者的喪禮進行時，反阿拉伯與反英示威激烈上演。一名阿拉伯人遭毆打，前來保護他的警察也遭殃。猶太人攻擊阿拉伯擦鞋童與小攤販，接著，阿拉伯人發動反擊。四月十九日，失業的農民與移工衝入雅法，殺死九名猶太人，並殺傷六十人。雅法迅速陷入徹底失序，猶太人與阿拉伯人互相搜尋與避走。數千名猶太人出逃至特拉維夫。

一九三六至一九三九年的阿拉伯起義開始了。

再一次地，阿拉伯社群決意用暴力對抗猶太移民與依舒夫的開發。這段期間經常爆發暴力事件。阿拉伯人焚燒猶太人整地種植的農田與果園，破壞猶太商店並攻擊住宅。阿拉伯社區發動罷工，希望對依舒夫的經濟造成損害，但是效果適得其反——無意間造福了猶太人的生意。猶太商店與工廠填補了阿拉伯人留下的空缺，依舒夫猶太人因而得以擴張經濟。

不論依舒夫獲得了怎樣的經濟進展，阿拉伯人持續以暴力相向的現象，卻讓居民深感憂心。曾經相信可以與阿拉伯人和平共處的猶太人，愈來愈心存疑忌。為了表明猶太居民即使面對暴力也不會放棄建國的夢想，依舒夫建立了更多村落。

眼看打擊猶太社區士氣的行動無效，阿拉伯領袖轉而利用起義，以之為逼迫英國人答應其要求的機會。雙方在耶路撒冷會面時，他們要求徹底禁絕猶太移民。他們也尋求禁止土地買賣，並要求成立阿拉伯人占多數的政府。在他們提出這些要求的同時，暴力仍持續上演。

一開始，由於阿拉伯人起義也針對英國，所以英國人對其暴力行為亦毫不留情地回應。他們驅逐穆夫提（伊斯蘭教長），把雅法的部分城區夷為平地。但是，接下來他們改變了策略。由於亟欲避免暴力，又希望在日趨不穩定的地區維持和平，英國人試圖安撫暴動的阿拉伯人。一九三六年中，他們提出在下半年將猶太移民人數限制在四千五百人。不過一年前的一九三五年，才有六萬一千名猶太人移民到巴勒斯坦。英國人提出每年九千名猶太移民的限制，等於是要將猶太移民人數**減**

少八五%。然而，阿拉伯人居然連這個提議都拒絕了，堅持要完全禁絕移民。

暴力依舊持續。英國人希望暴力自行止息，同時也不欲危及英－阿關係，因此以極為克制的方式回應阿拉伯人的暴行。但是他們的政策徹底失敗。六個月後已經死了兩百名阿拉伯人、八十名猶太人，與二十八名英國人。顯然，他們必須有所改變。

英國人採取的立即措施，是派遣更多部隊進入巴勒斯坦，並為部分猶太人提供武器，使他們得以自我防禦。英國人也施行宵禁與守衛巡邏。然而他們也知道，這個情況需要長遠的解決之道。為了尋找可能的解決之道，英國成立了巴勒斯坦皇家委員會，但它更為人知的名稱是皮爾委員會，因為主席是威廉・羅勃・威爾斯利・皮爾勛爵（Lord William Robert Wellesley Peel），目的在研究巴勒斯坦情勢並作出建議。

皮爾委員會在一九三六年十一月抵達進行調查，並廣泛聽取猶太人與阿拉伯人代表的證言。一九三七年七月七日，委員會發布了四百零四頁的詳細報告，其中包括計畫地圖（這點與《貝爾福宣言》很不同）。皮爾委員會建議，由於猶太人與阿拉伯人的利益有根本衝突，並且雙方都聲言對同一塊土地擁有權利，因此不可能共享領域，唯一可行的解決之道是分治。（**見地圖四**）

皮爾委員會的建議，是首度有人提出分割巴勒斯坦，以滿足都主張對此土地擁有權利的兩個民族。分給猶太人的將包括從羅什哈尼喀拉（Rosh Hanikrah）到貝爾圖維亞（Be'er Tuvia）以南的海岸平原、加里利，以及傑茲瑞爾與約旦河谷地。除了耶路撒冷與伯利恆仍由託管政府控制，其餘土地都分給阿拉伯人。皮爾委員會的建議還有一個預設立場，即巴勒斯坦境內的阿拉伯國將附屬於外約旦。委員會另有一個重大要求是進行人口轉移，以分隔猶太與阿拉伯社區；此後多年，人口轉移始終是這片區域備受爭議的主題。

皮爾建議分給猶太國的土地面積，比錫安主義陣營原本合理期待的面積小很多。《貝爾福宣言》中並沒有界定何謂「巴勒斯坦」，但皮爾委員會倒是承認了「在《貝爾福宣言》發布時，建立猶太民族家園的土地，指的是整個巴勒斯坦歷史區域」。[10]這片區域包括今日的加薩、以色列、西岸與現在的約旦全境。但是皮爾提議中的猶太國只占這片區域的一小部分：分配給猶太人的土地占二〇%，而大約七〇%到七五%都給了阿拉伯人。[11]

包括賈博廷斯基與其追隨者在內的許多錫安主義領袖，對英國背棄了《貝爾福宣言》中默認的版圖分配深感憤怒，更讓他們沮喪的是，在邱吉爾於一九二一年建立外約旦後，如今他們還得放棄更多土地。

猶太人的失望悲傷再一次透過詩歌表達。當年最傑出的詩人之一烏里・茲維・葛林伯格（Uri Zvi Greenberg），誕生於奧匈帝國的哈西迪猶太教家庭，但是在波蘭的反猶暴亂中死裡逃生後，在一九二三年二十七歲的時候遷居巴勒斯坦。一九二九年希布倫暴動後，他的政治立場更趨強硬。葛林伯格後來成為賈博廷斯基修正派錫安主義的追隨者，自然大力反對皮爾委員會提出的土地分割計畫。

他的〈真理唯一不二〉（One Truth and Not Two）寫於一九三六年，當時皮爾委員會正在發展提案。他採用拉比文獻中隨處可見的經典用語「我們的拉比教導」（Our rabbis taught），寫下這段詩：

你們的拉比教導，彌賽亞將在後世降臨
而猶大地將再起，無火也無血……
而我說：如果你的世代遲滯不前

不以痛擊與赤手空拳逼迫終局到來……
即使在遙遠的世代，彌賽亞亦不降臨。
猶大地必不再起。[12]

葛林伯格後來在這首詩中警告，「以血還血」是外邦人的規則，也是猶太人的規則。猶太人若希望猶大地再起，就必須發起戰鬥。有些以色列領袖擁抱了這樣的意識形態立場，甚至在數十年後仍如此。

雖然許多人與賈博廷斯基的看法一致，但只有少數猶太人積極反對皮爾計畫。魏茨曼與本—古里昂為了確保猶太社群支持皮爾的提案，而熱切投入工作。本—古里昂說過一段話，暗中提醒錫安主義圈子的人，以第一屆錫安主義大會之後才過了四十年來看，能有皮爾的提案已經是卓越的成果：「將巴勒斯坦任一部分給予我們的協議，赫茨爾都會視之為天賜禮物欣然接受，也會在猶太國打下他的標樁，不需要有人承諾這片特定土地將永遠屬於猶太國。」[13] 魏茨曼也指出，皮爾委員會建議的猶太國領土遠小於他們原本所期望，儘管如此，這還是表示赫茨爾的夢想終於將實現。他言簡意賅的說，猶太人「若不接受才是傻子，即使這土地只有一塊桌巾的大小」。[14]

一九三七年八月，在蘇黎世舉辦的第二十屆錫安主義大會，通過了皮爾的建議。雖然與會者對各種細節稱不上滿意，但是他們終於要有一個國家了，不過幾年前這還是他們難以想像的。

猶太人雖然接受了皮爾的建議，阿拉伯人卻是斷然拒絕。外約旦國王阿卜杜拉（King Abdullah）顯然支持這個計畫，因為它將使巴勒斯坦的阿拉伯人回歸他的王國，並且讓王國獲得更多耕地。然而阿拉伯老百姓堅決反對，而阿卜杜拉也知道不可能忽視民意。耶路撒冷的穆夫提侯塞尼（後來成為納粹支持者）也大聲疾呼反對這個計畫，同時確保了阿拉伯高等委員會（Arab Higher Committee）將拒絕提案。

阿拉伯人對皮爾提議報以當時已成標準模式的回應，發動又一輪暴力，把怨恨對準了不僅是猶太人，還有英國人。死者中包括英國官員路易斯．安德魯斯（Lewis Andrews），他負責皮爾委員會在巴勒斯坦境內的行程安排。安德魯斯是眾所皆知的錫安主義支持者，他在九月二十六日前往教堂途中遭槍殺。

到了一九三七年十月中，暴力的嚴重程度已經超過前一年。定居點、公車、猶太平民與英國巡邏隊都是攻擊目標。利達（Lydda）的新機場被燒，油管也遭到破壞。當地許多公共運輸都停駛，英國人因為埋在路邊的地雷與爆炸物而宣布禁止夜間外出。他們引入更多軍人，並規定涉入暴力者得判死刑，在此後數年間經常援用這項刑罰。然而，這些做法的效果都很小。

巴勒斯坦逐漸陷入戰爭。

另一方面，歐洲的情勢日益不祥。本—古里昂在一九三八年二月說：「德國正吞噬奧地利，明天就輪到捷克了。」[15]他的預言準得嚇人。九個月後，歐洲主要國家在一九三八年十一月同意讓德國兼併捷克的部分領土（德國人稱之為蘇台德地區〔Sudetenland〕）。英國首相內維爾．張伯倫（Neville Chamberlain）辯稱自己默許德國侵略行為的做法可以維持和平，但是本—古里昂明白，綏靖主義只會讓希特勒得寸進尺。他寫信給當時負責巴勒斯坦猶太人防禦工作的伊里亞胡．哥隆布（Eliyahu Golomb），說道：「在我看來，今天是歐洲有史以來最黑暗的日子之一，而誰能說得準，在針對捷克『和平』達成『協議』後，不會很快就輪到我們。」[16]

一如本－古里昂所預料，比起保護猶太人，西方國家更關心的是安撫阿拉伯領袖。該年十二月，依舒夫對英國人提案，希望保護猶太兒童不受德國傷害，將他們送到巴勒斯坦。同時，穆夫提要求託管政府釋放囚禁在塞席爾群島（Seychelles）的阿拉伯高等委員會成員，讓他們能參與巴勒斯坦阿拉伯人的倫敦代表團。阿拉伯人的要求不牽涉到任何一條生命。儘管如此，英國人答應了阿拉伯人的要求，卻駁回依舒夫拯救一萬名猶太兒童的請求。[17]

一九三八年十一月九日和十日，納粹宣傳、辭令與歧視性的法律結出了無可避免的苦果。一名精神不穩的猶太人在巴黎殺害一名德國官員後，德國與奧地利在仇恨驅使下，爆發了對猶太人的暴力。納粹德國與奧地利境內各地的猶太民宅、會堂與商店被毀。兩百六十七座猶太會堂遭焚，七千五百間猶太人經營的商店被破壞。消防員受命只有在火災危及非猶太人財產時才救火。納粹親衛隊（SS）與希特勒青年團（Hitler Youth）闖入猶太民宅，攻擊平民。許多女性遭強暴，其他人寧願自殺也不願面對相同的命運。兩萬六千名猶太人被送往集中營，許多人在惡劣的對待下幾乎立即死去。這次攻擊是數十年前反猶暴亂的重演，後以「碎玻璃之夜」（Kristallnacht，或譯水晶之夜）稱之。在許多方面，這一夜標誌了猶太人大屠殺的開端。

一個月後，依舒夫領袖在十二月會面討論前月發生的事情，首度在這個脈絡中使用shoah*一字。[18]這個字源自聖經《西番雅書》，經文中，先知預言「那將是苦難災禍、荒廢淒涼的日子，是黑暗幽冥的日子，是密雲烏黑的日子」。[19]必須援引鮮少使用的聖經用語而非更常用的字眼，代表依舒夫領袖預見了史無前例的大禍，正如他們之前的賈博廷斯基與赫茨爾。直覺告訴他們，猶太歷史將永遠改變。

五個月後的一九三九年五月，英國發布一份白皮書（這是政府官方政策文件的通稱），接受了阿拉伯人在一九三六年暴動後的多數要求。歐洲已成為當地數百萬猶太居民的死亡陷阱，但英國人依然決定將猶太人移民至巴勒斯坦的人數限制在五年七萬五千人；任何增加都必須獲得阿拉伯人同意。這份白皮書也包括在許多區域出售土地給猶太人的限制，以及一項十年計畫，將使巴勒斯坦成為阿拉伯人占多數的獨立國家。

驚人的是，阿拉伯高等委員會拒不接受這份白皮書，聲稱過渡期的時間太長，對猶太人有利。當然，對猶太社群而言，限制移民人數表示想要逃離歐洲的猶太人無法前往巴勒斯坦，而建立國家所需要的猶太人口成長也將受到阻礙。他們在巴勒斯坦各地的猶太會堂與公眾集會示威。為抗議這項政策，受賈博廷斯基啟發的一支猶太軍事團體不顧哈加納與英國持續合作，在耶路撒冷與特拉維夫炸了幾棟政府建築。後來他們又攻擊了英國具戰略功能的基礎設施，包括電力設施以及廣播和電話通訊線路。他們反對哈加納的克制做法，而為了爭取人民認同，他們創立了地下報紙與廣播系統。連依舒夫的領導階層也感覺到必須改變策略，開始為非法移民背書，並且投入更多力量幫助猶太人進入巴勒斯坦。

依舒夫如今對英國人會實現《貝爾福宣言》的承諾已經不抱真正希望。二十二年前，貝爾福勛爵呼籲在巴勒斯坦建立「猶太人的民族家園」，但是少了移民，猶太民族家園不可能成真。而即使希特勒威脅著全歐洲的猶太人，英國人已讓納粹清楚知道，英國並不關心猶太人的命運。

第二十一屆錫安主義大會於一九三九年八月在日內瓦召開。魏茨曼在八月二十四日發表閉幕演

＊　譯注：希伯來文的大屠殺。

說時，悲劇將至的感覺瀰漫。「我以沉重的心情與各位道別，」他說，「如果我們能如我所願，保住性命，繼續我們的工作，誰知道呢——也許從這厚重黑暗的陰霾中會有一道新光芒照耀我們。」[20]聽眾隨之落淚。[21]

一八九七年的第一屆錫安主義大會閉幕時帶著充滿希望的感覺；一九三九年則帶著恐懼。德國在一週後的一九三九年九月一日入侵波蘭。兩天後，英國與法國對德國宣戰。第二次世界大戰開始了。戰爭結束時，參與第二十一屆錫安主義大會的歐洲代表多數都已殞命。

英國與納粹開戰後，依舒夫的立場陷入了兩難。英國限制移民，因而是依舒夫的敵人，但是英國也在與納粹作戰。依舒夫應該站在哪一邊？本—古里昂的名言，成為依舒夫實質立場的描述：「我們將與英國並肩對抗希特勒，彷彿沒有那個白皮書；我們將對抗那個白皮書，彷彿沒有這場戰爭。」[22]

最能說明這段時期全球猶太人生存處境的，莫過於三艘不同難民船的故事，其中一艘是聖路易號（St. Louis）。一九三九年五月，聖路易號載著九百三十七名乘客從漢堡啟航至古巴。「碎玻璃之夜」後，船上多數為德國猶太人的乘客知道他們必須逃離歐洲，因此都買了合法的古巴簽證。然而，船隻抵達目的地後，古巴總統費德里科・拉雷多・布魯（Federico Laredo Brú）拒絕讓乘客入境。聖路易號的非猶太裔德國船長古斯塔夫・施洛德（Gustav Schroder）承諾為每一名乘客找到去處。接下來是為期數週的協商，但是在美國與加拿大都拒絕為移民提供庇護以後，施洛德別無選擇，只能回到歐洲，並且與幾個歐洲國家達成收容部分乘客的協議：一百八十一人去荷蘭，二百二十四人去法國，二百二十八人到英國，還有二百一十四人到比利時。但是其他人無處可去。從歐洲啟航一個多月後，這些乘客在六月中下船，回到歐洲。隨著戰爭情勢上升，許多人再度落入納粹統治下——儘管他們與美國海岸曾經只相距九十英里。等到戰爭結束時，大約四分之一的乘客（二百五十四人）已在大屠殺中死亡。[23]

第二艘船不是前往古巴，而是來到巴勒斯坦的海濱。一九四〇年十一月，蒸汽船大西洋號（SS Atlantic）從羅馬尼亞抵達海法灣，上面有來自德國的一千七百三十名難民。託管政府拒絕讓他們進入巴勒斯坦，命他們登上另一艘船「祖國號」（Patria），準備開往印度洋島嶼模里西斯。猶太反抗軍為延緩祖國號啟航，在船上放置了爆炸物，但是結果適得其反；次日早晨，第一批非法移民被帶往祖國號時，爆炸物造成了比預計嚴重的破壞，把整艘船都炸沉了，二百五十多名遭拘留者溺水而死。搭乘大西洋號而來的其餘移民，被英國人送到離海法不遠的亞特利特（Atlit）拘留營。

第三艘船斯特魯馬號（Struma）於一九四一年十二月十六日從羅馬尼亞啟航，上面載著七百六十九名前往巴勒斯坦的猶太難民，展開本來只需數日的旅程。由於引擎出了問題，斯特魯馬號碇泊在伊斯坦堡港。土耳其政府連暫時的庇護都不願提供，因此難民在船上住了兩個月。船上只有四個水槽、一個淡水水龍頭，和八個沒有衛生紙的廁所間。船上也沒有救生具。[24]猶太事務局介入關心，懇求英國人准許猶太乘客進入巴勒斯坦，即使只是暫時的也好，之後再將他們遷往模里西斯。英國人拒絕了。然後，在一九四二年二月二十四日，土耳其人命令斯特魯馬號離港。他們把船拖到黑海後，遺棄了這艘沒有引擎可用的船。當時，蘇聯密令將黑海中所有中立或敵方船隻擊沉（以防原料被運送到納粹德國），一艘蘇聯潛艇因此朝斯特魯馬號發射魚雷。[25]斯特魯馬號幾乎立刻沉沒，船上的男性、女性與孩童幾近全數溺死，只有一人生還。

聖路易號、祖國號與斯特魯馬號以清楚駭人的方式表明了一點。對於無處可去的猶太人而言，赫茨爾所夢想而貝爾福所承諾的猶太國，從未像如今一樣具有這麼迫切的必要性。建立猶太國現在真的攸關生死。

有二萬七千名巴勒斯坦猶太人加入了英國陸軍。同時間，依舒夫並未遵循白皮書中的移民政策。為了幫助逃離歐洲的人進入巴勒斯坦，哈加納在一九三八年底成立了「移民組織B」（Mossad le-Aliyah Bet）以協助非法移民。移民組織B取得船隻與船員，找齊想要移民的人，助他們航向巴勒斯坦，並安排人在他們抵達後提供協助並藏匿他們。這個計畫在各方面都堪稱成功，但依然悲喜參半：以色列傑出歷史學家本尼・莫里斯（Benny Morris）指出：「一九三四到一九三八年這段期間，約有四萬名猶太人非法進入巴勒斯坦，到一九三九年九月又多了九千人。但在接下來六年間成功抵達的不到一萬六千人，而那正是最迫切需要保護的時候。」[26]

雖然許多非法移民（希伯來文稱為ma’apilim*）成功抵達巴勒斯坦，卻被英國人逮捕，留置在拘留營。最大的拘留營在亞特利特，尼利間諜團體曾活躍於此，為英國人服務。

一心要阻止猶太移民的英國人，對非法船隻的出發國施加外交壓力，同時採取懲罰措施，大幅減少移民限額。他們的藉口是軸心國間諜有可能滲透到猶太難民中，但是沒有人相信這個理由。大戰的前三十九個月當中，英國有十九個月的時間沒有批准任何猶太移民。

這些措施都告無效後，英國人改而使用武力。海巡人員攻擊非法船隻後，將難民送到拘留營。這些拘留營一開始位於模里西斯，後來在賽普勒斯（Cyprus），與巴勒斯坦的距離近到讓人心碎（不到三百英里），並且對待營內的人刻意嚴苛。英國人起初對這些拘留營的盤算，是要讓它們「具有足夠的處罰性，能持續對東歐的其他猶太人收嚇阻之效」。[27]這是歷史上悲哀的巧合，雖然兩者間有明顯差異，但是英國人與德國人一樣，都把猶太人關入了鐵刺網後的營房裡。

依舒夫全力支援同盟國戰事的同時，有些阿拉伯人則效忠軸心國。他們認為英國人是錫安主義的共謀，並將一九三六至一九三九年阿拉伯起義失敗歸咎於英國。耶路撒冷的穆夫提侯塞尼在一九三六年遭英國人逐出巴勒斯坦後，於一九四一年逃往柏林，協助納粹發展在中東的宣傳工作。邱吉爾在下議院宣布英國將訓練猶太軍團在前線作戰時，侯塞尼寫信給納粹親衛隊首領海因里希・希姆萊（Heinrich Himmler），提議在德國建立一支伊斯蘭軍隊。

英國人絲毫不受侯塞尼的威脅影響，仍協助訓練猶太戰士，而其中多人對英國的戰事有所貢獻。一九四三年，由依舒夫男性組成的一支猶太軍團正式加入英國陸軍，在北非與義大利作戰。總計，戰時共有近三萬名巴勒斯坦猶太人加入英國陸軍服役。英國人在這個過程中訓練的許多男子，日後將成為哈加納以及後來以色列軍隊的骨幹。

雖然有軍事合作，英國的許多政策在猶太人眼中仍充滿獨斷與不尊重。其中一個是禁止猶太人在兩千年來對他們具有神聖意義的西牆吹羊角號（shofar，公羊角製成），或是攜帶《妥拉》經卷來到此處。**

---

* ma'apilim 一字源自聖經。在《民數記》第十五章，摩西指示以色列人不要進入那土地，「恐怕你們被仇敵殺敗了……因你們會遇見亞瑪力人和迦南人。」（《民數記》第十四章四十二至四十三節）但是以色列人迫切地想要抵達故土，沒有聽從。「他們仍擅敢上山去。」（《民數記》第十四章四十四節）Ma'apilim 源自希伯來字 va-ya'apilu，意思是「擅敢上山」。用聖經的用語來指稱這個違逆當權者的非法移民之事，凸顯了這是返回家園的行為，是一則古老神聖故事的延續。

** 今日的西牆是古時耶路撒冷第二聖殿周圍擋土牆的殘餘部分，曾經位於這個遺址的第二聖殿已被羅馬人摧毀。兩千年來，西牆備受尊崇，猶太人經常來此祈禱。

有些猶太人為了原則與自尊而反抗這些政策。比如在一九三〇年神聖的贖罪日當天，摩西・西格爾（Moshe Segal，受賈博廷斯基啟發的武裝團體伊爾貢創始人之一）違逆英國人的命令，依照猶太傳統在禁食於日落結束時，到西牆吹響了羊角號。雖然他遭逮捕並關入牢裡，反抗仍繼續：直到一九四七年，每年贖罪日都有年輕猶太男子不顧英國軍方的警告和巡邏，設法把羊角號偷渡到西牆附近並吹響它。雖然有些人成功脫身，但多數的吹號者都遭到囚禁。要到二十年後，以色列在一九六七年六月從約旦手中奪下耶路撒冷舊城區，猶太人才再度得以在他們最神聖的遺跡吹響羊角號，而且免於遭騷擾或囚禁的恐懼。

德國在一九四一年六月入侵蘇聯後，納粹開始有系統地消滅歐洲猶太人。特別行動隊（Einsatzgruppen）會將猶太社區居民聚集起來，然後不分男女老少全體射殺，在幾個小時內消滅整個社區。短短幾個月內就有數十萬猶太人遇害。

同年，哈加納成立打擊部隊，名為帕爾馬赫（Palmach）*。一開始設定為精英單位，為因應德國可能的入侵做準備，吸引了依舒夫最聰明出色的年輕男女，並且在一九四二至一九四三年間由英國人協助訓練。帕爾馬赫最初有一百名成員，到以色列於一九四八年五月宣布獨立建國時，這個精英單位已成長到有二千一百名訓練精良的戰士，另有一千人已受訓完成並可在必要時動員。[28]他們將成為日後以色列軍隊中精英階層的核心成員。

一九四二年一月，納粹高階官員在德國萬湖（Wannsee）會面。萬湖會議將新的行動計畫傳達給歐洲各地的納粹領袖：德國將把猶太人一網打盡，送到波蘭的死亡集中營，在那裡以毒氣殺害他們後火化。一九四二年春天，已有一百萬俄國猶太人與數十萬波蘭猶太人遭殺害。接下來四年間還有五百萬人遇害。戰爭結束時，全世界的猶太人已經死了三分之一；在全球猶太首都波蘭，也是猶太人在欣欣向榮的社區中連續生活了六百年的地方，九〇%的猶太人都遭殺害。若以波蘭猶太人而言，希特勒打贏了戰爭。

希特勒的軍隊推進的範圍遠超過歐洲。德國陸軍元帥埃爾溫・隆美爾（Erwin Rommel）的部隊在一九四二年深入埃及抵達阿萊曼（El Alamein）之後，依舒夫社群深信接下來要輪到他們了。為因應讓他們深感恐懼的納粹入侵，依舒夫領袖擬定了計畫，打算接管英國在巴勒斯坦的堡壘（他們認為若納粹入侵，英國人將遺棄託管地），並準備炸毀戰略橋梁，甚至與入侵的納粹做最後一搏。

納粹的惡行與依舒夫居民的恐懼，使依舒夫對歐洲猶太人命運的態度發生轉變。在數年前的一九三八年十二月（「碎玻璃之夜」的一個月後），本—古里昂曾說：「如果我知道，把德國的（猶太）孩子送到英國可以拯救他們所有人，而送到以色列地只能救一半的人，我會選擇後者——因為我們面對的不僅是要為這些孩子負責，還要為猶太民族的歷史負責。」[29]在當時，錫安主義的重要性，似乎超過了拯救歐洲猶太人的急迫性。

然而，隨著歐洲局勢惡化到沒人能想像的地獄景況，即使是本—古里昂這種強硬而專心致志的錫安主義者，都出言批評依舒夫面對眼前災難輕忽大意的態度，並針對「依舒夫主義」提出警告，這個用語是他自創的，用來界定認為依舒夫只須為巴勒斯坦猶太人負責的心態。[30]他深知，依舒夫與歐洲猶太人之間相互依賴太深，沒有輕忽大意的空間。「歐洲猶太人的毀滅，」他說，「就是錫安主義的喪鐘。」[31]但是依舒夫能著力之處很少。

* Palmach是希伯來文中Pelugot Machatz的縮語，意思是「打擊部隊」。

一九四二年五月六日，英國戰時內閣通過一份正式聲明，表示「應採取所有實際可行的措施，以阻撓非法移民進入巴勒斯坦」，與此同時，錫安主義領袖在紐約的比特莫爾酒店（Biltmore Hotel）召開了「錫安主義非常會議」，表達全球猶太人建立猶太國的決心，無論是否有英國的協助。與會者一致同意英國不足以信任，決議以猶太事務局取代託管政府治理巴勒斯坦。錫安主義運動的官方政策如今是要終結所有移民限制，並在巴勒斯坦建立「猶太聯邦」（Jewish Commonwealth）。

正在歐洲蔓延的恐怖，做到了半個世紀的辯論所做不到的。有史以來，錫安主義運動首度採行了以建立猶太國為目標的官方政策。[32]

第七章 依舒夫反抗英國人，阿拉伯人反對分治

在革命戰爭中，雙方都使用武力……自由的鬥士必須武裝起來，否則將在一夜之間被擊潰。
——梅納赫姆．貝京（Menachem Begin），《起義》[1]

一九四二年十一月二十二日，自第二次世界大戰開打以來，猶太事務局首次召開討論歐洲猶太人命運的專門會議。次日，事務局首度發文正式指出，納粹正有系統地謀殺猶太人，意欲消滅猶太民族。

此後不久，依舒夫有一群年輕男子聚集起來，討論如何拯救歐洲猶太人。在場的有葉吉耶．卡迪夏伊（Yechiel Kadishai），他是出身依舒夫的猶太士兵，在英國陸軍服役，從他在埃及伊斯美利亞（Ismailia）的基地休假返鄉數日。

卡迪夏伊後來回憶，[2]會開到一半，有個著短褲、戴小圓框眼鏡的二十來歲男子走入房間，安靜地坐在一旁。討論到一半，晚到的這名男子發言表示，要拯救波蘭猶太人，巴勒斯坦的猶太人能做的只有一件事。波蘭猶太人若覺得他們無處可去，就不會有動力逃離波蘭，遲到的男子說。再者，希特勒尚未逼近匈牙利或羅馬尼亞的猶太人，因此還有時間拯救那些猶太人。

然而，想要任何人能獲得拯救，首先英國人必須開放猶太人移民巴勒斯坦。但是，除非猶太人

使用大規模武力，英國人是不會開放巴勒斯坦沿岸的。如果依舒夫想要幫助歐洲的猶太人，就必須對巴勒斯坦的英國人發動攻擊。說完他就坐下了。

這次會議沒有結論，但是在散場時，對大膽的新來者印象深刻的卡迪夏伊問一個朋友，那個針對英國人發言的人是誰。「他是貝塔爾組織在波蘭的首領，」卡迪夏伊的朋友告訴他，「他遭蘇聯囚禁，剛到這裡。名叫〔梅納赫姆．〕貝京。」

猶太人對英國人的反抗即將開始。

納粹對猶太人的大屠殺，在巴勒斯坦居然沒有受到太多討論，這一點後來為依舒夫的領袖招來批評。他們偶爾會有一些傷感的討論，就像卡迪夏伊第一次聽到貝京說話的那次，但實際而言，依舒夫能做的並不多。有一次討論出來的想法是，讓猶太人跳傘進入歐洲，搜集情報並尋找生還者，藉此幫助英國對抗納粹。

跳傘者中最著名的是漢娜．西納什（Chanah Senesh）。西納什生於匈牙利，一九三九年高中畢業後遷居巴勒斯坦，旋即加入哈加納。一九四四年三月，她跳傘進入南斯拉夫，打算進入她的故鄉匈牙利，協助那裡即將被送往奧許維茲死亡集中營的猶太人。然而她在匈牙利邊境遭德國人俘獲，接著被囚禁、折磨，最後於一九四四年末在布達佩斯被處死。和尼利組織的莎拉．阿隆索赫恩一樣，她的故事幾乎立刻成為以色列民間故事與錫安主義教育的必讀經典。她的遺體在一九五〇年運回以色列，葬在耶路撒冷的赫茨爾山（Mount Herzl），現與赫茨爾、賈博廷斯基和幾位以色列總理為鄰。

然而，不論這些激勵人心的任務有多英勇，光是這些還不足以幫助歐洲與巴勒斯坦的猶太人。

在歐洲，納粹消滅的猶太人數以百萬計。在巴勒斯坦，依舒夫面對的敵人既有阿拉伯人也有英國人。有些英國高層人物毫不掩飾他們對猶太人的厭惡。在他寫給情人的信中，巴勒斯坦英軍指揮官埃佛林．巴克（Evelyn Barker）將軍經常表達他對猶太人的憎恨。他在一封信中寫道：「我厭惡這些人……為什麼我們不敢說我們討厭他們——也該是時候讓這個該死的種族知道我們對他們的想法了——噁心的民族。」[3]

對依舒夫的某些成員而言，這種感覺是雙向的。貝京抵達巴勒斯坦後不久，就獲邀擔任伊爾貢的首領。他接受了，而且幾乎立刻決定——儘管他知道依舒夫的領袖並不贊成——要把他視為猶太人僅次於希特勒的最大敵人趕出巴勒斯坦。貝京發動了反抗英國人的「起義」（The Revolt）。

伊爾貢雖然比較願意使用暴力，更公然展現對英國人的敵意，但絕不是依舒夫最極端的地下團體。這個頭銜要歸於一九四〇年七月從伊爾貢分裂出來的另一個團體。領導者是多產的作家亞伯拉罕．斯特恩（Avraham Stern），他有數十首詩作，訴說對以色列地的情色之愛。斯特恩原本計畫在義大利攻讀博士，但是他深信其他人為了將巴勒斯坦自英國人手中解放出來的努力還不夠，因此擱置原本的追求，建立了比伊爾貢還激進的組織來協助達成這個目標。

數十名伊爾貢成員加入斯特恩，自組地下民兵組織，取名為Lochamei Cherut Yisrael（「以色列自由戰士」），但其縮語萊希（Lechi）才是該團體最為人知的名字。（反對這個團體的人，嘲諷地稱其為「斯特恩幫」。）伊爾貢不願在英國仍與納粹交戰時對他們全面宣戰，但是萊希不同，他們認為英國人才是依舒夫最大的敵人。他們對英國人發動更激烈的游擊戰，通常進行小規模行動，最為人知的是暗殺英國軍事與政府領袖。* 一九四二年二月，在遭到大規模搜捕後，斯特恩在與英軍的槍戰中身亡。

一九四四年十一月六日，正當漢娜・西納什在布達佩斯遭處決時，萊希則引發了依舒夫的怒火。[4] 兩名萊希成員伊萊雅胡・貝特—祖黎（Eliyahu Bet-Zuri）與伊萊雅胡・哈金姆（Eliyahu Hakim）在英國中東國務大臣莫恩勛爵（Lord Moyne）位於開羅的住宅外暗殺他，也射殺了他的司機。事後，他們被憤怒的群眾包圍，很快被捕獲，最後定罪，處以絞刑。審判期間，「兩個伊萊雅胡」堅稱，他們殺害莫恩勛爵是因為他反對猶太移民，構成危害猶太民族的罪行。英國法院當然不為所動，而連司機也遇害讓依舒夫許多人認為，萊希的行徑比較像一群殺人者，而不是有紀律的戰鬥單位。

依舒夫領袖日益擔心極端的猶太準軍事團體會為整個依舒夫社群招來英國人的怒火。在本—古里昂同意下，哈加納決定消滅其他準軍事團體。從一九四四年十一月至一九四五年三月（這段時間如今以Saison「狩獵季」為人所知），帕爾馬赫的特種部隊搜出並逮捕了伊爾貢與萊希成員，然後明知英國人可能把他們吊死，還是把他們交給英國人。貝京拒絕放緩他攻擊英國人的行動，但是也拒絕與哈加納對抗，他就是不願猶太人打猶太人。本—古里昂沒有類似的良心不安；以色列最傑出的歷史學者之一（也是本—古里昂理念的追隨者）阿妮塔・夏皮拉（Anita Shapira）後來指出：「Saison不是本—古里昂最光輝的時刻，〔但是〕他從未表達過後悔之意。」[5]

另一方面，在歐洲，同盟國持續推進對抗納粹的戰爭。一九四五年五月八日，德國無條件投降，四個月後，第二次世界大戰在九月二日正式終結。這場戰爭造成六千萬人死亡（約為一九四〇年全球人口的三％），包括在大屠殺中遇害的六百萬猶太人（全數猶太人的三分之一）。多年後，本—古里昂回顧大屠殺造成的恐怖人命損失時指出：「如果真的落實分治（如皮爾委員會所提議），我們民族的歷史會不同，歐洲也不會有六百萬猶太人被殺害——他們多數人都會在以色列。」[6]

戰後，英國財務困難，對冷戰的憂慮瀰漫，而阿拉伯石油是關鍵因素。英國工黨政府依然不願惹來阿拉伯人的怒火，因此並未改變白皮書中的政策，對於建立錫安主義者認為貝爾福承諾過的猶太國也沒有絲毫作為。

英國絕不是唯一對猶太人表現出厭惡的國家。猶太人似乎不論轉向何處都遇上敵意。聯合國善後救濟總署（United Nations Relief and Rehabilitation Administration，簡稱ＵＮＲＲＡ）將戰後流離失所的人安置在難民營中，讓猶太人與德國人同處一處。猶太人提出抱怨，表示不想跟直到最近還在迫害他們的人共處時，ＵＮＲＲＡ當局尖刻涼薄的回應是，若將猶太人與德國人隔離開來，等於是

---

* 正如猶太地下組織有像萊希這樣的激進分子，對於武力的使用完全不如伊爾貢謹慎，英國人有時採取的手段之恐怖，也不輸給他們意欲消滅的地下組織。有一個事件尤為惡名昭彰。第二次世界大戰時在歐洲的英國陸軍中服役的洛伊．法蘭（Roy Farran）少校，後來被派至巴勒斯坦，協助成立一個祕密英國團隊，負責從伊爾貢與萊希戰士身上獲取情報。一九四七年五月六日，法蘭的團隊綁架了正在發送伊爾貢文宣、十六歲的亞歷山大．魯布維茲（Alexander Rubowitz）。多年後證實，魯布維茲當時遭到嚴刑拷打，但是拒絕吐露情報。訊問時，法蘭用石頭砸魯布維茲的頭，造成這名男孩死亡。儘管投入很大的努力，男孩的遺體從未尋獲。一年後，萊希為報復寄了一顆炸彈到法蘭在英國的住處，但是開啟包裹的不是洛伊，而是他的弟弟雷克斯，雷克斯當場死亡。洛伊後來到了加拿大，經商有成後投入政治，從一九七一到一九七九年擔任亞伯達省議會的議員。（Bruce Hoffman, *Anonymous Soldiers: The Struggle for Israel: 1917–1947* [New York: Alfred A. Knopf, 2015], pp. 422 ff.）

在延續德國人的種族主義政策。

美國領袖人物也有人對猶太人不抱同情。一九四五年，喬治・S・巴頓將軍（George S. Patton）在一則日誌中寫道：「〔有些人〕相信流離失所者是人，但他不是，這一點尤其適用於猶太人，他們比動物還低賤。」[7] 巴頓回憶他曾帶他的指揮官德懷特・D・艾森豪將軍（Dwight D. Eisenhower）造訪一棟臨時猶太會堂，那是為了讓猶太難民能有地方紀念贖罪日而蓋的。「我們進入會堂，裡面擠滿了我遇過最多最臭的一群人。當然，我早就看過他們，也曾驚嘆據稱是以上帝形象而造的生物，竟能有著像他們那樣的長相或行為舉止。」[8]

流離失所者經歷戰爭而生存下來，但是他們的處境絕望，移民因而成為日益迫切的議題。UNRRA針對猶太難民做的調查顯示，九六・八%的人想去巴勒斯坦。美國對英國施壓，要他們取消對土地銷售的限制，並開放十萬名猶太人進入巴勒斯坦。但是美國在戰時也對猶太人關閉國境，沒有什麼道德權威可言；英國拒絕了。

於是，依舒夫加緊協助非法移民。一九四五至一九四八年間，為拯救殘存的歐洲猶太人，依舒夫投入了規模龐大而經常勇敢非凡的壯舉，共協助數千名迫切求生的猶太人偷渡到巴勒斯坦。依舒夫的居民有時冒著很大的個人風險，在岸邊迎接或大或小的船隻，幫助生還者上岸，在他們被捉拿以前將他們藏匿起來。

然而，許多人還是被捉到了。在命運殘酷的轉折下，大屠殺的倖存者好不容易來到巴勒斯坦後，卻經常又陷入牢籠，這一次是被英國人關起來。為了除蝨，英國人命他們褪去衣物淋浴；對許多人來說，重新經歷這一幕幾乎讓他們無法承受。

一九四五年六月二十六日，本—古里昂在紐約的記者會上宣告，如果英國人一定要維持白皮書中限制猶太移民的政策，依舒夫將別無選擇，只能以「持續而無情的武力」回應。[9]哈加納、伊爾貢與萊希聯手創立了「聯合反抗運動」（Tnu'at Hameri Haivri），由本—古里昂領導。他們協議聯手對抗英國，並採取相互配合的策略，攻擊「重大戰略點，破壞基礎設施與賦予英國託管政府正當性的權力象徵」。哈加納有權否決任何經過決議的行動。

聯合反抗運動最成功的一次攻擊，發生在一九四六年六月十六、十七日兩日。在十一處同步發動的攻擊摧毀了道路與鐵路橋，並破壞了海法的鐵路系統，使巴勒斯坦在鄰國間彷如孤島，也阻斷了英國在巴勒斯坦境外運輸物品與士兵的能力。這些攻擊讓英國託管政府損失超過四百萬英鎊，在當時是高得嚇人的金額。

英國人在十二天後反擊，發動「阿加莎行動」（Operation Agatha，依舒夫稱之為黑色安息日），封鎖了耶路撒冷、特拉維夫、拉瑪干（Ramat Gan）、海法與內坦雅。約一萬七千名英國士兵在巴勒斯坦來回搜索，尋找武裝分子、非法武器與罪證文件。他們逮捕了二千七百名猶太人，其中多名為錫安主義領導階層。本—古里昂因人在巴黎才未被逮捕。

巴勒斯坦的猶太人被圍捕時，歐洲的猶太人仍持續遭到殺害。黑色安息日的五天後，一九四六年七月四日，一百五十至兩百名戰後餘生、安頓在波蘭開耳策（Kielce）的猶太人（有些人來自開耳策，已返回舊居，有些人在前往別處的途中），在戰後第一次反猶暴亂中遭到攻擊。在暴徒猛烈攻擊下（從一開始就有波蘭軍警涉入），四十二名猶太人喪命，其餘則被毆打或遭丟石頭攻擊。戰爭已經結束，但是反猶暴亂重返歐洲。顯然，即使在戰後，波蘭也不是猶太人能安全容身之處。

基希涅夫並沒有遺留在過去。

攻擊事件的消息很快傳開。不到一天，波蘭已有五千名猶太人離家朝捷克邊界移動，希望前往巴勒斯坦。然而英國人在奧地利占領區的入口將他們擋下。

歐洲的難民規模日益龐大，但是無處可去。依舒夫領袖身陷囹圄。而英國人沒收了猶太事務局的許多文件，其中有些可用來起訴依舒夫領袖。情勢不穩已經不容否認，這片區域顯然正處於爆炸邊緣。

依舒夫領袖收到消息，英國人在黑色安息日沒收的許多文件，都儲存在著名的大衛王酒店（King David Hotel）建築內。依舒夫成員相當確定，英國人存放在酒店內的文件足以逮捕、甚至處死多名依舒夫領袖，包括果爾達・梅爾。[10]為報復英國人的搜捕鎮壓，也為了消滅罪證，伊爾貢提議攻擊飯店南側，因為那裡自一九三八年起就充當英國託管政府的軍事與行政總部（其他房間仍供客人住宿）。

一九四六年七月一日，時任哈加納首領的摩西・斯涅（Moshe Sneh）發了一封密信給貝京，授權對大衛王酒店發動炸彈攻擊。伊爾貢負責炸彈攻擊，哈加納與萊希則攻擊其他建築。哈加納與萊希後來反悔，而預定攻擊的兩天前，魏茨曼告訴斯涅他將辭去世界錫安主義組織（World Zionist Organization）的職務，造成依舒夫分裂，除非斯涅能阻止伊爾貢的計畫。斯涅數度延遲了炸彈攻擊，但是後來伊爾貢領導層得知哈加納想打退堂鼓，決定自行進行。

送到大衛王酒店的牛奶以大錫罐運送。七月二十二日，七個裝滿了黃色炸藥（TNT）的牛奶罐被安置在酒店內的不同位置。預計引爆炸藥的二十分鐘前，一名伊爾貢成員打電話到大衛王酒店，以英文和希伯來文警告酒店即將遭到攻擊，酒店員工沒有理會這個警告。伊爾貢也打電話到法國領事館與《巴勒斯坦郵報》（*Palestine Post*）警告將有爆炸事件，這些電話也同樣遭到忽視。

下午十二點三十七分，炸藥引爆，產生的壓力相當於被一顆五百公斤的空投炸彈直接擊中。許多房客當場死亡，另有數十人被埋在瓦礫堆下。這次攻擊共造成九十一人死亡，包括二十八名英國人、四十二名阿拉伯人，與十七名猶太人，包含執行這次行動的一名伊爾貢激進分子。死者中還有兩名亞美尼亞人、一名俄羅斯人，和一名希臘人。

不意外地，這次攻擊引發眾怒。美國與英國報紙譴責這次攻擊，並預料這將削弱錫安主義。猶太事務局也譴責炸彈攻擊，但是對依舒夫領導階層起初核准了這次攻擊的重大事實略而不提。哈加納成員，包括本─古里昂，則謊稱完全未涉入計畫。由於反彈聲浪激烈，聯合反抗運動可說從那時以後就煙消雲散了。伊爾貢和萊希持續獨立行動，而且往往是不顧哈加納反對。

一九四六年十二月九日，距大衛王酒店炸彈攻擊過了約五個月後，第二十二屆錫安主義大會在巴塞爾召開，地點是赫茨爾在將近五十年前首度召開大會的同一棟建築。餘波盪漾的炸彈案主導了對話；大會的中心議題是該如何應對英國人——要使用武力，還是等待英國人改變立場。這個辯論與數千年前耶利米和哈拿尼雅之間的辯論有相似之處。魏茨曼說恐怖主義是「身體裡的癌」，以「非猶太方式」建立猶太國家，會讓整件事失去意義。他適切的以耶利米的話做結語：「我但願有火焰之舌和先知的力量，警告你們勿走巴比倫和埃及的道路……『錫安必因公義得蒙救贖』，除此別無他法。」[11]

魏茨曼的籲求使本─古里昂確信，大會已經失去創立猶太國所需要的勇氣。他憤怒地離開會場，回到房間——正是赫茨爾當年的房間。他在其他代表請求後留下了。依舒夫是否該以更多暴力抵抗英國人的投票表決，在黎明舉行。本—古里昂以一七一對一五四的略微多數獲勝。

掌握影響力三十年後，魏茨曼這次輸掉的不僅是他對克制的訴求，還失去了一些從前支持者的仰慕。他一輩子都在為建國努力，而且在戰爭中付出了痛苦的個人代價——他的兒子擔任英國戰鬥機飛行員，後遭擊落喪生。魏茨曼在錫安主義和以色列事務中將持續扮演重要角色，對於說服美國總統杜魯門承認以色列也功不可沒，但是這次失敗大幅減損了他在錫安主義運動中的地位。

第二次世界大戰讓英帝國承受了龐大的損失，需要緊縮開支。印度在一九四七年獲得獨立，而在中東，維持託管地的花費已經變得太高。大約十萬名英國士兵（帝國全部軍力的十分之一）駐紮在巴勒斯坦，等於當地每十八名居民就有一個士兵。[12]

同時間，依舒夫領袖努力在地面上創造既成事實，以便拓展猶太國未來的邊界，不管那個邊界會在哪裡。一九四六年十月六日（贖罪日禁食一結束後），猶太事務局便展開狂熱的工作，在**一夜之間**於北內蓋夫沙漠建立了十一處新定居點。這些定居點所在區域，並不在皮爾委員會劃分給猶太國的領域內，可能也不會被納入未來的分治計畫中。

依舒夫成員覺得必須快速採取行動的直覺，可說是未卜先知。一九四六年七月的大衛王酒店爆炸案六個月後，英國人在一九四七年一月二十二日宣布不再管理巴勒斯坦事務，將這片土地——以及未來猶太國的命運，交託給聯合國。

一九四七年五月十五日，聯合國成立「聯合國巴勒斯坦特別委員會」（United Nations Special Committee on Palestine），以縮寫UNSCOP為人所知。這個委員會由十一國代表組成，負責完成英國人未竟之事——為巴勒斯坦問題找到解決方案。阿拉伯人立刻宣告將杯葛UNSCOP的所有會議和討論。六月二日，UNSCOP委員會成員前往巴勒斯坦，在當地停留三個月，進行密集研究與調查。

由於仍有大屠殺後倖存的數十萬猶太人迫切需要去處，非法移民工作仍以高速運行。UNSCOP仍在審議討論時，又一艘船載著無家可歸的猶太人登上了各地新聞頭條。這艘船名為「出埃及號」（Exodus），而英國人還是不願讓其乘客在巴勒斯坦下船。

出埃及號從法國布克港（Port-de-Bouc）駛來，超載的船上滿是戰後餘生的德國與波蘭猶太人。出埃及號在一九四七年七月抵達巴勒斯坦。與英國皇家海軍的短暫交鋒，造成三名大屠殺倖存者死亡後，乘客被帶下船。英國人讓他們轉乘「帝國對手號」（Empire Rival），不是要前往許多其他猶太難民落腳的賽普勒斯，而是返回歐洲。

生存者簡直萬念俱灰。阿伯利・伊邦（Aubrey Eban，後改名阿巴・伊邦，擔任以色列駐聯合國及美國大使）說服UNSCOP委員前往見證轉乘作業。伊邦後來寫道，委員抵達時，看到「英國士兵用步槍尾端、水管軟管與催淚瓦斯對付那些死亡集中營的倖存者。男男女女與小孩被強制帶上囚船，鎖在甲板下的牢籠裡，送出巴勒斯坦水域」。[13] UNSCOP成員返回耶路撒冷時，因為目睹了英國人的殘酷而「震驚得臉色蒼白」。[14]

UNSCOP聽取依舒夫領袖的意見，甚至私下與哈加納成員會面，據以判斷英國人離開後，猶太人是否能獨立抵禦阿拉伯人。一九四七年九月一日，UNSCOP正式提出巴勒斯坦由猶太國與阿拉伯國分治方案，耶路撒冷則仍維持獨立實體，置於國際監管下。（**見地圖五**）雖然錫安主義者朝建國邁出了重大一步，但這個國家還是會比他們原先期望的小。UNSCOP提議的猶太國至少比皮爾委員會劃分給他們的地區大；那個提案中將約旦河以西巴勒斯坦的二〇％劃給猶太人，八〇％給阿拉伯人。ＵＮＳＣＯＰ則提議將五五％劃給猶太人，四五％給阿拉伯人。雖然分配給猶太人的土地大多為沙漠，但ＵＮＳＣＯＰ的方案對猶太人而言仍是往前邁進了一大步，對阿拉伯人則是重大挫敗。

然而，提案中的兩國預測人口比例讓猶太人深感憂心。ＵＮＳＣＯＰ方案中的猶太國將有四十九萬八千名猶太人與四十萬七千名阿拉伯人。[15]阿拉伯國則將有七十二萬五千名阿拉伯人，與區區一萬名猶太人。[16]有鑑於猶太人與阿拉伯人的生育率差距，而鄰近國家的阿拉伯人可被輕易說服移居至該地區，如果阿拉伯人接受ＵＮＳＣＯＰ的建議，整個巴勒斯坦可能在一個世代內就全屬於阿拉伯人。不過，正如皮爾提出建議後的情況一樣，猶太事務局接受了ＵＮＳＣＯＰ的方案，而阿拉伯高等委員會斷然拒絕。

一九四七年，聯合國才創立兩年，只有五十六個會員國。一九四七年十一月的最後一週，聯合國大會在紐約召開，針對第一八一號決議進行辯論，這個決議是ＵＮＳＣＯＰ提案略經修改的版本。一開始，美國人對錫安主義者只表達了冷淡的支持。喬治・馬歇爾（George Marshall）領導的國務院一直以來都堅定採取反對猶太人獨立的立場；對依舒夫更不利的是，在投票前一天，中情局的一份祕密報告力勸杜魯門總統不要支持決議案。中情局斷言猶太國不可能自我防禦，而美國將被捲入後續必將發生的衝突。「猶太人撐不到兩年」，中情局預測。[17]

杜魯門沒有理會中情局和國務院的意見，不僅對分治方案投下贊成票，還對其他接受美國援助的國家施壓。[18]

蘇聯早已表明會支持猶太人獨立建國。俄國人相信猶太國很可能成為社會主義國家（無疑他們也樂見象徵西方帝國主義的英國為此事顏面盡失），因此全力支持猶太人獨立建國。蘇聯代表安德烈・葛羅米柯（Andrei Gromyko）說：「歷史上，猶太人有很長一段時間與巴勒斯坦緊密相連……戰爭導致猶太人受的苦比任何其他民族都多……猶太人因此奮力追求創立自己的國家，否定他們此權利是不公不義的。」[19]

然而，即使獲得蘇聯與美國支持，錫安主義者擔心他們還是少了幾票，拿不到需要的三分之二多數。聯合國大會的投票預定在十一月二十六日星期三舉行，但根據猶太事務局計算，他們還需要更多時間才能贏得其他幾個國家支持，包括海地、賴比瑞亞與菲律賓。此時伸出援手的是烏拉圭駐聯合國代表羅德里格茲・法布拉蓋（Rodriguez Fabraget），他發動冗長演講拖延了投票時間。[20]由於投票現在必須等到感恩節假期之後，錫安主義陣營多出一天可以遊說握有關鍵票的幾個國家。伊邦與其他人日夜工作，大半夜打電話為猶太人的立場陳情，敦促各國代表協助建立兩千年來第一個猶太聯邦。[21]

大會在十一月二十九日重新召開時，世界各地的猶太人迫切期待好消息，全部擠到家中的收音機前，希望猶太人在大屠殺的恐怖後能重獲新生。美國猶太人與歐洲人，澳洲猶太人與依舒夫猶太人，突然間團結一心，屏氣凝神的聆聽唱名表決，因為他們都感覺到接下來的時刻可能根本改變他們民族的歷史。一如預期，蘇聯與美國投下贊成票。負責巴勒斯坦事務的英國棄權。比較出乎意料的是十一月二十五日表示會棄權的十七國中，有七國投了贊成票。[22]冗長演講的策略成功了。巴勒斯坦分治的第一八一號決議以三十三票贊成、十三票反對、十票棄權通過。

猶太人即將擁有自己的國家了。一八九七年第一屆錫安主義大會之後，赫茨爾在日記中寫道：「我在巴塞爾創立了猶太國。若我在今日大聲說出這句話，舉世都會報以嘲笑。但也許不出五年，更不用說五十年後，每個人都會承認這件事。」[23]如今是一九四七年，正好過了五十年，而赫茨爾不可思議的夢想即將成真。

世界各地的猶太人擁抱、落淚。在巴勒斯坦，猶太會堂在深夜打開大門，供人誦念感恩禱文；數以千計的猶太人湧上街頭，跳起舞來。根據一方敘述，到了次日早晨，「北方猶太集體農場上的篝火仍在燃燒。特拉維夫的許多大咖啡館供應免費香檳……猶太人對特拉維夫街頭巡邏的英國部隊報以嘲弄，但也有人為他們遞上酒」。[24]

以色列偉大小說家、數度被視為諾貝爾文學獎可能人選的艾默思．奧茲（Amos Oz），後來在他的自傳體回憶錄《愛與黑暗的故事》中回憶那個夜晚。他描述才八歲的他，在耶路撒冷的慶祝人群中騎在爸爸肩膀上，然後在凌晨三、四點疲憊地爬到床上，身上還穿著髒衣服。片刻後，艾默思感覺到爸爸也爬到床上，不是要罵他還穿著髒衣服，而是要告訴他，自己小時候在波蘭上學時，曾被同學偷走褲子。艾默思的爺爺到學校抗議時，那些男同學攻擊他，連女生也加入，而且把他的褲子也拿走了。那是受盡羞辱的故事。

接著，奧茲寫道，在一九四七年十一月三十日那天的一大早，父親告訴他：「惡霸很可能有天會在學校或街頭騷擾你……但是從今開始，從我們有了自己國家的那一刻開始，你將永遠不會只因身為猶太人而受欺凌……不會這樣。再也不會。從今晚起這件事結束了。永遠結束。」[25]

奧茲寫道，最後，「我睏倦地伸出手摸他的臉，可是我的手指摸到的不是他的眼鏡，而是眼淚。我這輩子，在那一夜之前與之後，就連我母親死的時候，都沒見過我父親哭泣」。[26]

依舒夫不是所有人都沉浸在這場美夢中。貝京沒有跳舞，因為他知道戰雲已然密布。他認為，阿拉伯人對猶太移民和皮爾的提案都以暴力回應，現在顯然也會如法炮製。貝京的宿敵本－古里昂和他的反應一樣。「我無法跳舞，」本—古里昂後來回憶，「我知道我們面臨戰爭，而我們將在其中失去我們最優秀的年輕人。」[27]

依舒夫社群強烈預感到有什麼事情即將來臨，這在納坦・奧爾特曼（Natan Alterman）的詩〈銀盤〉（The Silver Platter）中表達得最為清楚。奧爾特曼一九一〇年生於華沙，一九二五年隨家人移居巴勒斯坦。到一九四一年，他已是公認最傑出的依舒夫詩人之一，逐漸承續了比亞利克在錫安主義運動中非正式的桂冠詩人地位。他在一九四七年十二月二十六日寫下〈銀盤〉時，是聯合國大會投票表決的還不到一個月後，也是在魏茨曼說出這句話不久之後：「國家不會盛在銀盤上送給一個民族。」[28]

在〈銀盤〉中，奧爾特曼將等待國家地位的民族比為聖經中的以色列人，在沙漠裡等待著西奈山上《妥拉》的啟示。奧爾特曼說，依舒夫在等待「唯一的奇蹟」。等待之時，詩中僅有的人物，一個男孩與一個女孩，在沉默中緩緩步向聚集的人群。兩人幾乎已無法移動，而且不發一語。少男少女身上覆蓋著已經乾硬的泥土或血液，整個民族充滿敬畏地看著他們，然後問他們是誰。「我們，」少男少女回答，「是為你們送上猶太國的銀盤。」語畢，兩人一同倒下。詩在此處結束。

奧爾特曼的詩提醒猶太人，雖然流血已經開始，但他們即將付出更高昂的代價。然而，他還在訴說一件更重要的事。等待建立的國家就是新的西奈山。猶太國即將獨立，而以此為背景所創造的新猶太人，正是近半個世紀前，比亞利克在《屠殺之城》中強烈籲求出現的猶太人。

奧爾特曼暗示，一個「新的宗教」，也就是世俗的猶太教，將成為非正式的國教。對傳統猶太人而言，當一個民族聚集起來等待「唯一的奇蹟」，那個奇蹟就是西奈山上《妥拉》的降示。對奧爾特曼而言並非如此。對他來說，「唯一的」奇蹟是國家的創立。在聖經敘述中，以色列人準備領受《妥拉》時，摩西告訴男人不要親近女人。然而〈銀盤〉中的主要人物，也就是那對少男少女，是密不可分的，幾乎難以分辨誰是誰。如果《妥拉》要求西奈山下的兩性要各自分開，那錫安主義者對此是斷然拒絕的。[29]在《妥拉》中，上帝命令準備接受天啟的以色列人洗滌衣服[30]；在奧爾特曼的詩中，少男少女身上覆蓋乾硬的泥土，但他們並不洗浴。

奧爾特曼暗指，想拯救猶太人，必得滿身髒汙。純淨與神聖不再能保證猶太人的生存。如今，生存的必要條件是願意付出生命的年輕男女。

依舒夫開始匆忙備戰。本—古里昂向外約旦的阿卜杜拉國王尋求協助；長久以來，依舒夫與阿卜杜拉的關係一直比與其他鄰近國家的領袖好，因此本—古里昂希望外約旦能保持中立（但這個希望落空了）。由於英國人尚未撤離巴勒斯坦，嚴格來說哈加納仍是非法民兵組織，但它依然創建了四個旅，建立軍人的藏身處，並召募在第二次世界大戰中有作戰經驗的猶太戰士。連賽普勒斯的難民都拿著當地木匠幫他們做的木頭步槍，接受哈加納戰士的訓練。

連月來一直有零星的阿拉伯人恐怖攻擊，但是在聯合國的表決後，所有人都預期到的暴力攻擊全面爆發了。這場戰爭將持續到一九四九年初，有兩個主要階段。第一階段從一九四七年十一月的聯合國表決，持續到以色列在一九四八年五月宣布獨立，在這個階段中，哈加納與其他猶太軍事團體對抗組織鬆散的當地阿拉伯戰士，以及來自其他國家、對依舒夫發動攻擊的非正規阿拉伯武裝勢力。在許多方面，這個階段比較像猶太人與阿拉伯人的內戰，而非兩支常備軍隊間的衝突。第二階段戰爭始於一九四八年五月，終於一九四九年初，在這個階段，已獨立建國並擁有正式軍隊的以色列，對抗的是五個不同國家的軍隊，分別來自黎巴嫩、敘利亞、伊拉克、約旦與埃及。

聯合國表決後的次日，一名阿拉伯人朝著開往哈達薩醫院（Hadassah Hospital）的猶太救護車開火，沒有人受傷。當日稍晚，持機關槍與手榴彈的阿拉伯人，攻擊了從內坦雅載客前往耶路撒冷的公車。車上的乘客沒有那麼幸運：五名猶太人死亡，包括前赴自己婚禮的年輕女子。以色列獨立戰爭為期五個半月的第一階段就此展開。

嚴格來說，由於英國人尚未撤離巴勒斯坦，他們有責任維持這片地區的秩序，但是他們並未嘗試防止阿拉伯人發動暴力。當阿拉伯人攻擊一群猶太人，而哈加納一排士兵前往保護時，英國人不讓欲排解暴力的猶太戰士過馬路。他們也一貫依循白皮書已經無關緊要的政策，繼續阻擋攔帶「非法」移民的船隻。

猶太人也維持一直以來的戰術。哈加納仍致力於「克制」，將報復行動限制在以參與攻擊的個別阿拉伯人為對象。但是伊爾貢與萊希則升高了針對英國人與阿拉伯人的行動，導致無盡循環的攻擊事件。短短六週後，已有一千零六十九名阿拉伯人、七百六十九名猶太人與一百二十三名英國人喪生。

本—古里昂堅持不讓部隊放棄任何土地，即使面對攻擊也一樣，依舒夫因而大致上得以守住。然而也有例外，最重大（而如今極具代表性）的例外，是耶路撒冷以南希布倫丘（Hebron Hills）的埃齊翁定居區（Etzion bloc）四個定居點所受到的攻擊。一九四八年的前兩週，這四個定居點（卡法埃齊翁、瑪蘇歐伊扎克、埃因祖林姆和瑞瓦丁）被包圍。在穆夫提的堂兄阿卜德爾—卡德爾・侯塞尼（Abdel-Kader al-Husseini）領導下，一千名阿拉伯村民包圍了定居區內的幾百名猶太男性（女性與小孩先前已撤離）。由於猶太人的武器不足，數百名阿拉伯女性與孩童於是帶著空的行李箱加入包圍行列，準備搜刮他們以為猶太人會留下的財物。一月十四日，被圍困的猶太人成功抵禦了一次攻擊，不僅讓阿拉伯攻擊者難以前進，還殺了一百五十名阿拉伯村民。但是他們把本就不足的彈藥用掉了一大部分，而圍攻依然持續。

兩天後的一九四八年一月十六日，一支救援隊伍出發前往埃齊翁定居區。這個小隊由三十五名男子組成，許多是希伯來大學最出色的學生，自哈爾特夫（Hartuv，現在是貝息美什附近的工業區）啟程。由於比預計的晚出發，他們失去了黑夜的掩蔽。他們也沒有無線電或其他通訊方式。

這個隊伍（以代表數字三十五的兩個希伯來字母Lamed Heh為人所知）從未抵達埃齊翁。根據一則敘述，隊伍在途中遇到一名阿拉伯牧羊人，他們知道若不殺了他，就有洩露行蹤的風險。但是牧羊人發誓自己什麼也不會說，於是他們放了他。數十年後浮現的另一個說法則稱，有兩名阿拉伯婦女清早出門撿拾木柴，碰到了三十五名帕爾馬赫戰士中的兩位，於是尖叫著跑回她們的村落，即位於埃齊翁定居區山丘西側的祖利夫（Tzurif）。兩名士兵選擇不殺她們。[31]

不管如何，由於行蹤已經暴露，這三十五名年輕男子還來不及把物資運到埃齊翁定居區，就遭到伏擊。他們被殺後屍體遭殘害，有些到了難以辨識的地步。

埃齊翁定居區與依舒夫之間的聯繫被切斷，現在又面對更強大的阿拉伯軍團，不可能繼續抵擋。幾個月後，它在以色列宣布獨立的前一天，於一九四八年五月十三日落入阿拉伯人手中。在保衛戰中倖存下來的人別無選擇，只能投降；許多投降者後來被勝利的阿拉伯人殺害。

埃齊翁定居區的陷落重挫了依舒夫的士氣。在獨立前一天，這個未來的猶太國家已然失去一部分領土，而且損失了它最出色的一些年輕人。

即使在戰時，依舒夫居民依然聆聽詩人的聲音。一九二三年誕生於特拉維夫的海姆·古里（Haim Gouri）是依舒夫的另一名傑出詩人，而那三十五名男子之死，很快成為建國之戰和以色列國家神話中代表性的一刻，有一部分要歸因於古里的詩。這首詩名為〈我們葬身於此〉（Here Lie Our Bodies），獻給陣亡的男子，並以他們的聲音言說：「看，我們葬身於此，排成長長的一列。我們的面貌已改變。眼中映照出死亡。我們沒有氣息。」[32]

最終，古里的詩非關死亡，而是關於國家終將形成的信念，以及實現這件事所需要的決心。「如今你們將埋葬我們嗎？」這些男子問著比喻性的問題。「因為我們將再起，出現時將一如從前……只因我們體內的一切依然存活，在血管裡流動。」至於建國所必要的犧牲，男子們指出他們死去的方式：「我們沒有背叛。看，步槍在我們身邊，裡面已空無子彈……〔它的〕槍管還是熱的，而路徑上濺灑著我們每一步的鮮血。」

古里傳達的訊息呼應了當時的氣氛。三十五人小隊之死與其對依舒夫士氣的影響，導致哈加納改變戰略。「克制」已經是過去的事。從今以往，攻擊者所來自的村落也將是報復對象。戰火蔓延開來，平民與士兵的死傷人數都大幅增加。沒有人能倖免於戰爭，而幾乎整個人口都受到影響。本—古里昂的兒時朋友希羅默．拉維（Shlomo Lavi）是錫安主義運動者，後來成為以色列國會議員，他的兩個兒子都是戰死的——一個在加里利，一個在內蓋夫。[33]這樣的故事所在多有。

三個地下民兵組織都忙亂的運作著，而且往往欠缺彼此協調。為了聚集大量軍火而不被英國人發現（或在伊爾貢與萊希的情況中，不被哈加納發現），這三個軍事團體都建立了存放槍枝、手榴彈、子彈等的祕密地點，一切都是為了與英國人或巴勒斯坦阿拉伯人間將來的戰爭做準備。這些祕密的軍火庫稱為slicks（有可能來自希伯來文中代表「移開」的字，但字源仍不清楚），隱藏在各地城市、莫夏夫與基布茲的倉庫中，有些倉庫在地下，甚至是在水庫底下。[34]

到了一九四八年，依舒夫已有超過一千五百個祕密軍火庫。有些專家說，整個地區幾乎沒有一個基布茲或莫夏夫是沒有軍火庫的。哈加納最大的軍火庫與主要的子彈來源，是一間地下子彈工廠（今日名為阿亞隆工廠），就蓋在雷荷弗特（Rehovot）城外的一座基布茲內。一九四五至一九四八年間，位在一間洗衣坊與麵包店底下、由一群帕爾馬赫年輕成員經營的這間工廠，生產了兩百萬顆九毫米子彈，對於作戰有重要貢獻。

每一座祕密軍火庫的知情者都發誓保密。保守祕密的氛圍神聖異常，許多知情者在往後數十年對此隻字未提，帶著這個祕密辭世。直到某個地區為了新建設或其他原因而進行挖掘，這些祕密軍火庫才重見天日。許多很可能永遠不會被發現。

隨著戰事日趨漫長艱苦，國際上的看法開始轉變。有人呼籲重新審視聯合國的分治表決，美國國務院則力勸杜魯門改變美國先前的立場。獲得美國總統的支持如今至關重要，然而杜魯門不願討論巴勒斯坦問題。事實上，魏茨曼在一九四八年二月前赴美國為分治爭取支持時，杜魯門拒絕見他。走投無路的美國猶太領袖，在窮盡所有其他辦法之後，找上杜魯門的猶太老友艾迪．雅各布森（Eddie Jacobson），他在數十年前曾與杜魯門合開一間男裝店，兩人一直維持朋友關係。

全國聖約之子會（B’nai B’rith，當時是最重要的美國猶太人組織）主席法蘭克．戈德曼（Frank Goldman）打了通電話給雅各布森，要求他介入。雅各布森寫信給總統，但是杜魯門完全沒有軟化。他在回信中寫道，魏茨曼能說的他都聽過了。雅各布森於是前往華府，並且在三月十三日以杜魯門老友的身分，獲准從一道側門進入白宮。在橢圓形辦公室外等待見總統時，雅各布森被警告不得向總統提起巴勒斯坦。

然而，這正是雅各布森的來意，讓杜魯門頗為惱火。總統嚴厲地責罵他，但是雅各布森堅不讓步。他指著杜魯門放在辦公室的安德魯・傑克森（Andrew Jackson，美國第七任總統）雕像，對他的老友說：「哈利，你這輩子都有個崇拜的人……我也有，我與他素未謀面，但我認為他是有史以來最偉大的猶太人……我說的人是哈伊姆・魏茨曼。」雅各布森繼續說：「他是個重病的人，健康幾乎全毀，但是他旅行了數千里，只為見你一面，為我們民族的追求爭取支持。現在你拒絕見他，只因為有些美國猶太人領袖對你出言不遜……這聽起來不像你，哈利，因為我知道你才不怕他們講的那些話。」

雅各布森後來說，有段時間他們兩個都沉默不語，似乎「有幾世紀那麼久」。不過，接下來杜魯門轉過來對他說：「你贏了，你這個禿頭王八蛋。我會見他。」這個方法果然奏效。杜魯門以前就見過魏茨曼，並且說他是「很棒的人，我想是我碰過最有智慧的人之一」。兩人再次見面後，魏茨曼說服了杜魯門。

一九四八年冬天格外嚴酷。在耶路撒冷，白雪落下後覆蓋了整座城市。自一九四八年二月起，阿拉伯軍隊就阻斷了通往耶路撒冷的道路，以防止食物與軍火送到猶太居民手中。阿拉伯狙擊手將排隊領取食物與水的人一一射殺，連取得基本物資都成為必須冒著生命風險之事。

北邊的戰事也極為激烈。一月十日，以敘利亞為根據地的阿拉伯解放軍派出九百名士兵，攻擊距敘利亞邊境僅約兩百公尺的卡法索德（Kfar Szold）。在這個例子中，防禦方有所準備，阿拉伯攻擊者在遭到慘重傷亡後撤退。

但是依舒夫在道路爭奪戰中節節敗退，因此也輸掉了耶路撒冷爭奪戰。阿拉伯人的士氣日益高漲，而猶太人日益灰心喪志，但或許更重要的是，海外觀察者開始覺得，如果猶太人連巴勒斯坦當地的阿拉伯人都打不贏，或是守不住分得的領土，那更不可能打贏與阿拉伯國家之間的戰爭。美國國務院開始力推其聯合國託管方案，這個方案實質上等於撤銷建立猶太國的分治決議，而杜魯門的顧問告訴他猶太人可能會打輸，遭到屠殺，使得他也開始動搖。

兩千年一次的猶太建國機會，似乎要從依舒夫指縫間溜走了，必須採取果斷行動。一九四八年三月，本—古里昂指示哈加納「取得對希伯來國家領土的控制權，並守衛其邊界」，D計畫（Plan Dalet）就此展開。依照這個計畫，如果阿拉伯城鎮位於戰略位置，在通訊上不可或缺，或是可能被用為敵軍基地，哈加納就要摧毀那座城鎮的敵軍部隊，並且將敵方百姓驅趕到國界以外的地方。這種做法的前提是，阿拉伯人若被逐出居住的村落，一定是因為他們反抗；如果他們不反抗，就可以待在原來的城鎮，接受猶太人管轄。然而許多阿拉伯人逃走，寧願離開也不要生活在猶太人統治下。到以色列宣布獨立的一九四八年五月十四日，已有大約三十萬阿拉伯人離開巴勒斯坦。這是至今仍看不到解決之日的巴勒斯坦難民問題之濫觴。

以「新史學家派」為人所知、往往與以色列政治左派連在一起的一群以色列學者主張，本—古里昂的動機雖然是為了領土，但至少有同樣強烈的動機是為了人口組成。根據他們的說法，本—古里昂深知聯合國分治方案下的人口平衡，長遠而言對猶太國是行不通的。如果新國家既要屬於猶太人，又要是民主體制，就需要猶太人占大幅多數。在他們看來，D計畫與其他類似計畫的主要用意是讓阿拉伯人大量離開，阿拉伯歷史學者也有同樣主張。但主流猶太歷史學者的看法迥然不同，他們主張阿拉伯人大多是**逃走的**，一來因為他們的領導者已先他們而逃，二來是因為害怕逼近中的猶太軍隊。直到今日，導致巴勒斯坦難民問題的決策與行動，仍是以色列獨立戰爭備受爭議的一個層面。

有些猶太領袖，包括海法市長阿巴・赫希（Abba Hushy），不僅鼓勵、甚至是懇求阿拉伯居民留下，待在他們多年來與猶太居民並肩工作的城市裡。阿拉伯居民沒有理會赫希的請求，而是跟隨已經早一步離開的阿拉伯領袖而去（這些領袖離開可能是為了遠離暴力，期望暴力平息後再回來）。

依舒夫對於正在發生的人性悲劇並非渾然不覺，有些領袖更公開表達對阿拉伯人的同情。繼摩西・舍爾托克之後成為猶太事務局政治處負責人的果爾達・梅爾，在看到阿拉伯居民逃離後空蕩蕩的海法後，於五月六日說：「我看到小孩、女人和老人只是在等待方法離開。我進到房屋，有些房屋裡還有咖啡和皮塔餅留在桌上，而我無法不想到，這正是在許多猶太城鎮中曾有的景象〔因為第二次世界大戰時的猶太人倉促逃離家園〕。」[35]阿拉伯人拒絕接受分治方案，掀起了戰爭，但由此而生的許多人類苦難不容否認。

整體而言，戰爭走勢並不樂觀。本－古里昂是掌握時機與戰略的大師，他知道他必須逆轉戰事，否則一切都完了。[36]阿拉伯人控制了道路；耶路撒冷已被封鎖，迫切需要食物與裝備。看起來，猶太人很可能輸掉這場戰爭。

雪上加霜的是，美國人表示他們傾向撤回對分治的支持，可能轉而支持將巴勒斯坦交給國際託管。本－古里昂知道時間不站在他那一邊，因此下令哈加納展開前所未見的大規模攻擊。一九四八年四月的拿順行動（Operation Nachshon）派出一千五百名士兵突破封鎖抵達耶路撒冷，成為反轉戰爭的關鍵。

多虧終於從捷克運抵的武器（捷克是少數願意違反國際軍火禁運的國家），猶太軍隊也拿下提比里亞（Tiberias）、采法特（Safed）與至關重要的海法港。本－古里昂的行動正是時候，戰爭的走勢開始轉變。

猶太部隊有時會逼迫阿拉伯人離開家園，這是有憑有據的指控，但除此之外，戰爭的這個部分也引發了歷史學者本尼・莫里斯所稱的「暴行因素」（atrocity factor）[37]——亦即有關以色列獨立戰爭期間，猶太軍隊犯下諸多讓人髮指的暴行未經證實的指控，包括強暴與謀殺。這些指控多數已為當代學者徹底加以反駁。

最關鍵的一個例子備受爭議，而且至今仍經常被以色列的敵人引用，那是阿拉伯村落代爾亞辛（Deir Yassin）的激烈爭奪戰。一九四八年三月二十二日，阿拉伯軍隊成功切斷耶路撒冷與城外所有猶太定居點的聯繫。由於哈加納正在為拿順行動集結比從前軍力大三倍的一千五百名士兵，伊爾貢與萊希為了緩解耶路撒冷遭圍城的困境，決定奪下代爾亞辛，因為阿拉伯軍隊以此為據點朝著通往耶路撒冷城內的道路射擊。代爾亞辛是耶路撒冷西邊少數阿拉伯人還沒撤離的村落。伊爾貢戰士幾乎沒受過訓練又裝備不良，在真正的戰鬥中很可能敗下陣來，但是也沒人預期在代爾亞辛會遭到太多抵抗。

該次行動在四月九日展開。裝著擴音器的卡車開往代爾亞辛村，準備傳達命村民離開或投降的指示。但是卡車還沒開到擴音能被聽到的地方就困在路上，伊爾貢與萊希戰士之間的通訊裝備失靈，而戰士碰上遠比預期強烈的反抗。訓練不足的戰士在驚慌中拋擲手榴彈到民宅中，造成駭人的人命損失。早期的敘述指出有二百五十人死亡，而猶太戰士還強暴村民。

伊爾貢承認敵方死亡人數很高，但堅稱數字較接近一百人，也斷然否認強暴的指控。然而，他們的否認沒人想聽，主要是因為各方都有動機盡可能利用這些指控。哈加納以此事件指責伊爾貢不負責任、逞凶殺人。阿拉伯人以此對國際社會宣稱猶太人屠殺他們，藉此鞏固鄰近阿拉伯國家加入戰爭的決心。而阿拉伯人的恐慌與後續更多阿拉伯人的出逃，則對依舒夫整體有利，包括本—古里昂在內。對他而言，阿拉伯人離開劃分給猶太人的土地是正中下懷。

但是到底有沒有發生種族屠殺或強暴之事？後來的學者，不管是以色列還是巴勒斯坦人，一致同意絕沒有強暴的事情，而死亡人數幾乎就和伊爾貢當時所說的一樣。[38]哈加納與阿拉伯人都刻意將數字灌水。確實有過一場死傷慘重的激烈戰役，但殺害平民從不是伊爾貢的意圖。

然而阿拉伯人從來不是這樣描述這個事件。當時他們言之鑿鑿地說發生了恐怖的屠殺，這個說法散播開來，引發更多阿拉伯人逃離他們在巴勒斯坦的家園，最後淪為難民。直到今天，他們在宣稱以色列「誕生於罪惡」時仍會提起代爾亞辛。

一九四八年三月，耶路撒冷地區的阿拉伯武裝勢力領袖阿卜杜・艾卡德爾・侯塞尼（Abd Al-Qader Husseini）揚言攻擊並摧毀斯科普斯山上的哈達薩醫院。不到一個月之後的四月十三日早晨，數百名阿拉伯民兵伏擊了前往醫院的車隊。雖然有些小型車輛得以脫逃並返回耶路撒冷，兩輛重裝甲公車卻陷入重圍。哈加納防禦者絕命苦戰數小時以抵禦攻擊者的同時，哈加納總部一邊懇求英國人介入。然而英國人直到六個多小時後才抵達，而那時已經太遲了。

遭屠殺的有七十八名猶太教師、醫生與護士（以及，很諷刺的，四天前在代爾亞辛受傷的兩名伊爾貢成員），其中許多被活活燒死。只有三十具屍體留下來，其他的僅餘灰燼。自多年前開幕以來即一視同仁地收治猶太人與阿拉伯人的醫院自此關閉，一直要到一九六七年的六日戰爭後才在斯科普斯山上重開。

一九四八年五月十日，偽裝成阿拉伯女性的果爾達．梅爾，前往約旦與阿卜杜拉國王會面。梅爾知道阿拉伯國家即將加入戰局，而戰爭正朝更致命的新階段發展。她懇求國王不要攻擊新的猶太國，並堅稱以色列與約旦可以成為盟友。但是阿卜杜拉了解自己所身處的政治大局，告訴梅爾他可能別無選擇，只能加入對抗猶太國的戰爭。他接著請梅爾不要急著宣告建立猶太國。「我們已經等了兩千年，」她告訴國王，「這算是著急嗎？」

果爾達．梅爾深知，建立國家絕不只是攸關主權，建國是確保猶太人未來的關鍵。在猶太人經歷了那麼多事情之後，已經沒有時間可以浪費，而失敗不是選項。

但是國王的態度仍然模稜兩可。梅爾離開阿卜杜拉的辦公室時，轉身向他說：「如果你能給我們的只是這樣，那會有一場戰爭，而我們會贏。但也許我們會再見面——在戰爭打完、而猶太國已經建立以後。」[39]

第八章
獨立建國：以色列誕生

以我們天生與歷史賦予的權利……在此宣告於以色列地建立一個猶太人的國家，名為以色列國。

——《以色列獨立宣言》

自埃德蒙．艾倫比將軍在一九一七年進入耶路撒冷的雅法門，標示英國控制巴勒斯坦的開始，已經過了三十年。如今，在一九四八年五月十四日，最後一面英國國旗沿海法港的旗桿降下，象徵英國巴勒斯坦託管政府的結束。帝國正分崩離析，英國人被建立未久的依舒夫逐出巴勒斯坦，顏面盡失。一如古時與馬加比反抗軍戰鬥的希臘人，英國人也低估了巴勒斯坦猶太人的堅忍強悍。

錫安主義者曾焦急地等待鄂圖曼人戰敗與英國統治巴勒斯坦的開始，但是他們對英國統治的期望早已落空。英國人的態度從《貝爾福宣言》中支持猶太建國，轉變為一九三九年白皮書中幾乎不加掩飾的敵意，到如今公開的敵意。埃佛林．巴克以巴勒斯坦英軍指揮官身分所做的最後一件事，是就地撒了一泡尿。[1]

然而，儘管最後在這樣的仇怨中結束，英國人離去時的巴勒斯坦，已經遠比他們接受託管時進步。他們建立了這裡的基礎設施，也容許依舒夫建立並發展形成未來國家骨幹的機構。雖然他們後來限制移民，但是在英國人治下，依舒夫的猶太人口增加了十倍，從五萬六千人攀升至大約六十萬人——這個數字已足以支撐一個小國家。

英國人終於要走了。赫茨爾與全世界分享的夢想，貝爾福勛爵所支持但英國人後來所阻礙的夢想，終於要實現了。

本—古里昂的天賦之一，是對歷史時機至為敏銳的感受，他深知依舒夫當時面對的機會可能不會再來，因此他強烈反對延後宣布獨立。美國總統杜魯門承諾支持，更是要趕快進行的原因。*然而依舒夫領導層的某些成員不同意。他們擔心依舒夫還沒準備好迎接後續的戰爭，也擔心美國國務院與中情局的評估，可能比依舒夫中其他人願意承認的正確，即猶太國可能無法抵擋阿拉伯人必然展開的攻擊。他們堅持獨立建國必須等。

本—古里昂知道危險甚巨，坦言「我們……必須為領土和人民的慘重損失，以及依舒夫民眾的震驚，做好準備」。[2]然而他也堅持，對猶太主權而言，很可能「錯過此時就永無希望」。曾任猶太事務局聯合國代表團成員的莫迪凱．本托夫（Mordecai Bentov）後來寫道：「房間裡坐著十個猶太人，他們必須做的決定，可能是以色列人兩千年歷史以來最重大的決定。」[3]一九四八年五月十二日，人民行政團（People's Administration）在特拉維夫以六比四的些微差距表決通過，宣布建立自猶大地在兩千年前陷落後的第一個猶太主權國家。

一九四八年五月十四日星期五，英國人離開的同時，人民議會在擠滿人的特拉維夫博物館集會。由於擔心阿拉伯炸彈攻擊，典禮的消息拖到最後才發布，正式邀請在前一日才寄出。但消息還是傳出去了，博物館外聚集了數百人，洋溢著期待之情。

大廳無法容納所有受邀者，有些人被困在外面，而受邀演出國歌的巴勒斯坦愛樂交響樂團，則必須移至大廳上方的樓層。一切準備都非常倉促，但即使在所有忙亂的活動中，每個人都明白那一天的意義。本－古里昂的助理澤維．夏瑞夫（Ze'ev Sharef）後來回憶：「我們忙進忙出……好像在夢裡……彌賽亞的時代已然來臨，受異邦統治者奴役的日子已結束。」[4]

廳內刻意布置得讓人聯想到五十一年前在巴塞爾舉行的第一屆錫安主義大會。四十二年前來到巴勒斯坦的本－古里昂站在講台上，頭頂有一幅巨大的肖像，那是現代錫安主義的創始者——西奧多．赫茨爾。

下午四點整，隨著攝影師的閃光燈此起彼落，現場所有人起立唱起〈希望〉。[5]

六十二歲的本－古里昂身高五呎三吋，是個信念如磐石般堅定的務實主義者，一輩子都在為自己和他的民族蓄積力量，為的是讓猶太民族自決權在巴勒斯坦復活，而他是在一九〇六年由阿拉伯碼頭工人從小艇背到岸上，這樣（從波蘭）抵達了巴勒斯坦——他朗讀宣言：以色列國建國卷軸（Scroll of the Establishment of the State of Israel）。

---

* 杜魯門顯然對自己在以色列建國中扮演的角色很自豪。多年後，杜魯門的老友艾迪．雅各布森介紹這位前任總統時，說他是「協助建立了以色列國的男子」，杜魯門的回應是：「你說『協助建立』是什麼意思？我就是居魯士。」這個典故來自聖經最後幾段經文（《歷代志．下》第三十六章二十二到二十三節），居魯士（波斯國王）詔令他王國中的猶太人回到耶路撒冷，在那裡建造聖殿。（John B. Judis, "Seeds of Doubt: Harry Truman's Concerns about Israel and Palestine Were Prescient—and Forgotten," *New Republic* (January 16, 2014), http://www.newrepublic.com/article/116215/was-harry-truman-zionist.）

獨立宣言的開頭是一連串開場白。文件宣告，猶太民族誕生於以色列地，猶太人在以色列地創造了他們與世界共享的文明，他們從未停止夢想返回故土。接著，本－古里昂以顫抖而高亢的聲音繼續朗讀：「以我們天生與歷史賦予的權利，並根據聯合國大會的決議，〔我們〕在此宣告於以色列地建立一個猶太人的國家，名為以色列國。」[6*]

本－古里昂宣讀完成之後，由拉比耶胡達・萊布・費許曼－邁蒙（Yehuda Leib Fishman-Maimon）進行祝禱。費許曼－邁蒙是宗教錫安主義米茲拉希黨（Mizrachi Party）的領袖，從圍城耶路撒冷搭機前來參加簽署典禮。他朗讀了shehecheyanu祝禱，正是卡爾・利珀醫生在一八九七年於巴塞爾的第一屆錫安主義大會所朗讀的。「讚美祢，主我們的上帝，宇宙的君王，祢使我們存活，保守我們，帶領我們直到如今。」[7]

在場者第二次合唱〈希望〉之後，本－古里昂宣告：「以色列國已經建立！會議結束。」整個活動歷時僅三十二分鐘。猶太歷史的新時代揭開序幕。兩千年的流亡結束了，而自羅馬人的時代以來，猶太人首次得以在故土上獨立自主。

雖然shehecheyanu祝禱帶來了片刻宗教性，但整個典禮的世俗意味分明。站在講台上的本－古里昂與五十多年前的赫茨爾一樣，沒有遮蔽頭部。半個世紀前，赫茨爾的同代人曾發出創造新猶太人的籲求。而這一天的象徵意義顯而易見：那個新猶太人事實上已經出現，正在建立主權獨立的猶太國家。

《以色列獨立宣言》不是一份神學文件，而是一份歷史文件。與提到「上帝」和「造物者」的《美國獨立宣言》不同，以色列的宣言對上帝隻字未提。有些信仰虔誠的人希望看到更具宗教性的文字，為了安撫他們，宣言中有這樣的內容：「懷著對以色列磐石的信念，我們在國家臨時議會的這次會議上，共同簽署這份宣言。」但這樣的用字是刻意模稜兩可。對虔誠者來說，「以色列磐石」是傳統用語，專指上帝。[8]（拉比邁蒙在他的簽名上方加了三個希伯來字母，是「奉上帝的恩典」的縮略語，凸顯了這個用語的宗教指涉意味。）[9]對世俗主義者而言，建國與上帝無涉，以色列磐石因而指的是猶太人的歷史和猶太人的堅忍，或者是猶太人新獲得的自我防衛能力。**

宣言對上帝略而不提，卻處處提到歷史。它提到猶太民族在以色列地的誕生，猶太人在那片土地上的過往榮光，以及猶太人在二十世紀受到的恐怖磨難。宣言反映出本—古里昂對聖經的熱愛，以及他對這本「書中之書」將為這個年輕猶太國家提供指引的信念，承諾新的國家「將按照以色列先知所憧憬的自由、正義與和平為立國基礎」。

然而這份宣言並不是超脫俗世的文件。錫安主義運動的誕生，源自對快速改變的世界敏銳的知覺，而這份宣言也反映出對其寫成年代的歷史環境深刻的認識。它對已經開打的戰爭直言不諱。彷彿是本—古里昂有預感，世界對猶太民族與其新生國家的同情可能很短暫，宣言中主張聯合國第一八一號決議不容改變。它還表明「以色列國將向猶太移民開放，供流亡者聚集」，明確地宣告白皮書的政策作廢。即使在戰時，宣言中仍對以色列的仇敵表達和平之意：「我們向所有鄰邦及其人民伸出和平與和睦友邦之手，敦請他們與已經在自己故土上獲得主權的猶太民族，建立合作與互助的關係。」

---

* 獨立宣言全文參見本書〈附錄三〉。

** 並非所有簽署者都能在那個星期五早晨的特拉維夫簽署宣言。耶路撒冷依然陷於圍困，巴勒斯坦境內的道路亦充滿危險。許多人是後來被帶到安全的地方以後才簽署了宣言。

宣言是一份複雜而文意細緻的文本。它強調平等，承諾猶太國「將確保全體居民，不分宗教、種族和性別，享有最充分的社會和政治平等權」。針對「以色列的阿拉伯居民」，宣言邀請他們「在享有完整與平等公民權利的基礎上維護和平，並參與國家的發展建設」。宣言強調，猶太傳統的倫理根基對（「以色列先知所憧憬的」）新猶太國家將至關重要，它會為猶太民族提供慰藉，但也會「促進國家的發展以造福所有居民」。

要確保這個國家的主體是猶太人，同時保障非猶太少數族群的權利，從來就不可能是簡單的事。如何才能達到這個平衡的相關辯論，至今仍在以色列持續進行。

簽署獨立宣言的是包含各路人馬的猶太人同盟，從左派的共產黨到宗教右派的極度正統以色列團結黨（Agudath Yisrael）。其中許多團體自一八九七年第一屆錫安主義大會以來，就為意識形態問題而彼此爭論不休，卻在猶太人歷史上重要的一刻展現出驚人的團結，將這些分歧擱置一旁。未來還將有這樣的時刻——不管是面對大好機會或重大危險，政治上分歧的以色列人體認到事涉猶太民族的未來，因而連重大的爭議都能先擱置不論。

一八九八年在巴塞爾舉行的第二屆錫安主義大會，賦予了女性在錫安主義政治體系中的完整成員權利（早在歐洲政府有類似作為之前），從此，女性在錫安主義運動和依舒夫都扮演重要角色。獨立宣言的簽署者中也有兩名女性，分別是果爾達．梅爾（後來成為以色列第四任總理）與瑞秋．卡根─柯恩（Rachel Kagan-Cohen，爭取女權與社會福利的老將）。

不意外地，本─古里昂的政敵，伊爾貢領袖貝京沒有出席簽署典禮。（萊希領袖伊扎克．沙米爾想必也未受邀請，但無論如何他都不可能出席，因為他遭英國驅逐，當時被拘留中。）本─古里昂對貝京的厭惡，不下於他對賈博廷斯基的不喜。獨立宣言是本─古里昂所欲塑造的以色列建國敘事的中心部分，而若依他所願，不論是貝京還是伊爾貢，都不會在這個國家的自我敘事中占據重要位置。魏茨曼當時在海外，因而也無法簽署宣言，但在他返國後，即使在那樣的歷史時刻，本—古里昂依然挾怨報復，拒絕讓魏茨曼在卷軸上簽下名字。

新國家的名字也有深刻的象徵意義。*曾有幾個可能的國名被提出來，但以色列是聖經人物雅各與天使摔角後得的名。「你的名不要再叫雅各，要叫以色列；因為你與上帝和人較力。」[10]沒有人能想到，後來證明這個名字取得有多貼切。

雖然特拉維夫博物館外面的人群欣喜若狂，領導階層卻還是無法一同歡慶。本—古里昂在日記中寫道：「舉國歡騰，充滿深刻的喜悅——而我再一次成為慶祝者之間的哀悼者，正如我在十一月二十九日那天一樣。」[11]他告訴西蒙．裴瑞斯（Shimon Peres，當時是國家的年輕政治領袖，後來先後擔任總理和總統）：「今天，所有人都高興。明天，將血流成河。」[12]

---

* 宣告獨立的五月十四日前幾天，依舒夫領袖會面共商即將建立的國家名稱。有些人想以古代猶太王國猶大（Judah）為名。但歷史上的猶大王國疆域絕大部分都不在分治方案中劃給猶太國的土地中，因此這個名稱被否決了。其他的名稱包括「錫安」與「札巴爾」（Tzabar，即Sabra），但接著有人建議用「以色列」（Israel），之後投票表決。以色列之名以七比三獲選。第一個建議使用以色列為國名的不是本—古里昂，而是猶太裔加利西亞作家伊薩克．珀恩霍夫（Isaac Pernhoff），他在一八九六年回應赫茨爾的一篇短文中預言，當猶太人建國時，那個國家會叫做以色列國。（Elon Gilad, "Why Is Israel Called Israel?" Haaretz [April 20, 2015], http://www.haaretz.com/israel-news/.premium-1.652699.）

戰爭的第二階段在次日展開，將持續到一九四九年一月，包含三個主要的戰鬥時期，中間穿插了兩次國際命令的停火協議。

第一個月是整場衝突中最致命的一段時間，以色列失去八百七十六名士兵與大約三百名平民。哈加納（很快將成為以色列國防軍，簡稱ＩＤＦ）面對五個阿拉伯國家的軍隊，分別來自約旦、埃及、黎巴嫩、伊拉克（和以色列完全沒有接壤）與敘利亞，還有來自蘇丹、葉門與沙烏地阿拉伯的增援部隊。本—古里昂一貫地從聖經敘述的觀點看待他的新國家，對他而言，以色列與埃及和敘利亞對陣具有重大意義。他在戰時日記寫道：「我們的飛機必須轟炸並摧毀安曼和約旦各地，接下來敘利亞會陷落。我們要轟炸塞德港、亞歷山卓與開羅。如此我們將結束戰爭，把我們祖先與埃及、亞述和亞蘭之間的舊帳算清楚。」[13]

雖然懷抱這些高遠的追求，但戰爭的頭幾日並不順利。在北邊，以色列面對的是伊拉克與裝備精良的敘利亞軍隊。南邊的情況也沒好多少。埃及部隊快速在內蓋夫挺進，很快就能從空中攻擊特拉維夫——以色列參謀本部的所在地。獨立戰爭期間的以色列國防軍作戰首長及後來的參謀長伊加爾．雅丁（Yigal Yadin）曾思忖：

> 我突然很震驚……因為我發現……我們可能會丟掉整個北方。在南邊，埃及軍隊正逼近特拉維夫。耶路撒冷對外聯繫中斷，而伊拉克人正對國家中部造成壓力。在這一刻，我突然覺得世世代代以來的夢想即將瓦解。[14]

本—古里昂也意識到接下來數日將決定國家的命運，「這是與時間的賽跑，」他在獨立建國後才短短五天的五月十九日說，「只要能撐兩個星期——我們就會贏。」[15]

雖然在各個戰線都面臨曠日廢時的戰鬥，本—古里昂早在五月十九日就已敦促雅丁朝耶路撒冷推進，雖然雅丁擔心哈加納對這個任務完全準備不足。耶路撒冷在聯合國提出的分治方案中，既不屬於猶太國也不屬於阿拉伯國，而是國際保護領地，但一般相信真正落實的可能性很小。聯合國沒有任何權力，主要的國際權力掮客無意執行決議，而阿拉伯人與猶太人也都不願將這座聖城交付國際管理。如果國際壓力龐大，猶太人也許會同意（耶路撒冷由國際接管），但同樣清楚的是，阿拉伯人會拒絕這項提議，一如他們拒絕了皮爾的建議與分治方案。

於是，耶路撒冷爭奪戰展開。阿拉伯軍團決意為城內同樣物資短缺的阿拉伯人提供援助，開始朝耶路撒冷推進。本—古里昂決定，以色列人必須予以反制。

問題是他們要怎麼到那裡。以色列人若想有任何機會控制通往耶路撒冷的道路，就必須拿下城外約十五英里處的山丘據點拉特倫（Latrun，今天是耶路撒冷城外不遠的裝甲部隊紀念地）。本—古里昂下令由哈加納新成立的第七旅執行任務，但雅丁拒不從命，他說會在拉特倫之戰中被派到前線的戰士中，很多人的經驗都少得可憐，也只有最基本的武器——許多人連水壺都沒有。雅丁懇求本—古里昂了解自己的要求是多麼讓人痛心的諷刺：這些士兵許多從納粹的死亡集中營獲救之後，卻被關在賽普勒斯的拘留營；好不容易抵達巴勒斯坦之後，他們又拿著過時的武器，在未受過任何軍事訓練之下被派去戰鬥。本—古里昂能夠了解，但並未改變心意；拉特倫爭奪戰的第一役於五月二十四日展開。

一如雅丁所預料，這場戰役慘烈無比，以色列部隊被狠狠擊退。受傷的人包括艾里爾・夏隆，當時他還是個年輕的排長（後來成為贖罪日戰爭的英雄，更後來則是以色列總理）。以色列在六月一日對拉特倫發動了第二次攻擊，但也失敗了。官方統計的以色列軍人死亡數字為一百三十九人，但其他統計顯示實際數字可能更高。

正如雅丁所進一步預料的，拉特倫在人們的記憶中將是「大屠殺倖存者……濺血之地」。[16] 這樣的說法不僅適用於拉特倫。以色列獨立戰爭時有略多於十萬名猶太人從軍，而如一名歷史學者所指出：「許多新近從歐洲抵達，為以色列戰死的人，都是大屠殺倖存者。」[17] 許多人幾乎一抵達就死於戰爭中，埋葬在無名的墳墓裡。他們為了捍衛一個無人知曉他們姓名的國家而付出生命。這不是以色列社會最後一次需要面對他們是如何對待大屠殺受害者的問題，但另一方面，這些人的死也見證了他們的信念之深——他們見過歐洲的情況，因此認為建立一個猶太人的國家比任何事都重要，甚至比他們自己的生存還重要。

拉特倫行動失敗後的幾天內繼而發生了另一次慘重的失敗，這次是耶路撒冷舊城區的猶太人區被阿拉伯軍團攻下，這是阿拉伯勢力中訓練與配備最精良的部隊，仍在英國指揮官麾下作戰。以色列未來的總理伊扎克·拉賓（Yitzhak Rabin），驚駭地看著舊城區裡的猶太居民揮舞白旗對阿拉伯軍團投降，深深的失落感銘刻在他們臉上。猶太人在公元前五八六年遭巴比倫國王尼布甲尼撒擊敗後被逐出耶路撒冷，後又於公元七〇年在羅馬人手下遭逐。如今，挫敗的猶太人排成長列，少少的財物負在肩上，再一次從這座城市被放逐，含淚離開了耶路撒冷。約旦人與之前的征服者一樣，對這座城市毫不留情。他們把猶太會堂變成馬廄，墓碑當成廁所。要再過十九年，猶太人才再度能夠撫摸西牆，在猶太教最神聖之地祈禱。

哈加納決定放棄爭奪拉特倫，另覓替代道路，後名為滇緬公路（Burma Road，如此命名是因為它為耶路撒冷的猶太人提供物資，正如緬甸與中國之間的滇緬公路，在第二次世界大戰期間讓物資得以運到日本圍困下的中國）。在一條古老路徑上建造滇緬公路的迫切努力，反映出依舒夫時期地下武裝勢力的創意巧思，也反映出現在的以色列國防軍特質。需要為發明之母，而深知戰敗將導致猶太人血流成河的這個新國家，在戰時的幾個階段都展現出創意和勤奮。以滇緬公路為例：

> 工程師使用推土機、牽引機和人力，展開了幾近不可能的任務，要創造通往果園前端那道懸崖的可通行道路，以及一條通往下方谷地的道路。夜間，在約旦砲彈攻擊的背景下，這一幕幾乎不像真的：數百名挑夫沉默地將食物與裝備搬運到等在山下的卡車、吉普車，甚至是騾子身上。連牛群都被領著沿這條路而行，因為我們迫切地需要把牛肉運進城裡。[18]

哈雷爾旅（Harel Brigade，由當時二十六歲的拉賓指揮）利用這條替代道路，成功為耶路撒冷西城區補充物資並提供防禦——但還是無法重奪舊城區。

滇緬公路絕不是這種創意和巧思的唯一例子。依舒夫在戰爭大部分時間都缺乏重武器，因此也仰賴土製的三英寸迫擊砲「小大衛」（Davidka），只是它經常錯失目標或沒有引爆。[19]如果小大衛有任何可取之處，那就是當它成功引爆時，不論多麼失準，砲彈都會引發一道亮眼的閃光和格外大的聲響，在當地阿拉伯人中引發群眾恐慌。[20]小大衛在耶路撒冷與采法特爭奪戰中發揮了最大效益，因為它引發的恐慌導致當地人口更快離開或投降。在五月六日至九日的采法特戰役，小大衛的巨響使當地阿拉伯人深信猶太人在使用「原子彈」。「從上空飛過的一架哈加納偵察機回報『有數千名難民徒步朝梅倫前進』……阿拉伯人居住區真的在一夜之間成為『鬼城』。」[21]

空軍也運用類似的創意。除了為飛機裝載貨真價實的炸彈，地面組員也開始把在基地或周遭地區所有找得到的空汽水罐都裝上去。他們聽說墜落中的空罐子會製造出很大的吹哨聲，地面上的人聽來就像有炸彈呼嘯著朝地面落下，而這樣的手法能削弱敵人意志。

然而，年輕的猶太國家在武器裝備上依然處於劣勢，只能奮力挺住。傷亡人數很高，以色列迫切需要已購買但尚未運抵的重武器。此外，埃及掌握了天空。以色列幾乎才剛宣布獨立，國家就已命懸一線。

國際社會擔心流血，急於中止戰事。五月二十二日，聯合國安理會要求雙方立即停火，聯合國祕書長指派瑞典外交官福克·伯納多特伯爵（Count Folke Bernadotte）負責調停。

伯納多特這個人選很耐人尋味。第二次世界大戰期間，他身為瑞典紅十字會負責人，從死亡集中營拯救了數千名猶太人，但他也曾與納粹高階官員會面，特別是海因里希·希姆萊，希望透過非官方管道終止衝突。他在巴勒斯坦戰火正熾時成為調停者時，給人的印象是「那個熱心過頭的瑞典貴族，『樂觀……積極行動』，……是個『人道主義』的唐吉軻德」。[22]伯納多特受命調停戰爭，就這樣扛起了截至當時還沒人能完成的任務。然而他毫不卻步，為爭取停火以及之後更持久的和平展開努力。

一方面是因為伯納多特的政治運作，一方面是因為參戰各方人疲馬乏，兩邊最後達成停火協議。原訂於六月一日停火，但是因為實施上非常複雜，因此在十天後才於六月十一日正式生效。

這個短暫停火的條款規定「對以色列與阿拉伯國家全面禁運軍火，並禁止加派軍事人員」，[23]但雙方都違反了這些條件。阿拉伯國家增強了戰鬥單位，並間歇地朝以色列方開火。以色列人則利用戰火暫歇的時間輸入大量武器，包括購自美國與其他西方國家的一些武器。依舒夫也收到自捷克運抵的一大批軍火，包括「二萬五千多枝步槍、五千枝機關槍和五千多萬發子彈」。[24]有一個轉折實在充滿反諷意味：來自捷克的武器中有些是德國標準型毛瑟步槍和MG機關槍，而由於是在一九四五年五月以前為德軍製造的，這些武器送抵時上面印有納粹黨徽（志願飛官拿到的制服上面也有）。第二次世界大戰時為德國人所製造的槍枝，如今由亟欲開啟猶太歷史新一章的猶太人拿在手中。[25]

從海外運抵的不只是武器。戰爭開打時，以色列一架軍機都沒有，飛行員也很少。[26]美國軍方則有第二次世界大戰後的數百架剩餘飛機，以及為美國開過飛機的猶太退伍軍人。以色列展開尋找這些飛行員的祕密計畫。這些飛行員中許多都已高度融入美國社會，然而大屠殺喚醒了一些人心中對猶太人的使命感，而其中少數人違反美國法律，協助購買了美國剩餘飛機，並駕駛它們飛往歐洲，繼而前往以色列。這些人穿上二手制服，而這些制服與在地面作戰者的某些槍枝一樣，上面也有納粹徽章，只不過在此例中是德國空軍軍章。

德國曾在捷克蓋工廠生產梅塞斯密特（Messerschmitt）戰鬥機，這些工廠在第二次世界大戰結束後仍持續生產這些飛機。來自美國的飛行員，也駕駛一些梅塞斯密特戰鬥機到以色列加入戰鬥。

這些美國人幾乎是一在以色列落地就被告知，埃及軍隊距離特拉維夫已經僅僅六英里，如果不馬上展開攻擊，次日早晨就會有一萬名埃及軍人出現在特拉維夫。[27]於是這些飛行員駕著原始的單引擎飛機出發，展開第一次轟炸任務，並且很快地逆轉了戰爭情勢。後來，推進中的伊拉克軍隊遭空襲後決定待在原地，不繼續前往以色列。[28]

總計，來自世界各地共三千五百人志願前往以色列加入戰爭工作。有意思的是，很多人並非猶太人。志願者中約有一百九十人於空軍服役。[29]有幾名飛行員陣亡。戰後，多數美國人都返回家鄉。然而，也有人認定以色列才是他們的家鄉，於是他們留下來，擔任以色列航空（El Al）飛行員，或在以色列的航空工業服務。

本尼．莫里斯指出，除了在軍事上的意義，這一波志願者也讓以色列人民了解到，他們雖然寡不敵眾，但是他們並不孤單。[30]與大屠殺相比，這是猶太人命運戲劇性的轉變，大大激勵了全國士氣。

改良裝備的迫切需要，導致了這場戰爭中可能造成最大災難的事件之一。五月二十六日，本—古里昂解除了哈加納的「祕密狀態」，以打字機打的一頁備忘錄，短短二十行字，宣告哈加納現在成為以色列國防軍（Israel Defense Forces，簡稱ＩＤＦ），擔任新國家的正式軍隊。這份備忘錄也規定，其他武裝團體不准運作。本—古里昂還寫了一句話，不僅顯示這個國家是如何每天一點一點地被縫綴起來，也顯示了他賦予自己的廣泛權力：「符合這份命令的任何行動都應被視為合法，即使違反了既有法律中的其他指令。」[31]

本—古里昂與貝京達成協議，約定伊爾貢成員應加入新成立的國防軍。他們的武器與裝備，以及製造武器的設施，都將移交給國防軍。軍中將不會有特別的伊爾貢單位，也不得再有獨立的軍購行為。本—古里昂明白，以色列想成為受到認可的正當國家，就不能有互相競爭的民兵團體。

貝京了解也同意伊爾貢應停止在以色列境內以獨立軍事單位的角色運作。然而有些伊爾貢戰士仍困在耶路撒冷城內，而嚴格來說，當時耶路撒冷並不是以色列的一部分，因而也不受貝京同意讓伊爾貢融入國防軍的協議管轄。由於城內伊爾貢戰士的彈藥存量已經少得危險，貝京決意要為他們提供裝備，而更大的目標是盡可能守住耶路撒冷。

同一時間，在貝京不知情的情況下，與他長期不合的伊爾貢美國分支買了一艘舊船，並名之為阿爾塔列納（Altalena，這是義大利文中的「蹺蹺板」，是賈博廷斯基當記者時的筆名）。這艘船後來停靠在法國。法國人想要削弱英國在中東的影響力，捐出價值一億五千萬法郎的軍火（如今相當於五億美元）。[32]裝上阿爾塔列納號的軍火包括五千枝步槍、二百五十枝輕機槍、五百萬顆子彈、五十支火箭筒和十輛名為勃倫式運輸車（Bren carrier）的輕型裝甲車。除了伊爾貢亟需的武器外，登上船的還有大約九百四十名移民（許多是二次大戰生還者），以及包括葉吉耶・卡迪夏伊在內的一些伊爾貢資深成員。阿爾塔列納號原本預計於五月十四日抵達巴勒斯坦，但是太晚啟程，等到出發前往以色列時已經是六月十一日——正是禁止輸入武器的停火協議生效之日。

貝京有決心遵守停火協議，也未被告知阿爾塔列納號已經啟航。等他得知消息後，阿爾塔列納號已經非常接近以色列領海了。他著急地試圖聯繫船長伊萊亞胡・蘭金（Eliyahu Lankin），欲指示他不要進入以色列領海。但是通訊裝備失靈，貝京知道他已無法讓船掉頭之後，通知了本－古里昂。

本－古里昂知道阿爾塔列納號若抵達，將是明目張膽地違反停火協議，但同時又滿心不願放棄亟需的大批武器。船在六月二十日抵達以色列海岸後，收到命令航往卡法維特金（Kfar Vitkin，位於特拉維夫北邊不遠），因為若船停靠在那裡，也許可以躲過聯合國觀察員的注意。然而，本－古里昂與貝京並未針對武器該怎麼處理達成協議。貝京願意將絕大多數武器提供給國防軍，但堅持留下二〇％給仍在耶路撒冷奮力抵擋約旦軍隊的伊爾貢戰士，本－古里昂斷然拒絕這個提議。他擔心分配任何武器給伊爾貢（即使是耶路撒冷城內的伊爾貢戰士），都可能讓軍隊裡還有一支軍隊的想法獲得正當性。

阿爾塔列納號抵達的消息迅速傳開，同時傳開的還有貝京本人可能會出現在卡法維特金海灘上的謠言。伊爾貢士兵拋下了他們的崗位前往卡法維特金，想要見到雖然行蹤隱匿但一直指揮他們作戰的男子。本—古里昂本就疑心貝京圖謀不軌，這下更證實了他的想法，於是在次日召集內閣會議。他對閣員謊稱貝京一直隱匿阿爾塔列納號的計畫，直到船隻已啟航才透露消息。他對貝京長期以來的懷疑，如今主導了他的所有言行。他對閣員說：

> 不會有兩個國家，也不會有兩支軍隊。而貝京先生不能為所欲為。我們必須決定是要將權力拱手交給貝京，還是命令他停止分離主義活動。如果他不放棄，我們就要開火。[33]

國防軍參謀長以色列．加利利（Yisrael Galili）下令國防部飛行員低空掃射阿爾塔列納號。飛行員中許多是第二次世界大戰中擔任同盟軍飛行員的美國人和其他志願者，他們拒絕受命：「我們來是為了幫猶太人打仗，不是為了打猶太人。」[34]

此時貝京已經登上阿爾塔列納號，並下令伊爾貢戰士在黑暗掩蔽下開始卸載貨物。貝京收到將所有武器交給國防軍的最後通牒，但是他沒有回應；他後來聲稱這個最後通牒完全不切實際，而且幾乎沒有給他時間回應。

哈加納軍隊與效忠伊爾貢的戰士展開交戰。阿爾塔列納號駛離海岸，往南航向特拉維夫，接著卻在飯店房客、海濱戲水者、記者與聯合國觀察員都清楚可見的地方擱淺於海岸上，動彈不得。突然間，海灘上的帕爾馬赫戰士（他們對伊爾貢敵意最深，指揮官中包括拉賓），開始朝阿爾塔列納號射擊。伊爾貢戰士也開火還擊。猶太人的槍口對準了猶太人。這個國家建立後還不滿五個星期，已經在內戰邊緣。

更多火砲擊中仍滿載彈藥的阿爾塔列納號。整個過程中，貝京都命下屬不要還擊。船被擊中後，船上的彈藥開始爆炸，仍在船上的貝京下令棄船；他想待到最後，但是被部屬逼下船、送回岸上。在他上岸途中，一陣陣砲火朝他的方向發射，在場許多人都相信哈加納的軍人意圖殺死貝京。貝京離船後不久，剩下的彈藥起火燃燒，船隨之爆炸。以色列才獨立不久就發生這樣的事，無疑讓國防軍人深感矛盾，但他們立刻跳入水中，拯救阿爾塔列納號的乘客。

另一方面，岸上的人持續交火。在哈加納與伊爾貢士兵互相開火下，猶太人內戰的開端從地中海水域轉移到特拉維夫的街道。雙方都有傷亡，但是貝京堅持他的部屬不能對猶太人開火，而雙方的士兵都知道以色列沒本錢打內戰。砲火停止了。

若將卡法維特金的交火也算在內，總計死亡人數為十六名伊爾貢戰士與三名國防軍戰士。死者中包括一九三三年因阿羅索洛夫謀殺案遭起訴，但後來獲判無罪的亞伯拉罕．斯塔夫斯基。他是阿爾塔列納號的乘客之一，而他喪命之處，就在十五年前阿羅索洛夫遇害的那片海灘離岸不遠處。

貝京後來對伊爾貢成員進行了超過一個小時的廣播演說。他重申伊爾貢沒有做錯任何事，但儘管如此，他還是不斷提醒他的部屬：「不要對你的兄弟動手，即使在今天都不要。」他一再重複的話是，猶太人絕對不打猶太人，因為「以希伯來的武器對付希伯來戰士是禁忌」。他在廣播演說中幾乎大叫著說：「大敵當前，絕不能發生內戰！」

怒火中燒的本─古里昂，拒絕讓伊爾貢的陣亡戰士在特拉維夫入葬。

有些人因為貝京進口那些武器而詆毀他。其他人則讚美他，因為他在終結雙方交戰上扮演了關鍵角色（正如他在「狩獵季」時拒絕攻擊哈加納一樣）。後來他自稱對以色列最大的貢獻，是避免了全面內戰。本—古里昂在此事件後依然態度強硬，堅稱他拯救了國家，使其免於民兵團體的反叛。在他往後經常被引述的一句話中，他堅稱擊沉阿爾塔列納號的火砲極為神聖，應該「放在靠近聖殿的地方，如果有一天蓋起聖殿」。[35]

一直到一九六五年，本—古里昂才在政府針對阿爾塔列納號事件進行調查之後承認：「也許是我弄錯了」。[36]

阿爾塔列納號在以色列人民思想中最能代表一個體認：一個國家要獲得正當性，它所有的軍力都必須受政治階層指揮。往後多年，以色列人看著巴勒斯坦的民選官員面對諸多武裝派系而無力管束時，總會說：「巴勒斯坦人還沒經歷過他們的阿爾塔列納號事件。」

戰爭的下一個階段歷時僅十天，從一九四八年七月八日戰火重啟後開始（停火協議生效後的大約一個月）。衝突的這個階段帶來了整場戰爭中最爭議性的幾個時刻，包括至今仍廣受討論的一場戰役。

這場戰役是利達爭奪戰，它是「敘事戰爭」的象徵，這場敘事之戰不僅是針對以色列獨立戰爭，而是針對絕大部分的以色列歷史。傑出的以色列歷史學者（與後來的以色列駐美大使）麥可・歐倫（Michael Oren）寫過：「歷史上的大戰最後都成為關於歷史的大戰。」[37]而世界上沒有一個國家所引發的「關於歷史的大戰」，比以色列至今仍持續引發的論戰更為眾聲喧譁。

這是為什麼？正如歐倫指出：「圍繞以阿歷史的辯論之所以異常激烈，與它牽涉到重大利益直接相關。對立方不僅在爭奪大學書架上的位置，也在處理會深刻影響數百萬人生活的議題：以色列的安全，巴勒斯坦難民的權利，耶路撒冷的未來。」[38]這也不只是以色列對阿拉伯的戰爭；在以色列人之間，稱為「新史學派」的一群學者，曾在不少時刻試圖推翻以色列對這場衝突的主流敘事，而且他們一點也不羞於承認目的。正如該學派成員以色列學者伊蘭・帕裴（Ilan Pappe）所說，他們的目標是「重新思考一個問題，即追求在地理上曾是巴勒斯坦的地方建立猶太民族國家，是否具有正當性」。[39]

因此，關於歷史的戰爭，是有關以色列正當性的戰爭，因而也是有關其未來的戰爭。這也就難怪獨立戰爭中的關鍵時刻，尤其是導致巴勒斯坦阿拉伯人大量離開以色列的那些時刻，會成為各學派歷史學者的兵家必爭之地。（巴勒斯坦阿拉伯人當時的大量出逃，至今仍是政治上高度敏感的議題。）

利達是一個好例子。一九四八年夏天，耶路撒冷在約旦的攻擊下勉力苦撐，而本—古里昂已決心開闢通往耶路撒冷的另一條道路。為此，軍方將領判斷必須奪下約有兩萬居民的阿拉伯城市利達。利達位於從特拉維夫通往耶路撒冷的路上，因為阿拉伯人在其他城鎮陷入戰火時出逃至此而人口激增。外約旦阿拉伯軍團也有一個步兵連駐紮在那裡，約有一百二十五名士兵。這些士兵以及武裝起來的當地人，一直在為迎戰以色列國防軍做準備。

這場戰役隨著但尼行動（Operation Dani）展開。以色列軍隊在七月十一日對利達發動攻擊，但是未能全面制伏敵方。傍晚，一支增援的營級部隊入城，入駐大清真寺（Great Mosque）與聖喬治教堂（Church of St. George）。以色列國防軍命該地居民到清真寺與教堂報到；很快地，兩座建築都擠滿了人。根據多數說法，以色列部隊後來准許女人與小孩離開。

有大約三百名以色列士兵駐守該城，阿拉伯軍團的戰士則退守到警察局並設置障礙，雙方陷入緊繃的僵局。次日，阿拉伯軍團的幾輛增援車輛突然攻入城內，朝四面八方開火。當地戰士加入新一波攻擊，從多座建築朝以色列人射擊。有些狙擊來自城裡一座較小的清真寺，屋頂上的阿拉伯狙擊手造成了致命的危險。以色列士兵受命終結阿拉伯方的火力；在接下來的戰鬥中，以色列部隊朝清真寺投擲了一枚反坦克手榴彈。雖然各方說法有異，但顯然造成嚴重傷亡。

確切的戰鬥情況，有多少阿拉伯人死於清真寺和其他地方，死亡者中又有多少人是平民，至今仍是激烈爭議的主題。有些修正主義新史學派學者譴責以色列國防軍在利達的行為。一位著名的以色列作家在總結這種觀點時聲稱：「在正午時分的三十分鐘內，兩百多名平民遭到殺害。」[40] 他接著指控，暗指錯的不僅是在場的士兵，卻還包括他們所屬的整個運動：「錫安主義在利達谷地引發了一場人類災難。」[41]

許多歷史學者斷然反駁這個修正主義式的結論。二〇一四年，備受推崇的一名歷史學者細細爬梳了利達戰役的相關檔案證據，證明修正主義歷史學者為了顛覆以色列國家敘事而做得太過頭，偏離了證據的軌跡。他以證據呈現，利達的死亡人數遠比修正主義敘事中所指的為低，而且死者幾乎都是戰鬥人員。雖然雙方都有人喪生，但新史學派所描述的那種屠殺從未發生。[42]

頗堪玩味的是，連一度為新史學派成員、對傳統以色列國家敘事多所批評的本尼．莫里斯，都沒有使用屠殺（massacre）一字。儘管如此，他堅稱不論在利達發生的事情究竟為何，都必須放在戰爭以及以色列和阿拉伯戰士的行為這個大脈絡中來看：

> 然而利達並不代表錫安主義者的行為。一九四八年以前，錫安主義是透過購買而非征服阿拉伯土地而擴張，是阿拉伯人會週期性的屠殺猶太人——比如在一九二九年的希布倫和采法特。在一九四八年的戰爭中，第一樁重大暴行由阿拉伯人犯下：一九四七年十二月三十日，他們殺

> 害了海法煉油廠的三十九名猶太同事。
>
> 誠然，猶太人後來犯下的暴行也沒少過：漫長的內戰往往會讓戰鬥人員變得冷酷，並觸發報復心理。但這是因為他們征服了四百座阿拉伯城鎮與村落。巴勒斯坦人連一個猶太定居點都沒能征服——至少沒有靠他們自己的力量。唯一的例外是卡法埃齊翁，一九四八年五月十三日，他們在約旦的阿拉伯軍團協助下征服此處，然後就在那裡犯下了大規模屠殺。[43]

獨立戰爭是場慘烈的戰爭，對阿拉伯人是為榮譽而戰，對猶太人而言是為生存而戰。雙方都有殘暴的行為，然而莫里斯特別指出的是，在以色列那一方，暴行是例外；在阿拉伯那一邊，暴行是通則。

利達戰役結束後，殘餘的阿拉伯軍隊撤出城外。以色列國防軍與當地阿拉伯領袖達成協議：當地人口將離開利達，遷往東邊。又一次地，戰鬥所導致的是離開自己家園的一長條難民人龍。猶太考古學家謝馬爾亞·古特曼（Shmarya Gutman）目睹了那一長排難民，並在日後回憶：

> 許多居民一個接一個地走著……婦女在頭上負著包裹和袋子。母親身後拖著孩子。偶爾會聽到警告的槍聲。偶爾，你會碰到隊伍中有個年輕人用尖銳的眼神看你，好像在說：「我們還沒有投降。我們會回來與你們戰鬥。」[44]

不管望向何處，都會看到傷心絕望的難民形成的一條條人流。猶太人被趕出耶路撒冷舊城區，阿拉伯人數以萬計地逃離以色列北部。此後不久，數十萬猶太人逃離他們所居住的北非阿拉伯國家，有些是被驅逐，其他是因未受善待或在暴力威脅下離開。最終，共有七十萬猶太人被迫離開阿拉伯國家，前往新建立的以色列。對猶太人與阿拉伯人而言，這都是一段顛沛流離的恐怖時期。人口大規模移動所引發的憤怒與怨恨，將在未來數十年持續腐蝕這個地區。

一九四八年十一月十九日，奧爾特曼在以色列勞工總工會（Histadrut）的《話報》（*Davar*）發表一首詩，標題為〈為此〉（Al Zot）。這首詩並未提到特定事件，它指涉的可能是利達（雖然中間已經過數月，等這麼久才回應那場戰役頗為奇特），可能是他未言明的某個其他事件，或是有關戰爭之醜陋的整體感受。他寫一個年輕男子，在吉普車上像「一隻幼獅耀武揚威」。他遇到一男一女兩名老者，他們正沿著牆行走，因恐懼而轉身面對那道牆。男孩微笑自語：「我來試試我的槍。」接下來，奧爾特曼寫道：「老翁只是用雙手捧著臉，他的血濺滿了牆。」我們雖然不知道奧爾特曼在回應哪個特定事件，但我們知道國家領袖是怎麼回應他的。本─古里昂不僅沒有對奧爾特曼不滿，反而感謝他。讓人驚異的是，即使正在打仗，本─古里昂仍在一讀到詩之後，就寫信給奧爾特曼：

> 我親愛的奧爾特曼：
>
> 恭喜你──為你在《話報》最新一篇作品的道德力量與情感表達。你已經成為人類良心的聲音──純潔而忠實的聲音。如果在這些時日裡，那良心並不活躍，沒有在我們心中跳動──我們將配不上我們目前為止的成果……在此我請求你准許國防部重印十萬份你的作品，分發給以色列的每一個軍人──即使有許多武器，我們軍隊中沒有任何一支武裝行伍擁有〔你的詩的〕力量。

謹致欣賞與感謝

D·本—古里昂

衝突雙方都有許多人受苦。然而，讓當時的以色列社會與眾不同，後來多年也持續成為其特色的，是其幾乎強迫性的自我批判傾向。誕生才不久的以色列正成為一個有高度自省力的社會。詩人與政治人物同樣堅信，若以色列要配得上新近獲得的獨立地位，就必須能反映猶太國這個夢想發源的傳統所主張的價值。這個自我批判的聲音，將是往後數十年以色列最大的長處之一。

第一次停火期間祕密進口的武器使以色列軍隊裝備提升，再加上堅定的生存意志，讓以色列軍隊逐漸鞏固了他們在全國各地戰事中的斬獲。聯合國接著推動第二次停火協議，在七月十九日生效，結束了為期十天的激烈戰事。

正如第一次停火，雙方先是猶豫再三，最後終於同意；也正如第一次停火，雙方都利用平靜時期重整軍備，並強化部隊，建立其駐守位置的防禦工事。即使在忙亂地為下一輪戰鬥準備時，以色列人也感覺到戰爭的情勢已經轉變，衝突可能很快將結束，而他們將贏得勝利。他們深深享受這個喘息的機會，甚至在七月二十七日舉辦了耶路撒冷的第一次年度閱兵，開啟了將延續多年的一項傳統。[45]

同時間，阿拉伯人正開始察覺，毀滅以色列的戰爭已經失敗。因此他們將目光轉向一個新議題：阿拉伯難民的命運。

獨立戰爭期間，約有七十萬阿拉伯人逃離家園。本尼·莫里斯已證明阿拉伯人離開有許多原因。在雅法、海法與其他大型都市和城鎮，純粹是因為都市社會瓦解了，特別在阿拉伯領袖出逃之後。在其他情況中，有關猶太人暴行的傳言雖然絕大多數是假的，卻讓阿拉伯人相信逃離是保命的唯一方式。還有其他情況是以色列人將阿拉伯人驅逐出去。連莫里斯都明白，本—古里昂其實沒有選擇，他的責任是建立一個可存續的猶太國家。而如莫里斯所言，本—古里昂「了解人口組成的問題，也知道必須建立的是一個沒有龐大阿拉伯少數族群的猶太國」。[46]任何其他做法都不可行。

戰爭結束時，這七十萬巴勒斯坦難民（幾乎與被迫逃離穆斯林國家的猶太人一樣多）分別在黎巴嫩、敘利亞、約旦與加薩暫時容身。當時，伯納多特伯爵仍代表聯合國在雙方間維持和平，阿拉伯人強力要求他必須將阿拉伯難民問題列為任何衝突解決方案的重點。

以色列人堅持，只要阿拉伯人持續為了消滅以色列而作戰，他們就不會討論難民問題。阿拉伯人於是改變做法，堅持難民問題必須獲得解決，否則不會進行和談。解決難民問題不會是後續協商的目標，而是任何對話的先決條件。基本上，這表示難民問題將永遠不會獲得解決。從以色列的角度看，與其解決難民問題，黎巴嫩、敘利亞與約旦留著難民，是為了把他們當作祕密王牌（約旦比較不是出於這樣的動機）。他們將在未來與敵人以色列的協商中利用這個「資產」——因為即使到那時，他們還是不打算終結衝突，一定要到以色列消失為止。

伯納多特伯爵仍不放棄，不僅敦促以色列准許難民返回，還建議以色列放棄內蓋夫、耶路撒冷、海法港（實行國際化，由聯合國管理）、利達的國際機場（今天是以色列最大的本—古里昂國際機場）以及其他領土。伯納多特忽略了以色列在戰爭中已穩占上風的事實，不僅如此，他的提議還將聯合國分治方案中劃給以色列的土地割讓出去。對許多以色列人而言，這樣的立場揭破了伯納多特可擔任公平調解人的任何假象。很多人認為他是敵人，無庸置疑，而且現在明顯與以色列的仇敵站在同一邊。

一九四八年九月十七日，四名萊希成員決定自己動手解決問題。他們穿上以色列國防軍制服，在西耶路撒冷暗殺了伯納多特，死時他手裡還拿著尚未公布的草擬方案。這件事立即引發國際強烈抗議，也讓本—古里昂極為難堪。運輸部長、也是獨立宣言簽署人大衛．雷米斯（David Remez）說：「自耶穌被釘上十字架以後，我們從未受到這樣的指控。」[47]本—古里昂決心消滅伊爾貢與萊希的任何餘燼，並說服內閣賦予他掃除恐怖主義行為的廣泛權力，包括不經審判即可進行關押的行政拘留權。儘管在拔除英國勢力時曾扮演重要角色，但猶太地下組織的時代已經結束了。

本—古里昂深知，時間不站在他那邊。他已動員了以色列半數身強力壯的男性與部分女性，而這場衝突顯然不可能無止境地持續下去。然而，在分治方案中原本劃給以色列的土地上，仍有一些區塊為敘利亞、埃及和約旦軍隊占領，而本—古里昂要把他們趕出去。於是他要求以色列國防軍在分給以色列的那些地區取得控制權，決心終結戰爭。

到十月底，北方的敘利亞與阿拉伯解放軍勢力已被驅離。一九四九年一月，以色列國防軍已成功將埃及人逼出分治方案中並未劃給以色列的內蓋夫部分地區，不過埃及守住了加薩走廊。（**見地圖六**）約旦人也急於擺脫戰爭，他們與以色列人本來就有默契，要限制戰鬥規模，並在之後劃分土地時讓西岸歸於約旦。已經沒有戰鬥的必要了，戰爭實質上已經結束。

本—古里昂手下的幾名將領希望取得約旦河西岸，他們對以色列不趁此機會建立安全的天然國界感到可惜，但本—古里昂拒絕了，有幾個原因。他認為以色列最不需要的就是有為數更多的阿拉伯平民在其控制下。本—古里昂已經要擔心那些待在以色列的阿拉伯人了，他們是以色列國民，因為他們仍在其國境內，但是在當時，他們與國界另一邊的以色列仇敵唯一的不同，就是他們沒有逃走，而他們的家人逃了。本—古里昂不敢想像他們對新建立的以色列有任何忠誠可言。

本—古里昂也擔心以色列奪取更多領土，會引發美國的懷疑不滿。本—古里昂選擇不征服西岸還有一個同樣重要的原因，那就是他的心思已經轉向其他挑戰。正如阿妮塔·夏皮拉所指出，他「已經全心投入吸納大量新移民的重大任務了」。[48]

阿拉伯人並不情願簽署停戰協議，因為與以色列簽署任何協議，都等於承認他們輸了摧毀猶太國的這場戰爭（雖然他們予以否認）。不過，最後埃及在一九四九年二月二十四日簽署協議；黎巴嫩在三月二十三日；而約旦在四月三日。敘利亞最後簽署，日期是一九四九年七月二十日。

以色列贏得了美國國務院曾預言不可能贏得的勝利，但還是在這場戰爭中損失慘重。約六千名以色列人死亡，其中四分之一是平民。這等於是這個新國家將近一%的猶太人口。超過五百名女性喪生，其中一百零八人是軍人。[49]從百分比來看，巴勒斯坦阿拉伯人也失去了數量相當的人口——約占平民人口的一%。

衝突中最大的輸家是巴勒斯坦阿拉伯人，他們後來稱這段時期為「大災難」（Nakba），大約七十萬巴勒斯坦阿拉伯人因為戰爭而流離失所，還有數千人死亡。這是可怕的人性代價。

這麼多巴勒斯坦阿拉伯人被迫離開家園無疑令人心碎。而以色列絕對是造成他們流離失所的原因之一。然而，讓心碎變成真正的人性悲劇的，是巴勒斯坦阿拉伯人新的地主國決定刻意保持他們無家可歸的狀態，以激起國際間對以色列的譴責。對黎巴嫩、敘利亞、約旦與埃及而言，保持他們國內巴勒斯坦人的難民狀態，讓他們握有一張牌，而且絕對打算在衝突中用上。

以色列以完全相反的方式對待無家可歸的猶太人。遭阿拉伯國家驅逐的數十萬猶太人抵達時，以色列賦予他們公民身分。一方的反應是自私自利與刻意操弄，另一方則是對民族一體的堅定信念，以及對更好未來的願景。這些不同的反應對這兩個族群的未來產生了決定性的影響。

在聯合國一九四七年十一月二十九日投票表決後的兩年間，以色列宣布獨立，打贏了阿拉伯鄰國為了摧毀它而發動、許多人也認為它熬不過的戰爭，並且在許多方面獲得了重大進展。然而本－古里昂絕對不天真。他知道以色列的存在是其阿拉伯鄰國的眼中釘、肉中刺，而他也正確的猜想到他們會在重新整頓之後捲土重來。最後，戰爭必將重啟。

不過，此時這位總理暫時將戰爭拋到腦後，將注意力轉向其他地方。現在是打造國家的時候了。

第九章
立國夢想成真後的建國現實

你要這樣告訴雅各家，曉諭以色列人說：
「我向埃及人所行的事，你們都看見了，
且看見我如鷹將你們背在翅膀上，帶來歸我。」

——《出埃及記》第十九章第三至四節

一九四九年一月二十五日，新國家瀰漫著一股神聖的氛圍。以色列宣布獨立已過了大約八個月，在戰爭實質上已結束的這一天，這個國家舉行了第一次全國選舉。自猶太人上一次擁有主權以來已歷時兩千年，因此這次選舉的象徵意義沒有人不明白。極端正統派拉比摩西・耶庫提爾・埃爾珀特（Moshe Yekutiel Alpert）曾在英國託管時期的耶路撒冷擔任幾個猶太社區的穆塔（mukhtar，領袖）。

時間是早上五點三十五分。我醒來。我與妻子、弟弟雷西蒙・萊布、妹婿拉比奈坦內爾・薩爾多文，以及我的兒子德夫。用過晨間咖啡後，我們穿上安息日的衣裳，對此偉大神聖的日子致敬，「因為這是上主所定的日子，我們在其中要高興歡喜」。（《詩篇》第一一八章二十四節）

因為經過數千年流亡，自從創世的六日後，我們從未蒙恩賜這樣一個日子，能在一個猶太人的國家出門投票……「讚美主，使我們存活，保守我們，帶領我們直到如今」。[1]

喝完咖啡後，埃爾珀特帶著以色列身分證出門，前往早上六點開放的投票所。「一路上我邁開大步走著，彷彿這天是歡慶妥拉節*，彷彿我手中捧著的是妥拉經卷，跳著hakafos舞，只因為我手裡拿著以色列身分證。那天早上我感到無垠的快樂和喜悅。」

埃爾珀特是最早到投票所的人，只等待幾分鐘就拿到一張卡片，上面不只有他的名字，還蓋上了數字「1」。

> 然後我經歷了此生最神聖的一刻，我父親和祖父從未有幸經歷的一刻。只有我在此生有幸處於如此神聖純潔的一刻。「我喜悅而有福，我的命運喜悅而有福！」我誦讀了shehecheyanu禱文，將信封投入投票箱裡。[2]

投完票之後，通常以晨禱展開一天的拉比埃爾珀特，才返家誦讀了晨間禱文。

埃爾珀特不是唯一對這天充滿熱忱的人。特拉維夫到處擠滿了人，但群眾都很有耐心。派去城內交通中心樞紐的警察和救護車，回報他們無事可做。[3]在內坦雅，人群排隊等待投票所開放時，

---

* 歡慶妥拉節（Simchat Torah）是猶太曆中一年最歡樂的日子之一，猶太人在這天慶祝《妥拉》這份神賜的禮物。傳統社區會繞圈跳舞七次，這種舞蹈稱為hakafot或hakafos。

自動唱起了〈希望〉。曾是錫安主義運動歌曲的這首歌，現在是以色列的國歌。

那天投票的四十四萬九十五人，占所有具投票資格者的近八七％。投票結果在數天後公布，不出所料，本—古里昂的以色列地工人黨（Mapai）獲得三六％的票數，取得以色列制憲大會共一百二十個席位中的四十六席。幾週後，制憲大會成為Knesset（以色列國會）。*

由一百二十個席次組成的以色列國會（Knesset之名源自希伯來文中的大會〔Great Assembly〕一詞，是塔木德時期的猶太立法組織），與錫安主義大會採用同樣的比例代表制。舉例而言，得票率四分之一的政黨可贏得三十個議會席次。然而，由於競爭政黨為數眾多，多數政黨的得票率往往遠低於此，因此總理必須組成政黨聯盟以控制六十一席，也就是在一百二十個席次中占多數所需要的最少席次。由於各政黨的政見各自不同，因此許多聯盟自始就像注定失敗的婚姻。小政黨藉由威脅脫離聯盟可對總理多所掣肘，導致以色列自建國以來就深受動盪不穩的政府體制所苦。

以色列第一屆國會的聯盟組成勢力廣泛，包括宗教派與世俗派，猶太人與阿拉伯人。聯盟成員包括四十六名以色列地工人黨黨員、兩名代表拿撒勒民主名單黨（Democratic List of Nazareth）的阿拉伯人、十六名統一宗教陣線（United Religious Front）成員、五名進步黨（Progressive Party）成員，與四名塞法迪猶太人名單（Sephardi List）成員。最大黨黨魁本—古里昂成為總理，並擔任國防部長。**他斷然拒絕讓共產黨員或貝京的自由黨（Herut）加入政黨聯盟，因為他認為兩者都會削弱新國家的立國價值。

以色列的建國者深知，一切都要感謝未能活著看到這重大成果的一名男子。於是在幾個月後的一九四九年八月十七日，赫茨爾的遺骸移往以色列，安葬在今天名為赫茨爾山（Mount Herzl）的國家公墓。數千人跟著六十四輛車的車隊，走在特拉維夫通往耶路撒冷的路上，路兩旁還站了更多人。隊伍的第一站，是赫茨爾一八九八年首度與德皇威廉二世會面的以色列青年村（Mikveh Israel）。接著前往里雄錫安，赫茨爾唯一一次造訪巴勒斯坦的第一晚就住在那裡。車隊前往首都的旅程中，共有二十萬人——四分之一的以色列居民——前來致意。[4]棺柩終於停放在耶路撒冷時，大約二萬人排隊走過他的棺柩。全體內閣與國會成員都出席了，另有大約六千名受邀參與者。接著，赫茨爾的棺柩上擺滿了三百八十個藍白色小袋子，裡面裝著以色列地各定居點的土壤。[5]最後，在這個誕生自他的願景、他為之付出生命的新國家，他被安葬在首都的一座山丘頂上，長眠於此。

新國家需要一面國旗。數十年前，赫茨爾在《猶太國》中寫過：「我建議要用一面白旗，上有七顆金色星星。白底象徵我們純潔的新生命；星星象徵我們工作日的七個黃金小時。」[6]在這件事上面，赫茨爾未能遂其所願。一九四八年十月，以色列選擇自一八九〇年代就代表錫安主義運動的旗子為國旗。旗面為白色，中央處有一顆淺藍色的猶太星，上下各有一條水平的淺藍色線條，以這樣的設計呼應猶太人的祈禱披巾塔利特（tallit）。這個新國家再怎麼世俗化，還是有極限。

以色列國會在一九四九年二月十四日首次召開。由於還未有固定的國會建築，他們在猶太事務

---

* 嚴格來說，第一次選舉是為選出制憲大會，應於擬定憲法後解散。但是制憲大會決定自行宣布成為立法機構，並延緩制定憲法。

** 內閣工作通常指派給各個部長擔任，但以色列總理有權自行負責特定領域。本—古里昂不是唯一兼任國防部長的總理。列維・艾希科爾與伊扎克・拉賓也是如此。其他總理則保留了其他內閣工作。

局位於耶路撒冷鬧區的建築內集會。首要事務就是指派哈伊姆・魏茨曼為以色列總統。魏茨曼在三十年前對說服貝爾福勛爵發布《貝爾福宣言》厥功甚偉，雖然在以色列，總統主要是榮譽職，但魏茨曼的個人經歷仍為這個職務帶來一定的分量。獲選為總統後，他起身對全體議員發表演說。

半個世紀前，赫茨爾在《猶太國》中預見了一個更新的猶太人家園，堪為世界各地民族的模範。「不管我們在那裡為自己的福祉努力完成些什麼，」他當時寫道，「都會有強大的影響，促進全人類的快樂與福祉。」[7] 如今，在赫茨爾構想的國家誕生之初，魏茨曼說的話與他極為相似；他希望猶太人所剛剛完成的事情，能激勵世界各地其他受壓迫的民族。

> 今天我們站在新時代的開端。我們告別臨時主權的晨曦微光，迎向普通民主統治的燦燦陽光……若我們說今天是世界歷史上偉大的一天，願我們不要為此太過驕矜自滿。在這個時刻，希望與歡欣的訊息從聖城中的此處傳布出去，傳給所有受壓迫的人們，和所有為自由與平等奮鬥的人們。[8]

魏茨曼繼而關注「正從遠近國家抵達的數萬同胞，我們的國門敞開，準備好迎接他們」。[9] 他接著說：「我們全心祈願，聚集於此的流亡者會增加，擁抱愈來愈多我們民族的同胞，他們將在此扎根，與我們並肩工作，建立國家，讓我們的不毛之地再度結實纍纍。」[10]

一年後的一九五〇年七月五日，國會制定了以色列當時與未來最具象徵性的法律之一。《回歸法》（Law of Return）賦予每一個猶太人移居以色列的權利。後續的一項法律，又讓這些移民抵達後可立即獲得完整公民身分。「家是這樣的地方，當你必須去的時候，他們就必須接納你」，羅伯特．佛洛斯特（Robert Frost）在他的詩〈雇工之死〉（Death of the Hired Man）中這麼寫道，[11]而對猶太人而言，現在猶太國就是那個家。再也不會有數千猶太人困在歐洲的難民營，沒人願意接收他們；再也不會有船隻載滿迫切尋找安身之處的猶太人遠渡重洋。在《回歸法》下，猶太人無家可歸、四處流浪的時代宣告終結。

一九三九年的《白皮書》中，英國人在阿拉伯人壓力下屈服，基本上斷絕了猶太移民；《白皮書》使建國所需要的移民變成違法，實際上等於撤銷了《貝爾福宣言》。如今，《回歸法》明言猶太人可自由移民至以色列，徹底推翻了一九三九年的英國《白皮書》。

《回歸法》也象徵性的顛覆了納粹的《紐倫堡法條》；納粹將猶太人定義為祖父母中至少有一人為猶太人者，《回歸法》也採用相同定義。*「如果你的猶太血統夠讓納粹想殺死你，」以色列國會實際上在說，「你的猶太血統就夠讓以色列國接納與保護你。」

猶太人開始以前所未有的數量移民到剛建立的國家。從一九四八年五月十五日獨立建國，到一九五一年底，多達六十八萬六千七百三十九名猶太人抵達以色列。他們來自七十個不同國家，相對於他們所加入的人口數，構成了二十世紀最大一波移民潮。不管以何種方式衡量，這都是現代史上驚人的一次移民接收：

> 戰爭期間有十萬新移民抵達，超越過往任何一年。這是後來將發生的事情最早的跡象。國家

---

* 在傳統猶太律法定義中，猶太人是母親為猶太人或改宗猶太教者。因此，《回歸法》選擇的猶太性定義並不源自猶太傳統，而是來自紐倫堡。

> 存在的前四十二個月期間，平均每月新移民數來到大約一萬六千人。總計共有六十九萬移民抵達以色列，猶太人口在三年內倍增。相對於地主國的人口，這一波移民的龐大規模在任何移民國家都是聞所未聞。[12]

以色列將一直是由一波波移民建立的國家。* 一九四八年，全世界猶太人只有六%住在以色列；到了二〇一五年，這個數字已經成長到約四六%，即全世界猶太人的將近一半。

他們許多人來自北非的阿拉伯國家。一九四八年，埃及的猶太人口約為七萬五千人，埃及從該年開始逮捕猶太人，並沒收他們的財產。開羅的猶太人區遭轟炸，猶太人紛紛離開。到一九五六年，埃及又驅逐了二萬五千名猶太人。一九六七年的又一波迫害導致更多人外移，埃及的猶太人口跌至二千五百人。到了一九七〇年代，只剩下寥寥數百人。

一九四八年，有大約三萬八千名猶太人以利比亞為家。納粹占領班加西（Benghazi）時發動反猶暴亂，納粹離開後當地人口也發動反猶暴亂，共導致三萬名猶太人出逃，多數在一九四九年。利比亞在一九五一年獨立後，更多人因為擔心未來情勢而決定離開。一九六七年，猶太人在六日戰爭後再度遭受反猶暴亂，幾乎所有殘存的猶太人也都離開了。

摩洛哥在一九四八年的猶太人口為二十六萬五千人。隨著以色列獨立，摩洛哥發生暴動以及對猶太人的經濟杯葛。到了一九五八年，已有六萬五千名猶太人離開。一九六三年又有十萬名猶太人被迫離家。到了一九六八年，只有大約五萬名猶太人還留在摩洛哥。相似的情形在阿爾及利亞、伊拉克、敘利亞、突尼西亞與葉門上演。有些阿拉伯國家的猶太社區基本上消失了；利比亞、伊拉克與葉門的猶太人，有大約九〇%在以色列建國後的十年內離開。[13] 從一九四八到一九五一年的短短三年內，伊斯蘭國家中就有超過三七%的猶太人移居至以色列。[14]即使在非阿拉伯世界也可見到相似的模式。保加利亞幾乎所有的猶太人都移居至以色列，而共產政權在一九九一年垮台後，阿爾巴尼亞幾乎所有猶太人也都離開了。

對猶太人而言，雖然進入以色列已不成問題，但離開居住國在某些情況中日益困難。伊拉克政府決定讓猶太人離開，條件是他們必須同意放棄公民身分。多數人預估大約會有一萬到四萬名猶太人離開，但是後來竟有超過十二萬猶太人外移（幾乎是伊拉克猶太人總數的九〇%），讓他們既感震驚又顏面掃地。伊拉克政府開始注意此事之後，凍結了猶太人的資產，並且自一九五一年起禁止猶太家庭將他們的財富帶走。他們幾乎在一夜之間，將伊拉克社會中原本富裕的一群人，變成了以色列新人口中身無分文的一群人。

對伊拉克的猶太人而言，移民愈來愈危險，為了幫助他們，以色列啟動了「以斯拉與尼希米行動」（Operation Ezra and Nehemiah）。這項行動以巴比倫猶太人的領導者為名，他們在大約兩千五白年前在居魯士統治下帶領猶太人返回猶大地。以色列政府熱切希望幫助伊拉克猶太人移民，因此首席拉比組織（chief rabbinate）違反標準的猶太宗教慣例，允許載運移民的飛機在安息日仍能飛行。

本—古里昂深切知道新國家面臨令人卻步的財務挑戰，但在少數幾個領域上他拒絕讓財務原因主導政策，其中一個就是移民政策。他知道只有大量移民才能讓以色列擁有生存所需的人力資本，而他也全心支持接納猶太移民，不論他們來自何處，也不論龐大移民會對以色列造成多大的財務負

* 到二〇一五年，以色列的猶太人口已從一九四八年建國當時增加十倍以上。估計數字顯示，海外猶太人的人口在同期間從一千零五十萬人減少至七百八十萬人。

擔。當時主管猶太事務局財務的列維．艾希科爾（後來成為以色列第三任總理），對龐大的伊拉克移民人數表達了擔憂，他說：「我們連帳篷都沒有。他們如果來了將得露宿街頭。」[15]但本—古里昂不為所動。以色列將接收每一個想移民到以色列的猶太人。

對移民的熱情支持，催生了規模浩大的行動。其中一個是「魔毯行動」（Operation Magic Carpet），葉門的整個猶太社群透過這個行動，在一九四九年六月到一九五〇年九月之間飛抵以色列。*葉門猶太人辛苦前往預先安排好的集合點，再由向阿拉斯加航空租用的DC-4空中霸王（Skymaster）客機載回以色列。[16]以色列醫護人員在集合點等待他們，幫助這些移民準備踏上前往以色列的旅程。透過龐大的空運作業，以色列用運輸機載運了四萬五千六百四十人；運輸機的座位都經拆除，使每架每趟能載運五百至六百人。另外有三千二百七十五名猶太人從紅海港市亞丁飛抵以色列。果爾達．梅爾後來回憶：

> 以前有時候我會去利達看從亞丁來的飛機落地，為上面疲憊的乘客的堅忍和信心而驚嘆。「你以前看過飛機嗎？」我問一位蓄著鬍鬚的老者。「沒有」，他回答。「但你不會很害怕飛行嗎？」我追問。「不會」，他又說，語氣非常堅定。「這些都寫在聖經《以賽亞書》裡，『他們將乘著鷹的翅膀上升』。」：他就那樣站在機場，背誦了整段經文給我聽，臉龐發亮，因為預言實現的喜悅——也因為旅程終於結束。[17]

許多移民抵達時需要緊急醫療照護；來自葉門的三千名孩童情況危急。[18]數百人在旅途中失去生命。

這些移民所來到的以色列，幾乎沒有移民住屋可以給數十萬新抵達者居住。這個國家也幾乎沒有錢可以為移民提供食物、醫療、工作機會與其他基本需求。要了解其後數十年的以色列政治，包括本—古里昂領導的政黨後來的霸權殞落，不能不知道在早年就開始醞釀，對總理和他專制性格的怨恨不滿。

一開始，移民被安置在臨時的營區中，但這些地方的生活條件很快就變得幾乎不可忍受。海法附近一座營區的負責人，對以色列無能做得更好而感到心碎，描述了這些新移民的生活：

移民被關起來，為刺鐵絲圍籬所環繞，由武裝警察看守。好幾度，英國陸軍留下的木造與石砌小屋裡擁擠到了令人不忍的程度。移民每日三次站在長長的隊伍中等待領取口糧。隊伍繞著醫療與海關服務站綿延數公里。不只一次，移民必須等上數小時才能輪到洗澡，廁所的水則滿溢出來。營區裡的水有時不夠用，頻頻停電，晚上是一片黑暗。[19]

迫切想要改善營區條件的政府，在一九五〇年開始建造永久住宅。但以色列在許多方面都面對巨大挑戰，營建進度因而落後。於是以色列又發展出「轉運營」（ma'abarot），用來緩解移民營惡

* 埃及對所有以色列船運關閉了蘇伊士運河，使得海運行不通。

** 行動的正式名稱是「乘著老鷹的翅膀」（On Eagles' Wings）。「魔毯」是常用的暱稱。「乘著老鷹的翅膀」一詞其實不是來自《以賽亞書》，而是《出埃及記》第十九章第四節：「我向埃及人所行的事，你們都看見了，且看見我如鷹將你們背在翅膀上，帶來歸我。」

劣的條件，並且在「真正的」住宅蓋好以前充當臨時住所。

然而，轉運營的生活條件很快就變得和移民營一樣糟糕，而對許多移民，轉運營成了他們的永久居所。後來多年間，有些轉運營逐漸轉變為小城市，而且往往是以色列最貧窮的城市。由於轉運營多數居民都是米茲拉希（中東）猶太人，這些營區引發了日益高漲的不滿情緒，在後來數十年持續惡化。這股不滿情緒，加上米茲拉希猶太人日益增多，最後使他們成為強大的政治勢力，迫使勞工黨不得不面對。

即使資源有限，本－古里昂深切投入的另一個議題是免費的兒童教育。長久以來，教育一直是猶太社群生活的基礎，也是早期錫安主義大會的一個關注焦點。依舒夫建立了數十所教育機構，而新國家若要蓬勃發展，教育就必須持續扮演重要一角。一九四九年，國會制定了《義務教育法》，是國會最早制定的幾個法律之一，規定所有五至十三歲的孩童應享有免費教育。國家採用了針對猶太孩童的三個既有而並行的系統——普通學校系統、政治社會主義學校系統（不久後就廢棄），以及宗教錫安主義學校系統。國家也設立了給極端正統社群的學校系統，並且負責既存的阿拉伯教育體制的運作。

一九四八年以前，阿拉伯孩童的公立學校透過英國政府運作，私立學校則透過不同的宗教機構運作。然而，即使遲至一九四八年，仍只有三〇%的阿拉伯孩童入學，而且多數就讀的是小學；阿拉伯中學一共只有十所。這個情況在以色列讓阿拉伯孩童也適用《義務教育法》之後全然改觀。[20]

此前數十年，經常未卜先知的赫茨爾就寫過：「如果猶太人真能返回家鄉，隔天他們就會發現他們已有許多年未曾歸屬於一起。他們已經在居住地落地生根好幾個世紀，成為當地國民，彼此間並不相同。」[21]他是對的。前所未見的大量移民湧入引發了文化衝突，在往後數十年影響了以色列形成中的社會與政治。

有些文化衝突早在新移民踏上以色列土地之前就已顯而易見。在運輸船「巴馬新月號」（Pam Crescent）上，匈牙利女孩經常穿著比基尼做日光浴，讓來自摩洛哥的男性震驚而失望，在他們所來自的社區，女性的穿著從來不會如此暴露。

即使同樣來自中東而且被統稱為米茲拉希（Mizrachim）的猶太人，實際上彼此間都迥然不同。一名歷史學者指出：

> 來自伊拉克的是專業人士與受過高等教育的精英。來自庫德斯坦的移民幾乎都不識字。在埃及，猶太人自認屬於「歐洲」社群。他們是商業精英的主體，也是共產黨的創始者。在葉門，他們是工匠與小販，帶著對彌賽亞的期盼擁抱錫安。[22]

雖然在許多方面不同，這些猶太人往往會碰上歐洲猶太人傲慢的世界觀，這些前幾波大回歸中的歐洲移民建立了依舒夫，現在則掌管國家。問題不是種族主義——與膚色全然無關。問題是文化精英主義，那些人真心相信，歐洲文化是所有文化中最先進的，而所有人都學習這種精英文化對新國家才是最好的。

當然，多數米茲拉希猶太移民帶來這個初生國家的財務資源少得可憐，也讓事態雪上加霜。有些在原籍國就一直過著貧窮的生活，其他人則被驅逐他們的國家剝奪了財富。即使他們設法帶著一些資產抵達以色列，國家也往往先入為主地認為來自北非國家或伊拉克的移民一貧如洗。

大力提倡猶太移民的本—古里昂也不例外，同樣有精英主義傾向的他寫道：

> 隨著各地流散群體的終結（意指海外猶太人社群因為移民至以色列而整個解散，如保加利亞和伊拉克猶太人），聚集到以色列的猶太人尚不構成一個民族，而是一個駁雜的群體，是缺乏語言、教育、根基、傳統或國家夢想的人類塵埃……將這團人類塵埃改造為一個文明而有願景的獨立國家……並非易事，其困難不下於在經濟上吸納他們。[23]

決意讓新國家在文化上盡可能先進的本—古里昂，甚至提議在學校實施隔離制度，將米茲拉希和阿什肯納茲猶太兒童分開教育，因為他擔心以色列會變成「彷彿黎凡特地區」，「沉淪」到「像阿拉伯人一樣」。[24]

為了避免讓阿什肯納茲孩童「沉淪」到米茲拉希猶太人的程度，許多新社區有不成文的隔離規定。在這些形成中的社區，新居民必須獲得核可才能加入，而不意外地，許多新的米茲拉希移民未獲接納。他們只是被簡單地告知他們「不適合社區」。[25]

以色列早年的這一面，除了種下日後政治版圖劇變的種子，也是以色列公認較不光彩的歷史時刻，包括許多阿什肯納茲猶太人都這麼認為。娛樂產業的阿什肯納茲領袖知道，雖然以色列確實面臨財務與其他方面的許多挑戰，但是這個國家並未實現它願景中對待新猶太移民的方式。以色列大眾文化中處理這個議題最著名的例子，也許是一九六四年的以色列電影《薩利赫．沙巴提》（*Sallah Shabati*），導演是諷刺作家埃夫倫姆．季松（Efraim Kishon，本身是來自匈牙利的移民，大屠殺倖存者，曾被關押於索比布爾集中營）。有趣的是，這是第一部獲得國際肯定的以色列電影，並獲提名奧斯卡最佳外語片。

故事主角名為薩利赫．沙巴提（表面上這是米茲拉希猶太人的名字，但其實讀音也像 selichah

she-bati，意思是「抱歉我來了」）。他在抵達以色列之後被隨意分配到一個轉運營。身陷艱難的生活條件中，又面對他不了解而輕蔑他的歐洲文化，沙巴提只能努力從自己在這個猶太國家的新生活求取意義。電影呈現他努力嘗試賺錢維生，並重尋他在原生國時曾有的尊嚴，過程往往令人捧腹（他的原生國應該是葉門，使用Sallah Shabati之名就是因為它聽起來像葉門人的名字）。

《薩利赫．沙巴提》能大獲成功，正是因為它狠狠挑動了以色列的一條敏感神經。它嘲諷基布茲對移民的態度不夠開放，激起基布茲成員的反感——但可能是因為他們在電影對基布茲的描繪中看到自己。更重要的是，《薩利赫．沙巴提》提醒以色列人，把猶太人運到以色列，只是國家對這些如今以此為家的人善盡義務的第一步。

龐大的移民人數對本—古里昂造成挑戰，要如何將如此相異的人群打造成一個國家。他日益堅決地認為，必須讓所有背景的猶太人不僅明白國家的政治權威，也明白國家在道德與文化上所占的中心地位。在他心目中，所有人、所有事的地位都必須從屬於新形成的國家。「國家不只是一個正式的實體、框架、政權、國際地位、主權或軍隊，」他說，「除非已內化在人民的心靈和意識中，否則國家並不存在。國家是一種精神意識，一種責任感……，〔連接起〕所有人，連接起這個國家的所有公民。」[26]他甚至為自己所要打造的東西創造了一個用語：mamlachtiyut。這個用語難以完整轉譯為其他語言，但最接近的大概是「國家主義」或「國家意識」。

本—古里昂的天才以及他的專制傾向，在mamlachtiyut的領域中，在他以國家為核心打造國家文化的絕對意志裡，最為展露無遺。他以驚人的決心和智慧領導建立國家體制與文化的工作。數十年前他協助領導的勞工總工會（Histadrut）成為重要推手，負責勞工權利、教育、健康醫療、部分銀行業務以及其他領域。對許多勞工而言，Histadrut就是本—古里昂政府照顧他們的方式。有一名勞工在多年後回憶，「正如虔誠者相信上帝會保護他們，我知道Histadrut會照顧我」。[27]

同時，新總理打造新國家的意志如此堅決，又深信此事非他不可，以至於許多其他考慮都變成次要。比如，《以色列獨立宣言》中明言國會應於一九四八年十月一日以前制定憲法。但是本—古里昂明白若有一部憲法，可能會使司法體系建立，得以推翻既有法律，也會讓比例代表選舉制難以動搖，使任一黨都無法取得多數，還可以各種方式削弱總理的權力。*長遠而言，他支持總理角色受到標準民主體制下的限制管轄，但是在目前，他認為需要不受定義的總理角色所賦予他的廣泛權力。**因此他延遲制憲——直到今天，以色列仍沒有一部成文憲法。

本—古里昂擔心依舒夫最精英的軍事單位帕爾馬赫與政治左翼關係太深，並且堅決建立一個非政治化的軍隊，唯一效忠國家，因此在一九四八年九月解散帕爾馬赫，此舉讓許多人深感痛心，認為他消滅了依舒夫的一個偉大體制。

從各方面來看，本—古里昂實質上也禁止了電視，且拒不同意建立政府電視台。哈加納高階軍官、時任以色列國防軍參謀長的雅丁，主張電視可作為媒介，教育移民並凝聚向心力，但即使如此，本—古里昂還是不為所動。他聲稱電視的低俗文化對社會整體會有惡劣影響。***政府也控制了空中電波。掌管無線廣播的兩個單位分別是廣播局（Broadcasting Authority）與軍方無線電台，都由政府控制。

新聞媒體蓬勃發展，但即使在這個領域，本—古里昂也會施加壓力。他讓新聞界清楚知道，如果他們與政府合作，就能拿到別處沒有的資訊，有時候還來自總理本人。[28]新聞界對本—古里昂的攻擊往往毫不留情；這種嘲諷政治階級的傳統維持至今。本—古里昂則以他擁有的權力，試圖影響特定議題被報導的方式。

在許多人的觀感中，本—古里昂給人為了mamlachtiyut而作風強勢的印象，這一點透過一個議題最清楚的展現，那就是一九四九至一九五二年間，葉門女性抵達以色列不久後住在轉運營期間，政府帶走她們的嬰兒並交給阿什肯納茲家庭的指控——這項指控從未獲得證實，但仍為許多葉門猶太人所強烈相信。[29]此後，政府曾在不同時間設立過三個委員會調查這些指控，結論是沒有任何案例明確顯示曾發生這種事情。一直到二〇〇一年，還有政府委員會針對八百多宗失蹤嬰兒案進行調查，並判定其中七百五十名孩童已喪命。其他五十六人的下落則至今成謎。[30]包括葉門猶太人家庭在內的許多以色列人依然深信，他們的孩子是被偷走並交給了社經地位較高的家庭，以謀求「孩子的福祉」。不論真實情況如何，光是這項指控就足以反映出在艱難的建國初期，淪為以色列下層階級的人民感受到的是怎樣的生活。

本—古里昂一心關注mamlachtiyut，顯然導致了過當的行為，此後的以色列社會一直面對當時許多政策的影響。然而本—古里昂也確實面對巨大的挑戰。建立了一個國家之後，他要把新公民凝

---

* 反對黨領袖貝京對制憲也有所保留。他擔心若在當時制定憲法，將會強化本—古里昂領導的執政黨權力，使反對黨更居於政治劣勢。貝京也憂心在本—古里昂領導下的政府所通過的任何憲法，將會使世俗主義與反宗教情緒更為根深柢固，而兩者在他看來，都已經在以色列生活中占據太過核心的位置。

** 本—古里昂與他的後繼者都未在任內通過憲法。以色列有稱為「基本法」（Basic Laws）的一套法律，實質功能等於憲法，但至今沒有一部成文憲法——儘管在獨立宣言中有此承諾。

*** 電視在一九六〇年代中，摩西．夏里特任總理期間引入以色列。

聚起來，但他們長久以來視政府為規避與欺瞞的對象。從中東來到以色列的猶太人絕對是如此，甚至從歐洲來到巴勒斯坦和後來的以色列的猶太人，對他們所逃離的政府也是殊無好感。英國託管時期的生活也讓依舒夫的猶太人充滿類似感受。要以這紛雜多樣的人類原始素材打造出一個有整體性、穩定而統一的社會和民主政體絕非易事，本―古里昂也明白這一點。他確實有過當的行為，但他也展現出遠見與天才。有鑑於以色列社會仍將面臨的許多試煉，很有可能，讓初生的以色列得以生存的，正是本―古里昂為了創造一個以忠於國家與政府為核心的社會，有時作風強勢的堅定決心。

讓本―古里昂面對重大挑戰的另一群人是宗教社群。政治錫安主義發展初期，早在以色列建國以前，歐洲的極端正統猶太人就拒絕參與建國運動。從神學而論，其中有些領袖認為錫安主義是迫使上帝出手；虔敬的猶太人應該等待上帝結束他們的流亡，而非（透過回歸巴勒斯坦）企圖自行結束流亡。其他人對錫安主義毫不遮掩的世俗傾向深惡痛絕，這些猶太人自稱哈雷迪派（Haredim），*他們也創立了政黨，激烈反對任何有錫安主義意味的事物。他們驅逐異議分子，過程中往往造成家庭分裂。他們的領袖說，前往巴勒斯坦是絕對禁止的，也違反了猶太教信仰所代表的一切。

改變了這一切的是希特勒。大屠殺到了尾聲時，許多哈雷迪社區已經被毀，有些蕩然無存。數十萬哈雷迪猶太人遭謀殺、送到毒氣室、屍體被焚毀。哈雷迪派雖然認為依舒夫的極度世俗主義方向錯誤，甚至令人厭憎，但他們已無法再否認錫安主義對歐洲的判斷正確無誤。

他們對錫安主義的立場開始軟化，從激烈的**反**錫安主義轉為模稜兩可的**非**錫安主義。他們持續大力抨擊錫安主義的世俗傾向，將以色列地工人黨比為希臘時期的希臘化猶太人。至於本―古里昂，他們深信他打算對他們發動意識形態戰爭，如果他們不予以反擊，國家就會以主流錫安主義的非宗教（事實上是反宗教）傳統教育他們的孩子，逼迫他們改變生活方式。

他們只好不情不願地進入以色列政治場域，簽署了獨立宣言。以色列建國後，他們本來寧願與國家機構劃清界線，但這樣做會使他們無法參與形塑以色列的政策與國家性格。漸漸地，他們對以色列的政治過程參與日深。

本－古里昂對於如何處理哈雷迪猶太人並沒有長遠計畫，因為他深信他們的極端正統生活方式只是歐洲猶太生活的遺緒，行將消失。他無意另闢戰場，也不太關心哈雷迪派在以色列政壇的長遠角色，因此同意在宗教事務上依照一九四七年的協議維持現狀。安息日將是公共的休息日，政府與軍隊膳房應符合潔食規定（kosher），個人狀態如婚姻、離婚與皈依等相關事務由宗教律法規範，而宗教社群在教育方面可維持自主。

政治製造了奇異的同路人。本－古里昂對政治左翼與共產黨抱持深刻懷疑，連考慮讓貝京的自由黨加入政黨聯盟都不願意，因此別無選擇，只能納入第三大黨統一宗教陣線黨，而這個黨本身又是由兩個宗教錫安主義政黨與兩個非錫安主義宗教政黨融合而成。哈雷迪派利用他們的影響力（若離開執政聯盟，他們可以導致政府垮台，理論上還可迫使重新選舉），建立了獨立的學校系統（學生幾乎不學習任何非宗教科目），並為他們的兒子取得兵役豁免，讓年輕男性可以繼續就讀猶太經學院，免於接觸到若入伍一定會碰到的世俗派猶太人。

本－古里昂以為哈雷迪派會消失是誤判情勢。他們的人數後來大幅增加，在如今的以色列構成

---

* Haredim 一字出現在《以賽亞書》第六十六章第五節，意思是「敬畏上主的人」。

強大的經濟與政治勢力。他們對左派與右派政府都可施加相當的政治壓力，而且依然拒絕讓其黨員出任閣員（僅有少數例外），以避免顯得他們默許政府做出有悖猶太律法的決策。

本—古里昂在與哈雷迪派相關決策上的愚昧，由兵役豁免一事最可看出。在本—古里昂的時代，每年有四百人得豁免兵役，到了二〇一〇年，在同樣協議下不用當兵的哈雷迪派人數已經達到每年六萬二千五百人，增加了一五〇〇〇%，但是以色列同時期的人口增長僅為一二〇〇%。[31]

獨立戰爭之後，以色列的阿拉伯人口總數為十五萬六千人，大約占全國總人口二〇%。他們多數住在內蓋夫（這些人多為貝都因人），以及加里利的「小三角」地帶（Little Triangle，依照停戰協議由約旦轉移給以色列）。阿拉伯人在鄂圖曼人與英國人治下並未妥善組織，缺乏有效的領導。更糟糕的是，他們在一九二〇年代早期到一九四〇年代晚期曾經有過的領導人已經逃赴國外，留下整體而言較貧窮、教育程度較低、更不適合扮演領導者角色的人。巴勒斯坦阿拉伯人領袖的那次出走，在未來數十年形塑了以色列阿拉伯人的困境。

以色列阿拉伯人對以色列形成了重大挑戰。當然，獨立宣言中承諾給予阿拉伯人「完整與平等的公民權利，以及在各種臨時和永久機關中的相應代表權」，而本—古里昂無疑也支持這個理想。同時，以色列的領導者也明白，如今誰是居留在黎巴嫩、敘利亞與約旦的巴勒斯坦難民，誰又是住在新國家境內的以色列公民，純然取決於歷史的意外——當初誰離開了，而誰沒有走。為了這個原因，以色列阿拉伯人從未被徵召入伍。一九五四年，政府決定徵召阿拉伯人，這個決策經媒體報導後，大約六萬名阿拉伯人志願加入以色列國防軍。[32]然而，最後以色列打了退堂鼓。以色列阿拉伯人真的會與戰線另一邊很可能包括他們家人在內的軍隊作戰嗎？政府因此從未大量徵召以色列阿拉伯人。隨著時間過去，這麼做的原因也有所改變。建國初年，占多數的猶太人擔心阿拉伯人的忠誠度；數十年後，則是很少阿拉伯人願意服役了。

對以色列阿拉伯人以及他們是否會忠於新國家的擔憂，造成了遠比徵兵與否更深遠的後果。以色列多數領導階層合理的擔心，以色列境內的阿拉伯人對於新國家的敵意，不下於已經逃離而現居於敵對國家的阿拉伯人。他們值得信任嗎？他們現在或將來會不會成為第五縱隊*，從內部削弱以色列的安全？本—古里昂被這類論者說服，用軍政府管理以色列阿拉伯人。這決定充滿諷刺，因為以色列施行的軍政府，是以英國託管政府為了對付依舒夫而訂定的《防禦法》（Defense Laws）為基礎。在軍政府之下，以色列阿拉伯人在軍事法庭中受審，行動自由受限（必須取得許可才能離開居住的村落），接受高等教育的機會嚴重受限，也很難在國家中心地區找到工作。連初級教育都受到影響；在軍政府管理下，誰可以在阿拉伯學校教書由安全單位決定，而且並不總是取決於教學能力。[33]阿拉伯人並未被猶太人的政黨接納，唯一的例外是共產黨。[34]

隨著以色列變得更安全，不再那麼擔憂內部出現第五縱隊，包括本—古里昂仍指為法西斯分子的貝京在內的許多以色列領袖都堅持，既然以色列承諾推行民主，那該是結束以軍事統治以色列阿拉伯人的時候了。多年後，在作風溫和多了的總理列維・艾希科爾任內，以色列於一九六六年廢除

* 譯注：泛指與敵方裡應外合，祕密進行顛覆本國政府的團體。

了軍政府體制。*

透過軍政府管理以色列阿拉伯人，在當時是為了因應一個非常真實的挑戰。但是它對以色列阿拉伯人與他們對國家的態度造成長遠影響，往後數十年的以色列政治與政策都受其感染。

「供流亡者聚集」的古老夢想能實現，不啻為奇蹟，令人驚訝的是（至少對本—古里昂而言），有一個主要的猶太人社群幾乎沒有受到這個奇蹟影響。** 數十萬猶太人從歐洲與驅逐他們的阿拉伯國家前往以色列時，從猶太人口超過五百萬的美國前往以色列的猶太人卻不到兩千人。

本—古里昂對此深感不忿。他是深入骨子裡的意識形態擁護者，在以色列建國多年後，他猶有餘忿地回憶：「千百年來，猶太人始終有一個說不出口的問題，或說是祈願：這個民族能找到一個國家嗎？沒人想過這個嚇人的問題：如果這個國家建立了，會有一個屬於它的民族嗎？」[35] 來到以色列的，是身處危險之地或無法久居之地的猶太人。日子過得舒服快活的人沒有來。

本—古里昂將美國猶太人比為居魯士准許他們離開後選擇繼續流亡的巴比倫猶太人，但美國猶太人並不認為自己在流亡。反之，他們聲稱在猶太人已經兩千年未居住在錫安以後，離散已經是猶太生活中凡常的一面。為什麼本—古里昂認為他們有義務離開安穩而日益繁榮的生活，遷居到一個幾乎難以存續的國家？

事實上，正因為他們不認為自己處於流亡，因此儘管許多美國猶太人熱烈支持新萌芽的國家，當初有些美國猶太人領袖其實是反對建立猶太國的。美國猶太教委員會（American Council for Judaism）當時是全國性美國猶太人組織，存在的主要宗旨就是反對建國；這個組織不僅從事惡毒的反錫安主義宣傳，還在分治方案等待表決時，協助阿拉伯發言人準備他們在聯合國的演說詞。

不過，多數猶太團體沒有那麼激烈，即使他們對於建國會對猶太教與美國猶太人的地位有何影響也有一些猶豫。美國猶太人委員會（American Jewish Committee，簡稱ＡＪＣ）可能是當時最重要、勢力也最大的美籍猶太人社群組織，他們並不反對建立猶太國的概念，也絕不會採取反制行動——但他們也不願意將猶太世界中心的地位賦予以色列。連ＡＪＣ主席雅各布・布勞斯坦（Jacob Blaustein）都告訴會員，ＡＪＣ在一九四七年同意支持分治方案時，主要是因為建立猶太人的國家會解決一個人口問題。他說，「我們參與合作」讓分治方案得以通過，「是因為相信要解決歐洲倖存的數十萬猶太人問題，〔猶太國家〕是唯一可行的方案」。[36] 本—古里昂視以色列為猶太民族的重生；許多美國猶太人領袖則若不是反對猶太國的概念，就只是視其為解決方案，可以安頓歐洲無家可歸的猶太人。

誠然，連愛因斯坦這樣在美國猶太人中堪稱貴族的重量級人物，都曾在第二次世界大戰前的一次逾越節晚餐上告訴宴飲者：「我對猶太教本質的了解，使我抗拒一個有邊界、軍隊與現世權力的

---

* 列維・艾希科爾是位評價被低估的總理，他放寬了本—古里昂的幾個做法，包括拒絕讓賈博廷斯基安葬於以色列的立場。賈博廷斯基是修正錫安主義之父，也是貝京在意識形態上的先行者，一九六四年，他與他的妻子依照他的遺囑，重新安葬於耶路撒冷的赫茨爾山國家公墓。（Shmuel Katz, *Lone Wolf: A Biography of Vladimir [Ze'ev] Jabotinsky* [Fort Lee, NJ: Barricade Books, 1995], p. 1790.）

** 「供流亡者聚集」指猶太民族有一天會在祖先的家園重新聚集起來，這個概念是數千年來猶太人對自我與未來敘事的一個中心想法。早在提到猶太人的流亡以前，聖經就承諾了他們將重新聚集：「上主——你們的上帝他就憐憫你們。他要從放逐你們的地方，領你們回來，使你們再享繁榮。即使你們流浪到天涯海角，上主——你們的上帝也要把你們聚集在一起，帶你們回來。」（《申命記》第三十章第三至四節）

猶太國家的想法。」他覺得歷史改變了猶太人。「我擔心猶太教會遭受內在損害——特別是在我們之中發展出的狹隘國族主義所帶來的損害。」[37]即使在以色列建國後他也只稍微改變了看法。「我從不認為建國是個好主意，從經濟、政治與軍事上考量都是如此。」他告訴一個朋友，「但現在已經沒有回頭路了，只能奮戰到底。」[38]這樣的支持實在稱不上激勵人心。

以色列成立後，布勞斯坦明確的讓本—古里昂知道，美國猶太人社群領袖不會容忍以色列越俎代庖。他在一份重大的立場文件中寫道：

> 美國猶太人——不分老少、不分錫安主義與非錫安主義者——都對他們的國家有深刻感情。美國在我們的移民父母需要時接納了他們。在美國的自由體制下，他們與他們的孩子獲得了千百年艱辛中從未有過的自由與安全感。我們已成為真正的美國人，正如古往今來抵達這片土地所有其他受壓迫的群體一樣。
>
> 我們強烈反駁美國猶太人處於流亡狀態的說法。美國猶太人的未來，我們子孫的未來，全然牽繫於美國的未來。我們沒有其他選擇，我們也**不要其他選擇**。[39]

布勞斯坦警告以色列，由於美國不是流亡地，要美國猶太人移民到以色列的呼籲不僅是對象錯誤，也注定失敗。對於本—古里昂（與許多以色列領袖）的主張，認為現在以色列才是猶太世界的中心或各地猶太人的代言人，布勞斯坦的回應也同樣直接：

> 全世界猶太人不可能只有**一個**代言人，不論那個代言人自以為是誰。[40]

布勞斯坦的聲明，直接駁斥了錫安主義運動與許多錫安主義領袖一直以來的設想。自從一八九七年的第一屆錫安主義大會以來，錫安主義者就自視為全球猶太人的中心。但是在納粹消滅了波蘭猶太人之後，美國猶太人已是世界上最龐大也最重要的猶太群體——而他們在警告以色列不要再有自居為猶太人中心的想法。至於移民，布勞斯坦說的也同樣明白：會遷居以色列的猶太人，多數是沒有其他地方可去。大多數美國猶太人不太可能移民。

時至今日，雖然言詞有所調整，但在許多方面情形大致未變。美國猶太人從未大量移居以色列，而回歸者中有高得不成比例的人數來自正統派群體，他們僅占美國猶太人口的大約一〇%。九〇%的美國猶太人群體從未大量移民至以色列。

美國猶太人對以色列的態度在一九六〇年代晚期（六日戰爭後）與一九七〇年代初期大幅好轉，而對以色列的支持也成為美國猶太人身分認同的主要支柱。然而，以色列作為猶太人身分認同中心的地位，後來又開始轉趨式微。巴勒斯坦國族主義的興起，與巴勒斯坦人之間的持續衝突，以及美國猶太人對以色列持續在約旦河西岸擴張勢力的憂慮，在在削弱了他們對以色列的好感。在建國初年讓本－古里昂深感失望的現象，一代代延續了下去。

儘管對美國猶太人感到失望，本－古里昂依然推動了規模空前的移民吸納計畫。人類歷史上，從未有過這麼少的人口吸收這麼多的移民，而且這麼成功。轉運營建造起來，但最後還是拆除了。隨著時間過去，米茲拉希猶太人逐漸伸張自我，打入了以色列文化與政治權力的中心。對以色列阿拉伯人的軍政府治理也終告結束。來自全球各地的猶太人形形色色，許多一貧如洗而目不識丁，但本－古里昂仍以這群人建立起一個國家與社會。最驚人的莫過於移民人數占人口的比例——「在任何移民國家都聞所未聞」——還有這個事實：從多數來自非民主國家的移民中，居然能打造出一個新興民主政體。第二次世界大戰後建立的許多國家中，以色列是至今仍以民主為核心的少數國家之一。[41]

以色列的生活在往後數十年一直是複雜而危險的，但是多數以色列人依然相信，不論面對什麼挑戰，他們這個國家計畫出奇成功，以至於連許多世俗派都認為，似乎已經到了超凡脫俗的程度。他們也不會忘記，這個國家若不是有本—古里昂這樣擁有獨特才能與遠見的領袖，可能根本不會存在。他不僅是以色列首任總理，在數不清的方面，他更是克服無數困難，將赫茨爾的夢想轉變為國家的人。

第十章
以色列登上國際舞台

我們不應害怕閃躲……阿拉伯人的仇恨，他們生活在我們周圍，等待可以用雙手讓我們流血的時刻。我們絕不能別過眼神，否則我們的雙手會變得軟弱。這是我們這一代人的使命……我們必須意志堅定而武裝起來，必須堅強而不讓步，否則我們手握的刀劍將被打落，我們的生命也將被斬斷。

——摩西・戴揚，一九五六年羅伊・羅特伯格悼詞

英國託管時期猶太人曾數度遭受攻擊，但是英國官員（願意時）都能找出攻擊者並予以懲罰。然而在停戰後的中東，以色列愈來愈難找出這些攻擊的元凶，尤其因為他們往往從約旦或埃及穿越國界而來。託管時期，維持該區域的治安攸關英國利益，英國人走後，和以色列接壤的阿拉伯國家政府則沒有這樣的考量。事實上，對他們而言，以色列的邊境愈不安穩愈好。滲透者溜到以色列境內耕作無人照管的農地（並聲稱這些土地是他們的），劫掠邊境村落，或是發動暴力而往往致命的攻擊後，可以再穿越邊界回到自己的國家，而那裡的阿拉伯官員對於是否懲罰這些人，頂多是態度有些模稜兩可。

一九五三年，以色列已經建國五年。獨立戰爭已在四年多前結束，但以色列公民現在經常面臨

從約旦與埃及邊境進入的巴勒斯坦滲透者攻擊。這些攻擊接踵而至。獨立後的三年間，每年都有**數千件**這類滲透與攻擊。[1]

一九五三年十月十三日，三十二歲的蘇珊．卡尼亞斯（Susan Kanias）與三個年幼的孩子在小鎮耶胡德（Yehud）的家中熟睡，這裡位於洛德（Lod，以前名為利達）北邊不遠，接近以色列國土最狹窄處。在這裡，西邊的地中海與東邊的停戰線間隔僅九英里，耶胡德與地中海和邊界幾乎等距，離停戰線還不到五英里，也和許多村落一樣，極易受到襲擊。巴勒斯坦的滲透者趁著夜色越過邊界，來到卡尼亞斯的家，往她的公寓裡丟了一顆手榴彈，造成她與兩個孩子死亡，一個孩子受傷。

卡尼亞斯一家遭殺害並非僅見的案例。一九五一到一九五六年間，數百名以色列人死於巴勒斯坦敢死隊（fedayeen，阿拉伯語中指「自我犧牲者」）的滲透者手下，受傷的人數更多。[2]卡尼亞斯一家遭襲擊時，一開始還不確定如何回應這類攻擊的以色列國防軍已經準備好了。以色列的「行動派」（activist）陣營一直認為，要使鄰國嚴肅面對滲透者問題，以色列必須反擊，而且是予以痛擊——與賈博廷斯基於大約三十年前的一九二三年在「鐵牆」中提出的主張相似。一九五三年初，以色列國防軍開始訓練一支小型精英部隊，專門執行強硬派認為要讓以色列邊境平靜下來所需要的迅速無情的懲罰行動。他們組成一〇一部隊（Unit 101），成員是精選的志願者，有些人在建國前曾參與哈加納的精英單位帕爾馬赫。一〇一部隊由夏隆指揮。

高強度的訓練包括「經常讓他們跨過邊界的導航演練；與敵軍巡邏員或村落守望者的遭遇……強迫行軍……健身操、柔道，以及武器和陰謀破壞訓練」。[3]指揮官顯然還挑起真槍實彈的交火，他們認為這是為接下來的任務最好的準備。

蘇珊・卡尼亞斯與她的孩子遭謀殺的隔天夜晚，一〇一部隊獲准反擊。士兵來到西岸的邊界村莊奇比亞（Qibya），就在停戰線的另一邊。

> 以色列國防軍的主力部隊……準備了約七百公斤的炸藥準備引爆。工兵就著口袋型手電筒的燈光操作，並且不受約旦方面的干擾阻礙，炸毀了四十五座房舍。破壞過程為時約三小時，從凌晨十二點半持續到三點二十分。部隊沒有搜尋房舍內是否有居民，但有些居民躲在地窖和閣樓。有可能在那個階段部隊不認為房舍內有（活）人。總計約五十到六十名居民喪生，有些在以方攻入村莊時死亡，也有在爆炸中身亡者……約旦人在斷壁殘垣中搜尋以後，在事件的兩、三天後宣布，死亡者有六十九（或七十）人，多數為婦女與小孩。[4]

一〇一部隊的創建，凸顯了以色列未來數十年將持續面對的一個挑戰。要在中東生存，在經常訴諸暴力、誓言永不會承認其存在權利的鄰國包圍下生存，代表以色列必須投入大量資金與心力維持具有軍事優勢的部隊。他們正是這樣培養一〇一部隊。不分晝夜地嚴格操練，創造了以色列國防軍中戰力前所未見的作戰部隊。如今，以色列擁有自己的第一個世界級特種部隊單位了。

這些報復突襲的手段刻意殘忍。其用意是清楚傳達以色列不會容忍對其無辜公民的攻擊，為此，報復突襲都在邊界發生，也造成一些無辜阿拉伯人死亡。

連心腸最硬的一些志願士兵幾乎都無法承受。奇比亞的事情讓一些人留下創傷。還有些人，包括在獨立戰爭期間執行過無數次攻擊的前帕爾馬赫成員，拒絕參與新的突襲行動。一〇一部隊的一名成員，後來回憶關於這些行動在他心中縈繞不去的問題：「這尖叫嗚咽的人群是敵人嗎？這些

fellahin（『農人』或『工人』）對我們犯了什麼罪？戰爭確實殘忍。憂鬱的氣氛瀰漫。沒人在說故事。所有人都沉默在自己的世界裡。」[5]

以色列必須發動的這場戰爭往往帶來痛苦，而且歷時近一個世紀*，引發了以色列人深刻自省的傳統，思考在生存所必須的戰鬥，以及保持他們所追尋的社會不可或缺的道德標準之間，如何求取最佳平衡。

這樣的思索早在獨立戰爭時就已展開。戰後不久，以色列作家S．伊札爾（S. Yizhar，這是筆名，他的本名是伊札爾．斯米蘭斯基〔Yizhar Smilansky〕）出版了《赫貝希澤》（*Khirbet Khizeh*）。這是一部歷史小說，旨在探討戰爭近尾聲時，以色列軍隊在一座阿拉伯村莊的行動的複雜道德議題。在《赫貝希澤》這本書中，一切事情都進展緩慢，彷彿敘事者透過一層濃霧在看世界，又好像是在夢中。然而，慢慢地，他開始察覺把阿拉伯人逐出他們家中所造成的人性代價：「有件事如閃電般擊中我。突然間，一切似乎都代表了另一個意義，更準確地說，是放逐。這是放逐。放逐就是如此。這是放逐的樣貌。」[6]

伊札爾沒有要質問以色列建國的正當性，甚至沒有要質問以色列是否需要打那場獨立戰爭。然而，他和之後的許多以色列文人一樣，要以色列人不只看見戰爭對他們的代價，還有戰爭對另一方的代價。（當然，以色列人清楚知道，如果他們的敵人也有類似的自省，這片區域這麼多年來的樣貌也許會非常不同。）

接近尾聲時，書中的士兵之一莫舍（Moishe）告訴敘事者：「我們的移民會來到這個赫貝〔Khirbet，阿拉伯文中指「被毀的村莊」〕什麼的鬼地方，我告訴你，然後他們會把這片土地拿來耕種，這裡會變得美麗！」戈登有關猶太人耕作土地的夢幻願景，以及在本－古里昂的

mamlachtiyut（國家主義）中如此重要的大業，成為小說敘事者尖銳不屑的嘲諷對象：

> 真是太棒了，我們要提供住所並吸納移民——多棒啊！我們要開一間合作社，建一所學校，也許還蓋一座會堂。這裡將有政治黨派。他們會辯論各種事情。他們會犁田、播種、收成，做偉大的事情。希伯來人的希澤萬歲！這樣，誰還會想到曾經有過一個赫貝希澤，被我們清空並據為己有。我們來，我們開槍，我們焚燒；我們炸毀，驅除，趕走，將人放逐。[7]

與伊札爾有力的批判同樣重要的是，以色列人並未閃躲這本書，或是使其作者變成社會棄兒。反之，《赫貝希澤》成為以色列暢銷書，並在一九六四年納入以色列中學教程。[8]伊札爾數度獲選為國會議員。自我批判後來一直是以色列社會最鮮明的特色之一。

不是每個人都對一〇一部隊或奇比亞事件感到同樣矛盾。其他士兵坦承這些攻擊具有道德複雜性，但堅稱它們是必要的。一〇一部隊中有個幾近於神話人物的成員梅爾·哈爾—錫安（Meir Har-Zion），戴揚稱他為「我們自巴柯巴以來最偉大的戰士」。[9]他堅稱：「我們的行動並不帶著對阿拉伯人的仇恨或任何仇恨。我們奉命所做的所有事情都是出自必要，是為了保衛〔以色列的〕存在。」[10]在以色列國防軍拿出有效的對策以前，數百名無辜的以色列人遭殺害。對哈爾—錫安這樣

---

* 許多人將戰爭的開端回溯到一九二九年的希布倫暴動與當地猶太社群被毀。近九十年後，以色列仍困在與巴勒斯坦人和穆斯林世界其他行動者的衝突中，其中許多行動者（巴勒斯坦人的哈馬斯與真主黨，以及穆斯林國家中的伊朗）宣告他們永遠不會接受以色列的存在。

的人而言，夏隆與一〇一部隊正代表了諸多與比亞利克堅信猶太人必須創造的新猶太人。像哈爾－錫安這樣的人實際上在說的是：「不要再有基希涅夫。」擁有一個猶太國家，意味著猶太人不再會只因身為猶太人而失去生命。

突襲奇比亞也標誌了艾里爾．夏隆（Ariel Sharon）備受爭議的公職生涯開端。他是個大膽又出色的軍事指揮官，而且很難被貼上標籤歸類。夏隆生於一九二八年，雙親是俄國移民薇拉（Vera）與薩穆伊爾．謝納曼（Samuil Scheinerman，夏隆是他後來經過希伯來化的姓氏），成長在卡法馬拉（Kfar Malal），這是個莫夏夫（moshav，合作農業社區），就位於特拉維夫近郊。他的父母一心支持錫安主義，而且照自己的想法行事。他們種植的作物，比如花生和甘藷，都是莫夏夫其他成員認為無法生存的作物。艾里克（Arik，大家都這麼叫他）和他姊姊都上了高中，這在當時以土地為中心的集體社區被視為多餘的奢侈行為。

從他小時候開始，艾里克的父母就灌輸他力量與軍事實力的重要性。他父親送他的成年禮禮物是一支裝飾華麗的匕首，這個禮物很不尋常，但要傳達的訊息很清楚。[11]在依舒夫出生長大的新猶太人口操希伯來語，體魄強健，而且決意把自己的命運奪回長了硬繭的手中。這就是艾里克的世界。

對奇比亞的突襲正體現這樣的世界觀。夏隆建立了一〇一部隊，領導奇比亞突襲，並且從未為此道歉。「命令很明確，奇比亞的目的在於給他們一個教訓，」多年後他在回憶錄中寫道，「我奉命盡可能造成阿拉伯家園衛隊的最大死傷。」[12]夏隆衷心信仰必要時使用殘暴武力的有效性與正當性。

正如他奉獻一生的國家，夏隆似乎缺少清晰而一貫的政策，而且有時看似有著內在的矛盾。然而在他心中，他的原則從未改變：以色列的生存既仰賴實力，也須聰明行事。在不同時期會需要非常不同的政策。有時候，生存意味著要主動對敵人發起戰爭，不論在哪裡；其他時候，要生存就必須縮減並退出以色列擁有的領土。這兩種事夏隆都做過，而且不僅如此。數十年後，一個政府委員會針對夏隆在一九八二年的黎巴嫩戰爭中允許黎巴嫩基督徒屠殺穆斯林提出正式譴責。但是在遭到譴責的多年後，夏隆獲選為總理，並且在二〇〇五年隻手發動並策劃了以色列退出加薩走廊的計畫。

奇比亞之後，全球譴責聲浪排山倒海而來，包括來自美國猶太人族群的譴責。[13]但本—古里昂不為所動。夏隆被他召去討論那惡名遠播之夜的詳細情形，並在日後回憶了本—古里昂當時的反應：「世界各地的人怎麼說奇比亞其實無關緊要。重要的是這件事在這個區域如何被看待。這將讓我們有機會在這裡生存。」[14]以色列國防軍最有名的「行動派」摩西．戴揚，從世人對奇比亞的高聲反應獲得了另一個結論：「阿拉伯人——和其他人——可以做的事情，若是猶太人或以色列做了就不可饒恕。」[15]

戴揚熱烈擁護報復行動。他在短短數月後的一九五三年十二月獲任為以色列國防軍參謀長，清楚指出了以色列政策的走向。戴揚是在以色列第一座基布茲出生的第二個嬰兒，幾乎天生就是新猶太人的象徵，一九四一年他在帕爾馬赫某單位服役，協助英國進攻法屬敘利亞時失去一眼之後，更幾乎成為全國偶像。自那時起他總是戴著眼罩，這成為他的註冊商標。

獲任為以色列年輕軍隊的最高將領後，戴揚著手重整以色列國防軍的結構，並重新思考戰略。

他下令最聰明、教育程度最高的士兵離開司令部，進入戰鬥單位。他要求軍官保持絕佳的體能狀態，並親自領導部屬作戰（這一點至今仍是以色列國防軍的特色）。經過獨立戰爭的慘痛損失後，並體認到與鄰國的衝突距離結束還很遙遠，他決心讓殺害以色列人的代價高昂得讓敵人無法承受。他決心把以色列國防軍變成中東最讓人聞風喪膽的軍隊。

然而，以色列人改變策略之際，他們的敵人也在改變。阿拉伯滲透者從個人滲透者發動的攻擊，轉變到以配備武器、訓練精良的敢死小隊進攻，這些小隊受到地主國政府的支持與裝備支援，尤其是埃及軍隊的支援。

有一個基布茲屢次成為這類攻擊的目標，那就是位於加薩邊境的納卡爾奧茲（Nachal Oz）。一九五六年四月二十九日，二十一歲的羅伊・羅特伯格（Roi Rotberg）騎馬在他居住的納卡爾奧茲巡邏田地。羅特伯格很常見到加薩人違法在基布茲的田地間採摘，因此當他看到田裡有一群阿拉伯人時，便策馬上前要趕他們離開。但那是個陷阱，羅特伯格接近這群「農人」時，一群敢死隊員突然現身，槍殺了羅特伯格，然後將他的屍體拖到加薩，殘暴對待。

很巧合地，戴揚在此前數日剛與羅特伯格見過面。他出席葬禮時發表了簡短的悼詞（總計只有二百三十八字），這篇悼詞成為戴揚以及後來許多以色列人常用的說法，說明以色列與其鄰國間漫長而代價高昂的衝突在所難免。戴揚提醒聽者，阿拉伯人的怨恨與暴力不足為奇。「我們不要對謀殺者拋出罪責，」他說，「我們為什麼要因他們仇恨我們而有怨言？他們已經在加薩的難民營待了八年，親眼目睹我們將他們與其祖先曾經居住的土地和村莊，變成了我們的家園。」[16]

然而，戴揚接著警告聽眾與整個國家，如果光是以色列的存在就足以激起阿拉伯人的憤怒，那以色列人最好準備過著刀口上的生活。他的語言充滿聖經意象，似乎是要提醒聽眾，為了留在這片土地上的鬥爭並不新奇，而是早在數千年前就展開的故事。他繼續說：「我們不應害怕閃躲伴隨並充斥在數十萬阿拉伯人生活中的仇恨，他們生活在我們周圍，等待可以用雙手讓我們流血的時刻。我們絕不能別過眼神，否則我們的雙手會變得軟弱。這是我們這一代人的使命……這是我們生命的選擇——我們必須意志堅定而武裝起來，必須堅強而不讓步，否則我們手握的刀劍將被打落，我們的生命也將被斬斷。」[17]

這個世界觀不僅引領戴揚，也在未來數十年引領他所參與建立的國家。

以色列為了在所難免的漫長衝突進行調適時，埃及正經歷劇烈的政治變遷。一九五二年，由賈邁勒・阿布杜拉・納瑟（Gamal Abdel Nasser）上校領導的自由軍官運動（Free Officers Movement）發動政變，推翻了當時的埃及君主法魯克國王（King Farouk）。納瑟致力於掃除埃及最後的殖民主義遺緒，他認為殖民主義扼殺了阿拉伯世界，使其無法實現真正的潛力，因此這位新任埃及領導人決心為阿拉伯世界創造新時代，並且由自己擔任其領袖。

以色列在納瑟的世界觀與計畫中扮演了獨特角色。從某個意義上而言，納瑟視以色列與以色列人為該地區最新的殖民主義展現。然而，以色列同時具有一個正面功用，因為整個阿拉伯世界可以為了摧毀這個敵人而凝聚起來。「阿拉伯人的團結，」納瑟力言，就是「報仇成功的先決條件。」[18]

自從打輸獨立戰爭的那一刻起，阿拉伯世界就在尋求復仇，欲發動將摧毀猶太國的「第二輪戰爭」。約旦高官阿茲米・納沙希比（Azmi Nashashibi）早在一九四九年四月就宣告，「巴勒斯坦的戰爭遲早將重新開打」。阿拉伯領袖告訴美國記者肯尼斯・畢爾比（Kenneth Bilby），即使這場鬥爭持續一百年，「復仇成功的那天必將到來」。[19]納瑟呼籲阿拉伯人團結起來對猶太人展開復仇的號召，因而找到了樂於聆聽的受眾。到一九五六年，本—古里昂已經在警告以色列大眾戰爭日益迫近：在那年四月的一次演說中，他暗指以色列即將受到比一九四八年那時還要艱難的考驗。

納瑟的阿拉伯復興計畫中有一個關鍵要素，那就是在尼羅河上建立亞斯旺大壩（Aswan High Dam）。為了資助這個他期望能重振埃及榮光的遠大計畫，納瑟向美國人與英國人借了巨額貸款。然而納瑟也充分明瞭美國與蘇聯之間緊繃的冷戰情勢，因此他狡猾地利用他們對付彼此。獲取西方財務支援的同時，他也向蘇聯請求為大壩提供更多資金，更選擇承認中共政權，被西方視為刻意挑釁之舉。

埃及也開始購買大量武器，建立起這個國家前所未有的軍械庫。一九五五年八月，埃及與實質上受蘇聯指揮的捷克簽署了規模之大前所未見的軍火交易協議。（這起軍火出售帶著讓人痛心的反諷，因為在獨立戰爭中，以色列軍人曾使用來自捷克的武器。）蘇聯讓埃及得以購買價值三億兩千萬美元的捷克軍火，包括坦克車、轟炸機與戰鬥機，藉此在中東創造了一個新的軍事巨人，改變了該地區的權力平衡。

為報復這起軍火交易，並對埃及承認中國予以回應，美國宣布將不再支援埃及建造亞斯旺大壩，英國人旋即跟進。然而，美國與英國不知道的是，這樣做對納瑟而言是正中下懷，一如他所期待。一九五六年七月二十六日，納瑟在亞歷山卓對廣大人潮發表演說，叫美國人「回去把自己氣死」。[20]接著他打出王牌，宣布埃及將把蘇伊士運河收歸國有（**見地圖八**），收入用來資助亞斯旺大壩工程。轉瞬間，他成了阿拉伯世界的英雄。

英國首相安東尼・伊登（Anthony Eden）為此大為光火。英國船隻每天都要使用蘇伊士運河（一八六九年開通），運河由納瑟控制，將威脅到法國與英國的重大利益。英法兩國的蘇伊士運河公司股東也對他們的資產遭「偷竊」深感憤怒。如果納瑟的期望是損害曾經掌握埃及的殖民勢力威望，那他徹底成功了。

那年夏天，納瑟持續採取對立態度，野心更從外交領域（控制蘇伊士運河）轉移到軍事方面，憂慮的以色列人密切關注。納瑟的軍購案意味著埃及現在已構成重大威脅，而以色列的安全岌岌可危。法國人也日益憂心。阿爾及利亞有一波新的獨立運動正逐漸升溫，法國擔心埃及會利用他們在阿拉伯世界日益增加的動能支持這個運動。先進的捷克武器如落入阿爾及利亞「分離主義者」手中，對法國而言可能後果慘重。

隨著英法兩國對納瑟伸張勢力的憂慮加深，以色列的領袖也日益擔心。許多人不認為以色列能挺過埃及勢力的高漲。納瑟也毫不掩飾他購買武器的原因；新的蘇聯製武器很可能讓他足以毀滅以色列。

大屠殺在以色列人的記憶中依然清晰，對於埃及造成的威脅他們絕不會輕忽以對。數萬以色列人志願挖掘壕溝，大眾將稀缺的金錢與珍貴的珠寶捐給武器基金，*學童也捐出午餐錢。

然而以色列的國際地位自一九四八年以來已大幅改觀。不到十年後的此時，法國人與英國人已

---

* 捐獻珠寶的想法不是憑空出現。在此，聖經敘事的中心地位也影響了許多以色列人。根據聖經，以色列人建造會幕時，摩西要他們為這個目的盡可能捐獻：「每一個樂意奉獻的男女帶來了飾針、耳環、戒指、項鍊，和各種金飾。」（《出埃及記》第三十五章二十二節）

經視以色列為潛在的軍事夥伴（不久以前，他們還禁止猶太移民，並吊死猶太地下勢力成員）。本—古里昂卸任後（幾年後他又重回總理職位），摩西．夏里特成為總理，並在一九五五年十月二十五日前往巴黎，進行一連串的以法會面，以強固兩國關係。「我向來是以色列的朋友，」法國總理艾德加．富爾（Edgar Faure）告訴夏里特，「但現在的重點不是友誼。現在法國是為政治現實的原因而必須幫助你們。」[21]

一年後，三國在一九五六年十月達成祕密協議，名為《色弗瑞協定》（Protocols of Sèvres）。根據這項協議，以色列將對納瑟的部隊發動大規模攻擊，試圖在一日內推進至蘇伊士運河。接著由英法兩國呼籲以埃兩國停止戰爭行為，並要求埃及開放運河供國際運輸。他們會要求以色列部隊撤離到運河以東數英里處的一條線上，但協議內容特別約定，三方有默契，以色列沒有義務同意這個要求——這個要求只是做給大家看的。

雖然以色列是實際出兵的國家，但這個協議對其好處很多。與法國的夥伴關係傳達一種印象，即這個小國家不再是孤軍奮戰，或只是國際棋盤上的一枚棋子。以色列正成為玩家。依照協議內容，在消除埃及威脅的戰役中，以色列將獲得英法兩國的空中掩護，而這兩個歐洲國家也將提供國際支持。更有甚者，法國為以色列提供武器，自十月初起陸續送達。

當時任國防軍總長的西蒙．裴瑞斯（Shimon Peres）是協商中的要角，他前往海法港親見武器祕密送抵。與他同行的還有多年前寫下〈銀盤〉的詩人納坦．奧爾特曼。奧爾特曼深受他看到的事情感動，寫下〈有一天他們會說〉（It Will One Day Be Told）[22]：「昨夜我夢見鋼，很多鋼，新的鋼，」他這麼寫，然後描述了碼頭工人，「背負的沉重彈筒，在鐵鍊上叮噹響著。」不過，在奧爾特曼筆下，這不是普通的碼頭工人，因為「一旦腳踏上土地，他便成為猶太人力量的表現」。

奧爾特曼詩中的語氣有了很大轉變。他寫的不再是「等待出現的國家」，而是「猶太人的力量」。

猶太力量來的時間正好。納瑟開始派遣埃及軍隊進入加薩走廊支援敢死隊。裴瑞斯後來回憶：「以色列人心中沒有任何疑問……納瑟隨時準備入侵。」[23]

一九五六年十月二十九日，正當以色列準備發動後來稱為西奈戰役（Sinai Campaign）的戰爭，大後方卻發生了悲劇。當時，以色列的阿拉伯人已受軍政府統治八年，依然受到高度不信任。為了準備迎戰埃及，以色列針對「小三角」地帶內與約旦接壤的阿拉伯村莊，發布了下午五點鐘的宵禁，其中一個村莊是卡塞姆村（Kafr Kassem）。

宵禁的消息在下午五點鐘前幾分鐘才發布，而多數勞工未能及時收到通知。在宵禁開始後碰到軍方單位的工人多數獲准通過，沒有發生事端。但是有一群來自卡塞姆村、為數五十的工人在下工返家時已經超過新實施的宵禁時間，他們碰到以色列國防軍的巡邏隊時，士兵開槍攻擊，殺死了該村四十七人，包括許多婦女與小孩。那是自以色列建國以來，對阿拉伯人規模最大的一次屠殺。

雖然有數名軍官被捕，後來定罪，但是他們很快就從監獄獲釋。本—古里昂稱這次事件為「可怕的暴行」，[24]而在後來很多年，幾位以色列官員先後對這次屠殺表達了深刻悔恨。二〇〇六年十月，以色列教育部長尤莉・塔米爾（Yuli Tamir）命各級學校紀念卡塞姆村屠殺，並反思在命令明顯有違道德時抗命的必要。二〇〇七年十二月，以色列總統裴瑞斯在穆斯林節慶宰牲節（Eid al-Adha）時出席卡塞姆村的招待會，並請求當地居民原諒。「過去這裡發生了悲慘的事件，我們為此深感抱歉」，他說。二〇一四年十月，以色列第十任總統魯文・李佛林（Reuven Rivlin）成為第一位出席卡塞姆村年度紀念儀式的總統。

然而，這次事件對以色列社會有法律層面上的深遠影響。該次審判是以色列司法體系首度討論以色列安全人員是否有義務、又何時有義務抗拒明顯違法的命令，即使是直接命令也一樣。法官本傑明．哈勒維（Benjamin Halevy，審理此案的唯一法官）寫道：「一個明顯違法的命令判別標誌是，在這樣的命令上面會有個像黑色旗子一樣飄揚的警告，上面寫著：『於法不容！』」往後多年，直接引自哈勒維判決書的「明顯違法的命令」（manifestly illegal order）這一用語，將在以色列有關戰爭行為道德性的討論中無所不在。

十月二十九日下午五點鐘（與卡塞姆村的宵禁同一時間），以色列部隊進入西奈半島。以色列迅速切斷西奈半島埃及空軍與埃及軍隊主要基地之間的通訊。不久，以色列傘兵部隊在夏隆指揮下，悄悄逼近西奈半島的米特拉山口（Mitla pass），這是通往蘇伊士運河的路上關鍵的通道。到了十月三十日，傘兵部隊已經橫越了廣袤的沙漠，輕易拿下三座埃及軍事基地，距離運河已經在五十公里以內。

十月三十日，英國政府發布了先前祕密規劃的最後通牒，公開要求以色列和埃及從運河撤回軍隊。基本上，英國人是在命令埃及放棄對他們已經國有化的運河的控制權。一如計畫，以色列人對最後通牒未予回應。埃及則斷然拒絕。次日，英法兩國戰鬥機轟炸了埃及機場，但是接連六天都沒有英國或法國部隊降落於該地區。以色列獨自與埃及交戰。

最後，美國擔心有限的衝突演變為區域重大戰爭的可能性，要求英國、法國與以色列將部隊撤出該地區。蘇聯也提出同樣要求。俄國人才剛鎮壓了匈牙利革命，過程中殺了數千匈牙利人，因此沒有道德權威可言。儘管如此，美國與蘇聯利益的重疊，意味著以色列、法國與英國不得不讓步。

不過，以色列並不急於將部隊撤出西奈半島，主要因為它不願讓加薩再度成為對以色列發動攻擊的跳板。最後，美國人終於了解，以色列必須先獲得安全保證才會撤兵。於是美國承諾，如果以色列同意「全面而立即撤出」它在這場短暫戰爭中占領的地區，美國人就會保障以色列在提蘭海峽（Straits of Tiran，西奈半島與阿拉伯半島間的狹窄海道）的「通行權」。（**見地圖八**）他們也會保障以色列未來「採取行動捍衛其權利的自由」。

不用多久，美國就必須兌現這個承諾。

在英國方面，首相伊登企圖全面銷毀三方協議的所有證據，好讓英國得以否認曾參與其事。然而，他這樣做徒勞無功。以色列與法國都有副本檔案，伊登在強大的政治壓力下辭職下台。

總計，這場戰爭從十月二十九日持續到十一月七日。以色列有二百三十一名士兵喪生，另有九百名士兵受傷。埃及的人命損失估計在一千五百到三千人之間，另有五千人受傷。

以一場短暫的戰爭而言，西奈戰役的結果極為重要。以色列取得了提蘭海峽的通過權，也贏得不久前仍對其生存存疑的國家的保證。對其公民而言，則在八年來生活在不斷的滲透攻擊之後，建立起安全感與自信心。如歷史學者麥可．歐倫所說，西奈戰役是「以色列的第二次獨立戰爭」。[25]以色列國防軍以其高度專業震驚世界，在一百小時內攻下西奈半島，也為以色列贏得十年平靜。新的中東軍事強權出現了。

在戰後的餘波中，本－古里昂日益明白，以色列與美國的關係變得比許多人所預期或希望的複雜多了。他的擔憂其來有自。聯合國在分割巴勒斯坦前討論提案中的以色列邊界時，美國國務院鼓吹聯合國重劃邊界，將更多土地劃分給阿拉伯人。一九五三年，當時的國務卿約翰·福斯特·杜勒斯（John Foster Dulles）提出「讓特定數目的阿拉伯難民返回『以色列**現在控制**的地區』」。**現在控制**這幾個字讓一些以色列人認為，杜勒斯並不相信以色列會存在太久。埃及與捷克簽署了軍火購買協議後，美國拒絕出售軍火給以色列以恢復權力平衡（所以以色列才轉而向法國人尋求軍火）。以色列對美國提出請求，但是一無所獲。事實上，「艾森豪總統對法國總理基伊·莫雷（Guy Mollet）說，賣武器給以色列沒有意義，因為一百七十萬個猶太人不可能抵禦四千萬阿拉伯人」。[26]（**見地圖七**）

西奈戰役後，美國（連同蘇聯）帶頭在聯合國對英國、法國和以色列發動戰爭予以譴責。美國的譴責也許只是略施薄懲，但以色列仍選擇為自己辯護，派遣外長梅爾前往聯合國。以機智著稱的梅爾略帶諷刺地指出：

> 有一個方便的區分存在。阿拉伯國家單方面享有「戰爭權」，而以色列單方面負有維持和平的責任。但敵對狀態不是單向的。那麼，在這不公的區分下勉力維持的民族，面對從其四面八方而來的有限戰爭（regulated war）的危險，終於焦躁難安，最後尋求方法拯救自己的生命，有什麼值得驚訝的？[27]

被本—古里昂派往聯合國為以色列辯護時，梅爾早已在以色列嶄露頭角。她本名果爾達·馬波維奇（Golda Mabovitch，後從夫姓為梅耶森），一八九八年生於基輔後，很快與堅定支持錫安主義的一家人遷居平斯克。梅爾的姊姊得知赫茨爾逝世的消息後，整整兩年只穿黑衣，她邀請志同道合的錫安主義者來家中聚會時，果爾達會蹲在家中的煤爐上，努力想聽到他們的交談片段。一九〇六年她八歲時，又隨一家人搬到美國威斯康辛州的密爾瓦基。

梅爾在那裡的一次家庭聚會中討論基布茲運動和戈登的理念時，遇到了未來的先生莫里斯，後來的婚姻生活並不平順，也幾無愛情可言。之後不久，他們決定移居巴勒斯坦：

> 我想我是在我們〔隨遊行人潮〕穿越城鎮時意識到，我再也不能拖延有關巴勒斯坦的最後決定……我感覺到，對於彼得留拉（Petlyura）手下那些殺紅眼的暴徒，最真實而有意義的回應是前往巴勒斯坦，不是在密爾瓦基參加遊行。猶太人必須再次擁有自己的土地——而我必須協助打造它，不是透過演講或募款，而是透過在那裡生活與工作。[28]

她與莫里斯在一九二一年離開美國。時至一九五六年，她已經在以色列地工人黨的領導層中位居要津，並由本—古里昂指派為外交部長。她最先做的事情之一，就是如在她之前的許多錫安主義領袖一樣，將名字希伯來化，將姓氏從梅耶森（Meyerson）改為梅爾（Meir）。

西奈戰役後不久，她翻出《新故土》，從赫茨爾這本經典小說中選了一段讀給外交部的員工聽：

> 源自萬國之災（disaster of the nations）的一個問題至今仍未解決，而只有猶太人能了解其深刻的悲劇性，這就是非洲問題。想想奴隸交易的那些悲慘事件，想想只因有著黑皮膚就像牲口一樣被偷走、囚禁、俘虜與販售的人類。他們的孩子在陌生的土地長大，因為膚色與人不同而成

為鄙夷和敵視的對象。雖然可能因此而招來嘲笑，但我並不恥於這麼說：在我目睹了我的猶太人同胞獲得救贖後，我希望也能協助非洲人獲得救贖。[29]

讀了《新故土》中的這段文字後，梅爾告訴部屬，他們的任務就是要確保赫茨爾的這個願景獲得實現。隨著非洲國家興起獨立浪潮，梅爾堅認非洲國家與以色列有許多共同的經驗與掙扎：「和我們一樣，他們經歷多年奮鬥才贏得自由。和我們一樣，他們的國家是爭取而來的。也和我們一樣，沒人把國家主權放在銀盤上送給他們。」[30]

梅爾希望以色列能為非洲國家提供技術和農業專才，最重要的是，能為與以色列擁有相似歷史的非洲國家提供典範，顯示受壓迫的民族能在經過長久等待後達成民族復興。她希望重生與恢復主權的故事不只觸動猶太人，也能觸動全世界的民族。

有一小段時間，以色列確實與幾個非洲國家建立起正面關係，並利用農業、水合與其他技術上的專業能力，幫助這些國家提升生產力。長遠而言，梅爾的盼望太過天真了。新建立的非洲國家很快就形成集團，成為以色列在聯合國最大的敵人之一。以色列主動釋出善意並未改變任何事情。

對內，以色列正為世界級的軍隊奠定基礎。一如戴揚在羅伊．羅特伯格悼詞中所提到，衝突不會很快結束，因此以色列開始發展國家生存與保護公民安全所需要的嚇阻性軍力。但以色列也已建立起自我反省和以司法監督軍事行為的文化，並且清楚表達了軍事命令所應受到的道德限制。

對外，以色列成為國際角力甚至是戰爭中的要角。它也展現了以其專長幫助其他國家的堅定意願。

這個新國家如今感覺不那麼岌岌可危，以色列人不再只能想著如何生存，而是也能思考未來。然而他們即將發現，要打造那個未來，他們必須先直面猶太人漫長歷史中極為痛苦的一段時期。

第十一章 以色列直視大屠殺

這是奧許維茲星球的記事……這個星球的居民沒有名字，他們沒有父母也沒有孩子……他們不在那裡出生也不在那裡生育……他們既不依照這個世界的法則生存——也不依照其法則死亡。

——葉赫爾・迪—努爾（Yechiel De-Nur），艾希曼審判時的證詞[1]

一九六〇年五月二十三日下午四點鐘，以色列國會議場擠得水泄不通。總理本—古里昂顯然有前所未有的消息要傳達給全國人民。聚集在會場內的人等待聆聽總理要說什麼，空氣中洋溢著興奮期待之情。

本—古里昂走向講台，開始演說：

我必須告知國會，納粹頭號戰犯，與納粹領袖共謀消滅六百萬歐洲猶太人，要為所謂最終解決方案負責的阿道夫・艾希曼，在不久前被以色列安全單位查獲。阿道夫・艾希曼已經在以色列監禁中，不久將依懲治納粹分子及其合作者的法律接受審判。[2]

語畢，本—古里昂離開講台，走出了議場。

廳內一片靜默。每個人都在努力消化這個重大消息與其意義。以色列終於將從消滅歐洲猶太人的計畫策動者之一身上，獲取到一點公平正義嗎？數百萬人慘遭謀殺與虐待，送進毒氣室並燒毀或活埋，一百萬孩童被納粹種族屠殺機器斬斷了生命，如今終於有人要為此受到懲罰了嗎？喪生的錫安主義大會代表，場內許多人和以色列社會中數十萬其他人的兄弟姊妹、父母與伴侶，有人將為他們的死負起罪責了嗎？

阿道夫．艾希曼（Adolf Eichmann）是納粹黨衛隊的Obersturmbannführer（中校），也是大屠殺的規劃者之一，在通過最終解決方案的萬湖會議中扮演要角，而且在他被捕之時是仍在世的納粹軍官中位階最高的。戰後多數時間他都以假名生活在阿根廷。而現在摩薩德（Mossad，以色列安全單位之一）不僅找到他、逮捕他，還將他偷運出阿根廷，送到了以色列。

這簡直超乎想像。然後，好像在延續六十三年前赫茨爾在巴塞爾獲得的十分鐘歡呼鼓掌，議場內的人真情流露地爆出如雷掌聲，震動了整個議場。

不難預料，世界上多數人並沒有為此喝采。譴責聲浪從全球各地湧來。公然庇護納粹的阿根廷官員聲稱，以色列的行動「是受普世人類全面譴責的政權典型的手法」。[3]聯合國安全理事會通過一三八號決議，直指以色列侵犯了阿根廷主權，並警告未來的類似行動會削弱國際和平。美國、法國、英國與蘇聯亦同聲譴責以色列。

阿根廷百姓以政府的反應馬首是瞻，對阿根廷猶太社區展開反猶暴力攻擊。《華盛頓郵報》與《紐約郵報》都刊出譴責文章，《基督科學箴言報》則指出，以色列決定「針對在以色列境外對猶太人犯下的罪行進行裁決，與納粹認為自己有權要求『德國出生或德裔人士的忠誠』，不論他們生活在哪裡，殊無二致」。[4]《時代》雜誌則莫名其妙地稱本—古里昂的行為為一種「反向種族主義」（inverse racism）。[5]

以色列並不卻步，在追求正義的驅動下持續進行。本—古里昂還懷抱教育目的。以色列年輕人成長的社會，至今一直避免面對大屠殺。總理相信，此時該是公開面對過去的時候了。「以色列的青年應該了解真相，知道一九三三到一九四五年在歐洲猶太人身上發生的事情。」[6]

於是，以色列採取大膽行動，對於在以色列建國前於另外一塊大陸發生的罪行伸張司法權，對在第三國擒獲的謀殺犯——象徵納粹政權的艾希曼——展開審判。這一次，看守者是猶太人而不是納粹。這一次，不是猶太人被困在刺鐵絲網後方，而是被控訴的納粹黨員在猶太國的首都耶路撒冷，在猶太法官組成的法庭裡，坐在一個防護玻璃罩的後面。

艾希曼的審判，是以色列社會首次共同面對納粹暴行的恐怖細節，以及從歐洲地獄倖存的以色列人無日或忘的夢魘。但是納粹的大屠殺已經不只一次影響了以色列的政策。早在本—古里昂發布消息震驚國會全體議員的近十年前，以色列與德意志聯邦共和國（西德）就在一九五一年展開談判，就德國為大屠殺期間殘害猶太人的行為給予以色列金錢賠償達成協議。戰後德國總理康拉德·阿登納爾（Konrad Adenauer）在一九五一年九月二十七日說，德國「已經準備好了，將與猶太人代表，以及接收了許多無家可歸的難民的以色列國家代表，共同就實質補償問題達成解決方案」。[7]

以色列竟願意和德國政府談判的消息，讓原已從政治生涯退隱的貝京重出江湖。他本來已離開公共舞台，至少暫時如此。可是當本—古里昂宣布他將針對賠償問題向國會提出動議時，貝京的長年夥伴呼籲他出面，因為他們深信只有貝京（他仍是國會成員）最能清楚傳達與德國人達成任何協議都是萬萬不可之事。在他們的認知中，賠償問題也為貝京提供了重回政治場域的機會，而且不是以本—古里昂輕蔑不屑的對象重回，而是為猶太人發聲，對本—古里昂拋棄他對猶太歷史與猶太榮譽感的責任提出控訴。

父母與兄長都遭納粹殺害的貝京發動了猛烈攻勢，抨擊本—古里昂和以色列竟可能接受德國人金錢補償的想法。他憤怒地指出，只要有一絲一毫自尊的猶太人，都不可能考慮與德國人談判。[8]

在後續的辯論中，貝京指出：「他們〔政府〕即將與德國人簽署協議，並認可德國是一個國家，而不是他們真正的面目：用獠牙吞噬並消耗我們民族的一群狼。」[9]

貝京可說是以色列當時最出色的演說者，成功激起以色列社會多數人的熱情。以色列大報《晚禱報》（*Ma'ariv*）刊出一則漫畫，描繪一名德國人拿著一袋被血浸染的錢，伸出手臂要拿給一個以色列人。一九五一年十二月的《自由報》（*Herut*，貝京所屬政黨的報紙）頭條這樣質問：「一個燒傷的小孩我們可以拿多少錢？」

本—古里昂一本他向來的務實精神提出反駁，指出一個經濟繁榮的猶太國家會引發國際上的敬佩，而猶太人守護其榮譽的方式不只一種。本—古里昂知道以色列經濟已經在崩潰邊緣。政府已實施糧食配給，能讓以色列自立自強的重機械幾乎付之闕如，而數十萬來到以色列的貧困猶太移民迫切需要住處。如果德國的賠償金能協助以色列站穩腳步，那也是獲取正義的一種形式。

這個全國爭議引發了前所未見的尖銳言詞，並在一九五二年一月七日國會就議案投票的日子抵達高峰。在那個寒冷的冬日，來自以色列各地的廣大人群聚集在耶路撒冷鬧區的錫安廣場，抗議在僅僅數百公尺外的國會議場內進行的辯論。拒絕在投票前進入議場的貝京，以他從未用過的語氣對人群發表演說。他稱本－古里昂為「那個現在擔任總理的狂人」，「現在」二字帶著好幾種可能的意涵。

貝京接著威脅政府。「以色列不會與德國協商，為此我們甘願付出生命。我們寧死也不願違反這個原則。為了阻止這個議案，我們在所不惜。」他提到自己在阿爾塔列納號事件那天命令部屬不要開火，但如今他改弦易轍：「這將是一場殊死戰，」他告訴支持者，「今天我要下此命令：『流血！』」[10]

突然間，在阿爾塔列納號事件中協助避免了一場內戰的男子，似乎在威脅發動內戰。

本－古里昂既不相信貝京的辭令，也不擔心他的威脅。對他而言，貝京不過是個煽動者，在後歐洲時代的新以色列人組成的國家中，這個波蘭猶太人並不適合站在國會講壇上。這件事甚至超越這兩名男子間深切的敵意，而是他們純粹透過極為不同的眼光看到猶太人的世界。貝京堅信，一個背棄了猶太人記憶與猶太過往神聖性的猶太國家，將沒有靈魂，也沒有存在的理由。對本－古里昂而言，這個猶太國家的重點在於往前看，坦然面對在歐洲的悲慘過去，但是要超越它繼續前進。對於在大屠殺很久以前就離開歐洲的總理本－古里昂而言，貝京依然為之哀悼的流散猶太人，正是比亞利克讓人心痛的史詩《屠殺之城》中可憐而軟弱的猶太人。在他認為，以色列創造了更好的猶太人。

國會議場內的辯論激烈無比。而在言詞尖銳的國會議場外則爆發了暴力。有些貝京的支持者隨他從錫安廣場沿著本－耶胡達街*走到國會，並且在憤怒中朝著窗戶丟擲石頭。玻璃碎裂的聲音突然間打斷了議場內的辯論。警察用來驅散場外群眾的催淚瓦斯飄進國會，議事因而暫時中止。不過，辯論後來繼續，而一如預期，國會以六十票對五十一票，在一月九日表決通過與德國進行協商。貝京承認失敗，但是他因為在議場內外的煽動性言論，而被禁止進入國會三個月。

正如本—古里昂所期望，賠償金加上其他國外援助來源，讓以色列站穩了腳步。這些錢用來改善住屋，創立以色列海運船隊與國家航空公司，建造道路與電信系統，並設立電網。賠償金也資助了以色列的全國輸水系統（National Water Carrier），這個計畫對於輸水到國內乾燥地區至關重要，使這些地方成為適宜人居——在土地焦渴的中東絕非易事。以平均每人而言（經通膨調整），小小的以色列花在全國輸水系統的經費，約為美國花在建造巴拿馬運河的六倍，而且「遠超過其他代表性的美國公共工程如胡佛水壩或金門大橋」。[11]在計畫最高峰，以色列每十四個身強體壯的人當中就有一個在參與建造輸水系統，不論從事的是挖掘、配管、焊接或其他工作。[12]計畫成本約占以色列國內生產毛額的五％，這對任何國家而言都是巨款——在經濟仍脆弱的國家如以色列更是如此。少了賠償金，這個計畫在當時應該不可能進行。

到了一九五〇年代中期，以色列經濟已經是全世界成長最快，甚至超越德國與日本。[13]賠償金也帶來預料之外的後果，遠超過財務領域。多年來，大屠殺倖存者與以色列社會都避談一九四〇年代在歐洲發生的事。對倖存者而言，那記憶太痛苦。對以色列社會而言，這個話題喚起的不只是依舒夫無能幫忙的景象，還有以色列希望超脫的歐洲猶太人的受害者形象。

如今，在接受賠償金之後，以色列拒不談論大屠殺這個主題的態度出現第一道裂隙。而如今與

* 以色列普遍的深刻歷史意識表現出來的方式之一，是街道的命名。許多街道名源自往昔的猶太學者、作家與英雄——不管是來自聖經時代、拉比時代或現代，也有以猶太歷史上著名日期等等命名的。許多以色列城市都有以現代希伯來文之父命名的本—耶胡達街。

守護以色列猶太人良心相連在一起的男子，是本—古里昂的政治敵手貝京。關於賠償金的辯論給了貝京一個機會，讓他得以代表以色列的猶太靈魂，以及猶太人記憶的神聖性，無論那記憶有多痛苦。

從此種下的，不只是本—古里昂的以色列地工人黨後來失勢的種子。這對基布茲也是一個轉折點。在以色列歷史上，直到當時，許多基布茲都禁止私有財產，不得有例外。基布茲成員共享一切，包括衣服以及成員可能從親友處獲得的其他禮物。孩童並不由父母扶養，而是在社區的兒童住宅長大，從嬰兒時期就睡在那裡。

然而，有了賠償金之後，這個政策也出現裂隙。突然間，倖存者對於自己因為難以言喻的苦難而將獲得的賠償金，必須與未曾經歷過大屠殺的人共享，產生了抗拒。他們堅持，有些財產就是不該屬於所有人。在某些基布茲，這個議題引發的辯論之喧嚷與尖銳不下於國會裡那些激烈的爭辯。

有幾個基布茲最後妥協立場；成員可以保留收到的部分賠償金，但其餘必須存入集體資金。基布茲這個體制將繼續存在數十年，但是它的絕對平等主義已告終結。數十年後基布茲私有化並廢止公共財產制之時，有些人看出其中的反諷，認為德國賠償金對以色列招牌的社會主義體制的影響，正是這個改變的根源。[14]

若說賠償金促發以色列首度認真面對大屠殺，那麼幾年後的魯道夫．卡斯特納（Rudolf Kasztner）審判就更是強化了這個趨勢。一九五五年六月，特立獨行的大屠殺倖存者馬爾基爾．古恩瓦德（Malkiel Gruenwald）出版一本小冊，指控曾在戰時匈牙利領導錫安主義者救援委員會（Zionist Rescue Committee）的卡斯特納，在一九四四年與德國人訂立協議。這個協議後來被稱為

「以物換人」（blood for goods），由卡斯特納運送卡車給德國人，換回一火車的猶太人，使他們免於被送去奧許維茲集中營。這個協議讓大約一千七百名猶太人獲釋，包括卡斯特納自己的家人，和其他付出高價取得火車車位的富裕猶太人。內容完全公開的協議中也包括孤兒、哈西迪猶太人和其他經過挑選的人。卡斯特納除了拯救這些人的生命，也安排為數可觀的猶太人被送去勞動營而不是奧許維茲，許多匈牙利猶太人因此視他為那段恐怖黑暗時期的英雄。

然而，其他人對他的看法沒有這麼寬容。他們認為卡斯特納救了自己的家人，在納粹統治下過得很舒服，最罪不可赦的是，他沒有告訴他無法營救的猶太人，等待他們的是什麼命運。他們說卡斯特納絕不是英雄，反而是數千猶太人之死的共犯。

戰後，卡斯特納遷居以色列，開始與本－古里昂的以色列地工人黨合作，多半時候過著遠離鎂光燈的生活。古恩瓦德指控卡斯特納是害死五十萬匈牙利猶太人，包括古恩瓦德五十八名家人在內的「間接兇手」時，卡斯特納在以色列工業與貿易部（Ministry of Industry and Trade）任高職。為了捍衛其名譽，政府決定以誹謗罪起訴古恩瓦德。

年老的古恩瓦德沒有任何資源，但是他拒絕不戰而屈。他雇用的律師名為舒謬爾．塔米爾（Shmuel Tamir），曾是貝京領導的伊爾貢成員。塔米爾是個天才律師，辯才無礙，他以絕妙的法庭策略技驚全場，翻轉了整個審判。塔米爾主張古恩瓦德是對的，卡斯特納確實曾是納粹通敵者。基本上，如今是卡斯特納——連帶著為他辯護的政府——必須面對古恩瓦德的指控並為自己辯護。

法庭最後判古恩瓦德無罪，並宣告卡斯特納「把靈魂賣給了惡魔」。受此公然羞辱後，卡斯特納過起幾近隱居的生活。最高法院後來推翻判決，但是對卡斯特納已經太遲了。一九五七年三月四日，卡斯特納在特拉維夫的寓所外遭澤維．艾克斯坦（Ze'ev Eckstein）暗殺身亡。[15]*卡斯特納遇害，與一九三三年阿羅索洛夫因「轉移協定」而遇害的事件之間有著詭異的相似，這是第二次有著名的猶太人因為參與和德國人談判而遭謀殺。不過，這一次，殺人事件是發生在獨立後的以色列。在這個猶太國家，這是第一次有猶太人為了政治原因而暗殺另一個猶太人。遺憾的是，這不會是最後一次。

正如賠償協議，卡斯特納的審判也帶來預料外的後果。法官對卡斯特納的譴責——不管是在多不經意間——強化了一個觀感，即歷經大屠殺而存活的猶太人，一定是做了什麼不光彩的事情。否則，許多人不自覺地揣想，為什麼數百萬人消逝了，獨獨**他們**生存下來？

諷刺的是，公眾對大屠殺的關注，反而讓一些倖存者更不願意談論自己的經驗。他們的包袱變成只能獨自承受，而這也強化了他們「與眾不同」的印象。一〇一部隊指揮官、後來出任總理的夏隆曾經回憶，在他成長的基布茲中，倖存者似乎活在自己的世界裡：

> 倖存者有他們自己的密語，而〔其他人〕永遠無法確知他們真正在說什麼。他們要不是為了誰莫名得罪了誰而彼此不講話，要不就是隨時準備為對方死。基布茲應該是有信任感的地方；誰能和這樣的人共同建立一個合作社區？[16]

在遠離大眾目光之處，大屠殺正對以色列的發展產生另一個重大影響。一九五五年，本—古里昂已經達成一個影響深遠的決策。在他的理解中，以阿衝突不會在短期內解決。世界歷史變化莫測，他不願完全依賴西方。他決定，以色列必須成為核武國家。

當時只有美國、英國與蘇聯擁有核子武器，以色列連電晶體收音機都不生產。一個沒有技術專長、人口不及兩百萬的小國家要發展核武，在本—古里昂的一些顧問眼中是異想天開，在其他人眼中則並不明智。但是對總理來說，與阿拉伯人的衝突，加上大屠殺所帶來的脆弱感，構成了決定性因素。以色列存在的目的就是要終結猶太人的脆弱性，不論代價為何。

梅爾日後回想以色列核武能力的重要性時，回顧的不是大屠殺，而是她兒時的反猶太暴亂。她稱以色列的核武能力為varenye，這是東歐猶太人的用語，指的是他們藏起來的醃漬水果，若爆發反猶暴亂可用以果腹，等待威脅解除。

本—古里昂在一九五六年派裴瑞斯前往巴黎，試圖說服當時正在發展核子計畫的法國人，幫助以色列發展核武能力。法國當時正深陷反阿拉伯情緒（在一九五六年的蘇伊士戰役明顯浮現），也

---

* 艾克斯坦曾是以色列安全局（Shin Bet）的密探，該組織派他監視激進右派（但不要他採取其他行動）。然而，他在監視過程中逐漸服膺右派意識形態，最後終於叛離組織控制。他因謀殺卡斯特納入監服刑七年，後來在犯案近六十年後出版自傳《拼布被》（*Quilt Blanket*），在裡面寫道：「今天的我不會做。我不會開槍。這點無庸置疑。」（Elad Zeret, "Kastner's Killer: I Would Never Have Shot Him Today," *Ynetnews.com* [October 29, 2014], http://www.ynetnews.com/articles/0,7340,L-4585767,00.html.）

因為親納粹的維琪政府曾迫害猶太人，而覺得對猶太人有責任，因而同意了這個請求。*法國在阿爾及利亞失利，殖民主義的光輝日益黯淡，因而想要擴大勢力範圍，這無疑也讓與以色列合作的想法更具吸引力。法國承諾提供工程師與技師、鈽分離設施，以及飛彈能力。以色列將成為少數擁有核子能力的國家之一。以色列深具洞見的記者暨評論家亞瑞・沙維特（Ari Shavit）指出，在大屠殺的陰影下，這個計畫的少數知情者深知，這是猶太人史上第一次有能力毀滅其他民族。[17]

到一九六〇年，美國已經知悉法國在幫以色列建造核子反應器。支持核子不擴散的甘迺迪，在一九六一年初當選總統後為此深感憂慮；以色列與美國因此簽署協議，規定自一九六二年起，美國官員可以每年一度前往反應器所在的迪莫納（Dimona）視察。有一段時間，美國人找不到任何核子計畫的證據。隨著美國人的懷疑日益升高，以色列也愈來愈大費周章地隱藏迪莫納真正的用途。以色列人建造了仿製的控制室；將通往地下設施的入口掩蓋起來，甚至在一些建物周圍遍撒鴿糞，讓這些建物看起來無人使用。

以色列通過了這些檢查，但是這個把戲顯然不可能永遠行得通。一九六九年，時任總理的梅爾與甫當選美國總統的尼克森達成協議，以色列將繼續發展計畫，但不會揭露它擁有核子武器。以色列可以獲得它需要的安全，以確保大屠殺這樣針對猶太人的種族滅絕事件將是過去的遺跡，同時不會刺激阿拉伯世界也尋求自己的核子武器。

在這樣複雜的背景下——德國支付賠償金、卡斯特納的審判，以及以色列對保護性核子武器的追求（雖然只有少數精英知情）——艾希曼被捕的消息像閃電一樣擊中了以色列人。以色列人報以掌聲，外國則予以譴責，連美國猶太人都感到矛盾異常。確實，艾希曼被捕使得本—古里昂與雅各布・布勞斯坦在十年前達成的脆弱協議幾乎破裂。美國猶太人委員會（簡稱AJC）不願以色列成為全世界猶太人的中心，因此認為艾希曼的審判不應該在以色列舉行；有些成員甚至與梅爾會面，當面強調他們不樂見這個可能性。讓以色列官員大為光火的是，ＡＪＣ領袖指控，在耶路撒冷審判艾希曼會削弱一個事實，亦即他犯下的是「難以言喻的危害人類罪，不只是針對猶太人」。[18]

這些看法讓本—古里昂怒火中燒，他透過幾個公開管道展開抨擊。針對ＡＪＣ對以色列人的指控，本—古里昂在該年十二月透過《紐約時報》指出：

> 我見到有猶太人與其他人主張，以色列依法有權審判艾希曼，但是在道德上不應這麼做，因為艾希曼的巨大罪行是危害人類與人類良心，不是針對猶太人。只有自卑情結作祟的猶太人才會這樣說；只有不知道猶太人也是人的人會這樣說。[19]

他文中提到的「危害人類罪」——相對於危害猶太人的罪行——是對ＡＪＣ呼之欲出的攻擊；

---

* 以色列獲得核子武器的過程中有一段有趣的插曲，牽涉到美國猶太人。其中最重要的是札爾曼·夏皮洛（Zalman Shapiro），他是化學家、發明家，也一心支持錫安主義。核材料與設備公司（Nuclear Materials and Equipment Corporation）在一九六五年應要求清點庫存後，發現有二百到六百磅的鈾不知去向，公司創辦人夏皮洛被指控從事間諜行為，並將核材料轉運到以色列。《參孫選項：以色列的核武軍備與美國外交政策》（*The Samson Option: Israel's Nuclear Arsenal and America's Foreign Policy*）一書作者西摩爾·赫許（Seymour Hersh）主張，夏皮洛沒有犯錯，並引用一名主要調查員的話說：「就我所知，沒有任何事情顯示夏皮洛有罪。」夏皮洛從未遭起訴，但是他餘生都擺脫不了美國猶太人非法涉入以色列核子計畫的傳言。對許多美國錫安主義者而言，夏皮洛在鞏固以色列安全中扮演了一角，是個無名英雄。（Seymour Hersh, *The Samson Option: Israel's Nuclear Arsenal and America's Foreign Policy* [New York: Random House, 1991], pp. 243, 250, 252, 255.）

對ＡＪＣ而言，談論危害人類罪，不像談論危害猶太人罪那樣令人不舒服。*

本—古里昂的憤怒不只針對ＡＪＣ而來，還有一般的美國猶太人，他指責他們淡化猶太人在大屠殺中受的苦。「美國猶太人的猶太信仰已失去所有意義，只有盲人看不出它滅絕的那一天。」他說。不住在以色列的猶太人面臨「死亡之吻與緩慢……墮入同化深淵」。[20]這類言論明顯違反了十年前的布勞斯坦協議的精神。本—古里昂不可能不知道這些言論會讓布勞斯坦火冒三丈，顯然他並不在乎。

把布勞斯坦從關係破裂的邊緣勸回來耗費很大力氣，而有些破壞已無可修復。正如賠償金加速了基布茲立基精神的崩解，一名納粹黨員的被捕，諷刺地加深了以色列猶太人與美國猶太人之間的嫌隙。

艾希曼的審判於一九六一年四月十一日在耶路撒冷展開。

檢方陳詞從召喚數世紀的猶太歷史開始。檢方指控艾希曼站在一長串的猶太人之敵中，包括法老與哈曼（Haman）。**檢方的用意在讓這場審判不只是關於即將作證的特定倖存者所經歷的事情，也是關於納粹對猶太人整體的罪行。有些坐上證人席的證人在戰爭時確實曾與艾希曼交會，但審判中也聽取未曾與艾希曼交會的倖存者證詞，聽他們訴說戰爭的恐怖，訴說納粹對歐洲猶太人的攻擊所造成的難以言喻的痛苦和破壞。有些觀察者對這個決定有異議，但是檢察長吉迪恩．豪斯納（Gideon Hausner）堅持他們最終的責任是要為大屠殺賦予「其歷史定位」。[21]

以色列的青年上了本—古里昂認為他們需要的一課。審判沒有放過任何細節。證人描述他們看到女人、男人與小孩被冷血的殺害。一名證人描述她的孩子在她懷抱中被射死。另一名描述了一個恐怖的場面，數千名與父母分離的法國孩童沒有任何大人照顧，被趕入溼冷骯髒的房間。「他們經常在晚上醒來，尖叫著找尋父母。有些年紀太小，還不知道自己的名字。」[22]這些孩子「掙扎尖叫著」[23]被遣送到奧許維茲，在那裡遭殺害，燒成灰燼。

另一名證人嘗試讀出先生寫給她的最後一封信，也是他對孩子說的最後一些話：「我親愛的妻子與孩子……我們正要展開一段非常漫長的旅程……不論我的命運是什麼，我必將設法承受它。我不願讓你們難過，但我多麼希望依然生活在你們之中。願上帝恩准我們能有那一天。」[24]收到這封信的女子情緒太過激動，無法再讀下去；她把信遞給一名律師，由他代念，但閱讀那封信同樣讓他幾乎難以承受。

比克瑙（Birkenau）的一名囚犯描述自己與妻女分離，她們被「送去『左邊』——就是毒氣室。他回憶，即使人群擁擠，他依然能從女兒身上的紅外套認出她們。『那個紅點就代表我太太在那附

---

* 本—古里昂的評論是以色列領袖持續至今的傾向，即針對美國猶太人諸般缺點中的任一個提出批評，本—古里昂此處的批評是針對他們對於美國普救主義（American universalism）比猶太特殊神寵主義（Jewish particularism）更感到自在。其他人則指出美國猶太人的其他缺失。麥可．歐倫結束以色列駐美大使任期後，在他的回憶錄《盟友：我的跨越美—以鴻溝之旅》（*Ally: My Journey Across the American-Israeli Divide*）這樣描寫美國猶太人：「我想要指控他們〔美國猶太人〕犯了最自戀的罪：不知感恩。」（Michael Oren, *Ally: My Journey Across the American-Israeli Divide* [New York: Random House, 2015], p. 267.）

** 這兩個人在聖經敘事中是典型的惡人，企圖消滅猶太民族。法老下令將所有以色列男嬰丟入尼羅河（《出埃及記》第一章第二十二節）。哈曼是聖經《以斯帖記》中的壞人，他告訴國王：「有一民族……的律例與萬民的律例不同……王若以為好，請下諭旨滅絕他們。」（《以斯帖記》第三章第八至九節）

近。紅點愈來愈小……』他再也沒有見過她們」。[25]

最讓人難忘的也許是葉赫爾．迪－努爾的證詞。曾被關在奧許維茲的迪－努爾已經用筆名Ka-Tsetnik 135633（集中營編號135633）*寫過自己的經歷，但是他在審判中作證時，是許多以色列人第一次得知他真正的身分。迪－努爾在證詞一開始對奧許維茲的描述令人入神，他說，那個世界從各方面而言就是另外一個星球。他稱奧許維茲為「灰燼星球」。

不過，迪－努爾的證詞很快就變得怪異，接著是語無倫次，最後他昏倒了。[26]迪－努爾癱軟在證人席上，警察試圖讓他甦醒的那一幕，讓許多第一次聽說這些事情的以色列人對於當年的恐怖，有了一些概念。

正如全世界猶太人在一九四七年十一月擠在收音機旁，收聽聯合國大會上的分治方案表決，以色列人現在也黏在收音機旁邊，入神地聽著那些故事與恐怖事情。雖然未曾言明，但這些證人的證詞似乎讓數千名以色列的大屠殺倖存者獲得「許可」，可以開始言說他們的經歷。情況並非一直如此。由於以色列聚焦在可以捍衛自己的「新猶太人」身上，這些手臂上刺著編號的倖存者，這些似乎在心靈與肉體上都殘破的人，恰恰代表了以色列人想要遺忘並超越的那一種猶太人。他們往往把大屠殺的受害者拿來貶抑地與依舒夫那些有力量的新猶太人相比，新猶太人以力量和軍事實力趕走了英國人，並且抵禦了阿拉伯人。有些用語透露明顯的訊息：「死於大屠殺的人是『消亡』，而在巴勒斯坦戰鬥而死的猶太人則是『陣亡』。」[27]

湯米．拉皮德（Tommy Lapid）是布達佩斯猶太人隔離聚居區的倖存者，後來成為以色列著名的新聞記者與成功的政治人物。（他也是雅伊爾．拉皮德〔Yair Lapid〕的父親，雅伊爾亦為備受仰慕的新聞工作者，也是政治黨派未來黨〔Yesh Atid〕的創立者。）拉皮德多年後回憶，依舒夫的資深成員會為倖存者所經歷的事情指責他們。「『你們為什麼不反擊？』他們會問。『你們為什麼像羔羊一樣走向屠宰場？』他們是拿起武器戰鬥的一等猶太人，而我們是次等的猶太佬（Yids），我們束手就擒，讓德國人未遭遇任何抵抗就消滅我們。」[28]也許更糟的是，那些在依舒夫出生長大的人，對於納粹在殺害猶太人之後利用他們屍體的恐怖方式玩忽以對。舉例而言，他們知道納粹把猶太人的屍體拿來做肥皂。拉皮德回憶：

> 當時有一個廚師……他是奧許維茲的倖存者，手臂上有藍色刺青的號碼。老員工叫他肥皂，這是個變態的文字遊戲，指的是納粹利用猶太人體脂肪做肥皂的有名事蹟。「喂，肥皂，」他們說，「今天午餐吃什麼？」肥皂會不自在地乾笑幾聲，然後把他們的餐盤裝滿。[29]

如今，審判讓這一切開始改觀。檢方毫不閃避倖存者為什麼不反抗的問題。法庭上令人酸楚的一刻讓這類提問者沉默了。名為貝斯基（Beisky）的證人餘悸猶存地細細描述，一萬五千名囚犯如何眼睜睜看著一個小男孩被抬上椅子，準備被吊死。絞索的繩子斷了，讓那可憐的男孩陷入痛苦，開始哭喊著求饒。黨衛軍士兵接著重新發布絞刑命令。一名檢方律師看似無情地問正在描述這恐怖一幕的證人，為什麼目睹這一切發生的成千上萬名囚犯沒有反應。證人說的話如下：

---

* 迪—努爾的名字與他的筆名都充滿了象徵意味。生於歐洲的他本名葉赫爾．費納爾（Yehiel Feiner），但後來改名（許多從歐洲移民到以色列的人都如此），將姓氏改為迪—努爾，在亞蘭文中是「浴火而生」之意。他的筆名Ka-Tsetnik 135633是Konzentrationslager的縮寫，意思是集中營裡的人。135633則是迪—努爾的囚犯編號。

我無法形容這種……由恐怖引發的恐懼……我們附近有一座波蘭人集中營。那裡有一千名波蘭人……他們在營地一百公尺外就有地方可去——他們的家。我想不起任何一次有波蘭人逃跑的例子。但是猶太人能去哪？我們穿的衣服……染成黃色，上面有黃色的條紋。〔我們〕頭部中央的頭髮……被他們剃掉一條寬四公分的長條區塊。在那一刻，假設營地裡的一萬五千人居然在沒有武器的情況下成功……離開營地範圍——他們要去哪裡？他們能做什麼？[30]

早在以色列建國以前，隨著納粹暴行的消息開始在依舒夫傳開，烏克蘭出生的希伯來文作家海姆．哈札斯（Haim Hazaz）就在一九四三年發表了〈布道〉（The Sermon）一文。這個短篇故事的主角是Yudke（這是Yehudah的暱稱，是希伯來文中的Judah〔猶大〕），Yudke是基布茲的成員，通常沉默寡言。但是，有一天傍晚，一段演說突然從Yudke口中流瀉而出，這也成為以色列文學中的經典段落：

我要聲明，我反對猶太歷史……我們的歷史不是自己創造，是異邦人創造的……那裡面有什麼？壓迫、毀謗、迫害、殉道。我根本會禁止教導我們的孩子猶太歷史。為了什麼天殺的原因要教他們認識祖先的恥辱？我會簡單告訴他們：「孩子們，打從我們從自己的土地被放逐以來，我們就是沒有歷史的民族。下課。出去踢足球。」[31]

最後，儘管可能遲了，艾希曼的審判終於迫使以色列社會看清，Yudke錯了。脫離了猶太人過往歷史的錨定，沒有一個現代猶太人的生命能有意義。新以色列人本想將猶太人的敘事重新講起，但這場審判讓以色列社會透澈明白，猶太人的生活不可能少了與猶太歷史的深刻連結，無論那歷史有時多讓人痛苦。

法庭判艾希曼死刑。（巧合的是，三名法官中有一位是卡塞姆村審判中的主審法官——本傑明·哈勒維。）艾希曼在遭捕兩年後，於一九六二年五月三十一日被處以絞刑。為了不讓他的墓地成為聖地，他的屍體經火化後，骨灰灑在以色列領海外的水域裡。艾希曼不只是殺人兇手，還是幾乎像虛構人物一般的猶太人公敵。他的處決是以色列歷史上民事法庭判處死刑的唯一一例。*

大屠殺一直是依舒夫與早期以色列社會讓人不安的一個面向。這有一大部分是因為依舒夫的新猶太人希望創造的猶太人形象，迥異於歐洲那些無助而受盡折磨的受害者。如今，這個新猶太人已經出現。該是為以色列人的自我和民族敘事增添更多細節和明暗陰影的時候了。

對這個年輕的國家而言，這是個痛苦的過程，但若真要說起來，它讓一個對大屠殺幾乎一無所知的世代更加明白，猶太人擁有自己的國家究竟有多重要。

---

* 一九四八年六月三十日，以色列宣布獨立大約六週後，正在打獨立戰爭之時，以色列國防軍軍官梅爾·塔比安斯基（Meir Tabiansky）遭誣指犯下間諜罪，並遭戰地軍事法庭判死刑。他由行刑隊槍決，但後來獲宣告無罪。（Shabtai Teveth, *Ben Gurion's Spy: The Story of the Political Scandal That Shaped Modern Israel* [New York: Columbia University Press, 1996], pp. 31—54.）

第十二章
永遠改變一個國家的六日戰爭

我所愛的一切就在我腳邊……古老的以色列地，我年少時的家鄉，我那被劈裂的國家的另一半。

——以色列詩人海姆．古里，寫於六日戰爭後

一九六七年的以色列已歷經一連串猛烈攻擊而生存下來，吸納超過一百萬移民，[1]在國際舞台上崛起，並迅速培養國家、政治與文化傳統。前方無疑仍有許多挑戰，但建國十九年後，以色列的發展已遠比聯合國在一九四七年十一月表決通過創建猶太國家的時候，任何人所敢於想像的都要好。

然而，耶路撒冷依然分裂。在獨立戰爭中，剛成立的以色列國防軍無法守住東耶路撒冷與舊城區，因此這些地方落入約旦控制。近二十年來，煤渣磚與刺鐵絲形成的一道牆貫穿以色列首都的心臟。即使以色列政府可以接受這個狀況，對許多猶太人，尤其是（但絕對不限於）宗教社群，這就像一道怎樣都無法癒合的傷口。

為了迎接一九六七年的獨立紀念日，耶路撒冷市長泰迪．柯勒克（Teddy Kollek）委託創作以耶路撒冷為主題的歌曲，打算在全國廣播電台播放，作為第二屆年度以色列歌曲節（Israeli Song

Festival）的一環。在那以前，以色列詩人或作曲家很少寫關於耶路撒冷的歌曲。而世紀之交以來的少數這類歌曲，都未提到這座城市的分治狀態，或是猶太人不得接近西牆、甚至不能進入舊城區的事實。

於是柯勒克委請五個人創作關於耶路撒冷的歌曲，包括詞曲作者拿俄米．舍莫爾（Naomi Shemer）。要針對這麼複雜敏感的主題寫一首流行歌曲的挑戰令人卻步，所有人都婉拒了。不過，最後舍莫爾還是同意，寫了一首歌，名為〈黃金的耶路撒冷〉（Jerusalem of Gold）。

「在沉睡的樹木與石頭間，那獨坐的城市是她夢想的人質，」第一段歌詞如是宣告，「而在她中心有一道牆。」[2]接著是如今傳唱已廣的副歌：

> 黃金的耶路撒冷，黃銅的、光亮的耶路撒冷，
> 看啊，我是伴隨你所有歌曲的小提琴。[3]

這首歌由名不見經傳的年輕女高音舒麗．納坦（Shuli Natan）擔任原唱，很快便大受歡迎，廣播電台似乎永遠在播放這首歌。「以色列人渴望著耶路撒冷少掉的那些地方，但是一直壓抑著，」以色列一名敏銳的觀察者說，「但現在他們跟著舒麗．納坦一起歌唱，哀悼著他們分裂的首都。」[4]如今，就和以色列一樣，耶路撒冷有一首自己專屬的（非官方）歌曲了。

在宗教社群中，耶路撒冷的分裂造成的絕望感受格外深刻。猶太人不得靠近耶路撒冷古代聖殿唯一的遺跡——西牆。兩千年來都有猶太人在這裡祈禱，儘管人數不多。現在，由於以色列在獨立

戰爭中輸掉了耶路撒冷舊城區，也因為希布倫與其他傳統上的神聖猶太遺址也落入敵人手中，這個猶太國家反而對任何一個傳統猶太聖地都不享有主權。

舍莫爾的歌曲在電台首播的前一天，拉比茲維．耶胡達．庫克（在新舊依舒夫社群間擔任橋梁的拉比亞伯拉罕．艾薩克．庫克之子）對追隨者發言，講述自己在十九年前聯合國表決那天的經驗。與本—古里昂和貝京一樣，他也無法加入歡慶的行列，不過原因不一樣：

全國人民都湧入街頭，歡慶他們的喜悅……〔但是〕我無法出去一同慶祝。我獨自坐著，心頭沉重。一開始那幾個小時，我無法接受發生的事情，無法接受上帝在先知書中的話語未獲實現的壞消息：「他們分割了我的土地！」……我們的希布倫在哪？我們忘了它嗎？我們的示劍〔奈卜勒斯〕呢——我們忘了它嗎？我們的耶利哥呢——我們忘了它嗎？約旦河的另一岸又在哪兒？地球的每一塊土壤呢？上帝的每一片土地呢？我們有權割讓它的任何一分嗎？上帝不容！……在那個狀態下，我整個身體都處於震驚和傷痛，被割碎成一片片。我無法慶祝。「他們分割了我的土地！」他們分割了上帝的土地！……我無法出去跳舞慶祝。十九年前的情況就是這樣。[5]

根據當時在場的人描述，現場的反應是「一片靜默。學生從未聽他們的拉比表達過這樣的哀傷，這樣的憤怒」。[6]他們揣想，拉比想告訴他們什麼？

當時，中東地區的緊張情勢已經持續上升一段時間。敘利亞宣告將把以色列全國輸水系統的水流引走達三五%之多。以色列表示將視引水為戰爭行為，但敘利亞依然持續進行。邊境衝突隨之而起，敘利亞對以色列村莊開火，以色列則攻擊敘利亞為了引水計畫所使用的運土設備。

一九六七年春天，外部國家又刻意火上澆油。蘇聯通知埃及與敘利亞代表，以色列調度了十二個旅的兵力在北方集結，準備發動攻擊。總理艾希科爾否認此說法，甚至在四月二十六日邀請蘇聯大使迪米屈・楚卡欽（Dmitri Chucakhin）與他一同去北方親眼看看。（楚卡欽婉拒了。）美國也堅稱蘇聯說法全屬虛構，但敘利亞人選擇相信蘇聯。蘇聯等於藉由告知敘利亞與埃及以色列準備開戰，點燃了一場戰爭。

幾週後，以色列在五月十五日進行一年一度的獨立紀念日遊行。遊行每年在不同地點舉辦，一九六七年預定於耶路撒冷進行。*一如往年，遊行主要為軍事性質，目的在展示大量裝甲車輛以凸顯軍隊實力。然而，以色列在一九四九年與約旦的停戰協議中同意限制進入耶路撒冷的坦克數量，為了遵守協議，這次遊行中的裝甲車輛比往常少了很多。對於因為蘇聯警告而處於高度警戒的埃及與敘利亞而言，遊行中的坦克數量很少，似乎證實了多數坦克正在別的地方備戰。

遊行中，一名官員遞了一張來自國防軍情報單位的紙條給拉賓（時任國防軍參謀長），拉賓又

---

* 最後一次的年度閱兵遊行在次年（一九六八年）舉辦。此後，以色列因為成本高昂而不再舉辦遊行。最後一次閱兵遊行在一九七三年舉辦，紀念以色列建國二十五週年。

把紙條傳給總理艾希科爾。[*]紙條上說，埃及裝甲車輛已經進入西奈半島。艾希科爾與拉賓選擇克制，但是紙條變得愈來愈密集，內容愈來愈急迫。本該是歡慶的一天，卻迅速變成不祥的一天。

以色列領袖對於該如何回應舉棋不定。一方面，他們知道納瑟熱衷於這類軍力展現，也仍希望他並不打算開戰；另一方面，他們知道埃及與敘利亞在數月前簽署了共同防禦條約。不過，以色列期待以外交手段或最小軍事行動解決這次危機的希望，在開羅廣播電台的公告後破滅了：「我們的軍隊處於完全備戰狀態。」[7]五月十五日，在這個阿拉伯國家為一九四八年戰敗而哀悼的日子（也是以色列慶祝遊行的日子），納瑟宣告：「手足們，為巴勒斯坦最終之戰做好準備是我們的責任。」[8]長久以來所預期，阿拉伯國家為毀滅以色列而將發動的「下一輪」戰爭，似乎愈來愈可能發生。

接下來三週——在以色列稱為hamtanah（「等待期」）——是以色列歷史上最緊繃的時期之一。埃及將五個師的部隊與裝備送入西奈，每個師有一萬五千名士兵、一百輛坦克、一百五十輛裝甲運兵車，還有蘇聯火砲。

納瑟是否真的打算開戰，抑或這一切只是為了耀武揚威，恢復阿拉伯人的自尊，但是最後走向失控？學者至今對此意見分歧。不論他的本意為何，納瑟的行為讓以色列人覺得他的目標是要開戰。五月十六日，他將山雨欲來的衝突帶到國際場域，升高了風險。一九五六年西奈戰役後，聯合國緊急部隊就從一九五七年起沿著加薩與沙爾姆謝赫（Sharm al-Sheikh，西奈半島最南端地區）的國際邊界，設立了數十個觀察哨並派駐數千名士兵。派駐這些部隊的目的在阻止對以色列的滲透，並確保埃及不會關閉提蘭海峽。（**見地圖八**）然而，現在埃及部隊正湧入西奈半島。

此時，納瑟做出明顯挑釁之舉，指示聯合國祕書長吳丹（U Thant）將聯合國部隊撤離該地區。以色列以為祕書長至少會在形式上稍作抗拒，但是他居然立即配合，而且未知會聯合國大會。到了五月十九日，該地區已無聯合國勢力。顯然，聯合國不會在以色列面對攻擊時給予保護。

以色列的政治與軍事高層達成共識，如果埃及採取行動關閉提蘭海峽（連接以色列南方港口埃拉特與紅海，是以色列通往東方的關鍵商業節點）[9]，將視之為casus belli（開戰理由）。兩天後，埃及果然這麼做。短短八天內，埃及就把以色列自一九五六年西奈戰役以來的所有外交成果一舉抹滅。

外交戰線現在變得無比重要。在國際上為以色列努力的中心人物是阿巴・伊邦（Abba Eban）。一九一五年生於開普敦的伊邦，仍在襁褓時就隨家人移居倫敦。他後來在劍橋修習古典文學與東方語言，同時開始深入參與錫安主義青年聯合會（Federation of Zionist Youth），負責編輯其刊物。第二次世界大戰開打時，他在世界錫安主義組織與魏茨曼一起工作，展開了政治生涯。接著他又加入英國軍隊擔任情報官，在埃及和巴勒斯坦都工作過。

伊邦在一九四七年獲任為聯合國巴勒斯坦特別委員會的聯絡人，並在這時將名字改為希伯來語化的阿巴。後來他同時擔任以色列駐美大使與駐聯合國大使。一九五九年返回以色列後，獲選為國

---

* 根據歷史學者歐倫的說法，拉賓與艾希科爾其實在遊行前一晚就收到紙條，通知他們埃及部隊進入西奈半島。次日，他們在閱兵典禮上持續收到紙條，告知他們最新情況。（Michael Oren, *Six Days of War: June 1967 and the Making of the Modern Middle East* [Oxford: Oxford University Press, 2002], pp. 61—63.）

會議員，又在一九六六年出任外交部長，擔任此職八年。

伊邦是極為出色、口才辨給、資歷絕對夠格的以色列代表。（多年後，美國總統詹森曾對伊邦說：「我認為你是今日全世界口才最好的演講者。」）伊邦急忙趕赴法國，短短十一年前，法國是以色列在西奈戰役中的主要盟邦，也仍是其軍備的主要供應者。然而，啟程前程法國時，伊邦擔心情勢已隨著時間改變。法國外交部祕書長艾維・阿爾芳（Hervé Alphand）在此前不久說過：「法國承認『以色列的存在』，與法國和阿拉伯國家之間的友誼並不衝突。」[10]以色列人沒有忽略阿爾芳話中只提到「以色列的存在」，談到阿拉伯國家卻是實際的「友誼」。

伊邦與法國總統戴高樂的會面，證實了他的憂慮。戴高樂堅持這個情況必須由法國、英國、美國與蘇聯解決。但這顯然是不合理的要求，不可能有人能做到；蘇聯正為這場衝突煽風點火，不可能促進以外交手段解決。戴高樂也警告以色列絕對不可以「率先開火」。伊邦指出封鎖提蘭海峽已構成開戰理由時，戴高樂斷然否決了這個想法。對於埃及正重創以色列經濟的這個事實，這位法國領袖滿不在乎。伊邦提醒戴高樂，法國曾在一九五六年承諾，如果埃及對以色列實施經濟封鎖，法國將承認以色列與埃及開戰的權利，而這正是現在發生的事情，但戴高樂只是漠然的回答他，現在是一九六七年不是一九五六年。

對法國失望的伊邦接著前往倫敦，與工黨首相哈羅德・威爾遜（Harold Wilson）會面，獲得了一些支持。威爾遜告訴他，內閣已會面討論過，「絕不容許封鎖政策成功」。[11]

以色列在一九五七年撤出西奈半島換得美國承諾，若埃及再次封鎖提蘭海峽，美國將承認以色列自我防禦的權利。但伊邦離開倫敦後在下一站與詹森總統的會面讓他失望了。詹森同意埃及封鎖提蘭海峽是「不法的」，並告訴伊邦美國正在發展「紅海船賽」（Red Sea Regatta）計畫，將以四十個海洋強國的船隻組成國際船隊，確認提蘭海峽可自由通過，以保障國際海權。

離開這次會面時伊邦充滿不安。以色列面臨生存威脅，而詹森顯然心思都在越戰上，不太可能真正實行船賽計畫。與戴高樂一樣，詹森警告以色列不要先開火。「以色列不會孤立無援，除非它決定一意孤行。」

這個回應與美國在一九五七年的承諾相距甚遠。美國與法國一樣，都背棄了一九五六年的承諾。

伊邦在世界各地奔走，但只獲得些微成果，同時間，以色列內部的情勢日益緊繃。領導人面對的主要問題是，是否應該照美國要求，不要先開火，還是應該先發制人以取得上風。總理艾希科爾堅持以色列必須等待：「從政治、外交和或許道德層面而言，發動戰爭都不合理，」他說，「我們現在必須自我克制，並按兵不動一至兩週、甚至更久……我們必須禁得起這個試驗，才是成熟的表現。」[12]

五月二十七日，內閣表決通過先按兵不動。次日，艾希科爾發表廣播演說，希望安撫已經緊張不安的大眾。他說，以色列仍希望在美國協助下，透過外交手段解除這次危機。

然而，他的演說是場災難。總理的英文演說撰稿人耶胡達．阿夫納（Yehuda Avner）後來回憶：

接著傳來更多紙張的沙沙聲，這次伴隨著重複的「呃，呃」聲，彷彿艾希科爾不知道自己講到哪裡，或正努力辨認關於「負責任的決策」與「目標一致」的潦草修改字跡……他一路跌跌撞撞，斷續地說著，結結巴巴地發出「呃，呃」的聲音，一而再再而三……他的聽眾是恐懼的

> 國民，而他愈是支支吾吾地讀著講稿，聽起來就愈顯舉棋不定而恐慌不安，即使最後他在結尾保證，若遭攻擊以色列有能力自我防禦時，也依然給人這種感覺。[13]

艾希科爾災難性的廣播演說後來被稱為「結巴演說」（Stammering Speech）。「突然間，這個國家似乎力量全無也沒有領袖。」阿夫納日後回憶，「以色列的敵人歡欣鼓舞，而壕溝內的以色列士兵則砸壞了他們的電晶體收音機，崩潰流淚。」[14]「經歷過大屠殺的民族竟仍願意相信，並再度置自己於險境，實在不可思議。」《國土報》（*Ha'aretz*）一位重量級專欄作家這樣寫道。[15]

持平而論，艾希科爾原本打算在家中預錄演說，但是他太晚審閱講稿，等到他修改完畢，講稿上到處都是被他劃掉的內容以及評語和箭頭。錄音室接著通知他已經來不及預錄演說了，於是總理只好就著滿是修改痕跡，幾乎已無法閱讀的講稿現場演說。

無論如何，傷害已經造成，大眾完全失去對艾希科爾的信心。要他去職的呼聲隨之而來，伴隨著本—古里昂重回總理職位的建議。《國土報》的另一名專欄作家在次日寫道：

> 如果我們真能相信艾希科爾在這關鍵時刻能夠將國家的大船掌好舵，我們會心甘情願追隨他。但是在他昨晚的廣播演說後，我們沒有這樣的信心。把總理職務交給本—古里昂，國防部交給戴揚，而由艾希科爾負責國內事務，在我們看來是明智的提議。[16]

軍方高層對總理按兵不動的決策深感不滿。夏隆當時已是將軍，擔任步兵旅指揮官，是以色列國防軍的明日之星。他認為以色列延遲行動是重大的戰略失誤：

今天我們自己拿走了我們最有力的武器——敵人對我們的恐懼。我們有能力摧毀埃及軍隊，但如果我們在自由航行的議題上讓步，就是為以色列的毀滅開了大門。未來我們將為現在就該做的事情付出更為高昂的代價……以色列人民已準備好發動一場正義之戰，準備好戰鬥，準備好付出代價。問題不是自由航行，而是以色列人民的生存。[17]

五月二十九日，約旦胡笙國王飛往開羅與納瑟會面。納瑟拿出他在一年前與敘利亞簽訂的防禦條約，胡笙說：「給我一份；讓我們以約旦取代文中的敘利亞，這件事就算安排好了。」[18]以色列為了與約旦建立關係投資甚巨。在獨立戰爭中，儘管雙方在耶路撒冷城內與周圍曾有過交火，但這個關係維持得還算強固。巴勒斯坦人屢屢侵入不提，以色列與約旦邊境已經維持了十九年的相對和平。但是現在，在難以承受的壓力之下，約旦國王覺得他除了參戰別無選擇。約旦也與敘利亞簽署了共同防禦條約，使得以色列現在面臨在三個不同戰線上開戰的可能，對象分別是敘利亞、約旦與埃及。一天後，伊拉克部隊抵達埃及，正如一九四八年當時一樣，迫不及待地要參與戰鬥。

同時間，美國幾乎毫無作為。美國在該區域沒有船隻可以支援突破封鎖的行動，而以色列已經沒有時間等待了。美國與英國要求其他國家加入的呼籲幾乎無人理會。詹森宣告他看不出如何解決這次危機，而白宮專注於解決在越南層出不窮的問題，也不願為又一場軍事行動耗費珍貴的政治資本，因此對於以色列請求美國提供飛彈、坦克與噴射機置之不理。

來自法國的消息更糟。戴高樂先前曾告訴伊邦，哪個國家先開火，法國就對哪個國家的軍售進行杯葛。但戴高樂改變心意，在還沒有爆發任何戰鬥前就對以色列全面禁售武器。法國顯然不相信以色列可以打敗阿拉伯人，因而視此為恢復與穆斯林世界長遠關係的機會。

以色列面臨莫大壓力，連國防軍參謀長拉賓都開始難以承受。他幾乎不吃東西，一天抽七十來根香菸，喝大量咖啡——然後發生精神崩潰。在戰爭前夕得知其頭號軍人精神崩潰，會讓已經充滿恐懼的國家陷入失控的恐慌，因此他的病症被稱為「尼古丁中毒」。[19]拉賓的醫生只說得稍微誠實一點，稱之為「急性焦慮」。對以色列社會有深刻觀察的尤西・克萊恩・哈列維（Yossi Klein Halevi）指出：「以色列面臨的不只是一場戰爭，而是一場生存之戰，是猶太人主權夢想的終結，而這個責任壓垮了拉賓。」[20]

拉賓休息了一天，接受藥物治療，然後返回現役軍人的崗位。

以色列在危機時刻的主要盟友是全世界猶太人。歐洲與美國猶太人聽到來自阿拉伯各國政府的言論，深知這絕非兒戲。美國猶太人知道自己在大屠殺期間做得太少，這次絕不願再犯同樣錯誤。他們捐獻金錢，組織集會，並且對華府施加政治壓力。

紐約的一場挺以色列集會吸引十五萬人參加，這是美國猶太人有史以來最大的集會。（簡稱AIPAC的美國以色列公共事務委員會此時已經存在，但是要到十年後才獲得真正的影響力，成為美國猶太人在華府支持美以關係最有力的聲音。）[21]猶太聯合勸募協會（United Jewish Appeal）的「緊急計畫」在六個月內募得三億七百萬美元。美國猶太人深受觸動——各地猶太人都擔心以色列能不能挺過無可避免的攻擊，而美國猶太人與以色列的新關係就在此際揭開序幕。美國各地的猶太人都自掏腰包，就和以色列人一樣，想要盡己所能確保以色列的存續。比如俄亥俄州俾赤塢（Beachwood）有一對夫婦，多年來努力存錢想整修房子，最後把所有積蓄都捐給了以色列。[22]

但是阿拉伯世界同樣也被喚醒。五月二十六日，納瑟宣告：「我們的基本目標是毀滅以色列。」[23]一九五七到一九六二年的沙烏地駐聯合國大使、後來成為巴勒斯坦解放組織主席的艾哈邁德・舒凱里（Ahmed Shukeiri）也宣告：「若發生戰爭，將沒有猶太人倖存。」[24]開羅、巴格達與大馬士革都舉行了示威活動，人潮聚集在街頭，喊著「猶太人去死！」與「把猶太人丟到海裡！」[25]

赫茨爾與比亞利克那個時代的歐洲在中東重現。奧許維茲的焚化爐每日焚化數千猶太人僅二十二年後，以色列人為艾希曼審判而目不轉睛、驚駭不已的五年後，阿拉伯世界刻意召喚起大屠殺的意象。一家埃及報紙的漫畫描繪一隻手刺入一顆大衛之星的中心，署名為「尼羅河油脂與肥皂公司」，明顯指涉納粹以猶太人屍體製作肥皂的行為。

以色列做了最壞的打算。全國各地的拉比圍起一塊塊地區，準備作為集體墳墓。拉馬干（Ramat Gan）的體育場經過祝聖，成為可容納多達四萬人的埋葬場。飯店清空房客，準備作為龐大的緊急急救站。學校改裝為炸彈掩體，每天都有防空演習，也有將以色列兒童送往歐洲的計畫，相對於一九三八至一九四〇年將猶太兒童自歐陸撤離的「兒童運輸」行動（Kindertransport，主要撤往英國），不無反諷。以色列情報單位回報艾希科爾他們在西奈半島偵測到毒氣設備，但以色列並無防毒面具儲備。艾希科爾以他年少時在歐洲使用的意第緒語喃喃說了一句：「鮮血將如流水四濺。」連黑色幽默都出現了；以色列人開玩笑地說，在以色列唯一的國際機場有個牌子上面寫著：**最後離開的人，請記得關燈。**[26]

到了六月一日，情況已經明朗，詹森想以國際力量開通航道的紅海船賽計畫，並未引發國際迴響，也不會實行。被問及美國是否會要求以色列克制、不要開第一槍的時候，美國國務卿迪恩・魯斯克（Dean Rusk）回答：「我不認為我們有權限制任何人。」[27]這給了以色列或許可以發動攻擊的第一個暗示。[28]

在國內，艾希科爾深知民間氣氛，決定政府最需要做的是展現出團結一致。他成立了以色列的第一個「團結政府」（unity government），邀反對黨領袖加入內閣。其中包括在本—古里昂主政期間被放逐到政治沙漠的貝京。艾希科爾的團結政府讓貝京得以接近以色列的政治核心。

在大眾要求下，戴揚獲任命為國防部長，他是本—古里昂領導的以色列工人名單黨（Rafi）成員，而非艾希科爾的勞工黨成員。緊張不安的以色列人民從未見過團結政府，對戴揚的任命表示歡迎。

接下來，貝京的舉動震驚了同僚，他建議邀本—古里昂在危機期間回鍋擔任總理。本—古里昂婉拒了，但這個表態軟化了他對貝京的態度，兩人也開始試探著發展關係。「如果我從前像現在一樣了解貝京，」他後來說，「歷史的面貌將會不同。」[29]

團結政府在一九六七年六月一日星期四的第一次會議中決定，政治領導階層將在次日早上與參謀部和國防委員會會面，地點是特拉維夫國防軍總部的地下作戰中心「坑洞」（Pit）。在週五的那場會議中，政府決議發動戰爭。六月三日星期六，夏隆、拉賓、葉沙雅胡・加維什（Yeshayahu Gavish）與其他幾位將軍簡報了作戰計畫，戴揚表示內閣將在次日會面，授權軍隊行動。

星期日，戴揚在七小時的會議中對內閣說明軍方計畫。情勢很緊急：埃及有至少十萬軍力與九百輛坦克進駐西奈半島。北邊的敘利亞已準備七萬五千名戰士與四百輛坦克，而約旦已集結三萬兩千名戰士與近三百輛坦克。總計，以色列可能要面對二十萬七千名士兵與一千六百輛坦克的戰力。

以色列若全面動員，可以召集二十六萬四千名士兵，但只有八百輛坦克。飛機戰力的情況更是嚴峻。阿拉伯人有七百架戰機，以色列只有三百架。

然而戴揚堅決認為，以色列只要儘快發動攻擊就可以贏得戰爭。他要求內閣核准先制攻擊，並進一步要求由他與拉賓單獨決定行動時間。內閣以十二票對五票表決通過，核准對埃及發動先制攻擊。攻擊時間則交由戴揚與拉賓決定。

六月五日早上，第五十五傘兵旅駐紮在特拉諾夫（Tel Nof）空軍基地，不遠就是地中海岸的以色列小城市雷荷弗特，位於特拉維夫以南約十二英里處。早上七點十分，這些以色列軍人大吃一驚，因為他們看到數十架飛機起飛，以極低的高度往南飛行。拜他們的位置所賜，他們是在接下來九十分鐘內看到飛機起飛而後返回的少數士兵。

到了七點三十分，已有兩百架以色列戰鬥機朝埃及飛去，準備攻擊。以色列知道那個時候埃及飛行員正在用早餐，飛機完全無人看管。進攻武力占以色列空軍的絕大軍力：只有十二架飛機留守整個國家，是極險的一招。進攻的飛機飛行高度低得危險，往往只有十五公尺，以躲避埃及的雷達。一名傘兵後來回憶，飛機飛行高度之低，讓他感覺要是把手往上探就能摸到飛機。

飛行員恪守無線電靜默。所有人都收到指令，在任何情況下不得以無線電求援，不論他們的情勢有多危急。如果走投無路，應將飛機墜毀於海上。

約旦雷達雖偵測到以色列的噴射機，但無法對埃及示警，因為埃及改變了頻碼，但沒有告知約旦。這個錯誤代價高昂。短短三小時內，透過相繼而來的一波波攻擊（以色列戰機返回基地，補給油料和軍火後再出發前往埃及），以色列摧毀了數百架埃及戰機。埃及三分之一的飛行員喪生，十三座基地無法運作，而二十三座雷達站與防空站遭擊壞。從各方面來說，埃及空軍已不復存在。

以色列損失十七架飛機與五名飛行員。有一架飛機受損後，迷航至以色列核反應器所在地迪莫納上空。由於飛行員無法透過無線電通訊，以色列用鷹式飛彈擊落了那架戰機。

早上十點三十五分，在以色列第一批戰機起飛約三小時後，拉賓收到簡單回報：「埃及空軍已不存在。」[30]接下來的日子裡，以色列將承受重大損失，但國防軍的領導層都明白剛才發生了什麼事——基本上，戰爭還沒開始，以色列已經打贏了。

以色列與約旦國王胡笙接觸，請他不要參戰。雖然約旦已對以色列開火，但以色列表示若約旦停火，以色列將持續遵守兩國在一九四九年簽署的停戰協議條款。然而胡笙國王也許是相信納瑟的說法，以為埃及的戰事進展順利，也必須考慮若不參戰會引發約旦國民的怒火，因此他對以色列的回應是下令部隊越過停戰線，並命空軍隨時待命行動。

早上十一點五十分，約旦、敘利亞與伊拉克軍機對以色列發動攻擊，但是在接下來兩小時，以色列空軍將所有敵機予以擊落或驅逐，並摧毀了約旦與敘利亞的空軍基地。光在六月五日一天，以色列就摧毀了四百架阿拉伯飛機，建立了制空權。

地面上，以色列部隊切斷了加薩走廊與埃及其他領土的聯繫。次日，以色列軍人未開一槍就拿下了沙爾姆謝赫，恢復提蘭海峽通航。

六月五日，貝京在前往宣誓就職典禮途中，聽到約旦砲火攻擊的聲音。然而他感受到的不是危險，而是機會。落在國會草坪上的砲彈造成一些窗戶碎裂，因此內閣成員收到指示在其他地方開會。他們齊聚在一個灰塵滿布、擺滿二手家具與清潔用品的地下儲藏室之後，貝京建議以色列善加利用胡笙國王加入戰局的決定。他說，以色列應該奪回耶路撒冷舊城區。艾希科爾對這場戰役將耗費的成本表達疑慮時，貝京一如慣常地從猶太歷史的脈絡描述這場戰鬥。「各位，」他以他向來熱切的語氣說，「約旦軍隊幾乎已被徹底摧毀，而我們的軍隊已經兵臨城下。我們的士兵幾乎已經可以看到西牆。我們要怎樣告訴他們不能前往？我們手中握著歷史贈與的禮物。如果我們不把握它，未來世代將永不原諒我們。」[31]

幾個小時後，以色列國防軍指揮部下令兩營士兵「突破分隔東西耶路撒冷的障礙，穿過雷區與壕溝，抵達斯科普斯山」。士兵收到指令準備奪下舊城區，「洗刷一九四八年的恥辱」。[32]六月六日，傘兵搭乘巴士進入耶路撒冷。雖然他們可以聽到城裡遠處傳來的砲彈聲，但是自一九四八年以來由以色列控制，現在更是以色列首都的西耶路撒冷卻是一片靜默。這片靜默讓士兵感動卻也不安，為了打破沉默，他們唱起舍莫爾創作的歌曲，短短三週內，這首歌在以色列已是人人耳熟能詳：「黃金的耶路撒冷，黃銅的、光亮的耶路撒冷，」他們唱著，「看啊，我是伴隨你所有歌曲的小提琴。」這些「小提琴」沒想到，他們即將參與整場戰爭中最激烈的一場戰鬥。

這次攻擊一開始並不順利。由於情報有誤，以色列派地面部隊前往舊城區外、現名為彈藥山（Ammunition Hill）的約旦要塞，誤信以色列軍力將是約旦防守軍力的三倍。但駐紮在當地的約旦部隊遠比以色列預期得多。戰鬥始於六月六日凌晨兩點半，終於早上六點半。歷史學者歐倫描述了結果：「以色列的尖兵班遭殲滅殆盡。三輛雪曼戰車中有一輛被擊毀；另外兩輛的砲口無法打低至可以朝約旦的低窪陣地射擊。由於呼叫火砲支援會造成自身危險，而傘包太寬又讓他們無法在敵方壕溝中行動，傘兵只好在沒有掩護下於開放地面推進。」[33]那是以阿衝突史上最血腥的戰役之一。

以色列在四小時的戰鬥中損失三十五名士兵，七十一名約旦士兵喪生。

儘管如此，到了次晨四點半，經過一晚猛烈交戰後，以色列士兵已進入接近舊城區的三不管地帶，幾小時後更攻占了古城牆外的所有阿拉伯勢力地區。士兵安頓下來，聽候內閣決定與後續指令。早上九點十五分，第五十五傘兵旅指揮官穆塔．古爾（Motta Gur，後為以色列國防軍參謀長）接到通知——「立即攻入並奪下舊城區」：

> 穆塔坐在地上，凝望古城。那日早晨明亮而涼爽，太陽照在他背上。聖殿山的金色銀色圓頂在他眼前閃耀。他閉上眼，彷彿在祈禱。他即將加入猶太先賢之列，與他為伍的，有征服耶路撒冷並定都於此的大衛王；有在希臘化猶太人褻瀆聖殿後將之淨化的猶大．馬加比；有奮勇抵抗羅馬，帶領猶太人最後一次為耶路撒冷而戰但功敗垂成的巴柯巴。然後是千百年來不得不的分離，地貌轉化為記憶。如今，那片地貌從夢中重新浮現，在光芒閃爍中變得觸手可及。[34]

古爾命手下的傘兵前往獅子門（Lion's Gate）。一小時後，他們已衝入舊城門，抵達聖殿山。古爾以無線電回報情況，那句話如今在以色列已成經典：「聖殿山已在我們手中。」

不過三週前，拉比茲維．耶胡達．庫克的學生才為他痛苦的呼喊而震驚：「我的耶路撒冷何在？」如今，他與剛奪得這座城的傘兵一同自聖殿山而下，來到西牆。在場的還有以色列國防軍的首席拉比什洛莫．哥倫（Shlomo Goren，後來為以色列首席拉比）。手持羊角號與《妥拉》的他被抬到某人肩上。然而，他情緒太激動，無法吹響那傳統的公羊號角。另一名會吹小號的士兵叫哥倫把號角拿給他，吹奏起來。上一次有人在西牆吹響羊角號是違反英國命令的伊爾貢青年，而且必須馬上逃離。現在不是這樣了。數千年來第一次，聖殿山與西牆都握在猶太主權國家手裡。

開戰後僅兩天的六月七日，埃及與約旦軍隊已在敗戰邊緣。納瑟下令全面撤退。儘管如此，他依然拒絕簽署停火協議，因為他要求有類似一九五六年協議中的條款，規定以色列必須撤離西奈半島。但是戴高樂說對了：一九六七年不是一九五六年；以色列不可能同意。眼看取回喪失的領土無望，納瑟才在六月八日午夜接受停火協議。

戰爭在國土南邊與中心開展的同時，以色列國防軍領導層卻難以決定在北邊應該採取何種行動。戴揚與艾希科爾反對從敘利亞手中奪取戈蘭高地（Golan Heights）。兩人都堅決主張，敘利亞軍隊截至當時都未嘗試跨越北邊國界，而兩人都擔憂將戰爭延伸至北邊會讓蘇聯有藉口干預。

但其他人有不同意見。六月八日，以色列北方戰線指揮官大衛・伊拉札（David Elazar）前往拜會艾希科爾，試圖說服他奪下戈蘭高地。他提醒總理，多年來，以色列北方百姓都生活在敘利亞經常的砲火攻擊下，也時時害怕敘利亞人滲透攻擊。每次敘利亞發動砲轟，以色列人就得躲入地下防空洞，不久後出來，看到的是他們的住家、公共建築或田地陷入火海。他們生活在為自己和孩子擔憂的恐懼中，每一天都抱著對未來的不確定。現在正是以色列一舉掃除這些危險，為北方提供一點正常生活樣貌的機會。

以色列召開了部長級國防委員會緊急會議，聽取伊拉札的訴求，與拉賓奪下這片多山區域的計畫。然而，即使在聽取報告後，戴揚依然不為所動。他還是擔心把戰線延伸到北邊，會讓俄國人有藉口參戰。那日稍早發生誤認事件，以色列在埃及近海低空掃射並轟炸了美國船艦自由號

（Liberty），造成美國船員三十四人死亡、一百七十一人受傷，並對這艘美國海軍船艦造成大規模損害。這是美以關係上災難的一刻，而在美國正對以色列憤怒不滿之際，還增加俄國加入戰局的可能，似乎太輕率莽撞了。

會議後，拉賓致電伊拉札，告知他委員會的決議。伊拉札深感失望，認為政府再一次背棄了對邊境百姓的責任。「他們造成那麼多困擾，砲轟又侵擾我們，而我們仍要容許那些自負的混帳待在山頂，欺壓我們？」後來他喃喃說道，「如果以色列這個國家無能捍衛我們，我們有權知道！他們應該直截了當地告訴我們，我們不是這個國家的一分子，無權獲得軍隊保護。他們應該叫我們離開家園，逃離這個夢魘！」[35]

凌晨兩點，疲憊的軍隊指揮部成員解散後各自就寢。然而，戴揚在六點醒來時突然改變心意。他打電話給中央指揮部，得知雖然以色列並未在北境發動攻擊，但戈蘭高地的敘利亞軍事單位已紛紛崩潰四逃。七點差一刻時，戴揚直接打電話給伊拉札，下令他立即對戈蘭高地展開攻擊。[36]拉賓醒來聽到消息後打電話給伊拉札，警告他中央指揮部的評估完全錯誤。「敘利亞軍隊根本沒有潰逃。你必須假設他們會傾全力頑強戰鬥！」[37]

拉賓說得沒錯。戰鬥異常激烈，以色列損失慘重：光在那一場戰役，就有一百一十五名士兵死亡、三百零六人受傷。然而敘利亞的損失更大，到了六月九日晚上，以色列已取得優勢，而敘利亞的防禦能力則土崩瓦解。*

此後不久，以色列國防軍已逼近庫內特拉（Kuneitra），這座敘利亞城鎮位於首都大馬士革以西僅四十英里處。以色列占領庫內特拉後，敘利亞同意停火。六月十日晚間六點半，六日戰爭基本上已經結束。

戰爭異常短暫——僅維持一百三十二小時。以色列取得決定性的勝利。埃及損失一萬至一萬五千名戰士，另有五千人失蹤，數千人受傷。約旦損失七百名士兵，另有六千人失蹤或受傷。在北方戰線，四百五十名敘利亞士兵陣亡，近兩千人失蹤或受傷。埃及僅有一五%的軍事硬體完好無損。以色列有六百七十九名士兵陣亡（有些以色列消息來源後來將此數字調整為大約八百），另有二千五百六十七人受傷。**

從領土來看，戰爭大幅改變了以色列。以色列在戰爭中贏得四萬兩千平方英里土地，領土擴大三倍以上。[38]（**見地圖八**）它拿下加薩走廊、西奈半島、約旦河西岸（包括東耶路撒冷），以及戈蘭高地。感覺以色列像變了個國家。已經習於猶太人不得進入這些土地的海姆·古里，在六日戰爭後說：「我似乎從死亡中甦醒，復活了。」曾經分裂的國家終於統一。「我所愛的一切就在我腳邊，震懾人心而沒有主人，像在夢中一樣示現，」古里說，「古老的以色列地，我年少時的家鄉，我那

---

* 以色列雖然傷亡慘重，但若不是有伊萊·柯恩（Eli Cohen）的努力可能還會更糟。柯恩是以色列鼎鼎有名的間諜，現在更是以色列傳奇人物。一九二四年生於埃及亞歷山卓的柯恩，於一九四七年加入埃及軍隊。以色列建國後，柯恩在他就讀的大學遭到穆斯林兄弟會（Muslim Brotherhood）騷擾，與許多猶太家庭一樣，他們舉家遷居以色列。能說流利阿拉伯語的柯恩成為以色列間諜，後來在成為敘利亞國防部長的首席顧問後，於一九六一至一九六五年間在敘利亞搜集重要情報。他後來被揭穿並判死刑，於一九六五年五月在大馬士革的公共廣場死於絞刑。他提供給以色列的敘利亞國防情報，對六日戰爭中以色列迅雷不及掩耳的拿下戈蘭高地大有貢獻。

** 正如一九四八年的情形，海外猶太人再度為以色列的勝利付出代價。憤怒的暴徒在埃及、葉門、黎巴嫩、突尼西亞與摩洛哥攻擊猶太人、焚燒猶太會堂。在利比亞的黎波里，反猶暴亂造成十八名猶太人喪生、二十五人受傷。在埃及，該國四千名猶太人中有八百人遭逮捕。阿拉伯國家驅逐了大約七千名猶太人，其中許多人離開時僅有身上衣服和一小包財物。（Michael Oren, *Six Days of War*, p. 307.）

被劈裂的國家的另一半。」[39]

獨立戰爭期間約有七十萬阿拉伯人離開以色列前往鄰國（這些國家多數拒絕給予他們公民身分，使他們成了永久難民）。六日戰爭再度為他們的生活帶來巨變。他們發現自己不再生活於約旦統治下，而是受以色列控制。一九六七年，西岸與加薩共有約一百二十五萬巴勒斯坦人，他們的命運將成為國際關注的議題。

有鑑於此，修正歷史學者（「新歷史」學派）會像一九四八年戰後一樣，再次嘗試塑造與以色列主流論述不同的六日戰爭敘事，也就不足為奇。有些學者主張，戰爭是帕爾馬赫成員緊抱好戰態度不放的結果，他們在一九四八年因為本—古里昂決定不奪下西岸而憤懣不平。舉例而言，猶太裔以色列政治專欄作家海姆·哈內格比（Haim Hanegbi）曾寫過：「不要忘記，一九六七年時軍隊仍由前帕爾馬赫成員指揮，他們亟欲利用六日戰爭，完成一九四八年他們沒有機會做的事：取得巴勒斯坦人剩餘的領土，藉由征服的力量建立真正的大以色列（Greater Israel）。」[40]其他人主張戰爭是經濟失敗的產品，政府想藉此轉移對高失業率的關注。「一九六四年起情勢升高的過程『並非必要』，因為它並不源自以阿衝突中的緊急事件。以色列在那些年中的強烈反應表達出……一個特定策略……為國家背棄其社會原則做彌補。」[41]

多年來已清晰浮現的是，這些指控具有論證力量，但沒有史實根據。事實上，戰後三十年，以色列國家檔案館已將該時期的文件解密（阿拉伯國家的檔案庫則維持無限期關閉），外交歷史可供審閱，並且一如歐倫在其巨著《六日戰爭》（*Six Days of War*）中所做，證實了「以色列**拚命地**想要避免戰爭，一直到開戰前夕仍透過每一個管道尋求避免戰爭」。[42]

槍砲聲止息而危險解除後，以色列沉浸在幾乎無邊的狂喜中。這個猶太國家不只是生存下來。遭到法國背叛、美國人敷衍和俄國人恐嚇後，以色列人只能完全依靠自己。而他們取得了決定性勝利。將英國人逐出巴勒斯坦的那群烏合之卒，已被改造為高度專業的軍隊。以色列是該區域最強大的國家，而且遙遙領先。猶太人脫離危險了。可以肆無忌憚威脅猶太民族的日子已經過去了。猶太人只能在敵人聚集武器時瑟縮恐懼的日子過去了。猶太人不知道另一場大屠殺是否即將來臨的日子過去了。早期錫安主義思想家夢想一個世界，在這個世界裡，猶太人在故土上享有主權，而且終於獲得安全。那一天已然到來。

不只以色列人沉浸在狂喜中。蘇聯猶太人看到與他們成長時熟悉的形象迥異的猶太人，突然間對於身為猶太人感到全新的驕傲。[43]在後來那些年，他們要求離開蘇聯前往以色列的呼聲只會愈來愈高。美國猶太人也欣喜若狂。戰後那年共有一萬六千名美國猶太人移居以色列，比以色列建國至當時移居當地的美國猶太人總數還多。[44]

耶路撒冷的傘兵為奪下舊城區慶祝時，舍莫爾人在西奈半島，準備為一群士兵演唱。但就是那時，她聽到廣播傳來士兵高唱她的〈黃金的耶路撒冷〉，歌曲中，她將耶路撒冷描寫為「獨坐的城市，在她中心有一道牆」，而如今她意識到，六日戰爭已讓她的歌過時。於是她把士兵的背脊當桌子，迅速潦草地寫下了一段新歌詞：

> 我們回到飲水處，回到市集和廣場
> 羊角號在聖殿山吹響，迴盪於舊城區
> 在岩中洞穴，數千顆太陽閃耀

我們將再次回到死海，〔這一次〕沿著耶利哥之路。[45*]

長久以來的錫安主義夢想成真。那是安全、自信、驕傲與國際肯定的夢想。這一切不會持續太久。

---

* 以色列人在戰前就能前往死海，但只能開車往南穿越（Arad）前往俾什巴（Beersheba），這是從耶路撒冷啟程，穿越荒蕪沙漠的七小時旅程。現在得以取道耶路撒冷正東邊的耶利哥之路以後，只需半小時車程就能抵達死海。

第十三章
占領的包袱

耶路撒冷屬於我，於我卻是陌生人……
有人住在那裡，陌生的人們……
他們住在他們一直居住的地方，而我才是陌生人。

——艾默思・奥兹，於六日戰爭後不久

「我們回到水井／市集與廣場……〔也回到〕舊城區的聖殿山」，舍莫爾如此寫道。他們確實回去了。城市中心的那道牆消失了，而聖殿山基部的那道牆又再度屬於他們。自羅馬人在近兩千年前摧毀聖殿後，猶太人首度成群結隊來到西牆。

他們前去撫觸牆上的石頭，探索那裡的市場，親眼瞧瞧猶太人數千年來所渴慕、而過去十九年來完全不可及的地方。「有推著嬰兒車的婦女，包著頭巾的老奶奶，戴著軟帽的基布茲居民，穿戴祈禱巾、哈西迪毛帽、黑色寬沿帽、貝雷帽和編織小帽的正統派男性……陌生人相視而笑。我們是生存到故事最後的人。」[1]

然而，這並不是「故事最後」。在歡慶的氣氛之外還有一種詭異感，讓人覺得這次征服比大家在欣喜中所反映出的現實還要複雜。是的，這個年輕的國家在許多人認為會是其末路的戰爭中，克服了看似不可能克服的挑戰；是的，以色列回到了聖經中的土地，回到了千百年來猶太人在他們最神聖的文獻裡所讀到的地方。

但是舍莫爾所歌頌的那些市場，此前並非無人居住。艾默思．奧茲的父親曾在一九四七年十一月那個無比重要的夜晚告訴他，猶太歷史已經永遠改變——但是現在他感覺到歷史的潮水可能正在又一次轉向。他從自己在西奈半島的駐紮處直接前往耶路撒冷，漫步於街頭，心中思忖：

> 耶路撒冷屬於我，於我卻是陌生人……這城市有人居住。有人住在那裡，陌生的人們：我不懂他們的語言，他們住在他們一直居住的地方，而我才是陌生人……他們的眼神仇恨著我。他們希望我死。該死的陌生人……我握著衝鋒槍在這城市的街道上潛行，像我兒時夢魘中的人物：陌生城市中的陌生男子。[2]

「即使是無可避免的占領，依然是使人腐化的占領」，他在戰後不久於工黨喉舌《話報》（*Davar*）的專欄中寫道。這將是他未來數十年所支持的立場，持同樣立場的還有大衛．葛羅斯曼（David Grossman）等其他以色列小說家。[*]

在攝於六日戰爭前的西牆黑白照片中，會看到沿著牆分布的一條狹窄小巷，這小巷連數百人都無法容納，遑論政府預期會前往猶太教最高聖地慶祝的數千公民。這條小巷再過去就是骯髒貧窮的穆格拉比區（Mughrabi Quarter）。那裡有大約一百三十五戶阿拉伯家庭，他們因為一九四八年的戰事而流離失所後，在該處安頓下來，此後便一直生活在當地。六月十日傍晚，在軍方核可下，穆格拉比區的家庭被要求離開該區，讓這裡可以清空以創造寬闊的廣場，容納西牆前的大批人潮。此後不久，軍隊的推土機開入廣場，夷平房屋，以使大眾得以前往西牆。穆格拉比區行動的指揮官後來回憶：「撤離該區居民的命令是我此生下過最艱難的命令之一……〔在戰鬥中〕下令『開火！』時，你是個機器人。在這個例子中，你明知可能傷及無辜，卻還是必須下這道命令。」[3]

有些學者認為穆格拉比區**事件反映出一個更廣泛的現象，即草率制定的政策和匆促做出的決策，有些在後來數十年間持續形塑以色列這個國家。六日十日的穆格拉比區撤離行動之前，缺乏全國性的對話，討論該如何處理以色列剛奪下的城鎮與鄰里。以色列人很快將發現，他們針對奪得的地域——以及生活於上的人們——所做的決策，將為以色列的生存帶來巨大挑戰，不下於六日戰爭所尋求終結的那些威脅。

全國各地的以色列人，對正在發生的事情都有強烈反應。對虔誠的以色列人而言，猶太國以如

---

* 許多高知名度的以色列人以及普通老百姓後來都反對占領行為，儘管如此，並非所有以色列人都認為以色列在西岸的勢力在法律上構成「占領」。二〇一二年，由前以色列最高法院法官艾德蒙・李維（Edmund Levy）為主要作者的報告主張，由於西岸從未有過主權實體，另有鑑於約旦放棄對該領域的權利主張，因此以色列對這些土地擁有正當主權係於法有據。（見Amb. Alan Baker, "The Legal Basis of Israel's Rights in the Disputed Territories," http://jcpa.org/ten-basic-points-summarizing-israels-rights-in-judea-and-samaria/。）

** 穆格拉比區也是猶太人與阿拉伯人之間長期的爭議點。早在一九二九年，猶太人與阿拉伯人之間就因猶太人前往西牆的問題而情勢緊張，當時，哈吉・阿敏・侯塞尼就呼籲限制猶太人前往該址。依舒夫的阿什肯納茲猶太人首席拉比，拉比亞伯拉罕・伊扎克・哈克亨・庫克（Rabbi Avraham Yitzhak HaKohen Kook），則呼籲將穆格拉比區清空。如今，他在當時未獲實行的提議就此成真。（見Hillel Cohen, *Year Zero of the Arab-Israeli Conflict, 1929* [Waltham, MA: Brandeis University Press, 2015], p. xvii。）

此戲劇化又決定性的方式避開了災禍，不啻是上帝之手介入了人類歷史的跡象。有些人相信六日戰爭宣告了彌賽亞的時代即將來臨。對他們而言，上帝似乎聽見了拉比茲維・耶胡達・庫克痛苦的求告。這種宗教熱情所滋養的運動，很快將永遠改變以色列。

同樣地，世俗派以色列人的情感閘門也突然打開了。而再一次地，是以色列最傑出的詩人表達了整個國家的情感。納坦・奧爾特曼一直以他的詩作標記著以色列的重大時刻，這些詩後來也都成為經典。他已成為這個國家的代言人。

然而，從一九六七年到他在一九七〇年逝世，奧爾特曼成為較受爭議的人物，因為他以詩人之筆為戰後以色列的鷹派陣營代言。這一陣營堅稱，以色列取得西岸，是對聖經中的以色列地重新取得正當主權。「以色列無須放棄任何東西，尤其是這個『民族的搖籃』，」他說，「這次勝利的意義在於抹除了以色列國和以色列地之間的不同……國家與土地自此以後同質一體。」[4]

奧爾特曼是世俗派猶太人，這一點並未為人所忽略。[5]雖然保有以色列在六日戰爭中所取得土地的決心，後來與宗教社群連結在一起，但是獲取土地並以之為基礎進行擴張，自世俗錫安主義在十九世紀末期的濫觴，就一直是其活動的核心。在早期的回歸潮中，信仰社會主義的年輕猶太人從俄國來到以色列，並且往往在海外猶太捐助者的幫助下，向有意出售土地的阿拉伯人購買土地。阿拉伯人在一九四七年攻擊依舒夫後，開啟了持續至一九四九年的戰爭，而以色列在這場戰爭中又取得更多土地。在獨立戰爭後的一九五〇年代在這些土地的基礎上持續擴張，似乎是錫安主義自然的下一步。

世俗錫安主義者會熱切擁抱新獲得的土地，還有另一個原因。古典勞工錫安主義有一段時間顯得疲弱無力。在六日戰爭前的六年中，僅有十個新成立的莫夏夫或基布茲社區。集體農業聚落主要是信奉社會主義的歐洲猶太人的大業，而由於這些猶太人多數死於希特勒的毒氣室中，潛在的移民人數也少了很多。世俗派錫安主義需要新注入的熱情。

世俗錫安主義的意識形態熱情消退，導致了真空出現，讓虔誠派猶太人有機會成為錫安主義的新領袖，擔任以色列第三個十年的拓荒者。先前的猶太宗教領袖**攻擊**錫安主義，是因為它太過世俗，並尋求創造新猶太人；在戰後，有些宗教領袖卻選擇**帶領**重獲活力的錫安主義。最能代表這種新熱情的人，莫過於拉比茲維．耶胡達．庫克。戰爭之前，拉比庫克曾為以色列地的分裂狀態而哀嘆；如今，戰爭打完之後，突然間他聽起來就像現代的聖經先知，描述著輝煌的錫安主義運動：

拉比在披掛著一面以色列國旗的講壇上說話。將擺放神聖典籍的講壇以世俗的以色列國旗覆蓋，是拉比茲維．耶胡達在傳達一個訊息：這面旗的神聖性，不下於我身後遮蓋著妥拉櫃的那面絨布……拉比以強勁的聲音和傲然的語氣警告世界，不要介入上帝的計畫，試圖將獲得解放的土地從以色列的控制中奪走。他繼續說，即使是民選的以色列政府，也無權從那些領土撤離。[6]

拉比庫克有這種自信，認為自己有權警告政府有權或無權做什麼，不祥地預示了未來的發展。多數以色列人完全錯過了這些警訊。

不過，並非所有虔誠猶太人都抱持同樣觀點。有個著名的例外，是以色列重要的公共知識分子——正統猶太教徒耶沙雅胡．萊博維茲（Yeshayahu Leibowitz）教授。對萊博維茲而言，源自一九六七年六月那次勝利的主要宗教義務，是以色列必須拯救自己的靈魂。要做到這點，他堅持以色列必須退出所有奪取的領域，如此一來，以色列人才不會將自己的統治強加於外國人口上。

戰後三年，他在寫給一名以色列高三生的信中，總結了自己從一九六七年槍聲止息那一刻起就一直在說的事情：

> 我支持立刻退出有一百二十五萬阿拉伯人居住的那些領域，原因與和平完全無關。我向來說的都是**退出**而非**歸還**那些領域，因為我不知道我們要將這些領域「歸還」給誰。還給胡笙？法塔赫〔Fatah，巴勒斯坦民族解放運動〕？納瑟？還是當地居民？一旦我們退出這些領域，阿拉伯人怎麼處置這些地方就不是我們可以介入，也不是我們的義務或權利。我們需要在我們的猶太國鞏固根基並且保衛它。如果我們不有尊嚴地退出——意思是因為了解猶太人民和國家的真正需求而自願離開——那美國人與俄國人將迫使我們羞辱地撤離。
>
> 你必須了解——「領域」的問題絲毫不吸引我關心。〔我關心的〕反而是住在那邊的一百二十五萬名阿拉伯人，而且不是出自對阿拉伯人的關心，而是出自對猶太民族與我們國家的關心。將這些阿拉伯人（外加已經住在以色列的三十萬阿拉伯人）涵蓋在我們控制的區域內，將代表以色列作為一個猶太國家的終結，代表整個猶太民族的毀滅，與我們在這個國家建立的社會結構之崩解。[7]

多數虔誠派猶太人與離經叛道的萊博維茲意見相左。其中包括解放了舊城區與聖殿山的傘兵之一——漢南．波拉特（Hanan Porat）。他接近西牆，看見斑駁褪色的神聖石塊時，低聲自語：「我們正寫下聖經的下一章。」[8]

錫安主義一直是年輕人的革命。比亞利克在一八九二年寫下〈致鳥兒〉時年方十九。拉賓擔任哈雷爾旅（Harel Brigade）指揮官，在耶路撒冷之戰中扮演要角時才二十六歲。如今，二十四歲的波拉特和他這一代人憑著他們僅有的熱情與動力，發動了即將永遠改變以色列的一場運動。

波拉特一九四三年在卡法埃齊翁出生長大，那是新建立的宗教基布茲社區，位於耶路撒冷城外的猶太山（Judean Hills）。他對流亡有第一手認識。獨立戰爭期間，卡法埃齊翁是遭阿拉伯人肆虐的基布茲之一：在獨立前一日的一九四八年五月十三日，所有的男性都被聚集起來，遭槍決或以手榴彈擊斃。他和他的朋友得以倖存，是因為婦女和小孩從卡法埃齊翁撤離，到耶路撒冷避難，而男性則留下來，試著保衛他們的家園。

該地區的基布茲一一陷落，死者包括和波拉特一起在基布茲長大的親近友人的父親。波拉特說他要收回「他父輩之地」時，確然就是這個意思。

其他人也是。六日戰爭後的幾週裡，極受歡迎的聖經導師尤埃爾．賓農（Yoel Bin-Nun），帶領學生前往他們多年來讀到的地方：

尤埃爾手持口袋聖經，戴著墨鏡和基布茲居民的無沿帽，帶領學生穿梭在聖經的地景中。他們尋找泉水、廢墟以及聖經敘事中的地貌，希望找到古戰場的遺址。他們重溯亞伯拉罕從希布倫徒步至耶路撒冷的路徑，以及一九四八年帕爾馬赫戰士前往解救卡法埃齊翁圍城之困時的道路——形成連續一體的歷史，彷彿中間未曾因二十個世紀的流亡所中斷。[9]

如今，賓農能夠用從前不可能的方式讓聖經鮮活起來，因為他的學生可以走在聖經中所提到的丘陵間。賓農的教學，讓波拉特的宗教熱情有了新的出口，他一心要在摯友父親遇害的土地上重新定居，若不是基布茲淪陷，那片土地早已是以色列的一部分了。

一九六七年九月二十五日，距離六日戰爭結束後大約三個月，波拉特設法獲得了與總理會面的機會，希望取得政府許可，在卡法埃齊翁重新定居。他多次重述那次會面，因為他與總理的交談顯示出，政治領袖完全誤判了這股新生的宗教熱情：

「你想要什麼，kinderlach？」艾希科爾問他，用的是意第緒語中對小孩的親暱稱謂。「我要上去。」波拉特說。「哦，孩子，如果你要上去，就去吧。」「聽我說，」波拉特繼續說，「再過十天就是猶太新年了。我們非常希望能在父母親曾祈禱的地方祈禱。」「這樣啊，孩子，」總理說，「如果你要祈禱，就祈禱吧。」[10]

從這段對話的重述中，很難清楚得知總理的態度是輕蔑、鼓勵或只是存疑。「在重述艾希科爾那些話的時候……有的詮釋是溫暖讚許，有的詮釋是他斷然否決，只因為行動分子的悍然堅持才讓步。」[11]不過，相當清楚的是，無論艾希科爾對波拉特的印象如何，他大大低估了他的決心。

重返埃齊翁定居區絕不只是泛泛地以定居於那片土地，或是改變以色列的實體與政治版圖為動力。波拉特和他的朋友是要重返家園。他們要回到他們其中多數人出生的土地，是他們的父親和母親耕耘過、在上面建立了家園與社群的土地。他們的父親為了捍衛那片土地而死，他們的父母在那裡遭到屠殺。如果錫安主義最廣泛的意義是猶太民族回歸祖先故土，那波拉特與他的夥伴就是要回歸家族故居。海姆．古里在卡法埃齊翁和周圍的猶太村莊於一九四八年五月陷落時曾寫下：「我們將再起，出現時將一如從前。」十九年後，葬身於此的戰士兒女，決心實現古里當年對猶太人的承諾。

艾希科爾不置可否的背書，對波拉特已經足夠。兩天內，他和他的朋友（以「卡法埃齊翁之子」為人所知）已開始在卡法埃齊翁重新定居。乘著破舊的卡車和巴士，他們回到了基布茲曾經存在於上的土地。

抵達後，他們把床墊搬下車，放在簡陋的鋁製房屋地上，這裡就是他們以後的家。接著，他們在男性宿舍掛上一幅拉比茲維・耶胡達・庫克的肖像後睡下，準備在西岸的第一個重新定居點度過他們的第一個夜晚。

卡法埃齊翁被普遍認為是在耶路撒冷保衛戰中所淪陷，因此在以色列人的集體記憶中占有獨特位置。它重新成為定居點，啟發了各行各業的以色列人。在特拉維夫，一名「即將退休的牙醫自願賣掉診所設備，將所得捐獻給卡法埃齊翁」。[12]特拉維夫大學的校長則說：「卡法埃齊翁的拓荒者為我們指出了道路。」[13]為了加入卡法埃齊翁，一名學生自願放棄高等教育學業；一對夫妻則申請到卡法埃齊翁度蜜月。

定居者運動逐漸加溫，從此沒有再回頭。

短短六年後的一九七三年底，以色列人已經在西岸建立了十七個定居點（多數在約旦河谷），到了一九七七年五月，已有三十六個定居點。一九七三年時，加薩走廊和西奈半島的西北隅（拉法進路）有七個定居點，到了一九七七年已有十六個。在西奈半島本體，一九七三年有三個定居點；一九七七年時已有七個。[14]

一九七四年，決意在一九六七年占領區定居的以色列人，首度組成了有分量的政治實體，並在未來成為宗教錫安主義運動的基石。這個實體名為Gush Emunim（「忠信社群」），它不僅體現拉比茲維・耶胡達・庫克的意識形態，在許多方面也為早期錫安主義的一個理念重新注入活力。夏隆曾在多年後回憶，有人問他：「忠信社群那些人是誰？」他的回答是：「他們和一九四〇年代的我們很像，只是更嚴肅。」[15]忠信社群將在以色列社會留下不可磨滅的印記：二〇一二年，有大約三十四萬一千名以色列人生活在定居點。

有些以色列人因為宗教與意識形態原因，希望以色列保留西岸；其他人的動機則不是神學，而是安全理由。一九七〇年，帕爾馬赫創始者之一、時任副總理與移民吸收部長的伊加爾・阿隆（Yigal Allon）提議將以色列在一九六七年取得的領域一部分歸還，一部分保留。他的提議今日稱為「阿隆計畫」（Allon Plan，**見地圖九**），內容為以色列仍控制約旦河谷、東耶路撒冷和埃齊翁定居區，以及位於希布倫市郊的新猶太人區阿爾巴鎮（Kiryat Arba）。以色列將在這些地區建立平民定居點，提供住宅以外，也可作為預警系統，偵測來自東邊的攻擊。不由以色列控制的地區，則將釋出給約旦（依照計畫的某一個版本），並且由公路相連接。阿隆提議將西奈半島大半歸還給埃及，但保留戈蘭高地的一大部分。這個計畫在以色列備受爭議（而且雖然經過廣泛討論，但從未經過以色列政府正式投票表決），但最後無關宏旨，因為約旦國王胡笙斷然拒絕了。

數十年後，多數以色列人都將明白，西岸在某種程度上的分割勢所難免（原因包括國際壓力）。但是到了那時，情勢已經遠遠比阿隆提出計畫時複雜許多。二〇一五年，已有數十萬以色列猶太人生活在西岸。以色列人與巴勒斯坦人在談判中對於各自（相互不容）的要求，立場都更加強硬，而這場衝突在許多方面已從政治衝突變形為宗教衝突，雙方的意識形態擁護者都宣稱上帝將這片土地分派給他們。阿隆的計畫來得太早，但當初若獲採納，中東歷史的發展可能會非常不同。

該如何處理奪取的領域，現在成了錫安主義最具爭議性的問題。在這個運動早年，赫茨爾尋求建國，阿哈德．哈阿姆則堅認建國是個錯誤，猶太人應該在巴勒斯坦建立文化中心——而且僅止於此。後來又有本—古里昂對上賈博廷斯基、主流錫安主義對上修正錫安主義，以及要以多大力度對抗鄂圖曼人與英國人，好讓他們退出巴勒斯坦的論戰。多年後，本—古里昂與貝京為德國賠償問題而僵持不下，但更深層的歧見，是猶太記憶在以色列的政策與政治議程決策中該扮演什麼角色。現在則是右派對上左派，定居者對上認為以色列應該放棄占領區的陣營。正如先前的意識形態辯論，這並非支持錫安主義和反錫安主義之間的分裂，而是深愛以色列的兩個陣營間深刻的分歧，他們都希望這個國家蓬勃發展——但是對於最能保護其靈魂的行動方針有不同意見。

忠信社群看到的是處女地，是召喚年輕猶太人回到民族誕生地的聖經土地，其他以色列人看到的是人，是大約一百二十五萬名突然落入以色列統治下的阿拉伯人。阿隆看到的是提升國家安全的可能性，萊博維茲看到的是將吞噬以色列國格的惡性腫瘤。突然之間，以色列的國界不再單純只是安全與外交問題，而是宗教問題，因此遠遠複雜許多。以色列社會以前所未有的方式產生分裂；這道深淵直到今日仍未彌合。

害羞、一頭鬈髮、喜愛藝術的傘兵梅爾．艾里爾（Meir Ariel），和波拉特一樣，也參與了耶路撒冷舊城區的爭奪戰。波拉特抵達西牆後，滿心讚嘆地佇立在那兒，但梅爾的經驗卻迥然相異。「『就在下一刻，』他心想，『那感覺就會打中我：我來到這裡，實現了兩千年來的渴望。』但是那感覺沒有來。梅爾．艾里爾沒有感覺到狂喜，沒有感覺到聖經的下一章正被寫下。『我怎麼了？』他思忖，『我這算哪門子猶太人？』」[16]天生具有音樂性的他拿出筆，寫下舍莫爾那首歌的另一個版本。[17]

舍莫爾那首歌的開頭是「山上的空氣澄清如酒，松樹的氣味在薄暮中隨風吹送」，艾里爾名為〈鐵鑄的耶路撒冷〉的版本，則以一個希伯來字眼be'machshakayich開頭，意思是「在你的黑暗中」。[18]「在你的黑暗中，耶路撒冷……」他寫道，「我們前來擴張你的邊界，驅逐敵人。」

舍莫爾看到猶太人和孕育他們的故土重逢，艾里爾眼中卻只有戰爭引發的苦難。他的歌曲最後引用「黃金的耶路撒冷」一詞，但帶著極為不同的情緒。耶路撒冷不只是黃金之城，也是「鉛和夢想」之城。他以祈禱結尾：

在你的城牆之內
願和平永遠安住。

戰後，艾里爾以低成本錄製了他的歌曲版本，而且不知如何傳到了以色列的廣播電台手上，突然間成了反覆播放的歌曲。這首歌是對舍莫爾的原作充滿痛苦而半帶諷刺的反駁，而它會大受歡迎並非偶然。以色列面臨將來的風暴。它該如何處理奪取而來的土地？萊博維茲和波拉特的觀點完全相反。舍莫爾與艾里爾提出的答案迥然相異。艾里爾後來成為以色列的巴布．狄倫（借用哈列維的用語）。他成為他那一代人幻滅感的代言者。還要十年，這個幻滅感才會促發「現在就要和平」（Peace Now）運動；不過，正如在以色列社會中所常見，在那個當下，音樂人與詩人預告了後來的運動。

即使在以色列國防軍高層中，也有人了解偉大勝利的陰暗面。拉賓後來說過：「我們可以擴大我們控制的領土。如果我們意欲占領開羅，埃及並無軍力可以阻擋以色列國防軍。安曼也是如此。在六月十一日，我們若要拿下大馬士革也不會太費力氣。但我們並不是為了獲取領土而打仗，而我們占領的土地已經帶來夠沉重的負擔了。」[19]

負擔這個用語別具啟示性。許多以色列人直覺地認為，占領以色列剛奪得的土地，並統治一百二十五萬名阿拉伯人，將是個複雜的工作。本─古里昂曾在一九四八年拒絕手下將領希望拿下西岸的請求，此時已經淡出政壇的他也公開表態。以色列應該保留耶路撒冷與戈蘭高地，但放棄所有其他地區，他說。在這一點上他與萊博維茲意見相同：此事牽涉的是以色列的靈魂。

過去，以色列戰士總被認為應該展現合乎身分的堅忍沉著，然而，打過六日戰爭的戰士，明顯地偏離了這種行為，開始表達他們對於所見所聞的不安。參與過這場戰爭的基布茲成員，接受一系列訪談後，集結為《軍人心聲》（*Soldiers Talk*）一書出版，讓以色列人聽到了從前未曾聽人表達過的感受。士兵談論殺人的痛苦，對於必須戰鬥的憤怒，以及年齡和他們自己孩子一樣的兒童舉手投降時，他們感受到的羞恥。

訪談錄的出版者原本預期這本書頂多引發一點關注，但是這本書卻出乎他們意料地大賣十萬本——用以色列的市場規模來看是個天文數字。這本書會暢銷，原因和艾里爾的〈鐵鑄的耶路撒冷〉會大受歡迎一樣。有些以色列人憑第六感知道，他們正逼近算總帳的時刻——對象是另一個民族，他們的民族運動才剛起步，而且正是以色列人協助引燃的。

六日戰爭造成以色列人分裂，卻凝聚了戰敗的巴勒斯坦阿拉伯人群體。以色列的勝利，是對納瑟的泛阿拉伯民族運動致命的一擊。納瑟或其他阿拉伯國家領袖，口口聲聲說深切關心巴勒斯坦人（一九四八年的戰爭難民與他們的後代），但現在清楚浮現的一點是，他們實際上做得非常少。納瑟顏面掃地，但巴勒斯坦人亦深受羞辱，儘管他們只是一場更大戰爭中的棋子。一九四八年的戰事，讓七十萬巴勒斯坦人流離失所，遷居至西岸與加薩，如今，許多人卻又得生活在他們認為害自己失根飄零的民族統治下。

這個變化以不同方式擾亂了巴勒斯坦人的現狀。一九四九年停戰線不再構成有意義的國界後，他們得以造訪自己在十九年前所逃離的城市與故居，但是這又激起了複雜的情緒。研究該時期的一名歷史學者描述：

> 卡塔蒙（Qatamon）與巴卡（Baqa）這兩個西耶路撒冷鄰里的豪宅，在一九四八年被富裕的阿拉伯人遺棄後，經猶太移民分割為較小的居住單位。在這裡的街道上，掛著約旦車牌的汽車緩緩駛過，車裡擠滿來自東耶路撒冷與其他地方的家庭，看著當年被留下來的房子……美國總領事埃凡・威爾森（Evan Wilson）〔在電報裡寫道〕：「有位阿拉伯人……在一九四八年倉促離開時……將他的平台鋼琴交託給前任領事保管，這台鋼琴在我們新市（New City）宅邸的客廳裡待了十九年，如今他的主人來要回它了。」[20]

然而，有些巴勒斯坦人疑心以色列人不懷好意。該時期的重要巴勒斯坦作家加桑・卡納法尼（Ghassan Kanafani），也是暴力恐怖組織「解放巴勒斯坦人民陣線」（Popular Front for the Liberation of

Palestine）的一名領袖，他出版的諸多短篇小說中包括〈回到海法〉，描述巴勒斯坦人從西岸回到海法，一睹他們一九四八年以前的家園。男主角在開車穿越以色列時，對妻子說：

> 他們完成占領後馬上開放邊界，很突然而且立即生效。史上任何戰爭都沒有過這種事。你也知道一九四八年四月發生的慘事，所以現在為何又來這一套？只是為了我們嗎？不！這是戰爭的一部分。他們在對我們說：「請自便，看看我們比你們好多少，發展得比你們先進多少。你們應該甘於擔任我們的奴僕，應該佩服我們。」[21]

還是有一些好處。有些西岸巴勒斯坦人在以色列謀得工作，生活水準改善。在以色列治理下，教育機會也與時俱進。然而對巴勒斯坦人而言，最明顯的改變是，如今他們不再由約旦穆斯林統治，而是由以色列猶太人統治。他們現在是占領區的人民，而終結以色列的占領，終將成為他們主要的民族目標。

一九五〇年代末期，亞瑟爾·阿拉法特（Yasser Arafat）創立法塔赫（Fatah），即巴勒斯坦民族解放運動（Palestinian National Liberation Movement）。

阿拉法特一九二九年八月生於開羅。他的父親來自加薩市，母親則成長於耶路撒冷。他的母親過世後，父親將他送去耶路撒冷舊城區與母親的家人同住。他後來返回開羅學習土木工程（但是在一九四八年戰爭時休學，與穆斯林兄弟會並肩作戰）。西奈戰役後，所有敢死隊戰士都遭驅逐，阿拉法特於是轉進科威特，生活在許多巴勒斯坦難民之間，其後在一九五九年成立了法塔赫。

一九六八年，法塔赫加入巴勒斯坦解放組織（Palestine Liberation Organization，成立於一九六四年——早在以色列占領西岸以前），很快成為其主要勢力。阿拉法特崛起影響的不只是以色列，因為巴解組織可以說發明了國際恐怖主義，全世界的安全都因此而更為脆弱。以色列內部雖然有主張放棄占領土地、讓兩個民族能並肩生活的聲音，但是巴解組織並沒有意願妥協。它對錫安主義的態度明示於其憲章中：

> 錫安主義以殖民主義運動為發軔，侵略和擴張為目標，種族歧視和隔離為型態，法西斯主義為手段和目的。以色列身為這個破壞性運動的矛鋒與殖民主義的砥柱，將永遠造成國際社群、特別是中東地區的緊張動盪。[22]

一九六七年，巴勒斯坦人（以及與阿拉伯國家聯盟和埃及往來密切的巴解組織）深受羞辱，突然間，對數百萬巴勒斯坦人而言，阿拉法特領導的法塔赫變得前所未有的吸引人。法塔赫掌控了巴解組織，而如今已是國際知名人物的阿拉法特成為其主席。從各方面而言，阿拉法特就是巴勒斯坦人的政治領袖。

採取政治行動的同時，巴勒斯坦人和錫安主義者一樣，也在尋找文學上的聲音。最著名的例子是馬哈茂德．達爾維什（Mahmoud Darwish）的詩歌。達爾維什是出生於西加里利的巴勒斯坦人，家族在獨立戰爭期間逃離居住的比爾瓦村（al-Birwa）。他以千百年來的阿拉伯詩歌傳統，以及他和巴勒斯坦同胞的無家可歸之感為素材，於巴解組織創立的一九六四年寫下了〈身分證〉（Identity Card）。[23]「寫下來！我是阿拉伯人」，他如是對讀者宣告，接著轉向巴勒斯坦民族敘事核心的那個控訴：「你們竊取了我祖先的果園，和我耕種的土地。」這絕望感從何而來？「你們沒留下任何東西給我們，只有這些石頭。」接著是威脅。

若我感到飢餓
我將以竊據者的血肉為食。
小心。
小心。
我的飢餓。
還有我的憤怒！

達爾維什與其他的巴勒斯坦作家與詩人一樣，為追尋獨立自由的民族發聲。他詩中警告的憤怒真實無比，也很快將成為對以色列持續蓬勃發展最重大的威脅之一。

六日戰爭結束三個月後，阿拉伯國家聯盟於一九六七年九月一日齊聚於喀土穆（蘇丹首都），並發布聲明，其中堅持的一點包括：

阿拉伯國家領袖一致協議，將統合其國際與外交層面的政治力量，終結侵略行為的效應，並確保以色列侵略部隊撤出自六月五日以來所占領的阿拉伯民族土地。達成這個目的的框架，將由阿拉伯國家所依循的主要原則構成，即不與以色列和解、不承認以色列、不與以色列談判，並堅持巴勒斯坦人在自己國家內的權利。24

「不和解、不承認、不談判」，成為阿拉伯世界的真言。

以色列在一九六七年六月的六天裡，成就了驚人的軍事勝利。但是那次勝利，並未終結這個猶太國家與周圍阿拉伯國家之間的衝突。如今已很清楚的一點是，這次勝利喚起了一場新的衝突——與巴勒斯坦人之間的衝突。兩方都以意識形態熱情回應這個翻天覆地的改變。在以色列這一方出現了忠信社群，為定居運動注入新的意識形態熱情。在巴勒斯坦人這一方，以色列的勝利為他們自己的民族主義——以及消滅以色列的意念——添加了能量與燃料。

不無反諷的是，一九六七年的勝利，如今為以色列帶來了一個日益強大的新敵人，將劇烈改變以色列的未來。

第十四章
贖罪日戰爭：被擊碎的自信

你們承諾……和平……〔而且〕你們承諾保守承諾。

——以色列歌曲〈七三年冬〉歌詞

一九七三年春天，拉賓在華府擔任以色列駐美大使五年後返回以色列，感覺到這個國家已經改頭換面。「我歸來的以色列有一種自信、幾近於自滿的氛圍，」他說，「很適合一個遠離了戰爭可能性的國家。」[1]

若說六日戰爭前的那幾週，以色列經歷了前所未有的自我懷疑和普遍的絕望感，那戰後幾年帶來的是極度自信的一段時期。以色列似乎已超越了被毀滅的威脅；以色列早期世代那種屬於離散者的緊張不安，如今看來已是屬於猶太人過往的遺緒。

後來的以色列人稱這種新的國家心態為 conceptzia（「概念」），這種世界觀尤其深植於軍方高層與以色列情報圈。以色列老百姓與領袖對於國防軍的軍事優勢抱持完全信心。他們確信，埃及要恢復在六天內被以色列以迅雷不及掩耳之姿全面摧毀的軍力，將耗費多年時間，因此他們認為敘利亞也應有自知之明，不會對以色列北方國界發動攻擊。他們主張，拜國防軍所賜，以色列如今已堅不可摧。

以色列的生活在幾個方面變得不同。如果說，在建國早年軍方領袖談及自己的成果時帶著謙卑——依照深入整個社會的文化，他們只是在「盡自己的義務報效國家」——那現在的以色列對國防軍將領則是無比尊崇，待他們如英雄。有些將領利用他們新獲得的支持度進入政壇，破壞了本－古里昂堅持清楚劃分軍方與政治領域的政策。一九四八年至六日戰爭期間的前後三名總理，本－古里昂、夏里特與艾希科爾，幾乎都毫無軍事經驗可言。然而，在後來那些年，以色列的許多總理都是前任將領或戰功彪炳的士兵。

錫安主義領袖如本－古里昂、戈登或梅爾近乎苦行的生活也不復見。以色列早期領袖放棄了舒適物質生活，即使在抵達政治領域巔峰時，依然住在簡樸的小公寓裡，享受的舒適便利出奇的少。這一點亦不復見。以色列領袖過起舒服的生活——而且是非常舒服。

拉賓說得沒錯。以色列變了。

在這種新的心態下，一九七三年春天，以色列在獨立紀念日當天舉辦了史上最大規模的閱兵遊行。那也將是最後一次。

以色列雖然耀武揚威，感覺所向無敵，但依然沒有獲得和平。尤其沿著西奈半島，以色列和埃及部隊仍然「怒目相向」（eyeball to eyeball）[2]——兩方都能清楚看見對方，中間僅隔著一條狹窄的運河。以色列開始沿著運河建造防禦陣地，稱為巴列夫防線（Bar-Lev Line，以國防軍參謀長哈伊姆．巴列夫將軍命名）。雖然沒人認為這道防線能成功阻擋埃及全面入侵，但是支持者相信，若埃及有一天發動攻擊，它會是有效的預警系統，必要時也能阻擋埃及軍隊夠長時間，等待增援軍力抵達。

然而，從一開始，以色列軍方官員對巴列夫防線可能的效用就意見分歧。當時任南方指揮官的夏隆認為巴列夫防線很危險，因為它會讓人感覺到實際上並不存在的安全。「我確信我是對的，而他們〔那些將軍與前任參謀長〕是錯的。」他後來以他招牌的自信語氣說，「巴列夫防線注定為我們帶來災難。但四年後它真的帶來災難時，我並不因此而得意。」[3]然而多數高階將領並不怎麼擔心，而建造工程依然繼續。對某些人而言，巴列夫防線成為以色列南方邊界固若金湯的最高象徵。

以色列忙於建造防禦工事時，埃及總統納瑟採取了更侵略性的姿態。他決心將以色列逐出它在六日戰爭中奪下的西奈半島，對西奈發動了有限的火砲攻擊與小規模的入侵行動。這些作為證明無效後，埃及在一九六九年三月八日展開了另一波攻擊，後來以消耗戰（War of Attrition）為人所知。

這場消耗戰從一九六九年三月持續到一九七〇年八月，但在以色列武裝衝突的清單中往往略過不提。停火協議終於生效時，邊界一寸未動，但是雙方都承受了可觀損失。學者對於確切數字看法不同，但有一名以色列軍事史學者指出，喪生的以色列人可能達九百二十一人，其中六百九十四人為士兵，其餘為平民。以色列在這場戰爭的數十場戰役中損失了二十多架飛機，外加一艘海軍驅逐艦。

然而，一如先前所有戰爭，阿拉伯這一方的死傷數字遠高於此。本尼・莫里斯認為埃及大約有一萬名士兵和平民死亡；戰爭期間，有時候埃及一天就有大約三百名士兵陣亡。[4]埃及損失了大約一百架飛機和數艘海軍船艦。有一條人命的損失對埃及而言不只真實，也絕對具有象徵意義：陳屍沙場的包括埃及軍隊的參謀長。

一九七〇年四月，埃及總統納瑟邀請納胡姆・戈德曼（Nachum Goldmann）前往開羅，討論衝突的可能解決方案；戈德曼是世界錫安主義大會主席，這個組織自赫茨爾於一八九七年在巴塞爾召開了第一次大會後，就一直負責這個會議。以色列總理梅爾認為這是陷阱，施壓要求戈德曼不要前往赴會。[5]有些以色列人則開始公然質疑，以色列為脫離暴力循環所做的是否還不夠。五十八名高中生在一九七〇年四月二十八日寄了一封信給梅爾，此舉在當時被許多人認為不可原諒，違反了以色列的集體精神。他們在信中寫道：「因此，我們與許多其他人想知道，我們要如何在政府因其政策而錯失和平機會的情況下，打一場永久而沒有未來的戰爭。」[6]針對梅爾的公民騷動已然展開。

這封信很簡單——至今仍以「十二年級生的信」為人所知——但卻撼動了整個國家。這封信是最早的跡象之一，顯示以色列集體精神的假象出現裂痕（這個集體精神是本—古里昂更為廣泛的mamlachtiyut〔國家主義〕計畫的一個層面）。同樣重要的是，以色列有了和平運動的開端；平民百姓質疑政府外交政策誠意和動機為何的傳統誕生了。

幾個月後，埃及總統心臟病發逝世。死時，納瑟知道自己這輩子的中心追求失敗了。他並未實現將以色列趕到海中的承諾，而他的偉大願景，泛阿拉伯民族主義運動，也逐漸失去熱度。從許多方面而言，他的死就是對埃及領導的泛阿拉伯運動最後一記重擊。

然而，泛阿拉伯主義垂死之際，巴勒斯坦民族主義卻方興未艾。自從以色列建國，以及獨立戰爭期間巴勒斯坦人大量出逃的「大災難」（Nakba）以來，阿拉伯國家便一直聲稱巴勒斯坦問題將是泛阿拉伯運動的中心焦點之一。但是這件事沒有任何實質進展。巴勒斯坦行動分子開始了解，阿拉伯國家對巴勒斯坦問題的關心只是口惠而實不至。巴勒斯坦人終於明白，如果要有任何進展，尤其若想取回一九六七年戰爭中失去的領土，他們只能靠自己。

最有效地投入追求這個目的的人是阿拉法特。他讓巴勒斯坦人追求的民族自決成為世界議題，但為了達到這個目的，他形塑了巴勒斯坦在全世界發動暴力的傳統。到最後，阿拉法特啟動的恐怖行動不僅針對以色列平民，也針對歐洲和其他地方的攻擊目標。

恐怖活動在一九六〇年代中期如火如荼展開。一九六五年初，法塔赫槍手開始進入以色列邊境執行更為致命的突襲行動。他們的攻擊逐漸升級，一九六五年五月，他們開火的對象包括一輛農場卡車、化學槽車和一座基布茲的居民，造成數人受傷。攻擊從一九六七年六月一直持續至一九七一年三月，造成不少以色列人傷亡。

從一開始阿拉法特就明白主張，即使以色列國界回到一九六七年六月以前的範圍也不夠。巴勒斯坦人心中的目標更為遠大——也更為致命。「我們在乎的不是一九六七年六月發生的事情，也不是要消除六月戰爭的結果，」阿拉法特在一九七〇年八月說，「巴勒斯坦革命的根本追求，是將錫安主義實體從我們的土地拔除，並解放這片土地。」

巴勒斯坦恐怖行動也把這場革命帶到海外，劫持了數架飛機。一九七〇年二月二十一日，瑞士航空一架飛機遭破壞後，四十七名乘客與機組員在蘇黎世喪生；其中十七名受害者為以色列人。同一天，七名猶太老者在巴勒斯坦人對慕尼黑一家老人中心發動的攻擊中喪生。

阿拉法特在國際上迅速為人所唾棄，但是他的行動成功了。巴勒斯坦民族主義成為國際關注事務，最後也讓以色列在外交上退居守勢。

諷刺的是，首先對阿拉法特採取反擊的是阿拉伯世界。獨立戰爭與後來的六日戰爭期間出逃的數十萬巴勒斯坦人當中，許多人落腳在約旦王國，到了一九七〇年，約旦已成為阿拉法特激進且致命的巴勒斯坦解放組織重要的作戰基地。不過，巴解組織很快就不自量力地把眼光轉向了約旦的哈希姆王室。胡笙國王在短短三個月內逃過巴解組織武裝分子的兩次暗殺行動。為了推翻哈希姆王朝，巴解組織在約旦領土上又發動其他攻擊，包括劫持三架飛機飛往約旦，後來在電視轉播下炸毀這三架飛機。

面對王朝存續的威脅，胡笙國王以殘暴的鎮壓回應，如今稱之為「黑色九月」。他發動的其實是一場內戰，交戰雙方為巴解恐怖組織與約旦軍隊，始於一九七〇年九月並持續了十個月，直到一九七一年七月才告結束。這場內戰造成大約兩千名巴解組織戰士與數千名巴勒斯坦平民喪生。約旦處於極度動盪之時，敘利亞見有機可乘，欲入侵約旦——並宣稱其目標是防止巴勒斯坦人被完全消滅。以色列將坦克集結在戈蘭高地，大馬士革已在攻擊範圍內之後，敘利亞才解除了作戰準備。

胡笙雖然挽救了他的王國，卻在無意中造成了另一個中東國家的毀滅。巴解組織領袖與數千名戰士被逐出約旦後，出逃至南邊的黎巴嫩。黎巴嫩的穆斯林與基督徒之間，長久以來維持著脆弱而緊繃的協議關係，但是到了一九七五年，黎巴嫩爆發民間騷亂，全面內戰很快隨之而起。「中東巴黎」最後將成為一片廢墟，黎巴嫩作為正常運作國家的時日已經不多，而這主要都拜阿拉法特所賜。

其時美蘇冷戰正烈，雙方都視中東，尤其是埃及，為建立勢力的關鍵區域。蘇聯將埃及與安瓦．沙達特（Anwar Sadat）都納入其羽翼下。沙達特在納瑟治下兩度擔任埃及副總統，並在他死後接任總統。但是他對蘇聯干預埃及內部事務深感厭憎，因此下令蘇聯顧問離開埃及。

以色列與美國認為沙達特放棄這麼重要的盟友是重大的策略失誤，但是這位埃及領袖遠比他們所想的聰明。沙達特知道蘇聯擔心埃及會對以色列發動又一場戰爭。如果埃及再次戰敗，對於協助埃及的蘇聯會很不光彩。無論蘇聯對沙達特有多不滿，都無法承受讓他失敗的後果。蘇聯「懲罰」埃及的方式是幫助敘利亞壯大。他們提供敘利亞數以百計的坦克、飛機與防空飛彈。敘利亞幾乎在一夜之間成為全世界人均武力最強大的阿拉伯國家。由於敘利亞的巴斯黨（Baath，或譯阿拉伯復興社會黨）政權依然致力於「消滅錫安主義侵略行為的所有痕跡」[7]，這樣的發展對以色列而言很不妙，蘇聯也知道他們不能棄埃及於不顧。雖然不滿沙達特，蘇聯還是提供埃及噴射戰機、坦克、反坦克飛彈、防空飛彈，以及可威脅以色列重要城市的飛毛腿飛彈（Scud）。

這一切正如沙達特所願。突然間，中東的權力平衡不再如許多以色列人想要相信的那樣失衡了。多數以色列人並不知道該區域正在快速改變，在這樣的情況下，conceptzia 成為一個影響深遠的不利因素。

沙達特決意恢復埃及的榮光。一九七三年三月，沙達特與敘利亞總統哈菲茲．阿薩德（Hafez al-Assad）達成概括性協議，將對以色列發動聯合攻擊。他們留下很多細節沒有規劃，因為兩國各懷不同目標。敘利亞仍希望毀滅以色列，但沙達特願意止步於恢復埃及的國家尊嚴，只要能夠洗刷一九六七年戰敗的部分恥辱。如果他的軍隊可以在蘇伊士運河東岸建立灘頭堡，並且突破以色列防禦工事與具有象徵意義的巴列夫防線，這次行動就可視為成功。為確保以色列的空中武力只能造成有限衝擊，埃及打算待在蘇聯提供的防空飛彈所建立的十二公里安全範圍之內。

籌劃戰爭的同時，沙達特可能也在進行替代方案。一九七一年初，沙達特曾與以色列接觸，提議若以色列後撤到蘇伊士運河外四十公里處，兩國可以達成過渡協議。梅爾對以色列的安全有完全信心，同時懷疑沙達特是否真有誠意達成和平，因此斷然拒絕了他的提議。[8]

一九七二年底，在多數以色列人不知情的情況下，沙達特指派資深外交官哈菲茲・伊斯梅爾（Hafez Ismail）為國家安全顧問。他命伊斯梅爾與美國總統尼克森的國家安全顧問亨利・季辛吉進行祕密協商，目的在明確表達埃及願意終止與以色列之間的衝突並建立正常關係，前提是以色列願意撤出一九六七年從埃及手中奪得的領土。

季辛吉與伊斯梅爾於一九七三年兩度會面，[9]但是埃及的這項提案同樣無疾而終。原因為何並不明確。根據某些學者所說，伊斯梅爾「在尋求與以色列和解上態度坦率……和解方案將使領土回歸並建立正常化的關係」。[10]或許沙達特為了恢復埃及的榮光，決定無論如何都要發動戰爭，因而伊斯梅爾的努力只是轉移注意力的手段？[11]無論原因為何，這個提議從未獲得認真考慮。

以色列方也有人提出可能方案。以色列國防部長戴揚願意嘗試與埃及達成經濟協議。他有信心，若以色列退出蘇伊士運河沿岸地區，而埃及開放以色列使用運河進行航運，兩國有可能避免戰爭。[12]然而，以色列與埃及政府對戴揚的提議都興趣缺缺，因此最終這個提議也被擱置了。以色列似乎沒人太關心，該如何避免一場埃及若有自知之明就不可能發動的戰爭。

一九七三年春夏，埃及部隊開始沿著以色列南部邊界進行軍事操演。以色列的最高指揮單位深陷於conceptzia思想，認為這些只是例行操演，然而事實絕非如此。埃及正準備渡過蘇伊士運河，因此試圖讓以色列國防軍對埃及在國界另一邊的活動失去警覺。隨著時日愈久，以色列情報單位搜集到更多證據，顯示埃及計畫發動攻擊，但最高指揮部誤判了所有情報。普遍瀰漫的conceptzia——即以色列自認堅不可摧之感，以及國防軍對埃及武裝部隊的輕蔑態度——使得國防軍內的決策者要不是根本忽略埃及可能發動攻擊的想法，就是假設以色列優秀的情報工作會提供充分預警，使他們得以擊退任何攻擊。

五月，在埃及軍隊進入高度警戒狀態之後，以色列國防軍參謀長大衛·「大D」·埃拉札爾（David "Dado" Elazar）下令國防軍部分動員，但是造成了龐大的財務支出。埃及解除警戒狀態之後，許多以色列人認為大D反應過度了——下一次，以色列將領對於太早動員將猶豫再三。

近九月底時，胡笙國王祕密造訪耶路撒冷，與以色列總理梅爾會面。他告訴梅爾，埃及與敘利亞正計畫對以色列發動攻擊。[13]這次會面讓梅爾為之顫慄，但是她的高級指揮官要她放心。再一次地，以色列什麼也沒做。

十月初，以色列情報圈子收到進一步情報，來源是摩薩德（Mossad，以色列情報特務局）資深情報員阿什拉夫·馬旺（Ashraf Marwan），他是埃及已故總統納瑟的女婿，也是以色列間諜。馬旺警告以色列，埃及準備發動攻擊，但是會以軍事演習掩飾。這個情報從未傳達到總理辦公室。[14]

在以色列南方指揮部，陸軍中尉班雅明·希曼·托夫（Benjamin Siman Tov）於十月一日呈交一份文件給他的上級軍官大衛·蓋德萊亞（David Gedaliah）中校，文中指出，埃及在運河西岸的兵力部署顯示這不是軍事操演，而是作戰準備。兩天後他又呈交第二份報告，堅稱埃及有高度可能在為大規模衝突進行準備。蓋德萊亞沒有分發這些報告，也沒有將它們納入南方指揮部給總部的情報報告中。托夫的報告沒有獲得任何關注。

十月四日、五日，蘇聯顧問與其眷屬離開埃及與敘利亞。以色列總部同樣予以忽視。也是在這兩天，埃及和敘利亞的空拍照片顯示數量前所未見的坦克、步兵單位與防空飛彈。以色列還是沒有反應。十月五日凌晨十二點半，特拉維夫的摩薩德總部收到緊急電報。這通電報還是來自馬旺，指出戰爭已經迫近。他堅持與摩薩德頭子茲維·札米爾（Zvi Zamir）將軍通話，接通後，他告訴札米爾攻擊即將於次日（十月六日）展開，那天是贖罪日，是猶太曆年中最神聖的一天。然而，馬旺誤指攻擊將在日落時展開。

贖罪日前夕的星期五，以色列內閣召開緊急會議。軍情局局長伊萊・翟拉（Eli Zeira）將軍告知政府，他有確鑿證據顯示埃及將於次日晚上六點發動攻擊。參謀長埃拉札爾將軍立即要求獲准發動先制空襲，與以色列處理一九六七年六月危機的手法類似。梅爾拒絕這個請求。時任以色列駐美大使的拉賓曾同意季辛吉的要求（這個要求還伴隨美國的威脅）——承諾以色列不會首先發動攻擊。梅爾與戴揚不願冒險失去美國的善意與協助，因而拒絕埃拉札爾將軍的要求，而為了不顯得以色列為侵略者，他們也拒絕了將軍全面動員國防軍的要求，而是決定非常有限地動員。他們另外同意，若次日爆發戰爭，梅爾可全權動員後備軍。

贖罪日在以色列通常是安靜異常的一天。按照法律，所有商家必須關閉，街道上幾乎沒有車輛通行。孩童有時會在以色列空無車輛的主要公路車道上騎腳踏車。雖然這是宗教節日，但是絕大多數的世俗派猶太人也以某種方式紀念這一天。多數以色列猶太人即使平時並不特別虔誠，也會禁食二十五小時。許多平時不去猶太會堂的人，這一天至少也會有一部分在這裡度過。這是靜止的一天，這一天屬於徹底安靜，也屬於極度私人與深刻的省思。

一九七三年贖罪日午後兩點，籠罩整個國家的靜默突然間被空襲警報打破。這是耶路撒冷居民自六日戰爭以來首度再次聽到這種聲響。打開收音機的以色列人一開始什麼都聽不到——因為連多數電台也都在贖罪日這一天停止廣播。然而，一直開著收音機的人很快聽到了他們最不願聽到的消息。「警報聲並非誤報。警報聲再次響起時，所有人必須前往防空洞。」由於沒有預錄的節目，廣播電台播放起貝多芬情感洋溢而憂傷的〈月光奏鳴曲〉。

大約過了一個小時，在下午三點三十分，電台播出了下一則公告。「埃及和敘利亞已經發動攻擊。政府下令部分動員。」更多空襲警報在全國各地響起，贖罪日的平靜如今幾乎只是模糊的記憶，數百、接著數千、最後是數萬人驚慌奔逃至防空洞。到下午四點，街道上擠滿愈來愈多車輛，上面的牌子寫著是用來載運士兵到前線，而廣播公告則指示所有非必要車輛勿使用道路。加油站將開門營業，因為節日而關閉的大眾運輸恢復行駛，醫院將讓所有非緊急病患出院返家，以收治傷兵。這最後一通公告首度讓公眾意識到，不論發生了什麼事，事態都很嚴重。

有些家庭的父親、兄弟和兒子全都被召回，全都要設法抵達所屬單位。此後不久，一名播音員證實了大家最深的恐懼：「埃及已渡過蘇伊士運河，抵達東岸。」下午五時，大眾又獲知「敘利亞飛機在上加里利行動。目前正在激烈空戰中。」老百姓收到指示在窗戶、鏡子與相框貼上膠帶，以防碎玻璃在家中四射。

片刻後，以色列人民聽到廣播傳來總理的聲音。她告訴大家，她與內閣還在討論可能的入侵行動時，埃及與敘利亞就在陸上與空中開火了。這真是說得太輕描淡寫了。總理沒告訴大眾的是，在開戰後的前十五分鐘內就有二百四十架埃及戰鬥機飛越運河，支援二千名埃及士兵，而這些士兵在攻擊的第一分鐘內對以色列陣地發射了一萬顆砲彈。砲火持續了五十三分鐘。[15]運河東側的以色列士兵只有四百三十六人，其中許多是新移民，毫無作戰經驗。總理也沒有提到的是，一千四百輛敘利亞坦克正沿戈蘭高地而下，朝以色列的加里利前進，而面對敘利亞主力部隊的六百輛坦克，以色列迎戰的坦克只有五十七輛。敘利亞已在攻入以色列心臟地帶的邊緣。

那天下午稍晚，戴揚的表現透露出即使在戰火正熾之時，conceptzia 仍是普遍瀰漫的心態。他預估以色列死亡人數將只有數十人——人命損失不會超過一百，他說。至於戈蘭高地，他說：「我不覺得這對我們是糟糕的一天。」然而，到了晚上八點，電台報導戈蘭高地的所有婦孺都已撤離，與埃齊翁定居區在一九四八年五月落入約旦人手中之前的情形一樣。

到了午夜，以色列已經動員了二十萬後備軍人，其中許多人直接被送上戰場。抵達崗位後，很多人看到的是破損而不堪使用的裝備，與維護不良的坦克。借用夏隆的傳記作者之語：「這不是一個準備好作戰的精良軍隊，而是已經鬆散腐敗的軍隊，沉浸在過度自信之中。」[16]那些裝備不良的後備軍人面對的是三十萬敘利亞大軍，與八十五萬名埃及士兵。伊拉克與一九四八年和一九六七年時一樣加入戰局，派遣一萬四千名士兵前往戰場。黎巴嫩每日都對以色列開火。以色列國防軍的人數處於一比六的劣勢。

一九七三年，這個猶太國家建立才二十五年，但已經面臨其短暫歷史上的第三次生存之戰。在以色列處於守勢的戰爭第一階段，有一段感覺似乎永無止境的時間裡，戰爭會如何收場完全在未定之天。

在為期十六天的戰爭中，前五日對以色列而言最為慘烈；以色列的一半損失都在那前幾天發生。除了少數反制攻擊，以色列國防軍主要聚焦在抵禦敵軍。以色列士兵惶惑不解。夏隆在十月七日造訪一處基地後指出：「突然間，他們正在經歷從未經歷過的事。有些士兵成長過程中只嘗過勝利……這是從未經歷戰敗的世代。現在他們處於震驚中……怎麼可能埃及軍隊在往前推進，而我們被打敗了？」[17]

情勢危急異常。單在頭兩天的戰鬥後，以色列已經損失了一〇%的飛機。前線的一個國防軍裝甲師損失了超過半數的坦克。備受吹捧、象徵以色列防衛滴水不漏的巴列夫防線亦土崩瓦解。到了十月八日，以色列部署至西奈沙漠的二百九十輛坦克已有一百八十輛被毀。這時的戴揚已經了解自己先前滿不在乎的過度自信有多荒謬，他在不久後召開記者會，絕望的語氣讓聽眾大感驚駭。梅爾聽聞他將接受電視訪問，討論「第三聖殿被毀」的可能性時，介入阻止了這次訪談。[18]

梅爾向美國總統尼克森請求協助，甚至暗示以色列已在毀滅邊緣；雖然每一個小時對以色列都至關重要，但尼克森還是慢條斯理。*梅爾在電視談話中呼籲約旦不要犯下與一九六七年同樣代價高昂的錯誤。有鑑於以色列和約旦的合作之深，她有理由相信約旦即使參戰也不會扮演太活躍的角色。至於美國是否會提供援助，她只能靜觀其變。

在戰爭第五日的十月十日，總理對以色列人民發表電視演說。她為埃及與敘利亞對以色列造成的重大損失譴責蘇聯。「敘利亞與埃及士兵手上的所有武器，全都來自蘇聯。」[19]

尼克森也了解，從某方面而言，以色列是一齣更大劇本中的行動者——這是兩大超級強權間的代理人戰爭，而其他人在這齣戲裡也有可觀的影響力。尼克森指示國家安全顧問提供以色列請求的軍事裝備——只有雷射導引炸彈除外——前提是以色列必須用以色列航空的飛機載運。[20]有些報導

---

* 多年後揭露的是，尼克森對猶太人無甚好感。他的左右手季辛吉據說對自己的猶太血統心態複雜。大使耶胡達·阿夫納（Yehuda Avner）後來曾寫過，對於季辛吉，身為猶太人是「精神緊張焦慮的來源」。在二〇一〇年公開的尼克森錄音帶中，可以聽到季辛吉告訴總統：「如果蘇聯把猶太人送進毒氣室，那不是美國的事情。」（Yehuda Avner, *The Prime Ministers: An Intimate Narrative of Israeli Leadership* [Jerusalem: Toby Press, 2010], p. 269; Gil Troy, "Happy Birthday, Mr. Kissinger," May 23, 2013, *Tablet*, http://www.tabletmag.com/jewish-news-and-politics/132819/happy-birthday-mr-kissinger#xCoSwz6BrWoHxhzI.99.）

指出，尼克森這樣做不只是因為美國人日益擔憂以色列的生存，也因為有消息指出以色列憂心自身生存，已經打開了核武彈藥庫。[21]

以色列於十月八日在西奈半島發動了一次攻擊，但是慘遭滑鐵盧，國防軍參謀總部因而了解到，要避免災難，以色列必須改變戰爭的方向——而且刻不容緩。於是國防軍領導層決定以敘利亞已獲重大斬獲的北方國境為優先，並指示南方軍力暫時維持防禦位置。這個決策奏效了。兩天後的十月十日，以色列部隊已將敘利亞部隊逼退回邊界，也就是敘利亞總統阿薩德在四天前發動攻擊之處。十月十一日，大馬士革的郊區已經在以色列砲彈射程內。此後不久，以色列空軍的飛機轟炸了位於大馬士革的敘利亞國防部大樓。[22]此時已經比短短數日前樂觀許多的戴揚發出威脅：「敘利亞人必須學會，從大馬士革通往以色列的道路，也是從以色列通往大馬士革的道路。」[23]

突然間，居於守勢的換成敘利亞而非以色列，於是主導戰局的變成超級強權的利益。以色列逼近大馬士革讓蘇聯大為緊張，蘇聯駐美大使阿納托利・杜布里寧（Anatoly Dobrynin）在十月十一日向季辛吉表示，蘇聯的空降部隊已處於戒備，而蘇聯戰艦正朝敘利亞沿岸城鎮航行，準備捍衛大馬士革。兩天後，尼克森在十月十三日下令美國飛機協助對以色列的軍備空運。

現在，以色列必須處理來自南面的威脅。埃及軍隊在十月十四日犯下嚴重的戰術失誤。為了發動新一波攻擊，他們推進至防空飛彈傘幕以外的地方，使自己暴露在以色列空軍的攻擊之下。在接下來的戰鬥中，埃及損失二百五十輛坦克，而以色列只損失了二十輛。南方戰線的局勢開始轉變。

以色列一鼓作氣。十月十五日，在夏隆將軍的指揮下，以色列部隊展開攻擊以渡過蘇伊士運河。這場戰役極為慘烈，以色列損失三百名士兵，幾乎是六日戰爭死亡總人數的一半，但是第一波以色列部隊成功抵達運河另一岸。不到一週，以色列國防軍已經大舉渡河，拿下運河西岸。十月十九日，蘇聯與美國開始分別對埃及和以色列施壓，呼籲他們停戰。然而戰鬥仍然繼續，在北方與南方戰線都未止息。

十月二十二日，聯合國安全理事會開會通過第三三八決議案，呼籲交戰方於當天下午六點五十二分停火。期限前兩分鐘，以色列電台宣布以色列接受停火協議的條件。

戰火依然持續。不過，在十月二十四日凌晨兩點，以色列國防軍包圍了埃及第三軍團，隨時可以將其殲滅後，埃及與敘利亞終於同意停火。協議在下午一點生效時，這場戰爭大致上已經結束。

戰爭結束時，以色列國防軍交出的成績很亮眼。以色列空軍在空中格鬥中共擊落二百七十七架阿拉伯軍機，己方只損失六架軍機（比例為四十六比一）。總計，阿拉伯方的軍隊損失四百三十二架飛機，相對於以色列的一百零二架。人命損失高昂，阿拉伯方有八千二百五十八人喪生、一萬九千五百四十人受傷，不過有些以色列人對阿拉伯方死傷人數的估計聲稱，實際損失是這個數字的兩倍——死亡的有一萬五千人（其中一萬一千人為埃及士兵），受傷的有三萬五千人（其中二萬五千人為埃及士兵）。[24]

以色列損失了二千六百五十六名士兵，另有七千二百五十人受傷。這個數字遠低於阿拉伯方的損失，但是比以色列在一九六七年的損失高出三倍多——在當年那場閃電戰爭中，以色列的領土擴大了三倍。在這一場歷時長多了的戰爭中，以色列在戰爭前後的狀態基本上沒有改變。戰前那段日子顯然有嚴重失誤，而以色列全國上下都因駭人的死傷人數而處於震驚中。以色列關於土地、和平與戰爭的許多預設想法都被狠狠擊碎。以色列人有理由再度對前線的士兵抱持信心，但是他們對於領導人則沒那麼有信心；而他們也逐漸失去對於該地區可能迎來和平的希望。對許多人而言，有一天會有一場「最後戰爭」的希望已然消逝。正如伊加爾．雅丁（Yigal Yadin）在戰後所說：「這是第一場父子並肩作戰的戰爭。我們從未想過會有這種事。我們——我們這些父親——當初是為了讓我們的兒子免於打仗而作戰。」[25]

同樣受損的還有以色列人對其盟友的信心。尤其在以色列的政治右派之中，許多人因為季辛吉在他們迫切需要武器時延遲其運送，而永遠無法原諒他。法國以提供軍備的方式支持阿拉伯國家，並不讓人驚訝；但是英國對該地區實施軍援禁令，則讓以色列人深感震驚。英國與多數歐洲國家一樣，在阿拉伯國家以石油禁運抵制支持以色列的國家後，背棄了以色列，向阿拉伯國家靠攏。當英國終於打破自己的禁令之時，是為了訓練埃及的直升機飛行員。以色列表達抗議後，英國告訴以色列，這些埃及飛行員人在英國受訓，總比在中東的前線作戰來得好。第三世界國家，包括以色列投注了可觀金錢與技術專長的國家，都切斷了與以色列的關係。

石油也再度登場。十月十七日，戰火正熾時，阿拉伯國家實施石油禁運，藉此懲罰美國與其他支持以色列的國家。這次禁運讓美國與其他西方國家的經濟陷入混亂，再度讓以色列陷入國際權謀角力的火線。石油輸出國組織（簡稱ＯＰＥＣ，由沙烏地阿拉伯主導）就此崛起，並在未來數十年左右著美國外交政策。

取代conceptzia的，是一股深沉的悲觀之感，對國家領袖的信心不再，以及對以色列國防軍並非所向無敵的認識。習於當勝利者的國家，緩慢而痛苦地面對了其巨大的損失。媒體播出以色列戰俘的影片，並不熟悉這種現象的以色列人為之駭然。照片中可看見焚毀的以色列坦克和死去的國防軍士兵。基布茲社區貝塔哈希塔（Beit Hashita）失去了十一名男性成員。有一部影片中出現十一輛軍隊吉普車組成的車隊，每一輛都載著一具覆蓋以色列國旗的棺木，那畫面讓許多觀者難以承受。許多基布茲成員也難以承受。基布茲創始世代對宗教的全面排斥與對世俗主義的全面擁抱開始改變。當時還看不出來，但以色列將逐漸背離早期的新猶太人形象——世俗而自信，對宗教不屑一顧——開始在前幾代人會斷然否定的領域尋找意義。

一九六七年寫下〈黃金的耶路撒冷〉的舍莫爾，此時再度展現她簡直像預言家的功力。一九七三年的戰爭前不久，她寫了披頭四名曲〈讓它去〉（Let It Be）的希伯來文版本。戰後，她將詞曲都改了，不過副歌仍隱約呼應披頭四原曲的旋律。這首歌席捲全以色列，至今仍廣為傳唱，捕捉了一整個國家的悲傷。[26]「天際仍有一片白色船帆」，她寫道，不過是「在一片厚重的烏雲底下」。有一段歌詞明顯引自披頭四，卻分明迴盪著一九七三年時以色列的氛圍，歌詞是這樣的：

我們渴望的一切，讓它去。
拜託，讓它去，讓它去。
我們渴望的一切，讓它去。

即使時間流轉，這個國家的悲傷卻未曾退去。一九九五年的以色列獨立紀念日，以色列人聽到一首很快成為以色列經典的歌曲首次演出。名為〈七三年冬〉（Winter '73）的這首歌這麼開頭：「我們是七三年冬天的孩子。」這些孩子唱道，他們的父母「起初在破曉時夢見我們，在戰鬥止息的時候」。在這些孩子的認知裡，父母創造他們是出於絕望之舉，因為他們熱切的想要抓住希望的可能。「你們在七三年冬天以愛創造我們之時，／是想用戰爭奪去的一切充滿自己的身體。」[27]

然而他們的父母也做了承諾。「你們承諾為我們盡所有努力，把敵人變成摯愛。」但是，即使過了一整個世代之後，這件事仍未成真。因此才會有下面這段深深吸引以色列人的副歌，而且至今仍能讓持續傳唱這首歌的人民深受感動：

你們承諾和平；
你們承諾家園的春天和花朵；
你們承諾保守承諾；
你們承諾會有和平鴿。

這首歌在一九九五年出現時，距離贖罪日戰爭已經超過二十年了，而和平鴿沒有來。以色列是一個依然心碎的國家，一個依然在戰時的國家。在這個猶太國家，即使是用來悔過贖罪的一個宗教節日，也已經永遠不同。這個原屬於個人深刻內省的宗教節日已經改變，成為一年一度對無能、哀悼、失去與以色列幻想破滅的記憶之日，至今依然如此。

在許多方面，以色列的靈魂有一部分無可挽回地被贖罪日戰爭打碎了。

這場戰爭也有深遠的政治影響。早在一九七三年十一月十三日，貝京就在國會抨擊梅爾與政府，指出他們在處理戰爭上的失職。貝京被歸為反對派已有數十年，但以色列人現在開始聽他說話了。然而，對工黨霸權損傷更大的，是為了調查戰爭爆發前發生什麼事而成立的阿格拉納特委員會（Agranat Commission）。這個委員會於一九七三年十一月二十一日指派成立，於一九七四年四月一日發表調查結果。報告指出軍方高層要為多項疏失負責，但大致上未歸咎於政府。遭免職的三名高階軍官為埃拉札爾（參謀長）、翟拉將軍（情報分支負責人）與舒謬爾・葛農（南方戰線指揮官）。葛農旋即離開以色列，餘生都在非洲度過，六十一歲時死於心臟病發。埃拉札爾在一九七六年四月同樣死於心臟病，距離戰爭結束還不到三年，死時年僅五十一歲。

雖然阿格拉納特委員會對梅爾與戴揚的批評較少，但從某方面而言，這其實讓政治人物的處境更糟。他們似乎輕鬆過關了，而這讓公眾感到憤怒和厭惡，開始強力要求政治人物下台。

和平的群眾示威展開。最著名的是莫提・阿胥肯納齊（Motti Ashkenazi）的單人示威，他在總理梅爾的耶路撒冷宅邸前手持一張牌子，上面寫著：「奶奶〔總理梅爾的綽號〕，你的國防部長徹底失職，而你有三千個孫子死了。」[28]戰前，這樣與一名民選官員講話是無從想像的，但這一次，這樣的話激發了整個國家。工黨在一九七三年十二月贏得延後選舉，但梅爾於一九七四年四月辭職，由拉賓接任。拉賓接任時，工黨雖為多數黨，但是領先幅度比梅爾在第一任期時小，而人民的憤怒仍未平息，因此從許多方面而言，他領導的是霸權即將告終的工黨。

拉賓崛起並升任至總理一職，標誌著新時代的開始。他是首位誕生於二十世紀、也是首位誕生於以色列的總理。他是首位完全在以色列受教育，也是首位出身行伍的總理。以色列人已準備好迎接一種新的領袖。[29]

美國猶太人察覺到這個改變，有些人原本覺得一九六七年後既自信又氣焰高張的以色列讓人難以應對，因此以色列銳氣稍減其實讓他們鬆了一口氣。「與一個不那麼偉大的以色列交手，會是一件愉快的事」，幾位美國猶太人領袖偶爾都說過這樣的話。[30]在布勞斯坦與本—古里昂之間不同觀點的持續拉鋸中，布勞斯坦的觀點再度占了上風。

一九七三年十二月，本—古里昂逝世，此時距離戰後不過數月，為仍處於痛苦中的國家更添憂思。他纏綿病榻已有一段時日，但是以色列才剛歷經創傷，因此這位開國元勛與父家長人物之死，是又一次沉痛的打擊。

他有獨裁專斷的傾向，而且流連政壇的時間也許太久。但是生於歐洲的他，出於純粹意識形態的理由很早就來到巴勒斯坦，採摘橘子，建立工會，晉升到依舒夫政壇層峰。接著，本—古里昂靈活地帶領依舒夫度過英國統治那些動盪的年頭，建立了前國家時期的各個體制，最後建立了一個國家。他對時機的掌握無可挑剔，總知道何時該等待、何時該行動，並且在國家還沒成形前就宣布建國，因為他知道這樣的機會可能不會再有。

他並非行伍出身，卻憑藉勇氣和傑出的策略思考，帶領這個新生國家走過獨立戰爭。若說赫茨爾為政治錫安主義賦予了生命，那本—古里昂就是為以色列國賦予了生命。以色列第五任總統伊札克·納馮（Yitzhak Navon）堅決相信本—古里昂是自兩千年前「第二聖殿被毀以來，存在於世最偉大的猶太人」。[31]而今他已不在。

戰後已經崩潰而心碎的以色列人，透過電視轉播觀看本—古里昂的葬禮時，如一名以色列作者所描述，「彷彿在觀看自己的葬禮」。[32]

這場戰爭的一開始是場災難，也擊碎了conceptzia心態。但是以色列在贖罪日戰爭期間的行為也有傑出之處。敘利亞坦克已經準備切入以色列北境，民眾雖然擔心卻沒有逃離。軍方在戰前以及戰爭初期犯了嚴重錯誤，但是在難以想像的壓力之下，他們重新整頓，修正策略，最後再次展現以色列的軍事優勢。以色列士兵數以百計、然後是數以千計地死去，某種程度上是因為高層所犯的錯誤，但他們依然堅守前線。他們沒有逃走，也沒有投降。雖然他們沒有聽到戴揚告訴總理的那些話——第三聖殿，也就是重生的猶太聯邦，正面對存亡關頭，但直覺地知道他們差點失去一切。只要有他們在，他們就不會讓以色列陷落。

一如過往，以色列的民主制度發揮作用，平民百姓對軍方高層與民選領導咎責。以色列軍隊在戰爭最後取得壓倒性優勢。他們包圍了埃及第三軍團，隨時可以將之摧毀。在北方，以色列裝甲部隊已逼近大馬士革。以色列在戰爭初期被攻了個措手不及，一開始節節敗退，更凸顯了這樣的軍事成果有多驚人。事實上，贖罪日戰爭是以色列最後一次面對敵人的常備軍隊。[33]儘管在戰爭之前與戰爭初期失誤連連，以色列國防軍已成功讓周邊阿拉伯國家相信，正面攻擊以色列是個自我毀滅、注定失敗的嘗試。

儘管如此，以色列並沒有「贏」，或以它所習見的方式贏。多年後，舒洛莫・蓋茲特（Shlomo Gazit，一九七四至一九七九年間的軍事情報頭子）在電視訪談中坦言，贖罪日戰爭沒有勝利的一方。[34]他認為這個軍事僵局讓雙方對達成和平協議的可能，抱持比以前任何時候都開放的態度。

阿拉伯人為摧毀以色列而發起的鬥爭絕未告終。在真正的戰場上失敗後，以色列的敵人把戰場轉向別處。多年以來，巴勒斯坦人也對以色列發動外交攻擊。如今，受阿拉伯石油禁運恐嚇的歐洲國家，在阿拉伯國家與巴勒斯坦的壓力下唯唯諾諾，使得巴勒斯坦的外交攻勢變得更為有效。一九七四年十一月，阿拉法特獲邀在聯合國演說。在後來以「橄欖枝與槍枝」（Olive Branch and Gun）為人所知的演說中，他不談與以色列之間的和平，而是談「猶太人對巴勒斯坦的入侵」。雖隱約提及和平，但他同樣提出暴力威脅，還贏得熱烈掌聲：「今天我來，一手帶著橄欖枝，一手帶著自由戰士的槍枝。請不要讓橄欖枝從我手中掉落。我再說一次，請不要讓橄欖枝從我手中掉落。」

掌聲中，阿拉法特將雙手在頭頂併攏，露出腰帶上的槍套。阿拉法特帶著這個槍套來到聯合國大會有明顯的象徵意圖，這幾乎未加掩飾的威脅代表暴力可能持續，但這絲毫沒有影響熱烈的掌聲。阿拉法特在演說中對以色列的存在宣戰，而聯合國對此報以讚賞和起立喝采。僅僅一年後，聯合國大會就決議賦予巴解組織聯合國觀察員地位。

聯合國對以色列的攻擊並未就此打住。一九七五年十一月，聯合國大會以七十二票對三十五票（三十二票棄權）通過三三七九號決議，明言「錫安主義是種族主義和種族歧視的一種形式」。美國對這個決議投下反對票。美國駐聯合國代表丹尼爾・派屈克・莫尼罕（Daniel Patrick Moynihan）對他認為真正在發生的事情作出譴責：「聯合國即將使反猶主義成為國際通則。」莫尼罕如雷鳴般說出他如今已赫赫有名的宣言：「美國……不予承認，不會遵循，也永遠不會默默接受這個臭名昭彰的決議……一個巨大的惡行已經降臨到世界上。」[35]

即使是莫尼罕也想不到，以色列旋即在國際上失去正當性的範圍之廣和速度之快。雖然告別了與常備軍隊的戰爭，但從某些方面而言，以色列現在比以前更不安全。這個猶太國家即將在各方面成為國際棄兒——而且處境比從前還脆弱許多。

第十五章
革命裡的革命：以色列政治右派的崛起與復仇

我們不當對任何人恐懼瑟縮的猶太人……那些日子已經過去了……少了自我犧牲的準備，將會有另一個奧許維茲。如果我們必須為了自我防禦付出代價，就只能付出那個代價。

——以色列總理貝京[1]

一九七〇年代，以色列的音樂圈與政治、文化和公眾生活一樣，由起源於歐洲的阿什肯納茲白種猶太人主導，早在現代的猶太人回歸與獨立建國以前就一直是如此。拿俄米．舍莫爾的父母是來自立陶宛維爾納（Vilna）的移民。一九六〇年代的以色列搖滾之王阿里克．愛因斯坦（Arik Einstein）一九三九年生於依舒夫，父母同樣來自歐洲。第一屆歐洲歌唱大賽（Eurovision）於一九七三年舉辦時，代表以色列的是該國大受歡迎的歌手伊蘭妮（Ilanit）。她的父母是波蘭至巴勒斯坦的移民。一九七四年代表以色列參加歐洲歌唱大賽的是風靡一時的「蜂巢」（Kaveret）樂團，這個詼諧搞笑的喜劇團體由五名白種（阿什肯納茲猶太）男性組成，他們演唱的〈我獻出生命給她〉（Natati Lah Chayai）至今仍是以色列金曲。

以色列廣播電台對於由米茲拉希猶太人創作演出的音樂大多予以忽略，唱片公司也對這些音樂興趣缺缺。對音樂圈來說，米茲拉希音樂的中東情調聽來陌生、外來而幾乎帶著阿拉伯色彩。米茲拉希猶太人的外貌、音樂和表達猶太性的方式，與比亞利克、奧爾特曼和其他人想像中將在猶太國興起的新猶太人，沒有一處符合。音樂圈只是呈現了一個更廣泛的現象——米茲拉希猶太人幾乎在各方面都被貶謫至以色列社會的邊緣。

讓這點大幅改觀的一個因素，是很快就無所不在的卡式錄音帶的發明。一九七〇年代早期，受到唱片公司忽視的米茲拉希猶太音樂家，開始透過卡帶傳播他們的音樂，先是在特拉維夫，後來也在其他地方。這種有北非與中東情調並有些離經叛道的音樂，很快有了 muzikat ha-kasetot 之稱——「卡帶音樂」。*不久，它更開始改寫以色列音樂界。米茲拉希猶太人的音樂鑽進了以色列人的生活。音樂家如佐哈爾．阿格夫（Zohar Argov，父母不來自歐洲而是來自葉門）藉由卡帶音樂革命[2]首度獲得矚目，後來更成為全國知名的明星。

以一九七〇年代為開端的米茲拉希「革命」，影響遠不止於音樂產業。以色列政治生活也即將發生劇烈改變。多年來，米茲拉希猶太人一直生活在阿拉伯人多數支配下。他們在居住國開始施壓或強迫他們離開時來到以色列。被逐時往往只能將多數資產留下的他們，很快在以色列社會成為困於貧窮的一群人。然而他們來到的以色列本身也面臨嚴峻的經濟壓力，在這些米茲拉希猶太人於他們的新國家落腳後，沒有太多資源能夠支應。

以色列接納了所有米茲拉希猶太人，賦予他們公民地位，提供他們教育與基本住房。但政府將他們安置在偏遠的 ma'abarot（轉運營）。政府將這些移民安置在遠離國家中心的決定，在某方面是出自國家利益的考量。多年前，把具有深厚軍訓傳統的基布茲社區建立於以色列邊界附近，有助於國家的防禦。相似地，將 ma'abarot 安置在遠離國家中心是刻意的決定，目的在讓國家邊緣地區有人居住，以防未來以色列對這些地區的擁有權受到爭議。

然而不難明白的是，將ma'abarot建立在遠離國家中心的決定，讓米茲拉希猶太人覺得他們實際上被貶謫到了以色列社會的邊緣，而除非他們採取行動，情況不會有任何改變。移民世代面對政府決策大多溫順以對，但是對他們的下一代而言，受到不公對待的感覺，成為他們身分認同的一個中心支柱。他們在一九七〇年代早期開始組織起來。其中一個團體名為「黑豹」（以美國同名組織為名），他們在一九七一年安排了與總理梅爾的會面，表達他們的挫折不滿。會面後，梅爾對他們的唯一評論是「他們人不太好」。[3]這位工黨領袖完全不了解民情；以色列已具備爆發革命的條件。阿格拉納特委員會和梅爾後來的引咎下台，都強化了這種感覺。

繼梅爾成為總理的拉賓也沒有在任太久。一九七七年，以色列媒體揭露拉賓的太太莉雅名下有一個金額不高的海外銀行帳戶（是拉賓擔任以色列駐美大使期間所留下）——這是當時的以色列法律所禁止的。憤怒、厭煩而沮喪的以色列人民受夠了這些工黨領袖，當國家其他人經歷財務困難時，他們卻似乎不是無能、腐敗，就是完全不懂民情。拉賓與他的前任梅爾一樣辭職下台。

以色列已準備好迎來改變。

自以色列於一九四九年第一次舉行選舉以來，貝京就被發配到政治反對陣營（除了在六日戰爭的短暫聯合政府期間），到一九七七年，他已經在政壇二十九年，卻沒有太多斬獲。身為賈博廷斯

* 大約同時、在大約同一個地區，什葉派伊斯蘭宗教領袖阿亞圖拉魯霍拉·柯梅尼（Ayatollah Ruhollah Khomeini）也透過錄音帶傳播他顛覆性的反西方（與反君主制）講道內容，為一九七九年的伊朗革命鋪路。

基的追隨者，貝京主要在前國家時代後期和建國後的前十年建立起名聲——不管是美名還是惡名。

受指派領導伊爾貢之後，他宣告對英國人發起反叛。他主導了大衛王飯店攻擊事件，而這次攻擊對英國人決定離開巴勒斯坦有關鍵影響。阿爾塔列納號事件後的戰鬥沒有發展為全面內戰，貝京也在其中扮演了關鍵角色。雖然他在反對接受德國賠款的政治鬥爭中敗下陣來，但卻讓他在許多以色列人之間贏得名聲，視他為以色列靈魂中猶太性的看守者。

另一方面，本－古里昂一直將貝京描繪為法西斯分子，這個標籤連在美國猶太人之間也揮之不去。貝京於一九四八年造訪美國之前，包括愛因斯坦和漢納・鄂蘭（Hannah Arendt）在內的美國猶太人領袖投書《紐約時報》，信中亦稱他為法西斯分子，指出貝京「傳播的是極端國家主義、宗教神祕主義和種族優越性的混合體」。[4]

到了一九七七年，貝京仍未完全擺脫這個指控，但是許多以色列人已經憑直覺知道，他比他的敵手所指稱的更為複雜。他是呼籲結束對以色列阿拉伯人軍事統治最力的人之一，[5]而在一九六五年國會重新調查阿爾塔列納號事件，以及有些人說本－古里昂曾意圖取貝京性命的指控之後，[6]貝京的名聲大致獲得洗刷。

身為反對勢力領導者的那些年間，貝京建立起與米茲拉希猶太人的關係。他一再提醒他們，在他領導下的伊爾貢戰士來自突尼西亞、葉門、敘利亞、阿根廷、南非、伊拉克、波斯和其他非歐洲裔的猶太社群：

> 伊爾貢的所有單位都有來自各個猶太社群和階層的成員……我們是這個猶太國家大熔爐的縮影。我們從不問人從哪裡來：我們只要求忠誠與能力。我們來自東方社群的同志，在伊爾貢裡

開心自在。從沒人對他們展現愚蠢的優越感，這也幫助他們擺脫了任何他們可能懷抱的、沒有原由的自卑感。[7]

他指出，伊爾貢與國會不同，在這裡，米茲拉希男子可以達到最高的權力位置。

貝京是個西裝筆挺、「規矩」而紳士的波蘭猶太人，因此可能讓人以為米茲拉希猶太人會認為他歐洲背景濃厚，因而正是工黨所代表問題的一部分。反諷的是，貝京的波蘭背景對他在以色列北非移民間的地位大有助益。他曾在一九五〇年代早期造訪ma'abarot（並且稱那裡的米茲拉希猶太居民為「我的兄弟姊妹」），轉運營區的居民當時就注意到他的正式服裝，那些深色西裝使他身處依舒夫的領袖之間顯得那麼格格不入。他們視他的服裝為對他們的尊重；對米茲拉希猶太人而言，本—古里昂造訪時常穿的T恤短褲，是輕忽不尊重的表現。貝京利用他們醞釀中的憤怒得益。早在一九五九年，他就對大多為米茲拉希猶太人的聽眾說過，本—古里昂已把以色列變成一個分裂的國家，兩邊分別是「阿什肯納茲猶太人和非阿什肯納茲猶太人」。[8]

贖罪日戰爭，梅爾在阿格拉納特委員會的調查後下台，拉賓在財務醜聞籠罩下辭職，以及米茲拉希猶太人長久以來的不滿，為貝京形成了一場完美風暴。一九七七年五月選舉日的出口民調（以色列史上首次）震驚全國。貝京的聯合黨（Likud）贏得四十三席，而選民只給了聯盟黨（經過重組的本—古里昂以色列地工人黨）三十二席，比先前的席次減少三分之一以上。貝京成為史上唯一連輸八次選舉後贏得第九次選舉的領袖。[9]

這次勝選被以色列新聞主播哈伊姆·亞文（Chaim Yavin）稱為Mahapach——「逆襲」。（這個字與希伯來文中的革命一字mahapeicha有關。）許多以色列人，尤其是米茲拉希選民湧上街頭，歡欣的呼喊：「貝京！貝京！」以色列的新王儲誕生了。這不僅是貝京的大日子；米茲拉希猶太人覺得這也是他們的大日子。他們覺得自己終於在決定國家方向上扮演了中心角色。

阿什肯納茲猶太精英震驚不已。這些以色列人在本—古里昂統治下長大，對他極為崇敬，無法想像由另一個政黨領導的以色列。正如一名敏銳的觀察者指出：「他們無法理解怎麼有人會痛恨建立了這個國家、並且吸納了數百萬米茲拉希猶太人的政黨，因而對這個政黨的挫敗深感震驚。」[10]

大選當日，隨著開票結果出爐，記者把麥克風塞到貝京面前，等待他發言。雖然並非嚴守規則的信徒，但是貝京總會帶著一頂kippah（猶太小帽）在身上，而此時他戴上小帽，朗誦了用來紀念成果和好運的傳統感恩祈禱shehecheyanu。以色列人從未在高層政治人物身上看過這樣的行為。本—古里昂在一九四八年誦讀建國宣言時連kippah都沒戴。在歡欣洋溢的人群中，一名記者問貝京他會是哪種風格的總理，聽到這個奇怪問題的他停頓了一刻，接著回答：「一個好猶太人的風格。」[11]

貝京說這話是什麼意思，以色列人至今眾說紛紜，但是當時的以色列已經在重新思考當個「好猶太人」是什麼意思了。那一年，風靡一時的以色列諧星、演員與導演烏里·佐哈爾（Uri Zohar）在他主持的電視遊戲節目上首次戴起kippah。[12]這只是一個例子，指向一個更廣泛的現象：宗教正重回以色列人的政治與文化生活之中。

以色列人以令人折服的方式，展現出他們對民主的堅定信念：在將近三十年的以色列地工人黨統治後，從工人黨到聯合黨的政權轉移完全沒有爭議。貝京成為政府領導人。

貝京執政期間的第一個重大發展，與米茲拉希猶太人無關，而是聚焦於和平。多年來，季辛吉一直在以色列與埃及之間進行穿梭外交，並成功讓以埃達成兩項停戰協議，在贖罪日戰爭後解除軍事對立。但是這些協議只是終止先前的衝突——對於避免未來衝突的可能性助益不大。

然而，貝京當選後短短數月，經過一連串祕密的非正式管道溝通後（有些透過羅馬尼亞總統尼古拉．希奧塞古），埃及總統沙達特就在一九七七年十一月九日對埃及國會致詞時脫稿演出。以色列「聽到我這樣對你們說將為之震驚，」他宣告，「我願意前往世界的盡頭，甚至進入他們的家園和他們的國會，與他們辯論，只要能防止任何一名埃及士兵受到傷害。」[13]

貝京幾乎立即回應沙達特的這一步險棋，發表直接以埃及人為對象的廣播演說，邀請沙達特前往耶路撒冷。八天後，沙達特的飛機降落在特拉維夫，許多以色列人簡直難以置信。貝京在飛機階梯底部迎接沙達特，兩人在為沙達特和隨行人員鋪設的紅毯上互相擁抱。以色列與埃及國旗在微風中飄揚。其後幾分鐘，沙達特與堪稱「名人錄」陣容的以色列領導層人物一一會面。這個曾經對以色列發動戰爭的男人，如今站在以色列領土上，與這個國家的領導人物會面，受到溫暖接待。他被引介給帶領以色列取得一九六七年驚人勝利的戴揚和拉賓，以及在一九七三年擊敗他的梅爾。

拉賓後來回憶他立刻對沙達特感到佩服：「他在這裡與從前的死對頭會面，一個接一個，全在短短數秒之內，但他還是有辦法對他們每一個人說出最恰當的話，以此展開這次造訪。」[14]他也讓在電視機前專心收看的以色列人民留下深刻印象。「以色列人民欣喜若狂。如果沙達特想說服他們他意欲追求和平，那麼他光以一個戲劇性的姿態已經贏得了他們的信任。」[15]

次日，沙達特成為首位對以色列國會致詞的阿拉伯領袖。他列出五個和平條件：以色列退回一九六七年的國界，巴勒斯坦獨立，所有人生活在和平與安全中的權利，未來不訴諸武力的承諾，以及中東戰爭狀態的結束。

沙達特開出的條件很高，後來的談判亦煞費苦心，充滿尖銳言詞而進度緩慢。美國在卡特總統政權下以中間人的身分加入談判。貝京與沙達特發展出對彼此的敬重（雖然他們的關係也有高低起伏，而且低潮的時候多），但是貝京和卡特之間的關係極為惡劣。卡特邀請貝京與沙達特到大衛營，心想這裡的鄉村景致可能有助於推動和談。然而，即使在那裡，談判也幾乎破裂。貝京與沙達特意見僵持不下，兩人幾乎不見面。卡特稱貝京為「神經病」，[16]貝京則認為卡特刻意而且毫無同理心地忽略了沙達特要求他作出的讓步有多巨大。貝京打算離開大衛營。

最後，各方終於得以減少歧見。貝京犧牲了西奈，但保留西岸。他拒絕沙達特將西岸交給巴勒斯坦人的要求，明言他無意在與一個敵人簽署協議的同時，為另一個敵人建立國家。沙達特是第一個與以色列談和的阿拉伯國家元首，他憑藉這一點，以及出賣巴勒斯坦人，要回了西奈半島。

一九七八年九月二十八日大約凌晨三點，經過數小時激烈辯論後，以色列國會以八十四票贊成、十九票反對和十七票棄權，表決通過大衛營和平協議。貝京獲得了與埃及間的初步和平。英國人曾經稱為頭號恐怖分子的人，與以色列最強大的敵人談和了。為了和平，以色列同意撤出他們經由戰爭奪得的土地，這場戰爭非由他們發起，並奪走了以色列數千好男兒的生命。對於還記得左傾的梅爾政府拒絕沙達特談判提議的人而言，以色列此舉堪稱驚人。

這也不是以色列最後一次為了和平的希望而選擇讓出土地。

以色列人沒有忽略一個事實，即同意撤出領土的人是一名右翼總理——事實上是以色列第一任右翼總理。部分原因是國會政治，如果左派尋求撤出領土，右派會試圖阻擋。但是當右派提倡放棄領土，（向來聲稱更願意為了和平而妥協的）左派顯然別無選擇，只能支持。似乎頗為反諷的是，右派可能也是未來的和平之鑰。不過，這個成功方程式有一個關鍵要素是貝京。他比許多前任總理都具有決斷力，看到機會的時候，他鮮少猶豫不前。

不久之後，諾貝爾委員會決定將和平獎頒發給貝京和沙達特。然而，沙達特願意與以色列和解，使他成為阿拉伯世界最受人唾罵的領袖。（阿拉伯聯盟排斥埃及並將之除名，關閉了位於開羅的總部。埃及的海外留學生亦遭其他阿拉伯國家驅逐。）沙達特擔心生命安全（可能也不願於談判仍在進行的階段與貝京共同露面），決定不出席一九七八年十二月十日的諾貝爾頒獎典禮，改由女婿代表。

在以色列也一樣，昔日黨派間的敵意揮之不去。心懷不滿，並且繼承了本─古里昂對貝京本能的怨憤的梅爾，以她依然機智的風格評論，貝京該拿的不是諾貝爾獎，而是奧斯卡。[17]她在貝京前往奧斯陸領獎期間辭世。

然而，沙達特的預防措施和不出席諾貝爾頒獎典禮的決定，並沒能拯救他。以色列在一九八〇年通過《耶路撒冷法》，聲言以耶路撒冷全境為以色列首都，此舉被解讀為以色列兼併東耶路撒冷，此後，阿拉伯世界對沙達特的態度更為惡化。一九八一年十月六日，為紀念埃及軍隊在十月戰爭（埃及對贖罪日戰爭的稱呼）渡過蘇伊士運河，沙達特在開羅出席一年一度的遊行時，遭他自己軍隊的士兵暗殺（埃及軍隊與埃及伊斯蘭聖戰組織關係匪淺），那一刻詭譎地遙相呼應了另一時刻：一九五一年，約旦國王阿卜杜拉一世在他考慮與以色列進行和談的謠言傳出後，遭到暗殺。[18]

以色列內部也有謾罵與不滿。早在一九七八年的大衛營協議簽署後，西奈半島的以色列居民就曾抗議國會的撤離決議。最大規模的對立發生在亞米特（Yamit），這個世俗派的小鎮位於加薩邊境，撤離行動在一九八二年四月全面展開——就在沙達特遭暗殺後不久。許多人和平離開，換取賠償，但有些居民拒絕拋下自己的家園。[19]他們抓著屋頂不放，以色列國防軍士兵只能出動強力水柱把他們沖下來。有一個極端團體將自己反鎖在亞米特一座掩體內，揚言若軍隊試圖驅趕他們，就要把自己炸死。貝京拒不讓步。最後，以色列當局將整個定居點摧毀。他們拆除了溫室，將果園連根拔起。本來已改造為沃土的地方，幾乎立即又變回了沙漠。

雖然撤離行動中沒有重大損傷，但是以色列平民與士兵衝突扭打的景象，使全國籠罩在一片陰霾下。近四分之一個世紀後，以色列人將在以色列於二〇〇五年撤離加薩時，目睹讓他們悲痛的類似景象。然而兩次撤離，其實都讓人折服地展現了以色列的民主運作，以及定居者和軍方的節制。兩次撤離都沒有人員嚴重受傷，儘管瀰漫深深的憂傷，以及對暴力的預期心理。

另一方面，以色列人直覺地知道，如果以色列有一天離開西岸，出現的暴力景象將遠遠不止於此。

雖然聯合黨不是宗教政黨，但其領導層與許多選民，對於帶領定居點擴張的宗教民族主義運動忠信社群有一種自然的親近感。在許多以色列人對前幾代人的狂熱意識形態變得鄙夷不屑的年代，這些定居者卻熱情而毫不害羞地擁抱錫安主義。忠信社群的拓荒者認為他們在效法早期拓荒者——持續在猶太人的祖傳家園進行建設，現在只是換成在非由以色列發動的防禦戰爭中所取得的土地上進行。

貝京對定居者運動的認同始於多年前。一九七四年，忠信社群成員希望獲准建立他們最早的定居點之一——伊隆莫瑞（Elon Moreh）。如同許多定居點一開始的情況（包括希布倫在內），申請遭駁回後，定居者仍逕自去了。後來，隨著這類請求日多，（左派）政府終於讓步，核可了這些定居者其實已經展開的行動。

新占領區的定居點問題，可能是當時分歧最大的政治議題，工黨政府含糊以對，主要是為了閃躲問題。這種舉棋不定的表現，讓定居者得以在實地創造既成事實。相反地，貝京堅定地延續這個政策不僅是政治權宜，也是出自理念。一九七七年五月，選後兩天，貝京與夏隆造訪了臨時的伊隆莫瑞建址。「很快，」貝京說，「就會有更多伊隆莫瑞。」[20]

跟著總理當選人採訪的記者問貝京，對定居點的堅定支持，是否暗指未來會兼併西岸時，換來了一頓怒斥：

> 我們不用「兼併」這個詞。兼併指的是**外國**土地，不是自己國家。何況，這個詞「西岸」又是什麼？從現在起，世界必須習慣這個地區真正的——聖經的——名稱，「猶大地與撒馬利亞」……要你們使用這些字眼真的這麼困難嗎？[21]

一種不同的以色列精神占了上風。貝京總理任期內，定居點數量倍增。這個數字後來在右派以色列政府下持續增加，而右派對於捍衛定居點運動的正當性總是大方多了，有鑑於此，國際社會後來談及定居點，總說那是以色列政治右派所創造，但這是錯誤的。貝京就職時，已經有七十五處定居點——而且是在梅爾與拉賓政府期間所建立。墾殖土地——不論是買來的土地，或以色列在它並未尋求的衝突中所獲取的土地——並非政治右派或左派的政策。從一開始，它就是錫安主義理念的中心支柱之一。

猶太人依此建立起他們的國家。對許多以色列人而言，他們看不出有何理由放棄讓他們的國家得以存在的意識形態。右派的不同之處在於，他們對於作出這樣的主張，沒有一絲覺得需要抱歉之處。

以色列與埃及之間達成和平（儘管是「冷淡」和平），但是新的威脅持續出現。伊拉克的薩達姆．海珊（Saddam Hussein）揚言要讓「血流成河」，「淹沒」這個猶太國家。[22]為了達成這個目標，伊拉克在法國積極協助下建造核子反應器。法國人曾幫助以色列在迪莫納建造反應器，現在他們卻決定幫助一個志在毀滅以色列的國家。勝選後，貝京開始力言，一心消滅以色列的海珊在任何情況下都不應被允許獲取核武器。

一九七八年八月，貝京召開祕密內閣會議（後來還將有數十次），以決定之後該採取的行動方向。任何軍事行動都充滿危險。外交戰線上，以色列人知道美國意在保護自己於中東阿拉伯世界更廣泛的利益，以色列若發動攻擊，美國很可能會予以譴責並孤立以色列，尤其因為美國國務院遲至一九八〇年仍主張「沒有具體證據顯示伊拉克已決定獲取核炸藥」。[23]軍事上，摧毀伊拉克反應器的任務也充滿危險。飛行員必須飛越一千兩百英里的敵方領空，為躲避雷達，必須以危險的高度貼近地面飛行（事實上，有數名飛行員在為任務受訓時喪生）。

然而對貝京而言，這項任務的重要性無庸置疑。猶太人在兩千年後重建民族家園，不是為了再度生活在滅絕的威脅之下。

一九八一年六月七日，八架以色列戰鬥機朝東邊的伊拉克疾飛而去。這些飛機躲過偵查，成功抵達後投下炸彈，位於奧希拉克（Osirak）的伊拉克反應器全毀，所有戰機平安返回以色列。這次攻擊對以色列軍方是輝煌的一刻，但引發的國際反應是立即而嚴厲的批評。法國人一如預期勃然大怒，但是以色列政府連在美國也遭遇鋪天蓋地的批評。攻擊的兩天後，《紐約時報》刊出社論，嚴詞批評這次攻擊是「不可原諒而短視的侵略之舉」。[24]該篇社論暗指貝京的過去，宣告這位總理「擁抱了他最弱小的敵人的行為法則，也就是恐怖法則。他以他深深的受害者心態正當化侵略行為」。[25]《洛杉磯時報》的約瑟夫．克拉夫特（Joseph Kraft），將此次攻擊與阿拉法特的恐怖主義相比，認為「美國人無須畏於指出，相形之下，巴勒斯坦領袖阿拉法特並不比貝京更傾向採取恐怖手段」。[26]

美國一開始對以色列的行為予以譴責，甚至支持聯合國安理會一致通過的四八七號決議，將此次攻擊定調為「明顯違反聯合國憲章與國際行為常規」。[27]十年後的一九九一年，美國發動沙漠風暴行動與伊拉克開戰後，基本上收回了這番言論。美國國防部長狄克．錢尼（Dick Cheney）將奧希拉克反應器殘骸的一張衛星照片交給以色列，並在上面寫道：

> 給大衛．伊夫里（David Ivri）將軍，在此對他在一九八一年針對伊拉克核計畫的傑出工作表達感謝和欣賞，他讓我們在沙漠風暴行動的工作簡單多了！
>
> 美國國防部長，狄克．錢尼[28]

以色列與埃及之間的和平協議，也沒有受到對伊拉克的攻擊影響。阿拉伯世界沒有一支軍隊作出回應。反應器沒了，和平協議還在，而每個人都知道，連美國總統雷根也沒有像他佯裝的那樣氣憤。這次攻擊徹底成功。

以色列如今有了名為「貝京信條」（Begin Doctrine）的政策，在貝京淡出政壇很久以後仍持續存在。根據這個信條，以色列不會容忍任何一個死敵尋求發展或購買大規模毀滅性武器。[29]

雖然以色列證明了它可以與願意接受其存在的國家達成和平，並對抗那些計畫摧毀它的國家，但是這個猶太國家的新挑戰並非任何一支常備軍隊，而是恐怖主義——特別是巴勒斯坦解放組織（簡稱PLO，巴解組織）。

自約旦國王胡笙於一九七〇年九月將阿拉法特與巴解組織逐出他的王國後，巴解組織就開始以與以色列北界接壤的黎巴嫩為新基地，從事反以色列活動。（**見地圖八**）黎巴嫩曾經是繁榮的中東國家，如今卻陷入不同派系間日益激烈的內戰，包括勢力深植的馬龍派基督徒（Maronite Christians）與該國的穆斯林人口、敘利亞人，以及德魯茲教派成員（Druze）。黎巴嫩內部有由來已久的對立關係，而這個國家的分崩離析與混亂，使之成為對以色列發動恐怖行動最好的跳板。

當然，恐怖主義對以色列而言並非首見。一開始，巴解組織選擇能見度高的攻擊，許多都成為以色列歷史上深具代表性的時刻。其中最惡名昭彰的一次，可能是一九七二年九月的慕尼黑奧運攻擊事件。來自黑色九月組織（Black September Organization）的恐怖分子闖入奧運村的以色列選手居住區，擄獲以色列運動員為人質。德國特種部隊小組試圖營救人質，但是行動失敗，而槍戰結束後，十一名以色列人陳屍現場。*多數以色列人都沒有忽略這一點：大屠殺三十年後，全世界透過電視看到猶太人在恐怖活動中流血之處，不是別的地方，正是德國。

四年後的一九七六年夏天，巴勒斯坦與德國恐怖分子劫持一架法國航空飛機，降落在烏干達的恩特貝（Entebbe），關押超過一百名人質，多數為猶太人，其中許多是以色列國民。以色列特種部隊小組發動了日後成為傳奇的大膽行動，在七月四日飛往恩特貝，救出所有人質（只有三名人質在交戰中喪生）。這個小組的指揮官是尤納坦．納坦雅胡（Yonatan Netanyahu，以色列日後總理班傑明．納坦雅胡的哥哥），他是以色列攻擊小組中唯一身亡者，由於這次的成功救援任務大膽非常，他也展現過人勇氣，因此幾乎立刻就成為以色列英雄人物。

以色列國內也動盪不安。經過多年，以色列阿拉伯人已組織起來，要求改善他們的社會與經濟條件。一九七六年三月，以色列政府宣布將徵用一大片土地，其中有些屬於阿拉伯人，並將之分配給幾座猶太城市，包括卡爾米尤（Carmiel，這座以色列城鎮大約位於海法與加里利海的中間點）。對以色列阿拉伯人來說，長久以來屬於他們的土地的控制權持續受蠶食鯨吞，正象徵他們在各方面的二等公民地位。三月三十日，數十萬以色列阿拉伯人展開示威抗議。直接的引爆點是土地徵用，但是龐大的人潮顯示，示威也是出自長期醞釀的憤怒不滿。抗議轉為暴力；阿拉伯人在街上焚燒輪

---

* 大約四十年後，在二〇一五年末，《紐約時報》與其他媒體根據數十年前即取得的資訊報導，選手在槍戰中喪生以前曾遭毆打與虐待。一名人質遭槍擊後，在其遭綑綁而無能為力的同伴面前流血而死。至少另一名遭去勢，而且很可能是在他仍活著的時候。一九〇三年的基希涅夫反猶暴亂中，行凶作惡的俄國人不僅殺害猶太人，還在女性仍活著時割除她們的乳房。這種不僅殺害猶太人還殘害他們身體的行為，經過四分之三個世紀後依然繼續。（"Horrifying Details of Murder of Athletes in Munich Revealed: 'They Were Tortured in Front of Their Friends,'" http://www.ynet.co.il/articles/0,7340,L-4733681,00.html [Hebrew]; see also Sam Borden, "Long-Hidden Details Reveal Cruelty of 1972 Munich Attackers," *New York Times* [December 2, 2015], http://www.nytimes.com/2015/12/02/sports/long-hidden-details-reveal-cruelty-of-1972-munich-attackers.html.）

胎，設置路障，朝安全部隊丟擲石頭（有些人說還有汽油彈）。關於後續的混亂眾說紛紜，備受爭議，但有六名手無寸鐵的以色列阿拉伯人死於以色列部隊之手。在許多以色列阿拉伯人的心目中，這是一九五六年卡塞姆村屠殺的重演，也是以色列阿拉伯人自我意識的轉捩點。他們發現，以色列猶太人經常針對政府抗議示威。但是猶太人不會遭士兵和警察擊斃。這一天後來稱為一九七六年土地日（Land Day），成為以色列阿拉伯人敘事中一個重大而痛苦的里程碑。

以色列阿拉伯人示威時多數沒有武裝，但是在以色列以外，巴勒斯坦激進分子的暴力卻是日益激烈。阿拉法特改變戰術，以黎巴嫩南部為基地，開始朝以色列平民發射火箭，希望讓以色列人的生活變得難以忍受。跨境攻擊與火箭砲火在以色列北境日益常見，對以色列公民而言，防空洞成為生活日常，一種被圍困的感覺籠罩了國家北部。到一九八二年，已有超過一萬五千名巴勒斯坦游擊隊員在黎巴嫩南部活動，範圍從貝魯特延伸到日益有「法塔赫地」（Fatah-land）*之稱的地區。[30]

一九七八年三月十一日，貝京任總理初期，有十一名成員的恐怖分子細胞組織由海路滲入以色列，劫持了一輛沿以色列海岸公路前往特拉維夫的公車，殺死三十八名以色列人，另造成七十一人受傷。《時代》雜誌指出，那是「以色列史上最嚴重的恐怖攻擊」。[31]以色列以「利塔尼行動」（Operation Litani）反制，迫使巴解組織倉促撤退至貝魯特，然而巴解組織依然盤據黎巴嫩。這是一個早期跡象，顯示以色列無法透過軍事手段輕易打贏反恐戰爭。

北方持續受到威脅，砲彈攻擊也未曾止息。每當黎巴嫩射來的火箭擊中村鎮與城市，北境的以色列人就必須奔逃至防空洞。以色列孩童有許多夜晚是驚恐地在地底度過。接著，就在海岸公路攻擊導致以色列首度入侵黎巴嫩之後，從巴勒斯坦分裂出來的恐怖團體在倫敦發動攻擊，又觸發了以色列二度入侵黎巴嫩。

一九八二年六月三日，巴勒斯坦恐怖分子在倫敦射殺以色列駐英國大使施洛摩·阿爾戈夫（Shlomo Argov）。**阿爾戈夫攻擊事件是最後一根稻草，不過緊張情勢其實已持續升高一陣子了。身為賈博廷斯基的追隨者，貝京熱情擁抱hadar（猶太生活應以尊嚴為核心的概念），對他而言，以色列孩童夜夜恐懼瑟縮的景象是個恥辱，他無法容忍。那是猶太人過去在歐洲的生活寫照，也與猶太主權國家所欲達成的目標恰恰相反。他的困惑不解，與比亞利克在《屠殺之城》中表達的情緒相似，他問：為什麼猶太人要默默承受攻擊，不願起而捍衛自己：

我們不當對任何人恐懼瑟縮的猶太人。我們不會等待美國人或聯合國拯救我們。那些日子已經過去了。我們必須捍衛自己。少了自我犧牲的準備，將會有另一個奧許維茲。如果我們必須為了自我防禦付出代價，就只能付出那個代價。是的，戰爭代表流血、喪親、孤兒——想起來就恐怖。但是當我們必須保護人民、不讓他們像如今在加里利那樣流血，怎能有任何一人懷疑我們該怎麼做？[32]

貝京的計畫很冒險。以色列人希望基督徒能夠控制黎巴嫩，這樣一來，對以色列的火箭攻擊就會停止。不僅如此，貝京還希望，藉由支持基督教長槍黨（Christian Phalangist Party，創立於一九三

---

* 譯注：法塔赫為巴勒斯坦民族解放運動的簡稱。

** 雖然頭部遭槍擊，但阿爾戈夫沒有死。他昏迷了三個月之後恢復意識，被送回以色列，永久失明的他餘生都在一間復健醫院度過。他在二〇〇三年過世時七十三歲，已經在醫院裡待了二十一年。

六年的黎巴嫩基督教民兵組織）黨魁巴希爾．賈梅耶（Bashir Gemayel）對抗黎巴嫩的穆斯林，可以為以色列贏得一紙和平協議。然而，這整個計畫都仰賴賈梅耶的成功，而對此，以色列毫無掌控能力。

加里利和平行動（Operation Peace for the Galilee）於一九八二年六月六日啟動。雖然初步獲得成功，驅逐了黎巴嫩南部的巴解組織戰士，但以色列的計畫很快失控。在夏隆帶領下，以色列部隊遠遠越過了內閣同意的四十公里線，那也是貝京對雷根承諾會遵守的底線。此後不久，以色列國防軍包圍了貝魯特；此時情況已很明顯，以色列入侵了一個國家。以方人員死傷慘重——超過兩百名士兵陣亡，另有一千人受傷。許多以色列人第一次感覺到，自己在打一場以色列主動發起、而不是被迫要打的戰爭。

黎巴嫩成了以色列的越戰。

以色列的國際形象也因此受損。雖然損失慘重，但阿拉法特拒絕離開貝魯特。他經常出現在西方電視節目中，展示傷重殘疾的巴勒斯坦孩童和仍在悶燒的巴勒斯坦民宅照片。以色列攻擊貝魯特所導致的一個結果是，在數百萬國際收視者眼中，阿拉法特是拯救巴勒斯坦人的英雄。

不過，在軍事上，阿拉法特與巴解組織完全不敵以色列的強大火力。巴解組織有一些重大陣地位於貝魯特西南部，以色列對這裡的巴勒斯坦難民營展開毫不留情的轟炸——而且獲得成功。一九八二年八月十二日，阿拉法特承認失敗。繼一九七一年自約旦遭逐後，巴解組織現在又被迫離開黎巴嫩。八月二十一日至三十日之間，大約九千名巴解戰士（與六千名敘利亞軍人）被解送出城。阿拉法特在一些戰士陪同下，啟航前往突尼西亞。

然而，從一開始，黎巴嫩行動的一切就不如預期，其結束也不例外。一九八二年九月十四日，距阿拉法特離開貝魯特還不到一個月，基督教長槍黨位於貝魯特的總部就遭一名敘利亞特工以炸彈攻擊。賈梅耶名列喪生的二十七人。以色列失去了獲得和平的「黎巴嫩希望」，而黎巴嫩基督徒也失去了備受尊崇的領袖。以色列政府的策略全盤解體。

情勢急轉直下，趨向極度惡化。夏隆認為，賈梅耶遇害後的混亂給了以色列一個機會，可趁勢拿下貝魯特西南緣人滿為患的巴勒斯坦難民營，他認為這些難民營為尚未離開黎巴嫩的巴解組織戰士提供了藏身處。

夏隆告訴內閣成員，他打算攻下薩布拉（Sabra）難民營。他沒有提到另一座營地夏提拉（Shatila），並強調基督教長槍黨員將「『以他們自己的手段』獨立行動」。[33]他承諾以色列人不會參與戰鬥。

九月十六日傍晚，以色列國防軍包圍了薩布拉與夏提拉。在他們監督下，一心報復賈梅耶之死的基督教長槍黨部隊進入兩座難民營，遭遇巴解組織穆斯林戰士的激烈抵抗。長槍黨基督徒很快壓制了他們，之後，在賈梅耶遇害點燃的怒火，與長久以來對穆斯林敵人的仇恨下，他們開始對平民開火。接下來三天，基督教長槍黨員無差別地屠殺巴勒斯坦穆斯林。屠殺結束時，「已有一群群二、三十歲的年輕男性在牆壁前被排成一排，雙手雙腳遭綁縛，然後在機關槍齊發下，以黑道行刑方式被射死」。[34]據估計，有七百至八百名男人、女人與小孩遭殺害。

一九八二年九月二十六日，數十萬人在特拉維夫抗議政府，要求對屠殺展開司法調查，並要「屠夫夏隆」與「屠夫貝京」下台。這是一次深刻的國家危機，貝京成立卡漢委員會（Kahan Commission）以釐清以色列是否該為屠殺負責。

在美國，這次屠殺對年輕猶太人看待以色列的態度產生深遠影響。一九六七年之後，對以色列的全面支持已不復見。如一名猶太裔美國社會運動者所說：「那是恥辱的一刻……同時我想我們失去了很多年輕支持者……一個國家不可能做出那樣的事，還期待在理想化的年輕猶太人心中點燃對以色列的熱情，除非你的對象是狂熱分子。」[35]以色列與年輕猶太裔美國人之間的關係由此產生的裂痕，在後來將變得更加明顯。

經過四個月的審議後，委員會宣布調查結果。委員會判定，雖然沒有以色列人要直接為薩布拉與夏提拉的屠殺負責，但夏隆對這次事件的「個人責任」最大：

> 國防部長忽略了發生屠殺的危險，這一點無法加以合理化……他對戰爭涉入甚深，而與長槍黨員的聯繫一直在他監督之下。如果國防部長決定由長槍黨員進入難民營，而國防軍不參與行動時，真的沒有想到這個決定可能造成、也確實發生的慘劇，那唯一可能的解釋是，對於可預期之事的任何擔憂一概遭他忽視。[36]

內閣接受了卡漢委員會的意見。滿心不平的夏隆同意辭去國防部長職務，但是仍在政府內擔任「不管部長」（minister without portfolio），不負責任何一個部會。夏隆顏面掃地，受人唾棄，很難想像僅僅二十年後，這個好戰的夏隆會成為以色列總理，而且一手擘畫了以色列史上最重大的撤出領土行動之一。

以色列一直沿黎巴嫩邊界維持軍事勢力，直到總理埃胡德．巴拉克（Ehud Barak）在二〇〇〇年撤軍為止。撤軍當時，許多以色列人認為以色列在黎巴嫩近二十年間毫無建樹，只留下數百名死者。以色列長期介入黎巴嫩，使以國多數人從此對此心存苦澀，而且因為薩布拉與夏提拉事件而為罪惡感纏繞。馬蒂・傅利曼（Matti Friedman）完美捕捉了當時以色列全國的氣氛，他在以色列駐軍黎巴嫩末期於當地服役，後來成為享譽國際的記者和作家：

一九八二年來到黎巴嫩的以色列還充滿想像力，腳步輕盈，不論它的想法有多不明智而執行起來有多糟糕……我們以為可以改變什麼。入侵〔黎巴嫩〕是為了大幅改變我們周圍的環境……潛藏在〔一切〕底下的是同樣的信念——我們的命運可塑，也將由我們塑造。但我們多數人後來了解……我們錯了……中東不會依照我們的要求或希望而改變。它不會為了我們改變。[37]

以色列電影產業也捕捉到國民的矛盾感受。《來自西頓的兩根手指》（*Two Fingers from Sidon*，一九八六年）說的是以色列士兵在撤軍前不久的黎巴嫩日常生活，描繪當地的危險，以及以色列駐軍黎巴嫩的複雜倫理和道德議題。二〇〇七年的電影《波弗特堡》（*Beaufort*）則批判性較強，這部電影以黎巴嫩山區的以色列前哨基地波弗特堡為名，描述一群駐紮於當地的士兵，在以色列駐軍黎巴嫩末年的遭遇。電影捕捉到他們對於身在當地的恐懼，以及他們在撤軍前夕面對的道德難題，一方面又深刻傳達了戰爭無止無盡和最終徒勞無功的感覺。

但沒有什麼比二〇〇八年的以色列電影《與巴席爾跳華爾滋》（*Waltz with Bashir*），更能傳達以色列針對黎巴嫩的遺產持續省思後的種種感受。這部電影說的是阿里・弗曼（Ari Folman）的故事，一九八二年時他是十九歲的步兵。二〇〇六年，他服役期間的朋友描述了戰爭時的噩夢，但弗曼卻出奇地什麼也不記得了。與當時服役的其他人碰面後，弗曼最後憶起，當年，黎巴嫩基督教長槍黨的民兵在難民營內大肆屠殺時，他是對空發射照明彈、為他們照亮難民營的士兵之一，[38]他面對自己的感受，認為自己把這些記憶阻擋在外，是因為他覺得在那場屠殺中，他的罪過並不比實際犯行的人少。

這延續了以色列社會從初始就有的自省與自我批判特質。正如質疑部分以色列軍人在獨立戰爭中行為的《赫貝希澤》出版後成為暢銷書，後來還被納入中學課程，也有數千以色列人看了《與巴席爾跳華爾滋》。長久以來，以色列社會持續思索它在戰爭與薩布拉和夏提拉屠殺中的角色，這部電影因此成為無數辯論和分析的主題，加入了關於以色列的一場對話：在他們無法終止的一場衝突中，以色列人是否迷失了方向。

這部電影在黎巴嫩遭禁。[39]

卡漢委員會報告出爐後幾個月，身體狀況不佳的貝京因為戰爭而心情抑鬱，加上喪妻後深感孤單，辭去總理一職，深居簡出。此後十年，一直到他在一九九二年逝世，他幾乎沒離開過居住的公寓，除了出席太太的追思典禮以及看醫生外。英國託管時期領導萊希組織的伊扎克．沙米爾，繼曾任伊爾貢頭子的貝京之後成為總理。

貝京改寫了以色列政治版圖，也讓新的宗教感性在以色列社會的對話中躍居顯要位置。他絕非恪守教規之人，但他毫不掩飾對猶太傳統的喜愛與尊重。如丹．梅里多（Dan Meridor）部長所說，「他說猶太人的語言」。[40]在後來數十年，以色列社會將再度「說猶太人的語言」，而且是以連貝京都想像不到的方式。

然而貝京的遺產也深深受到黎巴嫩影響。他有充分理由入侵，但那場戰爭成了一場泥沼。最後，黎巴嫩作為一個正常運作的國家不復存在。以色列涉入甚深的暴力衝突留下了權力真空，讓這個曾經的國家變成真主黨（Hezbollah）的根據地，日後成為對以色列危害更大的恐怖威脅。這是當初可以防止的嗎？我們顯然很難知道。是貝京做了關鍵決策，還是他被夏隆誤導了？這一點至今仍有激烈爭辯，連在當年的貝京政府成員之間也是如此。

貝京當政那些年對以色列並不輕鬆，但很重要。以色列與昔日最強大的敵國埃及達成和平；清楚傳達它不會容忍死敵手中擁有大規模毀滅性武器；展現它不惜一戰，以保護公民與孩童過正常生活、不用在防空洞裡過夜的權利，即使這場戰爭後來受到許多以色列人反對。

在社會層面，聯合黨帶來了較自由的資本主義年代，但這同樣也出了差錯，年通膨率達到四五〇%。[41]米茲拉希猶太人受經濟衰退的衝擊最大。[42]然而，由於坦承面對了過去的不公與以色列某些移民受到的不當對待，以色列人也可以說變得更團結了。

也許最重要的是，統治以色列數十年的一黨獨大霸權瓦解了。長久以來被貶謫到政治沙漠的右派，終結了工黨對國家政治與政策的一手把持。如今，以色列人在規劃國家未來時也有其他選擇。而決定他們把票投給誰的因素，往往是他們覺得受到多少支持，或有多受到孤立。以色列在其後數十年成為國際社會棄兒之後，這個國家的人民將透過剛強尋求安全。有安全感時，以色列人可以關心社會議題，為和平甘冒更大風險；感受到威脅時，則本能的選出心目中可以保護他們的人。這個簡單的事實，將在後來改變中東命運。

第十六章 師法錫安主義：巴勒斯坦民族主義興起

我們將繼續和平進程，彷彿沒有恐怖行為。我們也將對抗恐怖行為，彷彿沒有和平進程。

——以色列總理伊扎克・拉賓

貝京當選終結了數十年的工黨霸權，而坐進總理辦公室的這名男子，對於猶太傳統的衷心喜愛，也與他的所有前任者都大異其趣。然而，最能清楚代表宗教重返公共領域的，是一名政治明星的突然崛起，那是名為阿爾耶・德里（Aryeh Deri）的早慧政治人物。

德里一家來自摩洛哥，移民到以色列，是因為以色列於一九六七年打贏六日戰爭後，阿拉伯國家開始驅逐境內的猶太人口——與他們在以色列獨立戰爭後的行徑如出一轍。德里一家抵達以色列時一貧如洗，但也深深投入其傳統生活方式。獨具才能的德里認為，主流以色列社會沒有給他家這樣的移民公平機會，並在這樣的想法驅動下投入政壇。他的崛起如流星般迅速耀眼。一九八五年，年方二十六的德里已經是內政部長親信的顧問，到他二十九歲時，更自己當上了部長。借用以色列一位名記者的話，德里是「新以色列最激奮人心也最讓人期待的人物」。[1]他後來因為一九九〇年代的一連串醜聞而垮台，但在他從公共領域（短暫）消失時，已經為以色列政治帶來了不可抹滅的改變。

一九八四年，德里正逐漸崛起為政壇顯要時，拉比歐瓦迪亞．尤瑟夫（Rabbi Ovadia Yosef）甫自以色列塞法迪猶太人的首席拉比職務退休。*拉比尤瑟夫是法律天才，針對形形色色的猶太法律主題留下了傑出的判決，他也擅於操弄民粹，將惡意言論導向非正統派猶太人、阿拉伯人，或他在任一時刻看不順眼的人。他在米茲拉希猶太人間大受歡迎，追隨者稱他為歐瓦迪亞老師（Rav Ovadia），他利用他的高人氣（並在另一名地位顯赫的拉比，拉比伊拉札爾．夏赫引導下），成立了政治黨派沙斯黨（Shas）。**這個名稱來自兩個希伯來字母，是Shomrei Sefarad（「塞法迪守衛者」）的縮寫，意指守護《妥拉》的塞法迪猶太人。但這個名字語帶雙關，因為在希伯來文中也可理解為「塞法迪猶太人的守護者」。

事實上，米茲拉希猶太人眼中的沙斯黨正是如此。宗教上，沙斯黨的主張是毫不掩飾的正統派，極度傳統，但是也照顧到米茲拉希猶太人的社會與教育需求。連並不特別虔誠的米茲拉希猶太人也受到這個政黨吸引。於是，與其支持主要偏向世俗化的聯合黨，米茲拉希猶太人現在有自己的政黨了，由這個宗教色彩明顯而政治上成功的政黨代表其利益。

漸漸地，拜獨具個人魅力與政治敏感度的檯面人物德里之賜，沙斯黨的支持度與權力迅速提

---

* 雖然猶太人依族裔分成三大類別——阿什肯納茲、塞法迪和米茲拉希猶太人，但依照**宗教**傳統則一般分為阿什肯納茲和塞法迪猶太人。這兩個族群各自有首席拉比。「塞法迪」和「米茲拉希」猶太人嚴格而言並不相同，但在人口統計上一般可互換使用。

** 拉比歐瓦迪亞一直到死前都維持高人氣，在政壇上亦有分量。他在二〇一三年過世時，在人口僅有八百萬，其中約六百萬為猶太人的國家裡，大概有八十萬人「出席」了他的葬禮。當然，由於人潮龐大，多數人根本無法接近墓園。但街道甚至是公路上都擠滿了往他葬禮方向步行的人群，因此象徵式地參與了他的葬禮。

升。沙斯黨在一九八四年創立當年，僅拿下四席國會席次。然而到了一九九九年，即德里貪汙定罪的同一年（他後來入監服刑），沙斯黨拿下一三%的票數，在國會取得十七個席次。

沙斯黨崛起，帶來了對於錫安主義現狀與未來的新想像。德里描述他與舊日錫安主義理念分道揚鑣時，絲毫沒有嘗試掩飾他的不滿：

如今世俗派以色列人擔心沙斯黨會改變國家的世俗特質。他們自稱錫安主義者，但他們並非真正的錫安主義者。他們的運動是異端邪說的運動。他們視我們的父母為原始人。他們想改造他們。他們把我們的父母送去偏遠的村鎮，過辛苦的生活。為他們的孩子提供一點都沒用的教育。直到我們出現，開始照顧在這些偏遠地方受苦的許多人。這才是他們害怕我們的原因。這才是他們迫害我們的原因。而迫害是在族裔與宗教兩方面的。但他們愈是羞辱我們，我們就成長愈多。我們將改變以色列的國家特質。[2]

沙斯黨實現了這個承諾。

隨著宗教在以色列公共場域占據愈來愈顯著的位置，類似的現象也在中東其他地方發生，特別在與以色列接壤的國家。

一九八〇年代中，阿拉伯世界尚未從世俗的泛阿拉伯主義夢想之死的打擊中恢復。這段期間，最能成功培植追隨民眾的社群組織者，都要求他們的受眾把信心放在能恢復阿拉伯世界昔日榮光的一個新願景：伊斯蘭革命。由於前幾十年統治阿拉伯國家的許多高壓世俗政權已趨於衰弱（最顯著的例子是埃及的沙達特政權），這樣的時空背景正適合尋求不同的希望來源。一九七九年的伊朗革命成功後，阿亞圖拉（宗教學者）政權上台，在這個事件對中東地區的影響下，以色列周圍的許多阿拉伯國家用伊斯蘭主義填補了真空。*

一九七〇和八〇年代，穆斯林兄弟會成為最顯著的伊斯蘭組織。它開始在阿拉伯世界的許多地方發展有效的系統，提供重要的——而且是世俗派政府未能提供的——社會服務。[3]然而，其社會服務組織也帶來特色分明而極為傳統的宗教訊息，並且快速傳播。很快，其影響已經可以在阿拉伯世界的街頭清楚看到。愈來愈多女性戴上希賈布（hijab，傳統穆斯林頭巾），男性留起鬍子（也是更為虔敬的宗教表現）。六日戰爭之後的二十年，以色列人不管望向何處，都可以看到新創立的宗教機構，以及它們所代表的對伊斯蘭信仰的全新投入。

在西岸和加薩，經濟機會停滯也造成穆斯林宗教動態的改變。在許多方面，以色列統治改善了巴勒斯坦人的經濟生活。六日戰爭後十幾年間，從一九六七年到一九八〇年代，加薩走廊的人均年收入從八十美元增加為一千七百美元。在西岸，國內生產毛額在同一期間成長三倍。而兩地的汽車數量增加十倍。一九六七年，加薩只有一八％的家庭擁有電力。但是在加薩社區於一九八一年與以色列電網相連之後，這個數字提升到八九％。

然而以色列統治並未消除加薩部分人口的極度貧困；加薩依舊人口稠密且過度擁擠。未處理的汙水在街道上漫流，許多家戶沒有自來水。到了一九八〇年代中期，經濟成長停滯。在大批人群生

---

* 一九七九年的中東發生了兩個重大事件：埃及以色列和平協議的簽訂，以及伊朗革命。後續數十年間的問題是，哪一個運動會對該地區產生更大影響：是在外交政策上朝現實主義趨近，還是朝宗教純粹主義與政教合一趨近。

活於髒汙中的巴勒斯坦難民營，經濟衰退造成的不滿特別強烈。

極具動員能力的伊斯蘭主義運動承諾更光明的未來，引起巴勒斯坦難民的共鳴。這些難民一次次因為泛阿拉伯主義等不同的運動而感到失望，這些運動都宣稱能帶來改變，最後一事無成。穆斯林兄弟會開始獲得更大的影響力和權力——還有愈來愈多信仰虔誠的追隨者。

不無諷刺的是，以色列的開放政策助長了穆斯林基本教義在加薩與西岸的散播。六日戰爭之前，這些地區沒有大學。為了扶植較溫和的運動，以色列在控制這些地區以後鼓勵高等教育，西岸與加薩因而設立了七所大學。不過，這個計畫的結果幾乎完全適得其反。許多較為激進的伊斯蘭運動，在大學環境中大幅成長。看到這種發展後，以色列人判斷（後來證明判斷錯誤）這些運動主要是宗教運動而非政治運動。然而，這是嚴重的失算，日後將讓以色列付出高昂代價。

一九八八年，另一個穆斯林組織成立，名為哈馬斯（Hamas）。對哈馬斯的追隨者而言，他們信仰的中心義務之一，是將歷史巴勒斯坦地區從「錫安主義者的占領」下解放出來，聲稱「從河流到海洋」的這片土地是穆斯林的瓦克夫（waqf），即「捐獻」。他們誓言對以色列發動聖戰（jihad）。哈馬斯的創立憲章在語調和內容上都公然展現反猶主義，延續納粹反猶太宣傳中可見的橋段，包括《錫安長老會紀要》。了解二十世紀歷史的人對這份憲章的語言和基調都不陌生：

> 今天是巴勒斯坦，明天可能是另一個國家或數個國家。因為錫安主義者的陰謀詭計沒有盡頭，巴勒斯坦之後，他們會垂涎從尼羅河擴張到幼發拉底河。在完全消化他們染指的土地後，他們會謀求更多擴張，如此這般。他們的計謀陳述在《錫安長老會紀要》中，而他們當下〔的行為〕就是其中內容的明證。[4]

哈馬斯堅稱猶太人「創立聯合國與安全理事會是為了統治全世界」。[5]哈馬斯將絕大多數國際戰爭——包括法國與俄國革命和兩次世界大戰——都歸咎於猶太人。最重要的是該組織對以色列的態度。哈馬斯創立憲章的引言中宣稱：「以色列將崛起並持續挺立，直到伊斯蘭將之消滅，一如伊斯蘭消滅了其所有前身。」

納瑟已死。以色列的軍事優勢有效壓制了敘利亞所能造成的任何威脅。泛阿拉伯主義已是明日黃花。然而，以色列再一次對上了一個誓言毀滅它的敵人。

一九八七年十二月九日，一名以色列卡車司機在加薩走廊意外撞死了四名阿拉伯工人。西岸與加薩兩地都悶燒已久的阿拉伯街道爆發怒火，並演變為暴力。數百、然後是數千名年輕人開始挑釁以色列士兵，朝士兵與平民丟擲石頭與汽油彈。全面罷工隨之展開，由一群群暴徒強迫不情願的商家主人接受。這個意料之外的新一波反抗運動被稱為intifada（阿拉伯文中指「甩去」，如一隻狗抖掉毛髮上的水，以此隱喻巴勒斯坦人將擺脫壓迫他們的以色列人，中文一般譯為「起義」），以色列如今面對一個新的軍事疆域。

警訊已經存在一段時間了。自一九八〇年代中期起，以色列就開始面對一輪大規模的巴勒斯坦暴力事件，與以色列人習見的巴解組織目標式攻擊不同。一開始是週期性出現的丟石頭、刺殺與燒輪胎等突發事件，但是這些都沒有讓以色列安全當局特別擔心。如今，看到一九八七年十二月那次意外引發的反應之後，以色列安全領導人才明白他們碰到重大問題了，這個問題是他們從前未曾面對過的，他們也不知道該如何反制。巴勒斯坦哲學教授與公共知識分子薩里・努賽貝（Sari Nusseibeh）將這次反抗比為一座火山：「沒人能引爆一座火山。」爆炸的條件只是不斷累積，最後以無比猛烈的力量噴發。[6]

以色列軍人從未在哪一個戰線上面對的是帶著石頭的年輕人。這不是國防軍精英單位能辨認而後消滅的敵人。現在，以色列的年輕男女面對的是挫折不滿而憤怒的平民，他們雖然多數未攜帶武器，但會使用石頭與汽油彈。以色列的技術優勢在這場新戰鬥中幾乎派不上用場。突然間，國防軍必須在人口稠密的平民區戰鬥，使用橡膠子彈、催淚瓦斯、棍棒，以及偶爾使用的更致命武器。有些國防軍軍官指出，拉賓下令軍隊「打斷他們的手和腿」。[7]但這也沒用；忿恨與絕望的情緒已經太深。

巴勒斯坦起義期間，以色列人面對的是自贏得六日戰爭以來，巴勒斯坦人被占領數十年的怒火，雙方都付出高昂代價。巴勒斯坦的學校成為起義中心，經常關閉。希伯來大學一名犯罪學教授描述：「一九八七至一九八八學年度，因為學校被迫關閉，西岸學生在二百零一個上學日中，大約一百七十五天沒有學校可上。」[8]學校關閉與對巴勒斯坦日常生活的許多其他干擾，包括宵禁、路障與搜索，又更進一步激怒巴勒斯坦人，煽動了暴力的火焰。

約旦的變化也讓區域形勢更為複雜。胡笙國王在六日戰爭中決定與埃及和敘利亞聯手後，將西岸輸給了以色列，但是約旦從未放棄對該領土的主張。西岸的巴勒斯坦人繼續在約旦國會任職，而數千名約旦公務員也在西岸工作，部分薪酬由約旦政府支付。

然而，胡笙的王國由占少數的哈希姆家族治理，而占多數的巴勒斯坦人則無庸置疑是二等公民，構成了「不滿多數」（disaffected majority）。[9]國王最不樂見的，就是西岸的暴力不安外溢越過約旦河。進入約旦核心；因為巴勒斯坦起義，約旦在一九八八年七月放棄了對西岸的主張。[10]

巴勒斯坦人只要還認為約旦有一天會奪回西岸，就會兩邊下注，不敢公然支持約旦死敵巴勒斯坦解放組織。然而，約旦抽手之後，當地居民轉而視巴解組織為巴勒斯坦人在西岸的代表，正當性毫無疑義。以色列的政治困境變得愈來愈複雜——而這個困境主要來自於以色列從未打算開始、現在又無法結束的占領，除非有哪一方可接手治理占領區。

巴勒斯坦起義（後來稱為第一次起義）對以色列社會形成前所未有的挑戰。十八、九歲的義務兵成長時，聽的是國防軍的英雄事蹟，是他們面對致命又絕對邪惡的敵人捍衛以色列的故事。然而他們自己的服役經驗卻迥然不同；感覺上他們忙著做的是管制敵對平民人口的骯髒工作。一名以色列記者為這種幻滅感新創了一個詞：yorim v'bochim，即「邊開槍邊哭泣」。[11]一名後備軍官哀傷的指出：「十八歲的人問我，在占領區服役是否讓人恐懼。我告訴他們，我最大的恐懼是對我自己——我會變成什麼樣子，我會捲入什麼事情。那是一片叢林，自有其法則。」[12]

巴勒斯坦起義成功了。現在，以色列人不僅擔心占領對於生活在以色列統治下的巴勒斯坦人有何影響，也擔心身為占領者對他們自己、他們的孩子和他們的人性有何影響。許多人日益認同以色列正統猶太教哲學家萊博維茲的想法，早在一九六七年他就警告「以色列必須『將自己從宰制另一個民族的詛咒中解放出來』」，否則將「對猶太民族整體帶來大災難」。[13]

巴勒斯坦起義也讓以色列的政治右派承受重擊。正如作家哈列維所指出，面對巴勒斯坦人迸發的怒火，許多以色列人開始了解，只要以色列依然控制加薩、西岸與數百萬當地巴勒斯坦人，那就連和平的意念都只能是幻想。西岸戰火熊熊燃燒的同時，「開明」占領的概念也灰飛煙滅——這個想法在六日戰爭後的年間主導了以色列的相關論述，但最早根源自赫茨爾《新故土》中的意象：阿拉伯人因為猶太人將帶來的進步而歡迎他們。未來的禍事已有徵兆——巴勒斯坦人讓以色列人看到，巴勒斯坦民族主義的力量不容忽視。雖然還需要數年或數十年，但是愈來愈多以色列人明白，以色列遲早必須撤出西岸多數地區。

歐洲也經歷劇烈變動。一九八九年底，柏林圍牆倒下。一九九一年，蘇聯解體，美國成為獨霸世界的超級強權。自建國以來，以色列與其阿拉伯鄰國—仇敵就陷於世界兩大強權間一場更大的爭鬥中。美蘇關係影響了一九五六、一九六七與一九七三年的戰爭，以及戰爭之間的許多事情。美國在聯合國投票支持創立猶太人的國家，儘管後來兩國關係曾有幾段困難時期。到了蘇聯垮台之時，美國已被視為以色列的保護者，而蘇聯則為阿拉伯國家撐腰。如今，阿拉伯人得找新的靠山，而在後來多年，歐洲國家將在這場衝突中扮演遠比從前重要的角色。

蘇聯垮台也讓以色列內部發生變化。這個猶太國家即將迎來建國以來最大的一波移民。蘇聯猶太人的大出走並非一夕之間發生，而是美國猶太人投入很久的重大計畫。自史達林掌權以來，蘇聯猶太人就生活在一個企圖消滅猶太學養、錫安主義活動與猶太身分的高壓專制政權下。史達林與其後的蘇聯領導者在這方面很成功，在大約七十年間大幅降低了蘇聯猶太人的猶太知識，但是未能遏制許多人想到以色列加入猶太同胞的渴望。這個渴望在一九六七年變得更為強烈，因為蘇聯猶太人透過以色列看到猶太人的新典範，在這個新典範下，猶太人不再是受害者，他們也因而希望成為這個典範的一部分。

由於蘇聯的大門緊閉，解放蘇聯猶太人因此成為美國猶太人與以色列政府的重要計畫。不同組織如「學生為蘇聯猶太人而戰」（Student Struggle for Soviet Jewry），以及政治作為如一九七四年美國貿易法傑克森—瓦尼克修正案（目的是懲罰禁止移民的共產集團國家），都發揮了作用。推波助瀾的還有抗議與示威，以及成功申請簽證前往蘇俄、勇敢無畏的許多美國猶太人，他們利用造訪機會將書籍、音樂和其他教育與宗教性質的物品帶去，為受壓迫的社群提振士氣，深化教育。

慢慢地，大門敞開了。一九七〇年，從蘇聯抵達以色列的移民有九百九十二人；到一九八〇年，這個數字是七千五百七十；一九九〇年是十八萬五千二百二十七；等到大量移民在二〇〇〇年後不久結束時，已有大約一百萬蘇聯猶太人前往以色列，大幅改變了其國家特質。

蘇聯移民與他們的許多先行者一樣，抵達時往往身無分文，需要很多支持。許多在蘇聯為高度專業的人士，在競爭激烈的以色列工作市場只能從事低下工作。由於蘇聯移民人數龐大，他們得以出版自己的報章雜誌，且往往生活在多數為俄國人的鄰里。這一切經常引起部分以色列人的不滿，認為這代表他們不願融入。

但是這群人與更早的米茲拉希猶太移民迥然相異。他們雖然花了一段時間才融入以色列社會，但在許多方面他們是屬於西方世界的回歸者，組成者包括教育程度良好的大學畢業生。這些新移民中包括工程師、醫師與藝術專業人才，特別在音樂方面。蘇聯猶太人加入了以色列的科學與藝術社群，不僅提供人才，也創造了對教育和文化服務的需求。

後來成為蘇聯移民公眾之臉的，是如今極具代表性的「簽證被拒者」（refusenik）、前蘇聯猶太人納坦．夏蘭斯基（Natan Sharansky）。他申請移民至以色列的許可後，因曾為美國國防情報局從事間諜工作的不實指控而遭九年監禁。美國總統雷根後來對蘇聯總統戈巴契夫強力施壓後，夏蘭斯基才終於獲釋。他移民以色列，成為享譽國際的人權鬥士與猶太人的勇氣象徵。他在一九九六年成立政黨，名為Yisrael Ba-Aliyah（可指「以色列回歸」或「以色列崛起」），以服務俄國人的需求為主，讓他在國會中取得了顯要位置。時日愈久，隨著俄國移民感覺不再那麼需要自己的政黨，夏蘭斯基也離開了正式政治場域，但依然享有以色列重要政治家的地位，也是猶太民族還在世最偉大的英雄人物之一。

在以色列找到避風港並打造新生活的，不只是蘇聯猶太人。衣索比亞內戰肆虐時，饑荒又讓慘況雪上加霜，全世界猶太人對當地猶太社群的命運格外關心。以色列政府師法三十五年前由國防軍將葉門猶太人空運至以色列的魔毯行動，再一次決定，只要有猶太人身陷危險——不管在世界哪個地方——就是以色列政府的責任。

早在一九八四年，以色列就曾派遣行動分子與摩薩德特務前往蘇丹，協助數千名衣索比亞猶太人祕密移民至以色列。但仍有許多猶太人留在當地。一九九一年，衣索比亞的情況日益惡化，當地猶太人面對的危險急遽升高。

一九九一年五月，以色列飛行員在名為所羅門行動（Operation Solomon）的大膽任務中，於衣索比亞內戰正熾時，將經過改造的笨重C-130噴射機降落在該國各處狹窄的飛機跑道上。這些飛機的座椅都被拆除，以容納最大量的乘客，有些情況下，一架飛機裡就塞了超過一千一百人。許多移民一貧如洗，搭上飛機時唯一的財產是身上的衣服和基本的烹煮用具。許多人身體非常虛弱，其中一百四十人在以色列一落地就被救護車接走，在停機坪上接受醫療照護。數名婦女在飛機上生產。總計，三十五架以色列空軍C-130飛機與以色列航空波音七四七客機的直飛航班，在短短三十六小時內，共載運了一萬四千三百二十五名衣索比亞猶太人抵達以色列。

不論衣索比亞猶太人社群的歷史根源為何（這是備受爭議的議題），獲救的那些衣索比亞人，與冒死拯救他們、多數為阿什肯納茲猶太人的飛行員幾乎毫無共通處。數千年來，衣索比亞猶太人與巴比倫尼亞、巴勒斯坦、歐洲與北非的猶太生活完全隔絕；他們保存了古老的猶太生活方式，與以色列人如今視為「真正」的猶太教大異其趣。對這些新移民而言，任何短於兩千年的猶太發展或傳統都是幾乎陌生的。他們對寫於他們被放逐之後的《塔木德》一無所知。普珥節與光明節在衣索比亞人與其餘猶太人斷絕聯繫後才進入猶太曆中。他們不知有大屠殺，對過去兩千年猶太經驗的其他面向也全無所聞。他們說的是阿姆哈拉語而非希伯來語。從各方面而言，他們抵達時對現代國家以色列簡直一無所知，現代性對他們也是新事物。他們對電力、自來水或現代科技完全陌生（有些人因為寒冷，而試圖在載他們前往以色列的飛機上點火），只是讓挑戰更為艱巨。

這個移民計畫與以色列過去曾嘗試過的都不同。悲哀的是，許多衣索比亞人成為以色列的下層階級。不幸也有一些公然的種族歧視情形，而他們的孩子與孫子輩要過了數十年，才能開始在以色列的社會、經濟、教育和軍事階層中往上爬。另一方面，以色列將衣索比亞猶太人帶來國內，拯救了數千條生命，而由白人飛行員將飛機降落在衣索比亞以載運數千黑人移民的這一點，也闡明了這個國家拯救猶太民族的承諾，超越了種族與膚色。

當時無疑有差別待遇的情況，偶爾也有誇張的種族歧視案例。不過，大致而言，衣索比亞人面對的障礙來自他們自身極為不同的文化，他們的猶太信仰與新國家的宗教文化間的巨大鴻溝——以及世界各地的移民都面對的挑戰。儘管衣索比亞猶太人在外貌、語言與行為上與已經住在以色列的其他猶太人迥然相異，儘管衣索比亞社群在移民吸納上帶來可觀的挑戰，以色列人依然相信，把他們帶來以色列是絕對正確的事情。他們是猶太民族的一部分，而拯救這個民族正是以色列存在的原因。

既諷刺又悲哀的是，衣索比亞和俄國移民的唯一共通點，是拉比階層對於他們是否真為猶太人並不確定。在俄國人的情況中，許多移民到以色列的人顯然並非哈拉卡（halakhah，猶太律法）定義下的猶太人。蘇聯的猶太社群普遍與異族通婚；根據某些數字，依據《回歸法》來到以色列的人當中，只有二五％是嚴格定義下的猶太人。（《回歸法》對「猶太性」的定義與納粹相同——祖父母中有一人是猶太人——而不是依照古典猶太律法的定義。）拉比階層一再受到批評（批評者很多，包括正統派拉比），但不是因為拉比判定這些新移民不是猶太人，而是因為在這些人試圖改宗時，拉比階層設立了層層障礙。[14]

衣索比亞移民面對的情況更嚴峻。首先裁定這些衣索比亞人為猶太人的，是塞法迪猶太人的首席拉比（他稱他們為Falashas，這是對這個群體的另一個常用稱呼）。在一九七三年發布的歷史性判決中（早在衣索比亞移民大批抵達之前），拉比尤瑟夫指出：

> 因此我獲得這樣的結論，即Falashas是以色列支派的後裔，他們往南去至衣索比亞，而毫無疑義的是，前述的智者確立了他們〔Falashas〕源自但的支派（Tribe of Dan）……我根據最可靠的證人與證據得到結論……以我的淺見做成決定，Falashas是猶太人。[15]

阿什肯納茲猶太人的首席拉比哥倫（學養深厚而經常做出開先例之判決），在這個議題上遠沒有這麼勇敢。直到一九八一年，他才在文字中首度**暗指**了他認可移民者的猶太人身分。[16]

一九九〇年八月，伊拉克獨裁者海珊入侵科威特。美國與主要由其他西方國家組成的聯軍對海珊宣戰。為報復美國領軍的反制攻擊，海珊在一九九一年一月對以色列發射飛彈。以色列領導層從不願在以色列平民遭攻擊時坐視不管，但這一次他們別無選擇；美國老布希總統堅決表示不容許以色列涉入衝突（美國拒絕將確保聯軍部隊不會誤射以色列空軍戰機的密碼提供給以色列，就是一例）。以色列總理沙米爾在建國前曾任萊希組織領導，從不怯於使用武力保護猶太人，但他明白，這一次他沒有選擇。

以色列人帶著存糧與防毒面罩圍聚在防空洞內（當時擔心海珊會使用他在入侵伊朗時曾使用的化學武器）。他們在密封的房間裡等待戰爭過去，準備好防毒面具，甚至給嬰兒用的防毒氣嬰兒床。他們害怕海珊，而雖然感謝政府對提供愛國者飛彈供防禦使用的美國人採取務實態度，卻也錯愕不解：基希涅夫已經是近一個世紀以前的事情，但猶太人又一次只能躲藏，男人們待在防空洞裡，無法保護自己的妻小。

比亞利克有名的一首詩是〈關於屠殺〉（不是前文曾提到的《屠殺之城》），詩中，他在猶太人遭屠殺後憤怒地責問上帝。「若有公義——讓它出現！」比亞利克在他著名的詩句中呼喊；猶太人扮演的「待命受害者」（victim-in-waiting）角色必須結束。如今大約過了一個世紀之後，在飛彈如雨點般落在特拉維夫時，以色列國防軍卻受命坐以待斃，一名以色列政治評論者於是寫下：「若有國防軍——讓它立即出現。」少有人不知道他指涉的是什麼典故。

早在贖罪日戰爭時，一九七〇年代晚期的以色列軍情局長蓋茲特就曾說過，以色列與埃及已經戰到僵局；這場戰爭中沒有贏家，他說。與巴勒斯坦人的戰鬥也一樣，衝突漫無止境地持續下去，沒有一方取得決定性的勝利或成果。許多以色列人日益明瞭，交戰方將必須進行對話。

一如當時與埃及達成和平的是右翼的聯合黨政府，現在也是聯合黨政府同意與巴勒斯坦人開啟首次間接談判。一九九一年十月，沙米爾仍任總理期間，以色列官員在西班牙與敘利亞、黎巴嫩和約旦代表團坐到談判桌前，這次會談後來稱為馬德里會議。以色列依然拒絕與該國法律定義為恐怖組織的巴勒斯坦解放組織直接談判。因此，以色列的妥協之道是准許來自西岸與約旦，非巴解組織正式官員的巴勒斯坦代表加入約旦代表團。以色列人與巴勒斯坦人首度在談判桌上面對面。

馬德里會議的目標不是要產生協議，而是要開啟雙邊談判。就這一點而言，它成功了——兩邊終於開始對話。與巴勒斯坦人達成和平顯然已成為以色列公眾議題，於是在一九九二年，以色列人選出了他們相信可以帶來和平的那個人——拉賓。他曾參與獨立戰爭中最關鍵的幾場戰役，以及一九六七年那次閃電勝利，以色列人有信心這個人能了解他們的安全需求。雖然他在醜聞陰影下辭職，但以色列人現在要他回來；由他達成的協議，將是他們可以接受的協議。

拉賓在宣誓就職演說中堅持，猶太人的生存處境**已經**改變，以色列人現在可以為和平冒險：

> 我們不再必然是「獨自居住的民族」，而「全世界都反對我們」也不再為真。我們必須克服已經束縛我們近半個世紀的孤立感……我們全心相信和平是可能的，是必要的，也終將來到。「我願相信未來，」詩人紹烏・徹尼考夫斯基（Shaul Tchernikovsky）寫過，「即使它仍遙遠，那天必將到來，和平與祝福將在國家之間傳遞」——而我願相信那一天並不遙遠。[17]

一九九三年初，以色列廢除禁止以色列人與巴解組織談判的法律。次日，以色列與巴勒斯坦代表間的祕密非正式談判於挪威奧斯陸展開。一段時間後，雙方就基本架構達成第一次奧斯陸協議（Oslo I），其中內容後來成為奧斯陸協議（Oslo Accords）的一部分。

協議內容勾勒出未來五年以阿雙方針對永久協議談判期間的原則，明言應成立巴勒斯坦自治政府（Palestinian Authority）以管理巴勒斯坦轄下土地。相對地，以色列部隊將自加薩與西岸部分地區退出。

以色列外長裴瑞斯在一九九三年八月於奧斯陸祕密簽署了協議。在「相互承認」（mutual recognition）的協議下，巴解組織承認以色列國家地位，承諾放棄對以色列使用暴力。以色列則承認巴解組織為巴勒斯坦人的代表，並准許阿拉法特與他手下數萬名海外戰士返回西岸與加薩。

一九九五年九月的第二次奧斯陸協議（Oslo II）將西岸分為A區、B區與C區（**見地圖十**），分別由巴勒斯坦人管轄、以巴共治，與以色列人管轄。兩次奧斯陸協議都未保證巴勒斯坦建國，但依照其框架，最終應走向那樣的結果。一九九三年九月，阿拉法特、拉賓與美國總統柯林頓齊聚在白宮大草坪（Great Lawn），隨著拉賓與阿拉法特握手言和，似乎也為中東迎來了新時代。

對強硬派的穆斯林而言，奧斯陸協議是異端邪說。他們堅持以色列在阿拉伯土地上無權存在，他們永遠不會接受協議。結果，奧斯陸協議簽訂後沒有迎來一段和平時期，而是帶來巴勒斯坦人對以色列人的暴力重起，而且更為激烈的一段時期。如今的暴力行為遠比巴勒斯坦起義時更為致命。哈馬斯與加薩和西岸的其他伊斯蘭極端團體進行自殺炸彈攻擊，在特拉維夫和包括耶路撒冷在內的綠線後方城市（綠線是一九四九年的停戰線），主要目標是以色列平民百姓，尋求盡可能造成大規模死傷，企圖破壞協議。一九九四到一九九六年間死於這些攻擊的以色列人，是以色列史上在這麼短時間內死於恐怖攻擊的最多人。[18]阿拉法特鮮少公開譴責要為這些攻擊負責的人。偶爾他會下令逮捕這些人，但總在世界的目光轉移後釋放他們。對許多以色列人而言，這是一九七四年出席聯合國大會的那個阿拉法特終於露出了真面目。當時的他在伸出「橄欖枝」的同時，腰上掛著槍套。許多以色列人認為，這正是阿拉法特該以阿拉伯語告訴他的人民暴力必須止息的時候。但是他不願這麼做。

緊接著，一次猶太恐怖行動讓這個地區的情勢更是一觸即發。一九九四年二月二十五日，從美國移民至以色列的宗教狂熱分子巴魯克．哥德斯坦（Baruch Goldstein）帶著大量武器進入列祖之洞（Cave of the Patriarchs），*對正在祈禱的穆斯林開火。他殺害了二十九名在洞裡敬拜的巴勒斯坦人，最後被憤怒的群眾打死。

再一次地，希布倫成為衝突引爆點。一九二九年的希布倫暴動中，阿拉伯人不僅殺害居住在當地的猶太人，摧毀猶太社區，實際上也開啟了中東的阿拉伯—猶太人武裝衝突。一九六七年的六日戰爭後，一群年輕人也是以希布倫為移居地，建立起綠線以外最早的猶太社區之一。如今正值地區緊張情勢最高之時，奧斯陸協議的未來也在未定之天，希布倫再次成為屠殺的地點，這次是在列祖之洞。然而，現在犯下惡行的是一名猶太人，受害者是正在祈禱的穆斯林。

哥德斯坦的攻擊讓以色列人為之駭然，猶太宗教領袖無分派別譴責他的行為。但傷害已經造成。阿拉伯人恐怖行動不僅持續，甚至變得更暴力，該地區開始陷入混亂。根據某些消息來源，私底下，連拉賓都因為奧斯陸協議引發的恐怖攻擊而想要放棄協議。多年後，前國防部長摩西．「博吉．」亞阿隆（Moshe "Bogie" Ya'alon）在二〇〇八年寫道，拉賓曾告訴他，他將「把奧斯陸和平進程『理順』，因為阿拉法特已不再值得信任」。[19] 二〇一〇年，拉賓的女兒達里雅．拉賓（Dalia Rabin）接受以色列某大報訪談時指出：「許多與我父親親近的人告訴我，在他遇刺前夕，他曾考慮終止奧斯陸進程，因為街頭上恐怖蔓延，也因他認為阿拉法特沒有做到他承諾的事情。」[20]

不論他個人或私下的顧慮為何，拉賓並未公開表示灰心。本—古里昂在二次大戰時曾說，依舒夫社群將對抗英國限制猶太人移民巴勒斯坦的白皮書，彷彿沒有戰爭，並將參與對抗希特勒的戰爭，彷彿沒有白皮書。此時，拉賓呼應本・古里昂當年的決心，如此宣告：「我們將繼續和平進程，彷彿沒有恐怖行為。我們也將對抗恐怖行為，彷彿沒有和平進程。」[21]儘管對阿拉法特的兩面手法深感不滿，以色列仍持續根據奧斯陸協議盡其義務。一九九四年五月，以色列國防軍在協議細節敲定後的短短九天內，就撤出了耶利哥與加薩走廊絕大多數地區。後來，以色列國防軍也開始自西岸和加薩的大城市與占領區撤軍。

和平也在另一方面有所進展。一九九四年，約旦和以色列開始認真談判，旨在終結兩國間的戰爭狀態。胡笙國王已正式放棄對西岸的所有主張（他並不想統治西岸，因為其龐大的巴勒斯坦人口會讓少數統治的哈希姆家族更形少數），因此兩國間已沒有無法克服的議題。時任外長的裴瑞斯在該年飛抵約旦與胡笙國王會面時指出：「飛行只花了十五分鐘……但跨越了四十六年來仇恨與戰爭的鴻溝。」[22]

以色列與約旦在一九九四年十月簽署和平協議。兩國已針對國界與水權達成共識，如今更全面相互承認。以色列與兩個鄰國達成正式和平。胡笙國王年輕時曾目睹祖父阿卜杜拉一世在一九五一年七月遭巴勒斯坦人謀殺，只因為他考慮謀求與以色列之間的和平。對胡笙國王而言，這個成果不

---

* 列祖之洞對猶太人與穆斯林都是神聖之地。猶太傳統主張這裡是亞伯拉罕與撒拉的墓地。穆斯林也在此地建於公元六世紀的一座清真寺敬拜。

僅有政治和經濟意義，更有深刻的個人意涵。

與阿拉法特的「協議」引發恐怖而非帶來和平，讓愈來愈多以色列人感到駭異，他們開始相信，以色列犯了一個深遠而危及其生存的錯誤。對某些人而言，這顯然是神學問題：他們相信上帝把以色列地給了猶太人，即使只是把這片土地讓出一部分的協議，都是異端邪說。以色列猶太人的政治與宗教極右派變得尤其惡毒。他們的集會中出現讓拉賓的照片看起來如同猶太人死敵希特勒的牌子。少數極端派拉比稱拉賓為 rodef（意圖致死另一人之人）和 boged（叛徒），這類人在猶太律法中都罪可至死。有一次，後來成為總理的納坦雅胡被拍到在耶路撒冷鬧區的集會演說時，下方有個牌子寫著「拉賓去死」（納坦雅胡很可能並沒有看到這個牌子）。

許多以色列人擔心這些未經抑制的煽動言論將導致災難。阿羅索洛夫在特拉維夫海灘遭擊斃的六十二年後，他的兒子在以色列大報專欄中對國人發出懇求。他相信是煽動言論導致他父親遭暗殺，而他正目睹同樣的現象讓人害怕地重演。「右派領袖必須停止煽動，」他寫道，「也必須對他們的追隨者說明若持續煽動下去可能發生什麼事情，否則他們將必須擔負所有罪責，正如阿羅索洛夫遇害時一樣。」[23]

儘管他在私底下顯然心有疑慮，拉賓仍持續為奧斯陸協議尋求支持。為了向以色列與全世界證明，這個猶太國家依然支持與阿拉法特簽署的協議，他與裴瑞斯號召國民參與一九九五年十一月四日在特拉維夫舉行的大規模挺和平集會。以色列人群起響應。據估計，聚集的人潮規模達十五萬人，或許更多。[24]拉賓對依然相信和平的可能、成千上萬情緒高昂的以色列人說：

我當了二十七年的軍人。只要一日無和平的機會，我就持續作戰。我相信現在有和平的機會，機會很大。我們必須利用這個機會，為了站在這裡的人，也為了不在這裡的人——而他們為數眾多。我一直相信，多數人想要和平，也準備好為和平承擔風險。今天你們來到這裡，與許多沒有來的人共同證明了人民真心渴望和平，反對暴力。暴力會侵蝕以色列民主體制的根基。暴力必須被譴責與孤立。這不是以色列國的行事之道。民主體制中可以有差異，但最終決定將透過民主選舉實行，正如人民透過一九九二年選舉授權給我們，做我們正在做的事，持續走在這條道路上。[25]

結束演說後，拉賓與群眾合唱挺和平陣營的頌歌〈致和平之歌〉（Shir La-Shalom），特拉維夫廣場上迴盪著大家齊唱的副歌：

別﹝只是﹞說那天必將到來，
要促成那天到來
因為這不是夢想
在整個城市的廣場上
呼喊和平！[26]

拉賓前往等待著他的座車時，二十五歲的巴伊蘭大學（Bar Ilan University）法律系學生、宗教狂熱分子伊蓋爾．阿米爾（Yigal Amir）穿過拉賓的維安人牆，朝總理開了三槍。拉賓被緊急送到醫院，隨著槍擊的消息傳開，全國上下焦慮地屏息以待。

不久之後，拉賓的長期友人伊坦・哈伯（Etan Haber）步出拉賓接受手術的伊奇羅夫醫院（Ichilov Hospital），對驚恐害怕的群眾念了一段簡短聲明，至今許多以色列人仍銘記在心：

> 以色列政府以最大的憂傷與最深的悲哀沉痛宣布總理暨國防部長伊扎克・拉賓之死，他於今晚在特拉維夫遭暗殺者謀害。願他的記憶蒙福。

一個從未有過和平，經歷過太多悲劇的年輕國家，突然間面臨了從未想像的苦痛。空氣中瀰漫深重的羞恥感，像一片不願散去的烏雲。數千民眾在無人號召下自發回到和平集會的廣場，唱起他們曾在當晚稍早唱過的那首歌，當時，這個國家還和現在很不一樣。數千人在街頭哭泣。迫切想表達難以言喻之情的一群群年輕以色列人，在全國的人行道上點起數十萬根蠟燭。惶惑不解的他們慢慢感受到這個屬於他們所有人的悲劇之深遠，感受到夢想的死去，感受到這個國家可能將永遠不同。他們擁抱彼此，只能哭泣。

他們席地而坐，唱歌、流淚，盯著他們點亮的閃動燭光，在朋友的擁抱中尋求一點慰藉，希望他們受了重傷的國家有一天能夠復原。他們祈禱有一絲希望，但願不是一切都無望了。同時，他們為自己憂心可能將失去的事物而哀悼——為這個超越所有人期望的蕞爾小國，為那個成就了一個國家的願景，為他們的祖父母克服萬難，從無到有建立起的猶太人生命新一章而哀悼。

第十七章
和平進程延滯

我是個失敗者，而這是你造成的。

——柯林頓對阿拉法特所說

一百萬人在拉賓下葬前行經他的棺柩致意。拉賓的葬禮上，約旦國王胡笙在致詞時對來自八十個國家的達官顯要說：「我從未想到這一刻會如此到來，我為失去一位兄弟、同事與朋友而哀悼。」胡笙說，拉賓生前是「一個軍人，和我們處於鴻溝的對立面，我們尊敬他，一如他尊敬我們。我後來認識了這名男子，因為我發現，正如他也發現，我們必須跨越這個鴻溝，展開對話，彼此認識，努力為追隨我們的人留下對得起他們的遺產」。[1]

走下講台時，國王看起來深受打擊。他的祖父在多年前遇刺，因此對他而言，這一刻必定像個讓人痛苦的週期循環。這個地區是否將永遠在不惜代價、一心阻擋和平的人掌控下困頓不前？

埃及總統穆巴拉克前來以色列參加葬禮。顯然已經心碎的美國總統柯林頓也來了。下令美國全國降半旗的柯林頓[2]在他的悼詞結束時，轉向拉賓的棺柩低聲說了幾個字，從此永恆銘刻在以色列的記憶中。「Shalom, chaver,」他說，「再見了，朋友。」然後在這位遇害的戰士暨和平使者遺體前微微彎腰致意。

拉賓死後，一直與他激烈競爭工黨領導位置的裴瑞斯成為代理總理。次日，在總理辦公室，他並未坐在拉賓的椅子上；他知道以色列面臨一個巨大的缺口，沒有人可以彌補。年輕時的裴瑞斯曾跟隨本—古里昂與其他建國元老服務，他知道國家需要治理，社會需要癒合。但後面這一點是否有可能達成，沒人能說得準。

裴瑞斯什麼都見識過。他在一九二三年生於波蘭威斯涅夫（Wiszniew，現為白俄羅斯維什涅瓦），本名西蒙．佩爾斯基（Szymon Perski），在一九三四年與家人移居巴勒斯坦，後於一九四七年被徵召加入哈加納，負責管理人事與武器採購，並在獨立戰爭初期持續擔任這些工作。裴瑞斯後來任國會議員，也曾任其他重要職位，包括外交部長、國防部長與財政部長，並於一九八四至一九八六年間任總理。如今，他致力於拉賓的和平願景，持續執行奧斯陸協議。一九九五年十一月至十二月，以色列將軍隊調離西岸所有重要城市（希布倫除外），並准許巴勒斯坦自治政府舉辦選舉。阿拉法特當選自治政府主席，他的法塔赫黨也贏得立法委員會多數席位。巴勒斯坦建國似乎有所進展。

但是巴勒斯坦人並未停止攻擊。事實上，攻擊的頻率與死傷人數比以前都高。[3]要假裝奧斯陸協議並未徹底失敗已經愈來愈困難。「我們沒有獲得感謝，」裴瑞斯說，「而是收到炸彈。」[4]他將以色列大選提前六個月，自信以色列人對於暗殺拉賓的右派深感厭惡，將選出他為國家領袖。的確，民調顯示他大幅領先對手，聯合黨的納坦雅胡。

然而，巴勒斯坦恐怖分子改變了這一點。他們在耶路撒冷發動兩次攻擊、在特拉維夫發動一次、還有一次在阿什克隆（Ashkelon），在九天內於以色列城市的心臟地帶造成近六十名以色列人死亡。以色列人既憤怒又恐懼，裴瑞斯繼任拉賓為總理的短短七個月後就被投票罷免下台。

以色列人最迫切關心的永遠是安全，因此選民在恐怖主義加劇後往往向政治右派移動；一九九六年也不例外，於是他們選了納坦雅胡而非裴瑞斯。納坦雅胡依照一九九五年的《以巴和平協議》（又稱第二次奧斯陸協議）實踐以色列的承諾，自當時以色列控制的最後一座西岸城市希布倫撤軍。在美國的壓力下，納坦雅胡後來也簽署了一九九八年的《懷伊河備忘錄》（Wye River Memorandum），以重啟進度延滯的第二次奧斯陸協議的實施。

然而，從一開始，納坦雅胡就認為奧斯陸協議對以色列而言是個錯誤，他在三年任期內也盡可能逆轉他認為奧斯陸協議造成的危險。但是在隨後的選舉中，以色列人尋求中間派領袖，民意擺盪回左傾，選出了埃胡德·巴拉克。

巴拉克是以色列史上最戰功彪炳的軍人之一，他以三個根本承諾為競選政見。他承諾自黎巴嫩南部撤軍，一直以來，以色列都未能找到方法從該地區抽身。他承諾與敘利亞達成和平。最後，雖然對奧斯陸協議的疑慮愈來愈多，他表示將尋求與巴勒斯坦人之間的和平。

以色列一些領袖認為，最明智的選擇是將這些目標中的兩個合而為一：如果以色列能和敘利亞簽署和平協議，以色列就可以與敘利亞協調撤出黎巴嫩。但是這注定沒有實現的一天。事實上，敘利亞樂見以色列部隊待在黎巴嫩，因為這讓他們得以透過其代理人真主黨攻擊以色列部隊。[5]敘利亞外長聲明，以色列若未經敘利亞同意即行撤軍，將被視為「戰爭行為」，一位有名的以色列記者評論這是「極盡扭曲的想法，即使以當地水準來說都讓人難忘」。[6]

如果巴拉克想讓以色列自黎巴嫩抽身，就必須單方面撤軍，他在二〇〇〇年五月二十四日確實這麼做了；當時在黎巴嫩服役的軍人，大約是以色列於一九八二年首度入侵時出生的。

這不是以色列最後一次採取單方面行動，在面對阿拉伯暴力時撤出占領區。然而，後續這些年將顯示，每當以色列撤出占領區，對阿拉伯極端分子而言都是正中其下懷。到了二〇〇〇年，真主黨已經證明它可以對全世界最專業的軍隊之一發動致命的暴力攻擊——自一九八五年（黎巴嫩戰爭最激烈的時期之後）到一九九七年間，共有二百多名以色列士兵身亡，另有超過七百五十人受傷。隨著以色列撤退，真主黨得以鞏固在黎巴嫩南部的勢力。以色列撤離邊界前的最後一晚，真主黨副祕書長描述那一晚代表「巴勒斯坦隧道盡頭的光，是踏著反抗與殉難的道路可能獲得解放的希望」。他承諾：「發生在黎巴嫩的事，也可以在巴勒斯坦重演。」[7]

實現了以色列撤軍黎巴嫩的承諾後，巴拉克將目光轉向巴勒斯坦。二〇〇〇年夏天，距離五月自黎巴嫩撤軍僅數月後，巴拉克、阿拉法特與柯林頓在大衛營會面——二十二年前，貝京和沙達特也是在這個田園景致的度假地與卡特會面，達成了**他們**的協議。

多年來，以色列與巴勒斯坦一直擱置達成協議所必須解決最棘手的問題，即巴勒斯坦要求其難民必須獲准返回位於以色列境內的家園，耶路撒冷地位問題，以及巴勒斯坦國的最終邊界。如今，巴拉克決心達成全面協議。他對阿拉法特提出將西岸九二%的土地以及耶路撒冷部分城區提供給巴勒斯坦建國。但是讓以色列團隊驚訝的是，阿拉法特與其談判小組連考慮這個提議都不願意。先是奧斯陸協議帶來了更多恐怖行為。現在，阿拉法特又拒絕了以色列預期他會認為相當慷慨的提議，或至少是合理的談判起點——而且甚至沒有提出回應提議。柯林頓也對巴勒斯坦人拒不妥協感到不解。

大衛營談判破裂，參與方各自解散。巴拉克帶著政治損傷回到以色列，右派認為他提出的讓步太多而對他感到憤怒，左派則因他空手而回而失望。另一方面，阿拉法特返回巴勒斯坦時則被視為民族英雄。他力抗錫安主義者，堅決證明了巴勒斯坦人對耶路撒冷、國界與返回權的所有要求都必須被滿足才足夠。他要他的人民看到，他的意志沒有被擊倒，他忠於他們的民族追求。

參與中東和談數十年、擔任柯林頓中東特使的美國外交官與作家丹尼斯・羅斯（Dennis Ross）後來寫道：「巴拉克與柯林頓都準備為達成協議傾盡全力。兩人都足以應付這個挑戰。兩人都沒有迴避直面歷史與神話所必然的風險。同樣的話能用來形容阿拉法特嗎？可惜不能。」[8]

以色列分析者與歷史學家，甚至一直被視為左派的論者，都知道阿拉法特的算計。[9]只要談判拖延不前，國際社會就會讚揚他是洗心革面、投身和平的戰士。然而，假如他簽了協議，國際社會就會期望他進行治理，為他新建立的國家前途負責。時日一久，相信阿拉法特有任何打算作出這種轉變的人愈來愈少。

中東緊張情勢上升。以色列自黎巴嫩撤軍六個月後，而大衛營高峰會的兩個多月後，反對黨領袖夏隆決定造訪聖殿山。雖然這是他身為以色列人的合法權利，但他這次造訪被某些人視為挑釁之舉。其他人主張夏隆是想讓巴勒斯坦人明白，以色列仍擁有對東耶路撒冷與舊城區的主權；另有人認為，也許夏隆知道阿拉法特會以暴力回應這樣的舉動，而他想在政府作出更多讓步以前，讓以色列人看清這一點。

不論他的動機為何，夏隆「顯然從內部安全部長什洛莫・本―阿米（Shlomo Ben-Ami）處得知，以色列情報單位告訴他情報顯示沒有共謀中的暴力風險。這一點經巴勒斯坦西岸預防安全部隊領導吉伯里・拉賈布（Jibril Rajoub）默認，他告訴本―阿米，夏隆可以造訪聖地，但因安全理由不得進入清真寺」。[10]

夏隆沒有進入清真寺，但是在二〇〇〇年九月二十八日，他在數百名以色列警察陪同下登上聖殿山。次日，二萬名巴勒斯坦暴動者衝入聖殿山，以色列部隊以小型槍枝回擊，但這只是讓暴動人數更多而更激烈。在當日的衝突中，七名巴勒斯坦暴動者死亡，三百名巴勒斯坦人與七十名以色列警察受傷。巴勒斯坦自治政府領袖在電視中使用惡毒的反以色列言詞，並在廣播上號召人民發動吉哈德（jihad，穆斯林用語，指對異教徒發動的宗教戰爭）。

不出數日，在阿拉法特與其安全部隊煽風點火下，衝突已蔓延到全國各地。許多以色列安全人員相信，阿拉法特計畫這次暴亂已有一段時間，而夏隆造訪聖地只是給了他發起行動的藉口。

在諸多事件中，有幾個事件象徵了為期四年、後來稱為第二次巴勒斯坦起義的開端。一組法國電視拍攝團隊捕捉到駭人的一幕，據說是十二歲的穆罕默德·德拉（Mohammad al-Dura）在加薩遭到殺害時，他父親拚命想要保護他的畫面。雖然以色列堅稱國防軍並未殺害這名男孩（後來也證實他們所說為真），但這起事件已將巴勒斯坦的街頭引爆。九月三十日的德拉事件後不到兩週，兩名以色列後備軍人受徵召擔任駕駛員，在前往服務地點的路上轉錯了一個彎。他們在巴勒斯坦城市拉馬拉（Ramallah）為群眾包圍，遭私刑殺害。其中一名恐怖分子站在窗前，在歡呼的群眾前高舉他染血雙手的畫面傳遍全世界；這些影像讓以色列人反感，他們認為，再一次地，巴勒斯坦人對於殺害猶太人的興趣，遠大於他們建立自己國家的興趣。*

這一次起義雖然不是像第一次起義那麼大規模的抗爭，但卻致命得多，原因是巴勒斯坦自治政府的安全部隊使用武器和自殺炸彈客。[11] 衝突接著蔓延到以色列阿拉伯人之間，尤其在阿拉伯人口眾多的加里利。有些阿拉伯裔以色列人攻擊猶太人的財產、車輛、定居點和機構。以色列猶太人則在混合族裔城市針對清真寺、阿拉伯人開的商店與阿拉伯居民展開暴動。[12] 在後來稱為二〇〇〇年十月事件（October 2000 Events）或十月引燃（October Ignition）的暴動中，以色列警察與阿拉伯暴動者在一次示威升高為暴力事件後發生衝突。阿拉伯人丟擲石頭與燃燒彈，用彈弓發射鋼珠，還有少數發射實彈的情況。以色列警察以實彈射擊回應，在十月的短短幾天內，有十三名以色列阿拉伯人遭以色列安全部隊射殺。[13]歐爾委員會（Or Commission）後來針對事件進行調查後，認為警察對於暴力事件全無準備，在某些情況中反應過度。

二〇〇〇年十月事件與一九五六年的卡塞姆村並不相同，因為在二〇〇〇年事件中，阿拉伯人無疑使用了暴力。但是在以色列阿拉伯人心中，這兩個事件是相關的。正如一九五六年的卡塞姆村屠殺，與一九七六年的土地日事件，二〇〇〇年十月的殺戮強化了他們永遠是二等公民的感覺，生命的價值與猶太人不同。哈雷迪猶太人即使在街道上焚燒輪胎表達抗議並使用輕度暴力，安全部隊也從未對他們開槍。

夏隆的聖殿山之行與十月一日的阿拉伯人之死，讓阿拉伯人的暴力行為更為激烈。他們丟擲汽油彈，公車燃燒起火。阿拉伯縱火者放火焚燒森林。這是刻意帶著象徵意味的攻擊；自早期的猶太人回歸潮，造林就是重要且具象徵意義的錫安主義計畫，過去一個世紀以來，猶太國家基金資助種植了二億五千萬棵樹。[14]這些樹不僅有助於土地再造，也代表錫安主義更新以色列地的努力。縱火者試圖摧毀的正是這樣的進展。

隨著暴力繼續，柯林頓總統嘗試做最後一次努力，希望搶救和平進程。二〇〇〇年十二月底，柯林頓提出了「柯林頓規範」（The Clinton Parameters），提議新成立的巴勒斯坦國涵括九四％到九

---

* 執行私刑的恐怖分子是阿齊茲．薩爾哈（Aziz Salha）。他後來遭以色列當局逮捕，因謀殺罪判終生監禁，但是在二〇一一年成為因吉拉德．沙利特（Gilad Shalit）換囚行動而獲釋的犯人之一。

六%的西岸土地（規範中並未提到加薩，但柯林頓在二〇〇一年一月說明，巴勒斯坦國的領土將包括加薩走廊）。以色列將獲准兼併猶太人口眾多區的定居點，這樣可以納入大約八〇%的屯墾者。柯林頓提議將東耶路撒冷分為阿拉伯居民占絕大多數的巴勒斯坦區，以及猶太人居住的以色列區。為了安撫以色列人對安全的擔憂，柯林頓又提議短期由國際與以色列勢力進駐約旦河谷，長遠則可設立三個由以色列控制的「預警站」。巴勒斯坦難民將只返回巴勒斯坦，而不回到以色列領土內。

表面上，以色列人與巴勒斯坦人都接受了這些規範，但是正如柯林頓後來在其自傳《我的人生》中指出：「阿拉法特說他有保留的接受這些規範。問題是他的有保留與以色列的有保留不同，至少在難民與西牆問題上是超出這些規範的，但我把他的接受當真，因為他曾承諾會在我卸任前達成和平。」[15]

柯林頓卸任前不久，阿拉法特致電感謝他，告訴總統他是個偉大的人。柯林頓回答他：「主席先生，我不是偉大的人。我是個失敗者，而這是你造成的。」[16]擔任總統的最後一天，柯林頓警告小布希和科林．鮑威爾（Colin Powell）不要信任阿拉法特說的任何一個字。他告訴他們，相信阿拉法特，「是我總統任期內所犯最大的錯誤」。[17]柯林頓一手導演了阿拉法特與拉賓那著名的一握，但是他離開白宮時，還是沒能成功解決以巴衝突。

由於和平進程遲滯，以色列人遭受的攻擊也未曾稍歇，以色列國內氣氛低迷。以色列人已經受夠總理巴拉克了。大衛營和談已破裂，但巴拉克仍持續對阿拉法特大幅讓步，即使阿拉法特堅不讓步。巴拉克失去國會支持後，決定於二〇〇一年二月舉行選舉。以色列阿拉伯人因為二〇〇〇年十月的事件而杯葛選舉，進一步削弱了左派。巴拉克敗選，而領導右派聯合黨的夏隆獲選為新任總理。巴勒斯坦的暴力再一次讓以色列政治右派重新掌權。夏隆與巴拉克不同，他不願參與在他眼中只是裝模作樣的以巴談判。他認為阿拉法特從沒打算達成協議；是以色列應該清楚表態的時候了。

和平進程已死。對許多以色列人而言，這個覺醒的痛苦不下於一九七三年贖罪日戰爭後失去conceptzia的痛苦。自從以色列在獨立宣言中「向所有鄰邦及其人民伸出和平與和睦友邦之手」，多數以色列人成長過程中就一直相信，有一天，交戰雙方會設法放下兵刃，為中東迎來新時代。他們與埃及做到了，後來約旦也與以色列和解。但是巴勒斯坦人似乎依然只有看到以色列消失才會滿足。左派一直呼籲妥協是唯一的和平之道，此時心痛又疲憊的他們，既感覺到自己的天真，又深深覺得受到背叛。他們引用掃羅王軍隊元帥押尼珥的話：「刀劍必得永遠殺人嗎？」[18]懷抱沉重的失望與深刻的憂心，他們發現對於這個問題，他們無法給予否定回答。

二〇〇一年，超過一百名以色列人死於自殺炸彈客手下，另有數十人在其他形式的攻擊中身亡。巴勒斯坦人愈來愈膽大妄為，對人潮更多的地方發動攻擊，尋求造成更多死傷。二〇〇一年夏天，一名自殺炸彈客攻擊特拉維夫海灘的一間迪斯可舞廳，造成二十一名以色列人死亡，多數為隨家人移民到以色列的俄國少女。超過一百人受傷。不到兩個月後，一名自殺炸彈客在耶路撒冷鬧區最繁忙的一個路口攻擊一家比薩屋。炸彈威力造成一百三十人受傷，十五人死亡。半數死者為孩童。

犯下暴行者多數來自西岸。在以色列人眼中更為惡劣的是，巴勒斯坦警察與tanzim部隊（法塔赫組織的好戰派系）也涉入許多槍擊事件；法塔赫特工一反從前，開始執行自殺炸彈攻擊。這一切讓以色列大眾開始反對阿拉法特、法塔赫以及巴勒斯坦自治政府，多數人因而認為以色列在和平進程中並無夥伴。

二〇〇二年逾越節的第一晚，大約二百五十名賓客聚集在海濱城市內坦雅的公園飯店，享用傳統的逾越節晚餐。一名巴勒斯坦恐怖分子偽裝成女性，通過飯店保安措施，在人群中引爆了一個大型爆裂物。人群中許多是老人，有些是大屠殺倖存者。爆炸造成二十八名平民死亡，大約一百四十人受傷。傷勢嚴重的二十人中後有兩人死亡。有好幾對夫婦喪生，還有一名九十歲的老者。一名父親與女兒在爆炸中同時喪生。

這次攻擊之後，夏隆決定反擊，其後不久，以色列發動防禦盾牌行動（Operation Defensive Shield）。這是自六日戰爭以來，以色列在西岸最大的軍事行動，目的是摧毀當地主要巴勒斯坦城市的恐怖主義基礎設施。基本上，以色列奪回了一九九五年在奧斯陸協議下移交給巴勒斯坦人的城市。

以色列並沒有就此收手。為了終止恐怖行為與對其人民的攻擊，政府在二〇〇二年九月決定建立一道隔離牆，將占領區的阿拉伯人區阻絕於以色列之外。這道牆花了五年多建造，總長四百八十英里（但一直未全部完成）。隔離牆的北段竣工後，成功阻絕了所有來自西岸該區的恐怖攻擊。儘管其功效無庸置疑，這道牆因為對無辜的巴勒斯坦人造成不便，而引發了廣泛的國際譴責，但是以色列領導層不為所動。隔離牆的建造持續進行，到二〇〇四年十二月，自殺攻擊次數已經減少了八四%。

二〇〇〇年九月至二〇〇四年九月，超過一千名以色列人喪生，兩千多人受傷。二千七百多名巴勒斯坦人身亡。在死傷人數之外還有另一個受害者——以色列的和平陣營。數十年來，以色列左派一直建立在「土地換和平」的原則上——他們堅稱，如果以色列將一九六七年奪得的土地多數歸還，巴勒斯坦人就會願意和解。但是巴拉克對阿拉法特的提案以及後續的武裝起義已經證實，這樣的論點天真得危險。許多以色列人相信，即使巴拉克的提案還不足夠，阿拉法特一定有一個底線，可作為談判起點。但是他從未提出條件。反之，阿拉法特引發了一輪又一輪暴力，對以色列人證實了他是個恐怖分子，永遠不會轉變為政治家。在這個過程中，他也大幅削弱了以色列政治左派。

關於以色列的立場，也許過去多年一直是政治左派象徵的本尼．莫里斯說得最好。他稱阿拉法特為「無可救藥的說謊者」，並且哀傷地下了結論，認為以色列和巴勒斯坦人也許永不可能和平共存。他曾省視大眾對於他轉變立場的驚訝不解：

關於我接受大腦移植的謠言並非事實（就我記憶所及）——或至少是言之過早。但是我對於中東危機現狀與其主要人物的想法，確實在過去兩年大幅改變。我想我的感受有一點像一九五六年俄國坦克隆隆開入布達佩斯的時候，西方那些被狠狠喚醒的共黨同路人。[19]

許多人與莫里斯有著同樣深重的失望，包括美國小布希總統，他後來曾說：「阿拉法特騙了我。我從此再也不相信他。事實上，我再也沒與他說過話。二〇〇二年春天我心中已有定論，只要阿拉法特掌權就不可能有和平。」[20]

賈博廷斯基在他一九二三年的論文《鐵牆》中指出，在阿拉伯人了解以色列人不會讓步以前，他們永遠不會終止衝突——悲哀的是，他似乎說對了。哈列維後來評論，二〇〇〇到二〇〇四年這段時間把以色列人變成中間派。他們認同左派所說：建立巴勒斯坦國對以色列很重要，如此以色列才不會繼續統治數百萬巴勒斯坦人。但是他們也同意右派說法：建立巴勒斯坦國將置以色列於極大險境。[21]他們進退維谷。

二〇〇四年十一月十一日，阿拉法特在短暫臥病後，以七十五歲之齡辭世。繼任者馬哈穆德·阿巴斯（Mahmoud Abbas，也以阿布·馬贊為名）曾在二〇〇三年三月由阿拉法特欽點擔任新創立的總理職務。阿巴斯後因不滿阿拉法特使他的治理徒具形式而辭職，但現在則接任了阿拉法特先前的位置。

一九三五年生於采法特的阿巴斯，在一九四八年戰爭期間逃離。他先後在開羅和莫斯科求學，在莫斯科寫的博士論文題目為《另一方：納粹主義和錫安主義的祕密關係》，主張錫安主義者大幅誇大了死於納粹手下的猶太人人數。他堅稱，六百萬猶太人遭殺害的說法是「荒誕的謊言」。[22] 阿巴斯是法塔赫一九五九年的創始成員之一，也是一九九三年奧斯陸協議的巴勒斯坦方談判者之一。[23]

雖然右派針對阿巴斯的論文大做文章，但其他以色列人卻認為他的當選帶來希望。有了一位曾提倡談判而非暴力的巴勒斯坦領袖，有沒有可能為這片地區開啟新一章？

以色列這一方的情勢也在改變。二〇〇三年十二月，在赫茲利亞（Herzliya）的一場會議中，總理夏隆宣告他打算單方面從加薩撤軍，並且移除該地區的所有猶太人定居點。二〇〇四年四月十四日，夏隆致信美國總統小布希。「根據我的推斷，目前巴勒斯坦沒有可以在和平中一起朝和解努力的夥伴，」他說，「也因為目前的僵局對我們的共同目標沒有幫助，我決定展開逐步撤離的過程，希望減少以色列人與巴勒斯坦人之間的摩擦。」[24]

三十四年來，加薩一直有猶太人定居點。二〇〇四年這裡有八千八百名猶太人居住，周圍環繞超過一百萬名巴勒斯坦人。他們生活的領域占加薩走廊五分之一土地。但是保護這幾千名以色列猶太人對以色列的代價愈來愈高昂，多年來部署了數萬名士兵；而儘管以色列出動了這些武力，此前五年仍有一百二十四名以色列人在加薩遇害。夏隆決定，既然無法透過談判從加薩撤離，以色列只好單方面撤出。

夏隆普遍被視為最標準的鷹派人物，居然是他決定讓以色列撤出加薩，讓許多人大吃一驚。這個決定在他所屬的右派聯合黨中引發不滿。特別是納坦雅胡（時任財政部長），他公開對夏隆表達異議，堅稱撤出加薩會對以色列構成嚴重危險。哈馬斯開始從加薩發射火箭到以色列境內之後，又強化了納坦雅胡的論點。單在二〇〇四年，哈馬斯就從加薩發射了八百八十二門迫擊砲彈與二百七十六支卡珊火箭到以色列。

正如拉賓末因奧斯陸協議後的暴力上升而卻步，夏隆即使面對火箭攻擊也堅持繼續。為了表示他有多反對這個策略，納坦雅胡在八月七日辭去財政部長一職。加薩的屯墾者視夏隆的決定為徹底的背叛。他競選時承諾不會從加薩單方面撤離，現在卻正要如此。「猶太人不驅逐猶太人」成為屯墾者的運動口號；他們寫請願書，舉行示威活動，抗議與絕食。為了安撫他們，政府承諾給每戶家庭財務補償。為了施壓，政府也警告反抗撤離的人將被送入監牢。

為了準備遷走加薩屯墾者並推倒他們的家園和社區，參與行動的一萬四千名警察和國防軍士兵接受了特殊訓練，以應對各種挑釁行為。大致而言，二〇〇五年八月的實際撤離行動堪稱平順。有一些屯墾者用石頭和裝滿油漆的瓶子丟擲士兵，但是沒人使用火器。其他地方的屯墾者設置障礙物把自己堵在家裡，以防止士兵將他們強制驅離。

有些屯墾者不願相信，自十九世紀末早期回歸以來就投入購買土地並在上面建設的國家，會強迫這個國家最熱烈的錫安主義者離開他們的家園。在加薩定居點內夫德卡林（Neve Dekalim）的猶太會堂，一名二十一歲的以色列人告訴記者：「這棟建築是我們生活的象徵。我不相信軍隊會進來這裡把我們帶走。」她錯了。

沒有人嚴重受傷，也沒有人喪生。士兵挨家挨戶通知居民離開。那是個炎熱的加薩夏日，有需要時，士兵會發水給正在撤離的居民。士兵擁抱他們正在驅離的平民，有些哭了，有些坐下來，加入正在祈禱的撤離者。

撤離加薩讓人又一次憶起往事。貝京一直以來都說，他職業生涯中最驕傲的一刻，是他在一九四八年六月阿爾塔列納號戰役那一日成功避免內戰。在加薩，以色列社會再次展現出其高度成熟。武裝部隊為這次行動做了萬全準備，而從自家被撤離的猶太人也表現出讓人折服的尊嚴和自制。

夏隆競選總理時承諾不撤出加薩，後來撤離前也沒有先舉行全民公投；整個過程讓許多以色列人覺得從根本上違反了民主。但沒人以任何嚴重暴力反抗，法治得以維持。這一天讓許多以色列人心碎，但是對一個還年輕的民主國家，這一天也讓人驕傲。

撤離加薩後，夏隆的下一步是要讓以色列擺脫西岸的巴勒斯坦人。為了讓自己的政治路途更平順，他在二〇〇五年十一月離開聯合黨，創立自己的政黨，名為 Kadima Yisrael（「前進，以色列！」），吸收來自工黨與聯合黨的中間派。但是撤離加薩四個月後，夏隆發生嚴重中風，陷入昏迷。看似堅不可摧、有「推土機」之稱的夏隆倒下了。*

夏隆的繼任者埃胡德．歐默特（Ehud Olmert）是耶路撒冷前市長，他宣告自己打算將西岸絕大多數的巴勒斯坦領地移交給巴勒斯坦自治政府。歐默特與一些前任總理不同，他主張可以**先建立**巴勒斯坦國，之後再透過談判解決許多最棘手的議題。「如果巴勒斯坦人放棄恐怖路線，停止對以色列公民的戰爭，」他說，「他們就能在最終協議牽涉的所有複雜議題解決之前，獲得民族獨立與巴勒斯坦國，擁有臨時國界。這些議題都會在之後透過兩國間的協商解決。」[25]

歐默特做此宣告的同一天，巴勒斯坦自治政府也舉辦了選舉。一直以來誓言毀滅以色列的恐怖組織哈馬斯以小幅差距贏得普選，[26]但是巴勒斯坦的選舉制度，以及法塔赫黨內部的嚴重分裂，使得哈馬斯獲得議會絕大多數的席次。以此微差距贏得的普選勝利成了壓倒性勝利。

當選後，哈馬斯官員再次聲明他們既不會承認以色列也不會與之談判。正當以色列提出巴勒斯坦建國的可能時，巴勒斯坦人卻選出了只有摧毀猶太國以後才願終止衝突的政府。和平進程僅存的一點希望餘光隨之熄滅。歐默特在二〇〇九年三月因貪腐指控而辭去總理職務時，他的倡議也隨之胎死腹中。**

事態依照長久以來的模式發展：和平談判基本上告終，暴力衝突則持續。而再一次地，以色列國防軍必須重新定位自己。這在第一次巴勒斯坦起義就發生過，當時，國防軍面對的不是阿拉伯常備軍，而是石頭比槍枝多的平民人口。第二次巴勒斯坦起義時，國防軍必須學會如何與背後的恐怖

---

* 夏隆又活了將近九年，但是從未恢復意識。他在二〇一四年一月十一日逝世。

** 二〇一六年二月經過漫長的法律程序後，歐默特成為首位入獄的以色列前總理。他加入了摩西．卡察夫（Moshe Katzav）的行列，卡察夫在二〇〇七年七月因受控強暴下屬而辭去總統職。卡察夫經司法定讞後在二〇一一年十二月入監服刑。與他同牢房的是前勞工與社會福利部長施洛莫．貝尼茲里（Shlomo Benizri），因詐欺定罪入獄。數十名前任部長、國會議員與其他政府官員因詐欺或其他罪行被判有罪——這對本—古里昂宣告以色列獨立並朗讀獨立宣言時所勾勒的社會價值觀是沉重打擊。雖然國家的司法體系連高階官員都能成功起訴，應該可以讓以色列人稍感安慰，但是以色列社會終究難以逆轉貪腐日益嚴重的趨勢。

組織對抗，再一次經歷改變。如今，這個軍隊再度與恐怖組織作戰，但這些團體的行為方式，卻比以色列數十年來面對的任何勢力都更像常備軍隊。

以色列北邊有真主黨，西南有哈馬斯。兩者都毫不遮掩地以毀滅以色列和恐嚇其百姓為目標，兩者都不時以火箭攻擊靠近邊界的以色列人口中心。這些攻擊與以色列的報復行動會週期性地上升成為重大軍事交戰。

二〇〇六年六月二十五日，哈馬斯透過在以色列和加薩邊界底下挖掘的地道，擄獲了陸軍下士吉拉德．沙利特（Gilad Shalit），當時他正在以色列這一邊的國界上執行坦克任務。*哈馬斯的膽大包天與軍事能力都讓以色列人震驚。二〇〇六年七月十二日，真主黨對在以色列邊境圍籬巡邏的兩輛以色列軍用車輛發射反坦克飛彈，造成三名士兵死亡。然而，從以色列的角度而言，更糟糕的是另有兩名士兵遭擄。另一群士兵試圖救援被擄士兵，過程中又有五人喪生。

真主黨要求以色列釋放囚犯以交換這些士兵（他們其實已經喪生，但以色列並不知情），以色列拒絕了。不僅如此，國防軍還試圖削弱真主黨勢力，攻擊其軍事目標及黎巴嫩的民間基礎設施，包括貝魯特的拉菲克．哈里里國際機場。但真主黨發動反擊，在後來稱為第二次黎巴嫩戰爭的數週期間與以色列激烈戰鬥，抵擋了看似遠比他們強大的以色列國防軍。這是不對稱作戰的例子，這種相對較晚出現的現象，會讓平民死亡所引發的輿論有效限制較為強大的民主國家。超過一千名黎巴嫩人與一百六十五名以色列人喪生，而以色列對黎巴嫩造成廣泛破壞。兩方在大約一個月期間持續痛擊對方。最後，以色列靠著改善地面部隊的調度，終於開始占上風，但在美國施壓下，以色列接受了聯合國要求的停火協議。

哈馬斯雖然贏得國會選舉，但法塔赫並未放棄權力。二〇〇七年六月，哈馬斯武裝分子發動暴力政變，從法塔赫手中奪下加薩走廊的控制權，炸毀了法塔赫在罕尤尼斯市（Khan Yunis）的總部，並將法塔赫人員從樓上丟下。自治政府主席阿巴斯遭此打擊，顏面掃地。

接著，哈馬斯開始每一兩年對以色列城市展開攻擊，在數週或數月期間發射數百甚至數千枚火箭，打破正常與平靜生活的假象。而由於以色列人期望政府保護他們，因此哈馬斯的轟炸行為一無例外地引來以色列回應，不出數日，雙方就會展開全面交戰。以色列空軍從空中制裁哈馬斯，而在兩次衝突中，以色列決定出動地面部隊。哈馬斯試圖阻擋國防軍進展，並盡可能造成以色列人傷亡，目的是讓他們付出高昂代價。激烈的戰鬥隨之展開。每輪交戰中都有數百名巴勒斯坦恐怖分子、以色列士兵與雙方平民死亡——死者中巴勒斯坦人遠多於以色列——但雙方都沒有太大斬獲。雙方一次又一次接受停火協議，然後等待下一輪交戰。

多數以色列人都沒有忽略，這許多短暫戰爭的共通點是它們都是「以色列贏不了的戰爭」，至少無法以任何決定性的方式贏得。在所有這類戰爭中，不論以色列的對手是誰——依不同衝突而可能是真主黨（黎巴嫩）或哈馬斯（加薩）——交戰雙方總能讓對方流血，但達不成實質的戰略斬獲。真主黨與哈馬斯無法讓以色列投降、撤退或改變重大政策，以色列也無法摧毀這些恐怖網絡，或是安慰自己他們不會再次攻擊。事實上，以色列人開始了解，自一九七三年以來，他們沒有真正贏過一場戰爭。誠然，國防軍在實質上是短暫戰爭的二〇〇二年防禦盾牌行動中表現出色，但以色列已

---

* 沙利特被拘禁五年後於二〇一一年十月十八日獲釋，以色列用大約一千名巴勒斯坦犯人交換他的自由，獲釋者中包括許多因暴力攻擊以色列人而被定罪的恐怖分子。

經數十年未曾有過像一九六七年那樣決定性的勝利，而現在面對的敵人比許多人先前想像的更為頑強而殘忍。

隨著死亡人數在這些衝突中不斷累積，以色列社會又發生了另一個改變。如果說一九六〇年代是基布茲社區在生產軍官——並承受生命損失——而且以他們的總人口占比而言是不成比例地高，那如今扮演這個角色的就是民族主義宗教社群。到二〇一〇年，雖然民族主義宗教社群最多僅占以色列人口的一〇%，卻占了作戰單位士兵的大約二五%到三〇%。相似地，軍官訓練課程的結業生中，來自宗教社群的比例也大幅增加，從一九九〇年僅占二・五%到二〇〇八年的二六%。[27]以色列的軍隊領導層——以及愛國熱情——如今來自一個和從前很不一樣的社會群體。

以色列在與巴勒斯坦人的衝突中陷入泥沼，在其他領域則欣欣向榮。一九五〇年代的以色列國庫空虛，沒有資源為從北非與他處抵達的數十萬移民提供住宅與糧食。到了二十世紀與二十一世紀之交，以色列已經是科技強國。

創國六十年間，以色列的經濟成長了五十倍。[28]二〇〇八年，以色列的國內生產毛額年成長率為三・一%，當時在全世界名列前茅。[29]它是全世界工程師與研發支出最集中的地方，也是新創公司最集中之地。[30]同年，以色列的那斯達克（NASDAQ）上市公司是全世界第二多（僅次於美國），榜上有名的公司比整個歐洲大陸加起來還多。[31]以色列的人均創投資金是美國的二・五倍，歐洲的三十倍，中國的八十倍，印度的三百五十倍。[32]

有幾個因素促成這巨大的成功。其一是數以千計從俄國來到以色列，受過高等教育的移民，這群人抱負遠大，亟欲克服移民造成的劣勢。以色列首屈一指的政策專家指出：「移民並不害怕從頭開始。他們從本質而言就是甘冒風險的人。任何一個移民之國，都是一個創業家之國。」[33]以色列從一開始就致力於為猶太人提供家園，不論他們來自何處，而如今它正在享受其成果。俄國移民融入以色列的教育、軍隊、社會與經濟生活，以各種方式豐富了這個仍年輕的國家。

其他因素也促成了以色列成為「新創之國」。一九八〇年代中，美以合作設計「少獅」（Lavi）戰鬥機的計畫在來自美國國會的壓力下終止，[34]大約一千五百名訓練有素的以色列工程師突然間失業了。他們許多就是後來建立新創公司的人，使以色列成為科技領先國家，為以色列的一部分社會帶來了巨大財富，也讓以色列在全球投資人與發明家眼中，擁有了以前不可能想像的正面能見度。[35]

然而，在國際社會上，以色列不被視為新創之國，而是日益被視為不受歡迎國家。巴勒斯坦人靠著暴力並未獲得重大進展，轉而使用另一個策略——讓以色列在國際上失去正當性。從許多方面而言，這是聯合國一九七五年聲稱錫安主義就是種族主義的自然結果。如今由其他團體接棒，堅稱錫安主義源自罪惡，因此以色列根本無權存在。

聯合國與其相關團體是這場戰役的地面零點。自一九七〇年代起，聯合國就是個讓人一眼看透的反以色列論壇。本—古里昂曾稱之為「荒謬劇場」。[36]以色列口才辨給而往往言簡意賅的聯合國代表與後來的駐美大使阿巴・伊邦曾這麼描述聯合國：「如果阿爾及利亞提出決議案，宣告地球是扁的，而且是以色列把地球壓扁的，這個決議也會以一百六十四對十三票通過，二十六票棄權。」[37]

時至二〇〇〇年，連聯合國都幾乎拋去了偽裝。雖然聯合國在一九九一年十二月撤除了「錫安主義即種族主義」的決議，但是那裡的文化並未改變。二〇〇一年與二〇〇九年，在聯合國贊助下於南非德爾班舉辦的反種族主義會議宣告，錫安主義是殖民主義，以色列是種族隔離國家，誕生自罪惡，透過「種族清洗」而建立。[38]會議現場並發送《錫安長老會紀要》與希特勒的《我的奮鬥》。[39]

二〇〇三至二〇一二年間，聯合國發布了三百一十四條與以色列有關的決議，占這段期間所有通過決議的近四〇%。這比針對任何其他國家的決議都多了六倍；「亞軍」是蘇丹。[40]二〇一三年底，以色列副外長澤維・埃爾金（Ze'ev Elkin）指出，聯合國人權理事會（簡稱UNHRC）有關個別國家的一百零三條決議中，四十三條（四二%）用以譴責以色列。[41]UNHRC光是在二〇一三年三月的會期就通過了六條批評以色列的決議，而針對全世界其他國家的決議加起來只有四條。[42]因為以色列而召開的UNHRC緊急會議比任何其他國家都多。[43]另一方面，針對造成二十萬人喪生的達佛衝突，或是中國、古巴、巴基斯坦、沙烏地阿拉伯、蘇丹或辛巴威違反人權，UNHRC則連一條譴責決議都未能通過。[44]

有些觀察者了解這種動態模式，並試圖讓天秤恢復平衡。二〇一四年，聯合國針對以色列與哈馬斯交戰中的行為發布嚴厲批評，並認為以色列要為平民死亡負責之後，退役英國陸軍上校與前英國駐阿富汗部隊指揮官李察・坎普（Richard Kemp）予以反擊。他投書《紐約時報》，在文中提醒讀者是誰要為持續衝突負責。聯合國雖怪罪「以色列『對西岸和加薩走廊的長期占領』，以及對加薩的封鎖」，[45]但是自己也知道實情並非如此。坎普提醒讀者，以色列早於十年前撤離加薩，但哈馬斯卻利用此機會升高衝突。「去年夏天的衝突開端，是以以色列平民為目標的火箭攻擊急遽升高，」坎普寫道，「這是哈馬斯侵略戰爭的延續。」

至於對以色列違反國際人道法律的指控，坎普將以色列國防軍與其他軍隊相比後寫道：

〔聯合國〕委員會大可聽取美國參謀長聯席會議主席馬丁・鄧普西（Martin E. Dempsey）上將的說法，他在去年十一月指出，以色列國防軍為減少平民傷亡採取了特殊措施。也可以聽取來自七國十一名高階軍官團隊的說法，這七國中包括美國、德國、西班牙與澳洲，他們最近也調查了加薩衝突。我是這個團隊的一員，我們提供給戴維茲法官的報告指出：「就我們所知，沒有任何軍隊會像以色列國防軍在去年夏天那樣採取廣泛措施以保護平民性命。」[46]

聯合國甚至遭美國駐聯合國大使莎曼莎・鮑爾（Samantha Power）控訴。鮑爾一般並不被視為對以色列特別友善的支持者，但是連她都直言有股陰暗的力量作祟：

〔我們〕看到某些會員國試圖以各種方式利用聯合國安全理事會、大會，甚至最鮮為人知的各個聯合國委員會，這些已經不只是對以色列政策的正當批評，而是要讓以色列失去國家正當性的企圖。世界上唯一在人權理事會中有常設議程事項的國家，不是目前將大概十萬人關押在勞改營的極權國家北韓；不是以毒氣瓦斯殺害人民——很多人民——的敘利亞；而是以色列。偏見不只及於以色列這個國家，也延伸到以色列這個概念。[47]

錫安主義一直既是一個國家，也是一個概念。如今鮑爾準確傳達出這個概念的地位經歷了什麼變化。一九一七年，英國以《貝爾福宣言》為建立一個猶太國家的概念背書。一九四七年十一月，聯合國針對分治方案投票時，國際社群也做了同一件事。然而，不到七十年後，國際社群的多數成員已改變心意。讓人有意見的不是以色列這個猶太國家的行為，而是猶太人應該擁有自己國家的想法。

然而，假象被揭開，並不代表偏見會停止。顯然，聯合國如果針對創立猶太國家再投一次票，結果不會與一九四七年十一月相同，這一次，這個表決案將幾乎沒有通過的可能。

聯合國也不是唯一的戰場。多數看似公正的人權組織，關注焦點都不成比例地集中於以色列，赤裸地以雙重標準對待它。人權觀察組織（Human Rights Watch）是標準的例子。這個組織一九七八年由羅伯特．伯恩斯坦（Robert Bernstein）創立，為違反人權行為的受害者發聲，二〇〇九年，伯恩斯坦於《紐約時報》言論版撰文譴責他一手創立的組織：

針對以色列一再受到哈馬斯與真主黨攻擊的這場衝突，人權觀察組織已經失去了批判視角。這兩個組織都以以色列平民為目標，並以自身人民為人肉盾牌……人權觀察組織的領導人深知哈馬斯與真主黨選擇從人口稠密區域發動戰爭，刻意將街區變成戰場。他們知道更多更精良的武器正流入加薩與黎巴嫩，隨時準備再次攻擊。他們也知道，這種好戰態度持續剝奪了巴勒斯坦人的機會，讓他們無法過著應得的和平而有生產力的生活。然而，這屢次侵略行為的受害者——以色列，卻承受了人權觀察組織最主要的批評。[48]

這類雙重標準並不少見。透過許多組織，並在多數媒體和歐洲政府的同謀下，讓以色列失去正當性的運動持續累積動能。這個運動是對以色列持續不斷地嚴苛批評，「公然展現雙重標準，獨挑以色列，否認它體現猶太民族自決權的存在權利，或是將其妖魔化」。[49]

在許多情況中，號稱以終結占領狀態為目標的組織，幾乎從不掩飾它們對猶太國家這個概念本身的反對。「抵制、撤資與制裁運動」（Boycott, Divestment and Sanctions Movement，簡稱ＢＤＳ）於二○○五年發起時，正是以色列撤出加薩走廊之際。這個運動號召國際孤立以色列，直到它不僅結束自一九六七年起對巴勒斯坦土地的占領，還要給予阿拉伯─巴勒斯坦公民同等權利，並准許一九四八年逃離戰爭的巴勒斯坦人與其後代共數百萬人回歸。以色列若吸收這所有巴勒斯坦人（導致猶太人不再占人口多數），就不可能維持猶太國家及民主政體的現狀。而這一點，當然正是重點，ＢＤＳ就是以摧毀以色列為目標。

這是個絕頂聰明的手段。ＢＤＳ運動與其他組織使用的人權語言，能強烈打動美國猶太人的情感，因此成功說服了許多年輕的美國猶太人開始懷疑，以色列是否在某個重大意義層面上，背叛了讓猶太人一直是世上正面力量的價值。

比較世故的觀察者看得出是怎麼一回事。第一場針對反猶主義的聯合國會議於二○○四年六月在紐約舉辦（在ＢＤＳ策略出現以前），當時，一位著名的人權鬥士與學者描述了現狀。「今日，邪惡的反猶主義就像一個投機的病原體，在聯合國這個宿主身上移動。」她說，「首先，歧視以色列繼而將它妖魔化；神化以色列的敵人，否認猶太人的受害者身分；譴責還擊的以色列人；最後，拒絕指明攻擊者是誰。」[50]在歐洲，公然展現的反猶主義增加，對猶太人的暴力攻擊也是。歐洲猶太人早見識過這種事，於是在二○一五年，從西歐移民至以色列的人數創下新高。[51]再一次地，許多猶太人覺得他們必須逃離。

對以色列政府而言，更迫切的擔憂是核子技術的擴散，尤其是致力於消滅以色列的政府的核子野心。貝京信條在二○○七年受到考驗，當時，以色列獲得堅實證據顯示敘利亞正在幼發拉底河附近建造核反應器。將此事告知小布希總統後，以色列總理歐默特下令對這個設施發動祕密軍事攻擊。反應器在以色列空軍出擊下被徹底摧毀，敘利亞連一發子彈都來不及發射。[52]

伊朗讓以色列面臨了對貝京信條更強大的挑戰。二〇〇六年四月，伊朗宣布首次成功提煉出濃縮鈾，這是發展核武的關鍵步驟。伊朗的意圖很明確。同年，伊朗總統馬哈穆德・艾馬丹加（Mahmoud Ahmadinejad）毫不遲疑地宣告他希望看到「錫安主義政權從地圖上抹去」。[53]這個政策一直持續。二〇一二年，伊朗武裝部隊參謀長哈桑・菲羅薩巴迪（Hassan Firouzabadi）宣告：「伊朗〔致力於〕徹底毀滅以色列。」[54]然而，伊朗離以色列比伊拉克還遠。而為了預防以色列攻擊，伊朗把核子設施深埋在地底，以色列轟炸機與武器鞭長莫及。

總理納坦雅胡也引用了貝京信條，並堅稱如果國際社會不阻止伊朗獲得核子能力，以色列將設法獨自完成。但美國總統歐巴馬與其政府不願使用武力，甚至不願容許（或提供武器給）以色列以阻止伊朗發展核武，終結伊朗消滅以色列六百萬猶太居民的威脅。*二〇一五年三月，世界強權（美、英、法、俄、中、德與歐盟）在瑞士洛桑與伊朗代表會面，談判延遲伊朗核子發展的架構協議，以換取放寬數十年來讓伊朗元氣大傷的部分經濟制裁。這個協議名為聯合全面行動計畫（Joint Comprehensive Plan of Action），於二〇一五年七月十四日簽訂。

這個協議並未要求伊朗拆除龐大的核子基礎設施，施加的限制也會在十年後失效。反對這個協議的立法者指出，協議的基礎是對伊朗的信任，而這未免太天真魯莽了。身為共和黨員的季辛吉多年來已展現他並不與以色列同調，但是他與前國務卿喬治・舒茲（George Shultz）合寫了一篇評論文章，主張西方世界犯了嚴重的策略失誤，放棄了其道德責任：

> 戰爭的威脅如今對西方國家的束縛比對伊朗還大。伊朗只不過是願意談判，就當成自己已經讓步，西方國家則覺得每一次僵局都必須用新提案打破。在這個過程中，伊朗核子計畫已達到官方描述為在兩三個月內就可建造核子武器的進度……歷史不會為我們完成應做的工作；它只會幫助願意自助者。[55]

各行各業的以色列人都認為這個發展充滿不祥。美國表面上是以色列最重要的盟友，卻不僅在重大政策上與以色列分道揚鑣，似乎還為決心毀滅以色列的國家，將可能預防其取得核武的障礙都挪開了，讓以色列人難以理解。有些人認為，這顯示了美以關係的重大轉變，讓許多以色列人感到已數十年不曾有過的孤單與脆弱。麥可·歐倫任以色列駐華府大使期間，歐巴馬政府在與伊朗談判的同時，卻把以色列蒙在鼓裡。「我個人覺得最令人不安的是，」他曾寫道，「我發現我們最親近的盟友曾針對一個攸關生存的議題與我們最致命的敵人商談，而且連知會我們一聲都沒有。」[56]

在許多方面，連並不相信伊朗**真的**會發動攻擊的以色列人都了解，伊朗**能夠**攻擊以色列的這件事改變了全局。沒人把以色列人的感受表達得比哈列維更傳神。以色列最後決定怎麼做，他說，將決定這個國家的創立最終是否改變了任何事。

「一個容許自己被核子武器威脅的猶太國家，」哈列維說，「也就放棄了它以猶太歷史之名發言的權利。」[57]

---

* 六百萬這個數字讓以色列猶太人引發了恐怖的聯想。這是在上一次種族滅絕中喪生的猶太人數目，同樣數目的猶太人，如今又發現自己已被誓言消滅他們的國家以武器瞄準。

第十八章
猶太國裡的猶太教復興

這氣味依然牽動我心弦……開啟門扉……通往我們代代相傳的那首古老歌曲。

——以色列樂手拉米・克萊恩斯坦（Rami Kleinstein），〈小禮物〉[1]

二〇一三年初，以色列第十九屆國會選舉後不久，新科議員依循長期以來的傳統，站上講台對議會發表首次演說。這次選舉中，有一個新政黨的表現出奇得好。這個政黨名為Yesh Atid（「擁有未來」，或稱未來黨），領導者是一名英俊、聰明而備受仰慕的電視記者暨作者亞伊爾・拉皮德（Yair Lapid）。拉皮德的父親是大屠殺倖存者，也曾經是國會議員，並激烈反對宗教與國家掛鉤。拉皮德聚集了一群形形色色的候選人，其中許多從未擔任民選官員，有男性和女性，哈雷迪猶太人，民族主義—宗教派與世俗派，同性戀與異性戀，阿什肯納茲、米茲拉希和衣索比亞猶太人，以及移民和土生土長的以色列人。*[2]他提出這份名單的目的之一，是要讓分隔以色列社會的一座座孤塔倒下。這個新政黨的國會議員中有一位名叫魯絲・卡德倫（Ruth Calderon）。

輪到卡德倫演說時，她帶著一冊《塔木德》（*Talmud*）走向講台。「主席先生，尊敬的國會，」她開頭說，「我手中這本書改變了我的一生，我能有這一天，有機會以新成員的身分對以色列國會發言，很大一部分也是因為這本書。」[3]

接著，卡德倫提醒在場議員他們或多或少共享的歷史：

> 我並未從我祖父那裡繼承到一套《塔木德》。我生長在特拉維夫一個古雅的街坊上。我父親摩西．卡德倫生於保加利亞，年輕時移民到這塊土地。經過艱困的戰爭年代，他開始在耶路撒冷的希伯來大學攻讀農業，但馬上被徵召入伍，在獨立戰爭期間捍衛埃齊翁定居區……我生於德國的母親集（當時）所有不幸於一身，既是猶太人，又是左撇子，還是紅頭髮，在少女時期就回歸以色列地，並且因為英國對耶路撒冷的圍城而認識我父親。

然而，她的故事並不是乍聽下的經典錫安主義敘事。她費了許多力氣說明，事實上，她這一代標誌了這種敘事結束的開始。

> 我生長在一個非常猶太、非常錫安主義，既世俗又傳統而虔誠的家庭中，有阿什肯納茲與塞法迪猶太人，也有〔修正錫安主義〕貝塔爾運動和〔社會錫安主義〕青年衛士運動（Hashomer Hatzair）的影響，是以色列一九六〇和七〇年代的主流。我受的教育和所有同年齡的人一

---

* 拉皮德的名單也包括三十年來首位選上國會議員的美國人。以色列政治一個有趣而出人意料的現象是，來自俄國（如夏蘭斯基和阿維格多．李柏曼）與北非的移民（阿爾耶．德里與其同僚）活躍政壇，但數千名美國猶太移民卻選擇當政治的旁觀者——儘管著名的果爾達．梅爾曾創造極為不同的印象。（http://www.jpost.com/Israel-News/Politics-And-Diplomacy/Dov-Lipman-to-head-WZO-department-437000.）

樣——依循「從塔納赫到帕爾馬赫」的精神接受公共教育。[*]我對《米示拿》（*Mishna*）、《塔木德》、卡巴拉（Kabbala）與哈西迪猶太教（Hasidism）都無認識。等到青少年時期，我已經感覺到少了什麼。解放後的新以色列人身分認同……屬於舍莫爾的詩歌那種認同，雖然良善而美好，但少了什麼。我少了深度；我的語彙中缺乏一些字眼；我少了過去、史詩、英雄、地方、戲劇、故事。

新的希伯來人（即新猶太人），由這個國家建基一代的教育者所創造，實現了夢想，成為勇敢、實際而黝黑的士兵。但對我而言，這裡面包含——我裡面包含——一個空洞。我不知道如何填補那個空洞，但是我第一次讀到《塔木德》，接觸到其中的語言、諧趣、深刻的思索與討論模式，以及從字裡行間浮現的務實、人性與成熟態度之後，我覺得自己找到了一生摯愛。

卡德倫的開場白絕不只是一段特殊經歷的自述。她要說的是，錫安主義革命成功了，但是太成功了。錫安主義創造了新猶太人，但是這個猶太人沒有方向，是「歷史的孤兒」。[4]錫安主義「治好了」猶太人，但也治過了頭。錫安主義者迫切想創造新猶太人，塑造不會在哥薩克人攻擊基希涅夫時瑟縮在木桶後的猶太人，因而根除了與猶太傳統的任何連結，以至於過了一兩個世代之後，年輕以色列人與自己的傳統是如此疏離，乃至著名的以色列作家暨譯者希勒爾·哈爾金（Hillel Halkin）稱他們為「說希伯來語的異邦人」。如今他們渴望意義，渴望有根，想要與錫安主義從他們身上剝奪的東西重新連結。

卡德倫還說，她不是唯一這樣想的人。由於有太多年輕以色列人在尋找她曾渴望的重新連結，多間機構因而創立，以回應他們的需求。她與其他幾人在特拉維夫創辦了「希伯來文化之家」，也在耶路撒冷打造了以色列最早讓男性與女性、宗教派與世俗派共同研讀經典猶太教文本的地方之一。

世俗派以色列人研讀這些偉大作品，想要親近傳統，而這些傳統正是本－古里昂、奧爾特曼與比亞利克認為以色列人所必須遠離的（諷刺的是，他們自己都熟知經典猶太文本且經常引用）。虔誠的人現在與世俗派並肩研讀，突然間發現世俗派猶太人並非簡單的「叛教者」，反而對文本詮釋有很多值得虔誠年輕人學習之處，而且是他們在傳統宗教環境中無緣聽到的。

當然，這個新趨勢並未觸及全以色列社會，但愈來愈多以色列人開始懷疑，猶太國是否真能成為奧爾特曼〈銀盤〉一詩中所暗指的地方，取代代表數千年猶太傳統的西奈山。他們感覺到，事實上，少了西奈山在其核心，少了植根於古典猶太文獻、獨特而只屬於猶太人的訊息，猶太國家地位與主權將變得毫無意義。

最初的錫安主義革命已逐漸褪去。許多早期錫安主義思想家視這場革命為治療計畫。錫安主義將治癒猶太人。它將把猶太人從宗教，從傳統學堂書架上那些陳舊的巨冊拯救出來。在過去的時代裡，全無宗教信仰曾是錫安主義光榮的徽章。亞伊爾·拉皮德的父親湯米·拉皮德曾經描述，自己

---

* 塔納赫（Tanach）是希伯來文中「聖經」的縮略語。「從塔納赫到帕爾馬赫」（from the Tanach to the Palmach）是以色列用語，因為押韻而受到歡迎，經常用來指稱早期錫安主義者的態度，他們決心忽略自聖經時代到猶太人重獲主權以前發展出的所有猶太傳統，而代表猶太人重獲主權的就是依舒夫的興起（以及哈加納的精英攻擊部隊——帕爾馬赫）。

有次和一名極端正統派猶太教徒一起上電視節目，拉皮德提到他不相信上帝，而據他轉述，接下來發生的事是這樣的：「有次在*Popolitika*電視節目上，有個很生氣的極端正統派政客對我大吼：『如果你不相信上帝，那誰說你是猶太人？』『希特勒！』我對他吼回去。攝影棚難得安靜了一次。」[5]

拉皮德也許說得比其他人直接，但排斥古典猶太信仰是早期錫安主義的一大關鍵。卡德倫帶著一冊《塔木德》走上國會講壇，並把其中一段教給議員的力量就在於此。身為錫安主義努力創造的新猶太人後代，她想找回一點那個舊的猶太人。

古典錫安主義的意識形態開始裂解。裂縫出現的地方，遠不限於以色列年輕知識精英這個雖然在擴大中但相對很小的圈子。在搖滾音樂圈也能看見這個現象。風靡全國的「以色列搖滾之父」阿里克·愛因斯坦在特拉維夫長大，伴隨的還有這裡的超級世俗主義（以及屬於一名搖滾樂手的生活方式）。他最好的朋友烏里·佐哈爾是喜劇演員與電影導演，在一九七〇年代開始投入宗教。一九七七年，一直象徵世俗派以色列最優質娛樂內容的佐哈爾告別娛樂界，成為拉比，加入極端正統派社群。

在這段期間，阿里克與妻子阿洛娜（Alona）離異。阿洛娜是血統純正的錫安主義貴族，她的父親是以色列空軍最早的飛行員之一，這已足夠讓她躋身世俗派貴族階層，但不僅如此，她還是曼雅（Manya）與以色列·肖謝特（Israel Schochet）的孫女。曼雅是帝俄時期的革命分子，與丈夫都在第二次回歸時來到巴勒斯坦。他們的故事是最標準而正統的錫安主義敘事。

阿洛娜與阿里克離異後亦轉向宗教，也成為極端正統派教徒。最後，阿里克與阿洛娜的兩個極端正統派女兒，嫁給了佐哈爾的長子與次子，也都是極端正統派。在許多方面，這只是個令人嘖嘖稱奇的故事；但是，無比世俗的以色列搖滾樂之王阿里克被極端正統派的家庭成員所環繞，而這些成員又源自世俗派的顯赫家族——這個畫面，強有力地象徵了以色列生活中某些層面的改變。

阿里克的家庭不是唯一例子。重新接觸宗教成為許多以色列音樂人最重要的特色。艾提（艾斯特）·安克里（Etti [Esther] Ankri）首次發片後就迅速竄紅，一九九〇年發行的專輯《我可在你眼中看到》（*I can See It in Your Eyes*）在以色列達到雙白金銷量。她是在音樂界功成名就的象徵，後來獲選為以色列年度女歌手。二〇〇一年，她也開始慢慢變得虔敬，後來在二〇〇九年發布的專輯，是以音樂表現中世紀猶太詩人與哲學家拉比耶胡達·哈列維（Yehudah Halevi）的詩歌。

第一個「以色列音樂家族」巴奈一家，最能展現這個轉變模式。巴奈家的第一代表演者尤希（Yossi）與加夫里·巴奈（Gavri Banai）是堅定的世俗派。到了第二代，堂兄弟埃胡德（Ehud）與尤夫·巴奈（Yuval Banai）組的樂團把東西方融合音樂引入以色列文化，反映了經常吸引以色列人前往海外的精神追索。更後來，在一九九〇年代，埃胡德與艾維亞塔（Evyatar，兩人也是堂兄弟）轉為虔誠教徒，很快就在音樂中引入了明顯的猶太信仰主題。這個家族分為幾個階段的精神追索，代表了以色列整體社會生活。

這個轉變在網路上與書店也能看到。以色列最受歡迎的新聞網站 YNet（世俗派日報 *Yediot Achronot* 網站）在其更新迅速的網頁上，幾乎總會刊登一些明顯為猶太教相關的內容。二〇〇五年，以色列教授瑪爾卡·夏克德（Malka Shaked）出版《我會永遠播放你：希伯來現代詩歌中的聖經》（*I'll Play You Forever: The Bible in Modern Hebrew Poetry*），她的這本現代以色列詩選是與聖經的對話，篇幅超過一千頁。[6] 書中收錄的詩寫作時間涵蓋數十年，但是到當時才有了大眾市場，這類書籍記錄以色列人與聖經的持續對話，證明了聖經在以色列文化生活中的無所不在。

以色列廣受歡迎的老師，也是年輕的公共知識分子之一米卡・古德曼（Micah Goodman）前三本書的主題分別是邁蒙尼德（Maimonides）的《迷途指津》（*Guide to the Perplexed*），拉比哈列維的中世紀經典《庫薩里》（*The Kuzari*），以及聖經的《申命記》——都不是預期會吸引大眾關注的主題，然而古德曼的三本書都登上以色列暢銷書榜。以色列人購買、閱讀並思考的書籍，主題都是他們祖父母輩曾試圖摒除在以色列社會對話之外的。

在以色列製片產業，重要電影開始審視長久以來遭多數世俗派以色列人忽視或嘲弄的猶太傳統世界，而且往往帶著批判但同情的眼光。一九九九年，電影*Kadosh*（希伯來文的「神聖」）以批判但並非全無同情的目光，檢視了世俗派對極端正統猶太生活狹隘而輕蔑的看法。二〇一二年發行的《填滿空洞》（*Fill the Void*）聚焦在聖經傳統「娶寡嫂」（levirate marriage，或稱利未婚）到了現代極端正統派生活中的變體：電影講述一名年輕女子在姊姊死於難產後，被迫嫁給姊夫的故事。*二〇一四年電影*Get*（希伯來文中的「離婚書」）探索猶太男性在政府認可的拉比法院中對妻子擁有的莫大權力。在快速增加的這類電影中，最著名的也許是二〇一一年的《注腳》（*Footnote*），聚焦在一對以色列父子的緊張關係上。父子都是塔木德教授，父親關心的是關於塔木德文獻極為技術性的學術主題，兒子竟透過文本尋求當代意義，還有大批學生受此新方法吸引（在父親眼中不是嚴謹的學術），都使他感到駭然。這個世代戰爭是對以色列學術界現況的真實評估，明顯是在指涉卡德倫那一代人想要接觸塔木德的渴望，不是把它當成一門科學學科，而是當作在猶太文本陪伴下追尋生命意義的旅程一部分。

這個轉變甚至在以色列最重要的體制內知識分子身上都能看到。二〇〇三年，以色列首屆一指的法哲學者暨後來獲提名最高法院法官的魯絲・加維森（Ruth Gavison）教授，和地位崇高的埃齊翁經學院（Har Etzion Yeshiva）領導者之一拉比亞科夫・梅丹（Yaakov Medan），共同發表了《加維森—梅丹契約》（Gavison-Medan Covenant），提出世俗派與宗教派以色列人之間的「協議」，試圖讓以色列公共領域既具有猶太特色，又能尊重個人權利。這份契約涵蓋以色列日常生活的許多領域，包括猶太身分認同、婚姻、安息日、潔食、西牆與以色列國防軍。其中的突破性進展包括所有要結婚的人都必須完成民事登記，宗教禮拜則非強制。安息日將被視為以色列的國家休息日，但是餐廳、娛樂場所和少數雜貨店、加油站與藥房則不禁止營業，安息日當天公共運輸雖然有所調整但依然營運。

加維森並不是虔誠教徒，又是女性，長期參與以色列左派陣營（除了許多學術工作，她也領導以色列公民權利協會），因此，由她提出國家必須擁有由猶太傳統構成的堅實核心，意義格外重大。她的參與反映兩種努力——世俗與虔誠的以色列人從鴻溝兩邊彼此伸出手尋找共通點，以及以色列人試圖將他們的國家植根於有關猶太意義的論述中。她相信，以色列如果不民主，就沒有存在的**正當性**。而如果以色列不具有明顯的猶太性，就沒有存在的**理由**。她堅信以色列政府的政策挑戰「不只是確保國家存在，還要確保國家涵括各種猶太認同的有效傳承……這是關注猶太歷史或猶太本源的前提。只有這樣的傳承能讓居住在這個國家的多數民眾願意持續支持一個既猶太又民主的國家」。[7]

* 利未婚源自聖經，原始形式是在一名無子嗣的男性死去後，他的兄弟必須娶其遺孀，而遺孀也有義務嫁給亡夫兄弟，以延續亡夫的家族譜系；新婚夫婦的長子視為死去兄弟的孩子。參見《申命記》第二十五章五至六節。

不只如此。在以色列全境都能看到的跡象顯示，年輕的虔誠猶太人急於和他們的世俗派同儕面對面，而世俗派以色列人除了想認識他們虔誠的同儕，也渴望真正接觸到「從塔納赫到帕爾馬赫的言論審查」讓他們長久以來無緣得見的文本。讓高中畢業生在入伍前上的一年期課程，在全國如雨後春筍興起，許多特別針對混合了世俗與虔誠派的受眾所設計。這些課程有數千名學生參與——申請人數遠超過可招收人數。

當然，以色列依然是複雜而異質的社會。來自前蘇聯的大約一百萬移民對宗教抱持強烈懷疑，整體而言，他們現在依然如此——不過他們許多人的孩子雖然在猶太律法下並不算猶太人（因為母親非猶太人），卻利用了軍中提供的機會改宗猶太教。

俄國裔以色列人往往與米茲拉希猶太人一樣政治右傾——但是並不像他們一樣本能地擁護宗教傳統。特拉維夫依然是高度世俗化的城市，與以色列許多地方迥然相異，以至於有時被稱為「特拉維夫國」。以色列不只一個，而是有許多個——而宗教在每一個以色列都扮演不同角色。然而在全國各地都能感受到，對於錫安主義創國元老所揚棄的傳統至少有一種新的開放態度，也有一種為早期世代所貶抑的新的精神追求。

雖然建國後的歷史才半世紀，但創國元老想驅逐的宗教傳統，已逐漸回到以色列生活的中心。以色列這個國家，尤其是它的立國意識形態，正經歷一次巨大轉變。為何如此？

有一個重大發展是米茲拉希猶太人崛起，在以色列社會與文化生活中扮演顯著角色。米茲拉希猶太人的宗教性展現，向來與宗教哲學較僵固的阿什肯納茲猶太人不同，而現在世俗派以色列人也開始接觸到他們的世界觀。米茲拉希猶太人比阿什肯納茲猶太人更**欽佩**他們的拉比，但是較少**遵從**他們。正如以色列某位重要的哲學家所說，對米茲拉希猶太人而言，一個猶太人與猶太傳統的關係與其說是**遵從**（這是阿什肯納茲宗教性的核心論調），不如說是**忠誠**。[8]基本上，米茲拉希猶太人的主張是，一個猶太人可以信仰深刻而忠誠，但是無須遵循所有嚴格的猶太律法。米茲拉希猶太人使阿什肯納茲猶太人得以更親近猶太傳統，帶著伴隨而來的尊敬與忠誠等情感，但無須擔心自己變得「虔誠」，對許多在俗世長大的以色列人而言，這仍是讓人避之唯恐不及的標籤。

在某些方面，以色列人也厭倦了歷史的包袱，厭倦總是要把自己的生命視為浩大歷史展演的一部分。海姆・哈札斯一九四三年寫下短篇小說《講道》（*The Sermon*），宣告自己反對猶太歷史之後已過了好幾十年。但以色列從未放棄歷史或記憶。考古學成為全民風靡之事，而考古學者如伊加爾・雅丁（Yigael Yadin）簡直成了民俗英雄。以色列幾乎把記憶當成是神聖的，連從街道名稱都能看出來。以色列幾乎沒有百老匯街或九十六街這種街名：每條街的命名都來自聖經、塔木德或歷史中的重要人物；來自聖經地點與某種花卉——但只能是生長在以色列地的花；來自錫安主義組織；或來自猶太人和以色列歷史上重要的日期，諸如此類。

但是，這種在史詩格局的歷史大戲中扮演關鍵角色的動力，雖然深深感召了較早幾代人，卻讓兩三代之後的以色列人感到疲倦。耶胡達・阿米亥（Yehuda Amichai）從許多方面而言接替了奧爾特曼成為以色列國民詩人（一九七〇年逝世的奧爾特曼在比亞利克於一九三四年死後填補了這個位置），他經常表達想要放下歷史和敘事包袱的渴望。在他有名的〈觀光客〉（Tourist）一詩中，敘事者是一名攜帶沉重籃子的男子，他碰到一群觀光客和他們的導遊。導遊指向這名帶著籃子的男子說：「就在他的頭右邊有一道羅馬時期的拱門。就在他的頭右邊。」[9]

但是，這名男子，這個活生生的人，是否沒有那些古老的石頭重要？敘事者（因而也是阿米亥）說：「想要救贖，除非導遊告訴他們：『看見那道羅馬時期的拱門了嗎？這不重要：但是在它旁邊，往左下一點，坐著一名男子，他幫家人買了水果和蔬菜。』」

以色列人尋找的是一種新的救贖，不是來自戰場上的勇氣或深刻的意識形態熱忱，而是來自簡單的人性生活。他們許多人透過數千年來塑造他們民族的文本和傳統尋找這種救贖。

開始重新追索意義，也是因為以色列人察覺到和平不會在短時間內到來。經過贖罪日戰爭的打擊和 conceptzia 的崩解之後，以色列高人氣歌手耶霍拉姆．加翁（Yehoram Gaon）發表了一首歌，反覆歌唱的一段是：「我答應你，我的小女孩，這是最後的戰爭。」時至二〇〇〇年底，在巴勒斯坦爆發新一波武裝起義後，已經很少以色列人相信會有一場「最後的戰爭」。衝突將持續下去，即使不是永遠，也會是很久很久。赫茨爾在《新故土》中描繪的恬靜景致，那猶太人與阿拉伯人在繁榮而受所有人歡迎的猶太國家中一起和平生活的景象，看來天真透頂。如果追求長久和平不再是許多以色列人靈感和意義的來源，他們必須轉向別處尋找。

某些以色列人日益關注他們的信仰根源之際，以色列社會多數人卻為其他宗教現象感到憂心。由鄂圖曼人與英國人一手打造的首席拉比組織（chief rabbinate）日益受人唾棄。哈雷迪猶太教徒在以色列政壇地位日高，因而得以確保首席拉比不是極端正統派就是立場接近者。到了二十一世紀，以色列的首席拉比不僅因不當使用公款而不時遭控訴，也不再是錫安主義者。他們恐懼現代性，反對改變，對所有非正統形式的猶太教加以貶抑嘲諷，讓絕大多數並非正統派的許多海外猶太人產生反感。一名正統派拉比在二〇一六年的文章中感嘆拉比組織今非昔比，並引用近期民調，指出七一%的以色列人表示對拉比組織不滿，而六五%支持廢除這個體制。[10]

哈雷迪猶太教的世界雖形形色色，但整體而言，他們所主張的猶太人生存策略，從根本上與幾乎所有錫安主義派別都背道而馳。如果錫安主義的基礎是要抹除離散海外的猶太人的消極被動，把歷史的韁繩握在猶太人手中，哈雷迪猶太教徒則相信，離散中的猶太生活才是最純粹的。如果錫安主義者要創造新猶太人，哈雷迪猶太人要的就是保持他們眼中「舊有」（因而也是「純正」）猶太人的光澤，並恢復猶太宗教生活至上的地位，即使這表示要把它強加於非信徒的以色列人身上。如果錫安主義相信強大的猶太人可以用平等地位和非猶太人的世界打交道，哈雷迪猶太教徒則對異邦人的世界目以懷疑和恐懼。他們希望不受打擾。與猶太國家以及它所參與的世界接觸愈少愈好。

到了一九六三年，本—古里昂發現他讓哈雷迪學生免服兵役是個錯誤，於是寫信給當時的總理艾希科爾：「我讓猶太經學院的學生免服兵役。我這樣做的時候，他們為數很少，但現在他們人數漸增。一旦他們橫行無忌，將對國家榮譽構成危險。」[11]

然而，這牽扯的遠不止於國家榮譽，而本—古里昂並未體認他這個錯誤真正的嚴重性。到了二〇一四年，哈雷迪猶太教徒已占以色列猶太人口約一五〇％，而且占比還在增加；哈雷迪女性的平均生育率為六．二個子女，非哈雷迪猶太女性的生育率則為二．四個子女。[12]絕大多數哈雷迪男孩的世俗教育在十四歲就終止，他們進入就業市場的準備度因而遠遜於其他人，愈來愈依賴政府。二〇一〇年，廣受愛戴的以色列銀行行長斯坦利．費雪（Stanley Fischer）警告，如果沒有重大政策改變，有鑑於哈雷迪猶太人的人數，以色列的繁榮發展將根本「無法持續」。[13]

但有趣的是，以色列人深為擔心哈雷迪猶太人會影響民主體制（許多哈雷迪猶太人偏好神權政體或非猶太政府統治）、世俗公民權利以及經濟繁榮的同時，卻又為這種生活方式在其追隨者中引發的極度虔誠而深深著迷。這也透過一部著名的電視影集反映在以色列大眾文化中，每集播出後都在社交媒體上引發無盡的討論。這部影集名為《謝迪瑟》（*Shtisel*），劇情環繞同名的哈雷迪猶太家庭發展。數十年來，世俗猶太人對哈雷迪猶太人展現的只有漠然或鄙夷，但《謝迪瑟》卻細膩而同理地描繪了以色列人依然恐懼但也為之著迷的生活方式。正如一名共同編劇所指出，這是「第一次有電視節目呈現的哈雷迪人不僅愛他們的生活方式，也愛他們的孩子和孫子」。[14]收看這部影集的特拉維夫市民開始在交談中混入一些從角色身上學到的意第緒用語。

與哈雷迪世界之間的緊張關係並未消失，但壁壘開始出現裂縫。以色列人在尋找意義，也在不久之前還難以想像的地方找到了意義。

不論哈雷迪猶太人的世界，對以色列民主體制或經濟永續可能形成什麼挑戰，在這個猶太國家的宗教領域還有其他更極端的派別。奧斯陸協議之後的數十年間，一小群民族主義極端分子開始在西岸建立據點。（許多以色列人依聖經地名稱西岸為猶大地與撒馬利亞。）這些極端分子被稱為「山頂青年」（hilltop youth），他們誕生自忠信社群的世界觀，但後來連忠信社群的強硬派屯墾者在他們眼中都顯得過於被動，太尊重國家與政府。他們的目標不只是確保對「全以色列地」的猶太主權，還要建立君主政體，以猶太律法為國家法律。對他們而言，錫安主義太新了，無法讓他們覺得自己是浩瀚猶太人敘事的一部分。「我不認為自己是錫安主義的延續」，其中一人接受訪問時說。他追尋的是「更深遠、根基更龐雜的東西」。[15]即使是賈博廷斯基這類人物偶有的好戰言論，對這些年輕人也還不足夠。他們尋找的是一種不同而更為暴力的感召。他們以極端方式所體現的，正是萊博維茲曾警告過，若以色列不撤出西岸會發生的事情。

感召他們的力量來自拉比伊札克・金斯伯格（Rabbi Yitzchak Ginsburgh）。他著有*Barukh Ha-Gever*（「蒙福之人」）一書，為一九九四年於希布倫殺死二十九名巴勒斯坦人並造成一百二十五人受傷的巴魯克．哥德斯坦辯護。Barukh Ha-Gever 其實是文字遊戲，可以指「蒙福之人」，也可以指「巴魯克硬是要得」，因而成為這群有暴力傾向的後錫安主義山頂青年宣言。

金斯伯格的兩名仰慕者在二〇〇九年出版了 *Torat Ha-Melekh*（「國王的律法」）一書。書中最惡名昭彰（也令人作嘔）的一個結論是，Torat Ha-Melekh 為殺害巴勒斯坦孩童提供了正當性，因為「他們顯然會長大傷害我們」，[16] 並主張聖經中「不可殺人」的戒令只適用於殺猶太人。幾個猶太團體對這本書的調性和內容深感駭異，因而向以色列高等法院提出訴願，要求禁止此書，並以煽動罪起訴其作者。[17] 但以色列向來有保護言論自由與宗教自由的悠久傳統，而高等法院主張，即使這本書具有煽動性，但並未號召行動，因此無法禁止。後來的歷任政府圍堵這個規模不大但醜陋的現象並不太成功，正如他們嘗試限制哈雷迪猶太社群的影響力時一樣。那些最有名的錫安主義思想家沒有一個預料到，猶太人為了找回強健體魄，竟培養出一個醜陋、帶著種族主義色彩而危險的分支，而不論它有多小，以色列都將必須面對。

儘管這些發展令人憂心，猶太國裡的猶太教主要還是一則關於正直、活力與更新的敘事。第一次錫安主義大會的一百二十年後，以色列建國近七十年後，阿哈德．哈阿姆的夢想在許多方面已經實現。以色列地再度迸發出猶太人的精力、創意和追索。一八九七年，哈阿姆不可能夢想會有一個國家成為八百萬人的家園，其中四分之三是猶太人。在錫安主義發展早期，誰能想到會有一個世俗的主權國家，那裡仍有拉比庫克夢想的數千間猶太經學院，還有書店裡數百公尺書架上擺的書，以一個幾乎被遺棄的語言寫成，是艾利澤．本─耶胡達將它復興？

赫茨爾的猶太人追求一個國家，哈阿姆提出的願景則是讓以色列成為一個偉大的精神中心。然而，這兩種夢想以他們都無法預期的方式相互交纏了。以色列若不是民族國家，永不可能成為猶太精神中心。哈阿姆的夢想能成真，是因為赫茨爾也成功了。

然而，愈來愈多以色列人認為，赫茨爾的主權國家願景要有意義，必須是那些新猶太人將自己和他們的人性植根於其所繼承的傳統中。少了哈阿姆，赫茨爾的願景只是政治主權，而以色列人開始了解，光那樣是不夠的。

西奧多．赫茨爾，阿哈德．哈阿姆；兩個截然不同的人物，兩種對猶太人未來的相反願景。但是在《貝爾福宣言》發表的一世紀後，以色列人逐漸明白，他們的國家如此卓絕，是因為他們不再相信必須在兩者間抉擇。兩種典範都實現了，而在這個過程中，兩者所共同創造的新猶太人，遠比任一者所能單獨成就的還要豐富而有著更為細緻的層次。

結論
《貝爾福宣言》一世紀後——「猶太人的民族家園」

但我們仍在這裡……緊守著這片海岸，生活在這片海岸上。無論未來如何。

——亞瑞．沙維特，《我的應許之地》1

一九一七年的《貝爾福宣言》明言：「國王陛下的政府贊成猶太人在巴勒斯坦建立民族家園。」一個世紀後，猶太人確實在以色列地建立了民族家園，居住在這裡的猶太人比世上任何地方都多。

通往建國的道路坎坷異常，維持國家地位也絕不簡單。自一九二九年阿拉伯暴動者在幾天內摧毀了有數世紀歷史的希布倫猶太社區，這個地區就一直陷於漫長的衝突中，至今仍看不見盡頭。雙方都有數以千計的人喪生。在其後數十年間，三分之一的猶太人遭納粹與其共犯謀殺。在當時全世界最大猶太人社群所在的波蘭，九〇%的猶太人遇難。大屠殺期間，數百萬猶太人失去他們在歐洲的家園；失去他們在北非阿拉伯國家、伊拉克、伊朗、葉門以及其他地方的家園。數十萬巴勒斯坦人也在一九四八與一九六七年的衝突中，失去他們祖傳的家園。

以色列經歷了無數充滿嚴峻變數的時刻。一九四七年十一月二十九日，聯合國通過分治方案後，本—古里昂和貝京都婉拒加入街頭的慶祝，因為他們知道已經開打的戰爭，結果如何仍在未定之天。這個新國家一％的猶太公民將在這場衝突中死亡——對任何社會而言都是重大打擊。*一九五〇年代早期，隨著數十萬移民抵達，以色列不僅糧食匱乏，亦面對嚴重的住宅短缺；國家不是沒有可能崩潰。一九六七年，以色列挖掘了數千座墳墓，為納瑟對阿拉伯世界承諾的殺戮預做準備，當時，這個猶太國家是否能生存也絕不明朗。一九七三年，以色列軍情工作嚴重失誤，導致埃及大軍渡過蘇伊士運河，敘利亞坦克則隨時準備穿越加里利地區。海珊開始建造核子設施時，以色列是否能成功將之摧毀也不可確知。戰爭和武裝起義、經濟抵制和恐怖主義接踵而來，有大量移民需要吸納，還有巨大的社會不公需要面對。一次又一次，這個新建立的猶太國家，面對著生存的不確定。

但以色列不僅生存下來，還欣欣向榮。它的開始是一小群脆弱的定居點，迫切需要海外慈善家的金援，但是它自我改造為一個現代國家，如今有大約八百萬人口，其中六百萬人是猶太人。在它的第六十八個獨立紀念日，以色列人口已經是一九四八年的十倍。[2]這個事實本身就傳達了以色列卓絕的成果。有個宏大而古老的東西重生了。普立茲獎作家暨歷史學者芭芭拉・塔克曼（Barbara Tuchman）曾指出，在三千年前世界上所有的民族當中，只有猶太人仍住在同樣的地方，說同樣的語言，奉行同樣的宗教。[3]簡而言之，猶太人回歸故土，是人類歷史上精采絕倫的一則故事。

是什麼支撐了這樣的堅忍與決心？為什麼這麼多人都失敗而猶太人成功了？原因很多，但最關鍵的原因是一個簡單事實，正如果爾達・梅爾所說：「猶太人有個祕密武器：我們沒別的地方可去。」[4]

以色列這個國家既古老又現代，根植於歷史又銳意開創新道路，它的故事在許多方面都可說是猶太民族重生的故事。著名專欄作家查爾斯・柯漢默（Charles Krauthammer）完美地表達了這個成就：「把一個猶太民族放到在贖罪日完全停擺的國家；這個國家使用聖經的語言，依照希伯來曆（農曆）的節奏運行，用祖先的石頭建造城市，生產世上無其他地方能比的希伯來詩歌與文學，以及猶太學術研究與學養——這樣你就有了延續性。」[5]

錫安主義運動對猶太人做了各種承諾。有些實現了，有些沒有。

在《猶太國》中，赫茨爾主張若猶太人擁有自己的國家，歐洲的反猶太主義就會逐漸消失。事實證明這個預言天真得可憐；歐洲的反猶太主義以令人憂心的速度增長，法國猶太人正逃離歐洲，而這片大陸各地的猶太人都在觀察極端左派與法西斯右派的反猶政黨，並日益憂心。

然而，猶太國以赫茨爾沒料到的方式，對海外的**猶太人**產生了深遠影響。雖然猶太人關心的事情絕不只限於以色列，但是以色列比任何其他議題都更能激發海外猶太人行動。只有以色列才能讓全世界的猶太人以龐大人數參與集會和遊行。猶太生活的其他層面都被歸於私領域，而不同教派的猶太人之間習俗差異巨大，以至於不同的猶太社群間往往沒有共通點。他們會有所交集，而猶太人會走出私領域進入公領域，是在海外猶太人針對以色列的事情進行思考和爭論的時候。雅各布・布勞斯坦可能沒料到的是，美國猶太人同意他說他們並不處於流亡狀態，然而以色列仍比其他猶太議題更吸引他們注意和關心。因此赫茨爾說的也非全然錯誤；猶太國**確實**改變了海外猶太人的生活。

在《新故土》中，赫茨爾描述了他的烏托邦夢想：猶太民族在故土重生，與周遭的人們和平共處。這個夢想確實有一部分實現了。雖然還有很多未竟之事，但以色列阿拉伯人在專業、學術、社

---

* 在今日美國，同樣的比例表示會有大約三百二十萬名美國人死亡。

會與經濟領域都有進展。有些人是外科醫生和工程師，還有人是律師與最高法院成員。貝都因女性也在以色列的大學就讀醫科。

以色列阿拉伯人的地位問題複雜，但以色列與其他地方阿拉伯人的關係，更是充滿包袱而難解。與鄰國的衝突無止境地拖下去，看不到終點也看不到解方。國際社會厭倦了這場衝突，許多以色列人也覺得困住了。他們認為持續占領已經證實了萊博維茲當初所言正確。他們擔憂占領另一個民族的居住地，已迫使以色列人成為他們並不想成為的人，然而對許多人來說，眼前也看不清有何其他選擇。民調顯示多數以色列人想要終結占領狀態；但民調也顯示，有鑑於實際情形，多數以色列人不願意冒著在現況下放棄占領區可能造成的安全風險。占領的後果以各種方式顯現，是當代以色列生活最讓人痛苦的一個層面。

然而錫安主義夢想的許多其他層面，卻超越了猶太人最大膽的希望。本—耶胡達曾想像一個猶太人再度說希伯來語的世界。但他敢夢想有數百萬人使用這個語言，而希伯來文作家躋身全世界最偉大的小說家與詩人之列嗎？他能看見以色列書店裡面數以千計的著作，都以一個半世紀以前世上幾乎無人使用的語言寫作嗎？

以色列獨立宣言中提到希伯來文的復興並非偶然。因為這古老語言的更新，已成為猶太生活與猶太人重獲豐富性的隱喻，在這個猶太國家以無法在世上任何其他地方複製的方式鋪衍開來。

戈登呼籲猶太人回到土地耕耘，讓自己沾滿故鄉的泥土，以此復興他們的民族。他們依樣做了。即使以色列已成為高科技之國，以色列人依然務農。以色列的水技術領先世界。以色列人依然熱衷於從北到南縱走這片土地，不管是年輕人或他們的父母甚至祖父母。例假日和長假期間，國家公園總是全滿。以色列在過去一百年來種了二億五千萬棵樹，而且是世上唯二兩個在二十世紀結束時，樹木比一個世紀前還多的國家。[6]以色列人並非全都像戈登所期望的那樣，以雙手在泥土裡工作，但他們確實愛上了不是太久以前多數猶太人還無緣親近的這片土地。

比亞利克、諾多與賈博廷斯基都呼籲猶太人不要再當受害者，而以色列也實現了這個願景。以色列仍須與恐怖主義對抗，並為伊朗發展出核武的可能而擔心，但是四分之三個世紀以來，猶太人捍衛了自己，而且超乎所有人想像地成為世界領先的作戰部隊之一。今天的以色列人與比亞利克在《屠殺之城》中控訴的歐洲猶太人已迥然不同。

使用軍事武力在道德上從不單純，面對恐怖分子刻意設置在平民人口當中的軍備設施時更是如此。以色列未能避免這些複雜的道德議題，有時也會犯錯——甚至是嚴重錯誤。但是坎普上校曾指出一個重要事實——他說，以色列國防軍為了避免平民死傷，採取的措施比世上任何其他軍隊都多。[7]絕大多數以色列人雖然對衝突深感憂心，卻都對這一點非常自豪。

哈阿姆夢想在以色列地發生的精神重生也實現了。以色列人主動接觸猶太傳統與經典文本的各種方式，足以讓本—古里昂目瞪口呆。在以色列，作家與詩人是家喻戶曉的名字，許多社會運動者是舉足輕重的小說家，詩人與作家出現在國家的貨幣上，而當以色列人希望有人對權力者說真話時，也經常轉向寫作者。

赫茨爾對《新故土》的讀者所承諾的，不僅是猶太人的避風港，還是一個推動進步與持續成長的猶太國家。這個夢想也已成真。面積與美國紐澤西州一樣，人口大約與洛杉磯相同的蕞爾小國，是全世界醫學技術最先進的國家之一。二〇一五年的世界頂尖大學排名中，希伯來大學排名六十七，以色列理工學院（Technion，等於以色列的麻省理工學院）排名七十七，魏茨曼科學院介於一百零一和一百五十之間，而特拉維夫大學介於一百五十一和二百之間。[8]*第一屆錫安主義大會上，甚至在還沒建國之前就有人提議依舒夫創立一所大學，猶太傳統對學習的重視可見一斑。這一點帶來了無比豐碩的成果，包括在科學、經濟和文學領域的數位諾貝爾獎得主。

赫茨爾的願景中也提到一個與世界其他民族分享其進步和技術果實的國家，這一點，以色列也做到了。貝京一九七七年當選總理後的第一件事，就是指示一艘以色列船隻救起數十名越南船民，他們在開放海域無助地漂流，沒有飲水，其他國家的船隻對他們視而不見。以色列將他們帶回國土，讓他們全都成為公民。後來，對以色列稱不上友善的美國總統卡特讚揚了貝京的決策。「這是悲天憫人而富有同理心之舉，」卡特說，「顯示他與他的政府明白，對貧困之人，對想要以最平常的方式表達其個體性與自由的人而言，擁有一個家園的重要性，這正是以色列人的歷史奮鬥。」[9]

貝京的決策根源自猶太歷史，一如赫茨爾所預言。「我們從未遺忘我們民族的命運，我們遭迫害、羞辱，最終肉體被毀滅，」貝京如此回覆卡特，「因此，我身為總理的第一件事，自然是為那些人在以色列地提供一個避風港。」[10]多年來，以色列率領重要的人道救援任務，在許多天災現場，最早與最大的緊急醫院往往是以色列所設立。

赫茨爾的錫安主義大會實行民主，以色列也延續此傳統。第二次世界大戰後創立的國家大約有一百個（多數源自帝國崩解），以色列是其中少數以民主立國，並以民主政體持續運作、未曾中斷的國家。

雖然以色列的性別平等有待更多努力，但值得一提的是，以色列是民主世界中，唯一自建國以來就徵召女性入伍，並持續如此的國家。它也是最早選出女性總理、最早由女性任首席大法官的民主國家之一。

以色列人有許多要擔心的事情，也知道國家有許多方面尚待改善。但他們多數人依然毫不赧然的相信，自己的國家成就非凡。他們也不是唯一這樣想的人。福阿德・阿賈米（Fouad Ajami）是黎巴嫩裔什葉派穆斯林，他生於一九四五年，在黎巴嫩南部與以色列接壤處長大。他曾於一九九一年回憶：

> 晚上，從我那個村落所在的高聳山脊上，可以看到猶太村落美圖拉（Metullah）的探照燈。那個探照燈讓兒時的我為之著迷。我祖父說，那個探照燈來自猶太人的土地……在邊界旁這片開放貧瘠的土地上，可以隔著刺鐵絲看見猶太人的土地，聽到它人民的話語聲。[11]

阿賈米決定他不只要聽到那些話語聲，多年後到這個猶太國家生活了一段時間。後來他總結自己在那裡的見聞，這樣寫道：

> 在一片貧瘠狹小的土地上，錫安主義者打造了一個堅韌的國家。它有軍隊但不好戰。它收容一波波難民，將他們重新塑造成為公民。它有信仰容身處但維持世俗體制。在長期受圍困的條

* 值得一提的是，相較之下，儘管因石油致富的阿拉伯國家有無限資源可用於創立高等教育機構，但穆斯林國家沒有一所大學排名在前二百五十名內。在文中提到的排名中，沙烏地阿拉伯的法赫德國王石油與礦業大學（King Fahd University of Petroleum and Minerals）排名第二百六十六，在穆斯林國家中最高，其後是巴基斯坦國立科技大學，排名第三百五十。

件下，它保持了深刻且持久的民主精神。阿拉伯人本可從這場實驗中有所學習，卻在驚怖中退卻。[12]

要總結這個猶太國家的成就，很難找到比這更言簡意賅的描述了。

前路如何？以色列人知道這是未知。錫安主義者從一開始就知道，這問題他們連問都不敢問。奧爾特曼在一九四七年寫過一首詩，名為〈夏日的爭吵〉（Summer Quarrel），他在詩中將形形色色的以色列人描繪為不同的女子。以色列人要當哪一個？他們會是什麼樣子？他們的未來如何？

西頓到非利士之間的城市將是何貌？
風暴是否會為它們帶來雷電和雨水？噓！別爭吵！
明日的舒拉米特正在房裡著裝。
別想從鑰匙孔偷看！[13]

生活在以色列，代表沒有一個可以窺見未來的鑰匙孔。然而，以色列人雖然明白未來如何不可知，但是根據他們已經經歷的事情，仍有蛛絲馬跡可循。《貝爾福宣言》的一世紀之後，錫安主義成果卓著。即使在看似不可能的時候，依舒夫與後來的國家總能克服渺茫機會度過難關。

多數以色列人深信，不論面對的挑戰為何，他們與他們年輕的國家都能設法克服。他們別無選擇。

確保以色列蓬勃發展，是他們最根本而深遠的責任。正如失敗在一九四八年不是個選項，現在也不是個選項。牽涉太重大了，因為以色列絕不只是一個國家。以色列體現了一場仍在進行中的豐富對話，一個成為真實的恢宏想法。此中牽涉到的，遠超過他們和父祖輩所創造與耕耘、堪稱奇蹟的這個國家。他們知道，此事真正攸關的，是這個猶太國家建立時所為拯救之民族的未來。

誌謝

寫作這本書時，我得益於許多人的支持、協助和鼓勵，很高興有機會在這裡感謝他們。以色列第一所文理學院沙勒姆學院（Shalem College）是一個迷人而啟發人的工作環境。沙勒姆學院的許多教職員讓我得以投入這本書的寫作。感謝丹尼爾・波里薩（Daniel Polisar）、塞斯・戈德斯坦（Seth Goldstein）與艾多・哈弗羅尼（Ido Hevroni）包容這本書所花的時間，即使當時我們正在共同建立一所學院。

我想不到有誰比丹尼爾更始終如一支持同事的工作了。丹尼爾在這本書演進過程中，多次仔細閱讀了全稿，針對其調性和範圍提出寶貴意見，也讓我避免了好幾個明顯錯誤。他投入這個計畫的時間，以及他從一開始即給予的鼓勵，遠超越我有任何權利可期待的。丹尼爾獨特地結合了淵博知識、傑出能力與無私奉獻於一身，這只是沙勒姆學院許多人如此敬重他的諸多原因之一。

對於在我寫作期間擔任各委員會主席的尤迪・列維（Yudi Levi）、大衛・梅瑟（David Messer）與雅爾・夏米爾（Yair Shamir），以及沙勒姆學院董事會成員，在此感謝他們一直以來的支持、包容與鼓勵。

若是少了幾位慷慨朋友的財務支持，不可能有這本書。保羅・E・辛格基金會的泰瑞・凱瑟（Terry Kassel）與保羅・辛格（Paul Singer）率先支持這個計畫，在他們慷慨的獨資贊助下，計畫得以啟動。雅各森家族基金會的強納森與喬安娜・雅各森（Jonathon and Joanna Jacobson）也慷慨解囊。拉比羅伯．赫特（Robert Hirt）與維吉尼雅．拜耳（Virginia Bayer）曾支持我的前幾本書，也持續負擔寫作這本書的花費。感謝以上這些朋友的友誼和無比的慷慨。我有幸在沙勒姆學院擔任數年的科瑞特研究員（Koret Fellow）。深深感謝科瑞特基金會的支持，以及阿妮塔．弗里曼（Anita Friedman）和傑弗瑞．法柏（Jeffrey Farber）的友誼。

許多朋友、同事、學者與家人和我分享他們的專業，協助書目搜尋，或提供我原本無從得知的材料，包括Rina Bardin、Menachem Ben Sasson、Marc Brettler、Sergio Dellapergola、Elana Gordis、Barry Levenfeld、Samantha Margolis、David Matlow、Matthew Miller、Benny Morris、Fania Oz-Salzberger、Leah Sarna、Anita Shapira、Ariel Sheetrit、Yossi Siegel、Ken Stein、Nava Winkler與Jacob Wright，謹對他們致上最溫暖的感謝。大衛．布隆姆（David Brummer）曾加入我們的團隊數月，感謝他對研究工作的貢獻。阿里．霍夫曼（Ari Hoffman）花了一個夏天閱讀書稿，即使當時他還在哈佛攻讀文學博士，感謝他的洞見與建議。感謝以色列國家檔案館（Israel State Archives）首席檔案員雅科夫．洛佐維克（Yaacov Lozowick），以及錫安主義中央檔案館（Central Zionist Archive）的蓋．賈莫（Guy Jamo）提供許多協助。另要感謝Zion Ozeri，他是我珍惜的老朋友，也是世上拍攝猶太民族首屈一指的攝影師之一，感謝他准予我使用他鏡頭下一名遷居以色列的俄國移民照片。

以色列幾位思想領袖同意為本書接受訪問，他們的洞見大大豐富了最後的成果。感謝卡德倫、古德曼、東尼爾．哈特曼（Donniel Hartman）、阿維．卡茲曼（Avi Katzman）、哈列維與索爾．辛格（Saul Singer）撥冗分享他們的智慧。

幾位朋友和同事閱讀了晚期但尚非最終版的書稿，提出的許多建議大幅改善了最後的成品。馬丁．克萊默（Martin Kramer）與戈德斯坦在不同階段讀了書稿，仔細標注，給我許多寶貴的建議。

其他幾位朋友與同事也提供了這樣的幫助，包括Daniel Bonner、Yonatan Gordis、Yossi Klein Halevi、Jon Jacobson、Terry Kassel、Seth Klarman、Jay Lefkowitz、Jeffrey Swartz、Judy Swartz、Ilan Troen與Lisa Wallack，感謝他們。猶太書籍的傳奇推手卡洛琳・赫塞（Carolyn Hessel）是我多年來的導師、朋友與繆思；她也讀了這本書的早期書稿，而且不只一次，我深深感謝她的許多建議和一直以來對我的鼓勵。

這些閱讀書稿的人中有幾位對於書的調性意見相差極大。有些認為我的方向大致正確，其他人覺得這本書在某些地方對以色列的批判太嚴苛，讀了同樣書稿的其他人又覺得，我在應該批判更嚴厲的一些地方「輕縱」以色列。這樣一本書的本質即是如此——有關以色列的論述有太多包袱，沒有任一途徑或調性能滿足所有人。最終，這本書反映的是我對以色列的個人感受，以及我對這個激勵人心又複雜多面的國家的個人解讀。

這本書的調性因為此處提及的所有閱讀者——都是我的朋友——所做的評論而更為清晰和細膩，我感謝他們投入時間，也感謝他們的睿智與誠實。毋需說，我為這本書的調性和內容以及任何錯誤負全責。

我和我的文學經紀人李察・派恩（Richard Pine）已合作超過二十年，至今我仍深深感激他，不只因為他的專業和友情，也為他一路走來給過我的明智忠告。感謝Ecco/HarperCollins全體團隊的卓絕專業。感謝我的編輯艾瑪・賈納斯基（Emma Janaskie）和副發行人梅麗安・帕克（Mariam Parker）為了改善書稿、照片與地圖所做的一切。感謝才華洋溢的喬・勒莫尼耶（Joe LeMonnier），讓書中的地圖實用又美觀。感謝資深設計經理蘇艾特・鍾（Suet Chong）為這本書做的設計，以及地圖與照片的排版。還有洛莉・麥基（Laurie McGee），感謝她仔細的校對編輯。

許多年前，艾莉席瓦和我有幸在科羅拉多州一座山頂上認識大衛與艾倫・柴可夫（David and Ellen Chaikof）。從那時起他們就是我們珍惜的朋友，現在等於是家人了，有好幾年夏天，他們讓我們得以從生活在以色列的壓力下稍獲喘息。這本書的某些部分，是在他們讓我們賓至如歸的一處湖畔天堂裡著手寫的。大衛的母親貝拉・柴可夫（Bayla Chaikof）是多倫多備受尊崇的教育者，她對以色列的熱愛，和她對以色列一個逝去已久的時代充滿眷戀的回憶，為多次熱烈的夏日談話注入了活力。這本書我也獻給貝拉，以此微小而絕不足夠的致意，感謝柴可夫一家人對我們堅定不移的友情。

我們沒有一天不對平夏斯與珊迪・洛佐維克（Pinchas and Sandy Lozowick）深懷感謝。我們在將近二十年前初抵耶路撒冷時，是他們讓一切變得可能。時間未曾消磨我們一絲一毫的感謝。

書中引用的希伯來聖經翻譯以 *Tanakh: The Holy Scriptures, The New JPS Translation According to the Traditional Hebrew Text*（《塔納赫：聖經，猶太出版學會根據傳統希伯來文本新譯》）為基礎，但大多經過我的改訂。

從這個計畫的一開始，我就有幸與兩位傑出的研究助理合作，分別是瑞秋・葛林斯潘（Rachel Greenspan）與艾麗・梅耶・弗爾斯坦（Allie Mayer Feuerstein）。進行本書的第二年，瑞秋擔任主要研究員。瑞秋轉任耶路撒冷市政府的新職後，改由艾麗擔綱，獨自一人扛起龐大的工作量，在數月間密集工作，以完成讓此書付梓的過程。她們兩人都是極為聰明而勤奮的工作者、盡心盡力的同事，也是出色的寫作者。

瑞秋與艾麗協助構想本書結構，進行研究，勾勒大綱，編輯再編輯，並處理書目、注釋、圖片授權和許許多多其他的行政編務。我們三人有許多共通點——比如我們都在美國東岸成長並受教育，之後也都回歸以色列——但我們來自不同世代，在政治和宗教光譜上的分布各異，自然塑造了我們對書中描述的事件與時代各自不同的觀點。近兩年間，我們時有意見歧異，於是我們好說歹說，據理力爭，彼此砥礪觀點。這本書的每一頁都有瑞秋與艾麗智識與道德觀的指紋，而我不只感激他們對本書的許多貢獻，也感謝他們的同事情誼，以及和他們共事的純粹快樂。

寫作本書期間，我的家庭經歷了深沉的哀傷與無盡的喜悅。展開寫作後不久，我的父親生病了，在幾個月後溘然長逝。在太多痛苦時刻的這一年，艾莉席瓦和我們的子女完全支持我，我感謝他們對我和我父親堅定的愛與奉獻。多年來，因為她決定我們要住在以色列，艾莉席瓦讓我們的孩子（塔里雅、阿維謝、阿維與米卡）看到，過著由原則與信念塑造的生活是什麼樣子。我想，如今他們終於夠大了，能真正體會他們有幸擁有的這個母親，是多麼特別的一名女性。最近，她一肩挑起照顧我母親的主要責任，再次為我們所有人示範了什麼叫做無私無我。

艾莉席瓦對以色列與其歷史的豐厚知識，以數不清的方式豐富了這本書。她也是極有天分的編輯，以她對細節與風格的敏銳目光及時抓出了許多錯誤。即使在已有許多人看過書稿之後，她還是給了我許多明智的建議，並改善了這本書裡的無數段落。對這一切，以及數不清的其他事，我無以為報。文字不足以感謝她，或表達我們一家人對她和她所作所為共同的愛。

我父親在過世前一週見到了他的第一個曾孫女，這本書也獻給這個孩子。艾拉在這本書寫作期間誕生，並開始探索她周遭的世界，這讓我常常想到她是在我們這支家庭譜系中，許多世紀以來第一個在以色列地出生的孩子。察覺到這件事既讓人謙卑，也讓人深深滿足。雖然她還非常年幼，但她為我們的生活帶來的無盡喜悅，已經遠超過我們所想像。

借用本書卷首獻詞中的那段聖經章節並稍加改寫，我祝福她，我們的第一個「錫安的女兒」，這輩子充滿無窮喜悅和宏大夢想，有深刻的滿足，並為她的民族奉獻心力。

耶路撒冷

二〇一六年五月

五七七六年以珥月五日，以色列獨立六十八週年

附錄一
書中人物

阿隆索赫恩家族（Aaronsohn Family）——阿隆與莎拉兄妹在第一次世界大戰期間成立了一個間諜組織，名為尼利（Nili），為英國提供情報。鄂圖曼帝國後來發現這個組織，將許多成員囚禁、虐待與殺害。阿隆與莎拉成為錫安主義英雄與偶像。

馬哈穆德·「阿布·馬贊·」阿巴斯（Abbas, Mahmoud "Abu Mazen"）——由阿拉法特任命為巴勒斯坦自治政府第一任總理，曾參與奧斯陸協議談判。阿拉法特死後接任巴勒斯坦自治政府主席。

阿哈德·哈阿姆（亞舍·茲維·金茲伯格）（Ahad Ha'am /Asher Zvi Ginzberg）——首屈一指的錫安主義思想家，反對赫茨爾的建國理念，主張在巴勒斯坦建立猶太精神中心。

哈菲茲·阿薩德（al-Assad, Hafez）——一九七一至二〇〇〇年任敘利亞總統。一九七三年與沙達特同步攻擊以色列，發動贖罪日戰爭，直到一九九六年仍拒絕與以色列和解。

阿卜杜拉一世·（賓·）胡笙（al-Hussein, Abdullah I（bin））——一九四六到一九五一年外約旦（一九四九年改名為約旦）國王，與依舒夫和以色列領袖的關係比其他阿拉伯領袖都友好。一九五一年因他考慮與以色列和談的謠言流傳而遭暗殺。

哈吉·阿敏·侯塞尼（al-Husseini, Haj Amin）——一九二一至一九三七年間任耶路撒冷大穆夫提（伊斯蘭教長），阿拉伯高等委員會領袖，在他權力範圍內極盡所能阻擋猶太人移民巴勒斯坦進行屯墾。第二次世界大戰期間協助納粹發展對穆斯林世界的宣傳。

伊加爾．阿隆（Allon, Yigal）——帕爾馬赫創立者之一，以色列政治人物，以色列國防軍將領。阿隆曾擬定計畫以兼併一九六七年占領的部分土地，並將其餘歸還給約旦人。這個計畫從未實行。

亞瑟．阿拉法特（Arafat, Yasser）——一九五〇年代晚期創立法塔赫，後來任巴勒斯坦解放組織主席，一般承認他是巴勒斯坦人的政治領袖。他一手擘畫的恐怖主義行動不只以以色列為目標，而是在全世界各地上演，雖然曾簽署奧斯陸協議，但最終拒絕與以色列和解。

梅爾．艾里爾（Ariel, Meir）——士兵，所屬單位在一九六七年協助奪取了耶路撒冷舊城區。後來成為以色列著名樂手，為了因以色列占領西岸而不安的一代人發聲。他將舍莫爾〈黃金的耶路撒冷〉改編為〈鐵鑄的耶路撒冷〉，開啟了歌唱事業。

哈伊姆．阿羅索洛夫（Arlosoroff, Chaim）——猶太事務局政治部主任，規劃Ha'avara，即「轉移協定」，使德國猶太人得以將資金轉移到巴勒斯坦，同時為德國產品創造市場。依舒夫許多人對他與納粹談判深感憤怒。他在一九三三年遭暗殺。

亞瑟．貝爾福（Balfour, Arthur）——任英國外長時寫信給羅斯柴爾德勳爵，宣告「國王陛下的政府贊成猶太人在巴勒斯坦建立民族家園」。這是國際社會支持猶太人建國理念的第一步。

巴柯巴（西門．巴柯巴）（Bar Kokhba/Simeon Bar Kokhba）——羅馬人摧毀第二聖殿的六十二年後，巴柯巴在公元一三二年興兵起義，反抗帝國占領。羅馬的龐大軍隊最後在公元一三五年壓倒了巴柯巴的軍力，但他後來一直是反抗外國占領勢力的象徵。

埃胡德．巴拉克（Barak, Ehud）——前以色列國防軍將領，一九九九至二〇〇一年任總理。

他在二〇〇〇年將以色列部隊撤離黎巴嫩，並與柯林頓和阿拉法特在大衛營進行和平談判。

梅納赫姆·貝京（Begin, Menachem）——抗英期間的伊爾貢領袖，並於一九四八到一九七七年間領導政治反對勢力，後當選總理。他與埃及和解，轟炸在伊拉克奧希拉克建造中的核反應器，並入侵黎巴嫩。

大衛·本——古里昂（大衛·古魯恩）（Ben-Gurion, David/David Gruen）——一九〇六年移民巴勒斯坦後迅速崛起，最後成為依舒夫領袖。他宣布以色列獨立，並以第一任總理身分帶領國家。

艾利澤·本——耶胡達（艾利澤·帕爾曼）（Ben-Yehuda, Eliezer/Eliezer Perlman）——現代希伯來文之父，深信要在以色列地復興猶太人，也必須讓希伯來文的口語復興。

米卡·尤瑟夫·貝爾狄契夫斯基（Berdyczewski, Micha Josef）——俄國猶太學者，認為錫安主義是對猶太教本身的反抗。他的名言是：「我們可以當最後的猶太人，或者當最初的希伯來人。」

福克·伯納多特伯爵（Bernadotte, Count Folke）——瑞典外交官，獨立戰爭期間由聯合國祕書長指派，負責停火協議談判。後遭以色列地下勢力暗殺。

哈伊姆·納赫曼·比亞利克（Bialik, Chaim Nachman）——在世時是世界首屈一指的猶太詩人，讓一整代人的渴望獲得表達，成為錫安主義運動中的重要聲音。一九三四年，數千人參與了他在特拉維夫的葬禮。

雅各布·布勞斯坦（Blaustein, Jacob）——美國猶太人委員會主席，他反映了美國猶太人對以色列模稜兩可的態度。認為美國猶太人已經脫離流亡狀態，而以色列不敢自稱為猶太生活的中心，這導致他與本——古里昂之間的激烈衝突。

拉赫爾・布勞斯坦・塞拉（女詩人拉赫爾）（Bluwstein Sela, Rachel/Rachel the Poetess）——移居巴勒斯坦後加入德加尼亞基布茲（集體農場），旋即因感染肺結核而遭基布茲驅逐。一個世紀後，她的詩歌依然為人研究與傳唱。

尤瑟夫・哈伊姆・布倫納（Brenner, Yosef Chaim）——第二次回歸的猶太人中最偉大的希伯來文作家之一，描寫早期依舒夫生活的許多奮鬥和掙扎。他在雅法的阿拉伯暴動中喪生。

波斯國王居魯士（Cyrus, King of Persia）——波斯帝國於公元前五三九年征服巴比倫之後，居魯士准許當時流亡中的猶太人返鄉，重建耶路撒冷的聖殿。

馬哈茂德・達爾維什（Darwish, Mahmoud）——巴勒斯坦詩人，描寫巴勒斯坦人的無家可歸，以及他們對巴勒斯坦家園的渴望。

摩西・戴揚（Dayan, Moshe）——哈加納成員，後於一九五三年成為以色列國防軍參謀長。他負責國防軍在一九六七年六日戰爭中的作戰，贖罪日戰爭期間為國防部長。

阿爾耶・德里（Deri, Aryeh）——最早在以色列政壇取得成功的米茲拉希猶太人之一。以極端保守的沙斯黨黨魁身分成為全國性政治人物，後因貪汙醜聞失勢。

阿巴・伊邦（Eban, Abba）——以色列外交官暨政治人物，歷任許多職務，包括以色列駐美與駐聯合國大使。一九六七年時任以色列外長，面對戰爭陰影籠罩，不眠不休地為以色列爭取國際支持。

阿道夫・艾希曼（Eichmann, Adolf）——納粹領袖，在萬湖會議扮演要角，也是「最終解決方案」的設計者之一，後於一九六〇年於阿根廷遭以色列摩薩德組織擒獲。他後來遭法庭定罪，至今仍是以色列唯一被處以死刑的人。

大衛．「大D」．埃拉札爾（Elazar, David (Dado)）——軍方高階將領，對六日戰爭時奪下戈蘭高地厥功甚偉。贖罪日戰爭期間為以色列國防軍參謀長，後因阿格拉納特委員會認定他要為多項失誤負責而遭免職。

列維．艾希科爾（Eshkol, Levi）——以色列第三任總理，任期從一九六三年到一九六九年逝世為止。許多人在六日戰爭前幾週對他失去信心，他因此成為首位組成全國團結政府的以色列總理。

巴希爾．賈梅耶（Gemayel, Bashir）——黎巴嫩基督教長槍黨黨魁。貝京曾希望在以色列協助下，賈梅耶與其勢力能控制黎巴嫩，結束巴解組織在南方的優勢。賈梅耶遇害後，貝京的計畫付諸東流。

巴魯克．哥德斯坦（Goldstein, Baruch）——從美國移居以色列的宗教狂熱分子，一九九四年二月在列祖之洞殺害二十九名在裡面祈禱的巴勒斯坦人。為多數以色列人與猶太人所不齒的他，成為少數激進邊緣分子的英雄。

亞倫．大衛．戈登（A．D．戈登）（Gordon, Aaron David/A. D. Gordon）——勞工錫安主義的主要形塑者，認為猶太人的救贖將來自於耕耘土地。他的思想對於塑造新猶太人在巴勒斯坦以及基布茲運動中耕種土地的形象，扮演了重要角色。

拉比什洛莫．哥倫（Goren, Rabbi Shlomo）——六日戰爭期間的國防軍首席拉比，國防軍奪下聖殿山之後，他手持羊角號與《妥拉》經卷前來。儘管他深具法律天才，曾有許多大膽裁決，後來擔任以色列首席拉比期間，卻很晚才承認衣索比亞移民的猶太人身分。

海姆・古里（Gouri, Haim）——以色列作家，透過他的詩捕捉了以色列許多關鍵時刻，包括以三十五人小隊（Lamed Heh）和六日戰爭為主題的創作。

烏里・茲維・葛林伯格（Greenberg, Uri Zvi）——依舒夫最重要的詩人之一，追隨賈博廷斯基的修正錫安主義。

哈拿尼雅（Hananiah）——少有人知的聖經先知，曾預言以色列人的救贖會遠比耶利米認為的還早到來。他的觀點後來為否認猶太人必須接受流亡狀態的人所採行。（見耶利米。）

西奧多・赫茨爾（Herzl, Theodor）——政治錫安主義之父，出版《猶太國》一書後成為家喻戶曉的人物。一年後，世界各地的猶太人齊聚於他召開的錫安主義大會，啟動了錫安主義運動。

摩西・赫斯（Hess, Moses）——早期錫安主義思想家暨作者，在一八六二年於著作《羅馬與耶路撒冷》中提出猶太國的想法。他的書雖然內容與赫茨爾的《猶太國》非常相似，卻受到冷落。

胡笙・賓・塔拉（Hussein, ibn Tala）——一九五二年登基為約旦國王，直至一九九九年逝世，曾於一九六七年對以色列宣戰，但在一九七三年警告以色列將受攻擊，並盡其所能不參戰。一九九四年，約旦與以色列簽署和平協議，胡笙國王後來在拉賓葬禮上發表了動人的悼詞。

澤維・（弗拉德米爾・）賈博廷斯基（Jabotinsky, Ze’ev〔Vladimir〕）——修正錫安主義的創始者，認為在巴勒斯坦建立並維持猶太國家需要有使用武力的意願。他是以色列政治右派的始祖，也是影響貝京最深的人。

耶利米（Jeremiah）——聖經中以色列人流亡巴比倫時期的重要先知，預言流亡將持續七十年，之後猶太人就能返鄉。他敦促他們在異國土地安頓下來，建立生活。（見哈拿尼雅。）

葉吉耶・卡迪夏伊（Kadishai, Yechiel）——伊爾貢戰士，後成為貝京摯友與政治親信。他是貨船阿爾塔列納號上的乘客，但在衝突事件中全身而退。

魯道夫．卡斯特納（Kasztner, Rudolf）——大屠殺期間擔任匈牙利錫安主義者救援委員會領袖，一九四四年與德國人達成協議，以卡車交換猶太人。馬爾基爾．古恩瓦德指控卡斯特納為「間接兇手」之後，卡斯特納控告他誹謗，但是在古恩瓦德獲判無罪後顏面盡失。卡斯特納後遭暗殺身亡。

亨利．季辛吉（Kissinger, Henry）——美國外交官，一九六九至一九七五年間任國安顧問，一九七三至一九七七年間任國務卿。於數次戰爭以及後來中東和平談判期間擔任白宮重要諮詢顧問。

拉比亞伯拉罕．艾薩克．庫克（Kook, Rabbi Abraham Isaac）——學者暨神祕主義者，少數擁抱巴勒斯坦世俗派拓荒者的宗教錫安主義領袖。後來成為依舒夫首席拉比。

拉比茲維．耶胡達．庫克（Kook, Rabbi Zvi Yehudah）——拉比亞伯拉罕．艾薩克．庫克之子，帶領宗教錫安主義者從以色列社會與政治邊緣朝中心移動。他的意識形態是忠信社群屯墾運動的基石。

湯米．拉皮德（Lapid, Tommy）——以色列記者暨政治人物，大屠殺倖存者，一九九九至二〇〇六年間任國會議員。拉皮德也是著名的作者暨電視人物，強烈反對極端正統派猶太教政黨。

亞伊爾．拉皮德（Lapid, Yair）——湯米．拉皮德之子，亦為記者暨政治人物，創辦中間路線的政治黨派「未來黨」。

耶沙雅胡．萊博維茲（Leibowitz, Yeshayahu）——以色列正統派猶太教的公共知識分子，大力提倡歸還在六日戰爭中奪取的土地，並預言統治另一個民族會摧毀以色列。

大衛・勞合・喬治（Lloyd George, David）——一九一六至一九二二年間的英國首相，同情錫安主義理念，支持一九一七年的《貝爾福宣言》。

亞伯拉罕・瑪普（Mapu, Avraham）——早期錫安主義思想家，一八五三年寫下第一部希伯來文小說。這部小說名為《錫安之戀》，以聖經時代的古老以色列為背景，極為暢銷，啟發了許多人，包括大衛・本——古里昂。

果爾達・梅爾（果爾達・梅耶森）（Meir, Golda/Golda Meyerson）——以色列勞工總工會與猶太事務局政治部門領袖，獲選為國會成員後曾任勞工部長與外交部長。一九六九年當選為以色列首位女性總理，任職到一九七四年為止。

賈邁勒・阿布杜拉・納瑟（Nasser, Gamal Abdel）——埃及總統，任期自一九五六年至一九七〇年逝世為止。泛阿拉伯主義領袖，希望以摧毀以色列團結阿拉伯民族。他將蘇伊士運河收歸國有，導致一九五六年的西奈戰役，後引發六日戰爭。

尼布甲尼撒（Nebuchadnezzar）——巴比倫統治猶大地時期的國王，在公元前五八六年摧毀第一聖殿，流放以色列人。

班傑明・納坦雅胡（Netanyahu, Benjamin）——聯合黨黨魁，一九九六至一九九九年間任總理，後於二〇〇九年再次當選。許多人視他為賈博廷斯基與貝京的政治追隨者。

馬克斯・諾多（Nordau, Max）——早期錫安主義思想家，政治錫安主義領導人物，赫茨爾的盟友。提倡以強健體魄為重點的新猶太人形象。

埃胡德・歐默特（Olmert, Ehud）——以色列政治人物，取代夏隆於二〇〇六年至二〇〇九年任總理。他準備延續夏隆的撤軍政策，但因醜聞下台，後來成為以色列第一位入監服刑的前總理。

發聲者。

艾默思・奧茲（Oz, Amos）——以色列首屈一指的小說家，後成為以色列左派深具影響力的發聲者。

西蒙・裴瑞斯（Peres, Shimon）——以色列政治人物與外交官，歷任多項政府職務，包括兩任總理，並於二〇〇七年至二〇一四年間任以色列總統。在以色列核子發展與奧斯陸協議談判中扮演重要角色。

里昂・平斯克（Pinsker, Leon）——早期錫安主義思想家，一八八二年寫成《自我解放》一書，鼓勵猶太人爭取獨立與民族重生。一八八二年成立「愛錫安之人」，為促進猶太人移民巴勒斯坦最早的歐洲組織之一。

漢南・波拉特（Porat, Hanan）——六日戰爭期間任傘兵，參與奪下耶路撒冷舊城。一九六七年，信仰虔誠的波拉特與一群朋友在以色列奪回埃齊翁定居區之後，建立了重建後的第一個定居點。

伊扎克・拉賓（Rabin, Yitzhak）——以色列將領與政治人物，曾為帕爾馬赫與國防軍戰士，後於六日戰爭期間擔任參謀長。一九七四至一九七七年間任總理，一九九二年再度當選，與約旦和解，並簽署奧斯陸協議。一九九五年十一月遭暗殺身亡。

埃德蒙・德・羅斯柴爾德男爵（Rothschild, Baron Edmond）——有「著名的贊助者」（The Well-Known Benefactor）之稱，早年的依舒夫幾乎憑他一人之力支持。他投入數百萬美元於巴勒斯坦的屯墾，但許多新移民認為他干涉他們的拓荒工作，對他心懷不滿。

羅伊・羅特伯格（Rotberg, Roi）——遭阿拉伯滲透者（fedayeen，阿拉伯文中指「自我犧牲者」）殺害的許多以色列人之一，因為摩西・戴揚在他葬禮上的悼詞而為人所知。戴揚悼詞中提到以色列與鄰國間漫長而代價高昂的衝突在所難免。

安瓦．沙達特（Sadat, Anwar）——納瑟死後的繼任者，自一九七〇年起任埃及總統，直到一九八一年遇刺身亡。他在一九七三年對以色列發動戰爭，但在一九七八年與貝京簽署和平協議。

漢娜．西納什（Senesh, Chanah）——第二次世界大戰期間志願擔任英國陸軍傘兵，跳傘進入南斯拉夫後為德軍俘虜，遭監禁、虐待，最終處決。以色列民族英雄。

伊扎克．沙米爾（Shamir, Yitzhak）——曾為萊希組織首領，後成為以色列政治人物並二度任總理，分別從一九八三至一九八四年，以及從一九八六至一九九二年。聯合黨黨魁。

納坦．夏蘭斯基（Sharansky, Natan）——曾被誣指為間諜遭蘇聯囚禁，後成為國際知名的猶太英雄，致力於人權運動。遭囚九年後移民以色列，開始參與政治，為國內日益增加的俄國移民發聲。

摩西．夏里特（Sharett, Moshe）——以色列第二任總理，任期自一九五四至一九五五年。

艾里爾．夏隆（Sharon, Ariel）——以色列將領與政治人物，幾乎在以色列每一場戰爭中都扮演要角。軍旅退役後加入聯合黨，二〇〇一至二〇〇六年間任總理。擔任總理時創立前進黨（Kadima），並領導自加薩撤離的行動。

拿俄米．舍莫爾（Shemer, Naomi）——全國知名的以色列歌手與創作者。她最著名的兩首歌分別為〈黃金的耶路撒冷〉，寫於六日戰爭發生前兩週，以及寫於贖罪日戰爭後的〈讓它去〉。

亞伯拉罕．斯塔夫斯基（Stavsky, Avraham）——貝塔爾組織成員，因「轉移協定」議定者阿羅索洛夫遇刺案被定罪，後獲無罪開釋。在阿爾塔列納號戰役中喪生。

亞伯拉罕．斯特恩（Stern, Avraham）——伊爾貢前成員，一九四〇年自該組織分裂出來，自行成立地下武裝勢力萊希。一九四二年於英國人大規模追捕他後在槍戰中身亡。

約瑟夫．特魯姆珀多爾（Trumpeldor, Joseph）——戰爭英雄與錫安主義行動者，協助創立錫安騾子軍團，為依舒夫第一個有組織的戰鬥部隊。他在一九二〇年的定居點特爾海防衛戰中喪生。

哈伊姆．魏茨曼（Weizmann, Chaim）——世界錫安主義組織主席，以色列第一任總統。對於促成英國發布《貝爾福宣言》以及希伯來大學的成立厥功甚偉。後來創辦了魏茨曼科學研究院。

伊加爾．雅丁（Yadin, Yigael）——以色列考古學者，將領與政治人物，獨立戰爭期間為哈加納作戰行動首領，以色列國防軍第二任參謀長。

澤維．亞維茲（Yavetz, Ze'ev）——一八八七年移居巴勒斯坦後，出版了當地首部現代希伯來文小說。與羅斯柴爾德男爵決裂後離開巴勒斯坦。

伊札爾．斯米蘭斯基（Yizhar, S./Yizhar Smilansky）——以色列作家，出版《赫貝希澤》，試圖描繪以色列部隊在一九四八年戰爭期間為巴勒斯坦人帶來的痛苦。這本書被納入以色列學校課程中，他也數度獲選為國會議員。

拉比歐瓦迪亞．尤瑟夫（Yosef, Rabbi Ovadia）——法律天才，是以色列米茲拉希猶太人間廣受歡迎的拉比，在完成以色列塞法迪猶太人首席拉比任期後，組成沙斯黨，是第一個代表米茲拉希猶太人的政黨。

以色列．贊威爾（Zangwill, Israel）——小說家暨劇作家，錫安主義思想家，曾說巴勒斯坦是「一片沒有人民的土地，等待著一個沒有土地的民族」。贊威爾與赫茨爾一樣，相信歐洲猶太人大規模移民到巴勒斯坦，將對猶太人與巴勒斯坦都有益。

附錄二
非英文用語釋義

aliyah（回歸）——源自希伯來文中表示「上行」的動詞，用以指移居以色列的人。也用來描述前往巴勒斯坦或以色列的移民潮，如第一次回歸（First Aliyah）或俄國回歸潮（Russian Aliyah）。

Ashkenazi（阿什肯納茲）——來自多數歐洲地區的猶太人都名為Ashkenazi（複數型為Ashkenazim）。阿什肯納茲猶太人在中歐與東歐各地建立社區，發展出他們自己的宗教與文化傳統，甚至創造了他們自己的語言：意第緒語。

Biluim——Bilu為縮略語，在希伯來文中意指「雅各家啊，來吧！」Biluim是Bilu的複數型，指第一次回歸時移民到巴勒斯坦的一群俄國學生。

Brit Shalom——希伯來文，意為「和平契約」，由巴勒斯坦的一群知識分子於一九二五年創立，旨在促進猶太人與阿拉伯人之間的和平。他們相信猶太人若放棄追求國家主權，和平就會降臨。

conceptzia——根據英文字conception創造的希伯來字，用來指一九六七年六日戰爭後至一九七三年贖罪日戰爭前，以色列趾高氣揚的態度與所向無敵的感覺。

Eretz Israel——希伯來文中「以色列地」之意。

Fedayeen——阿拉伯文，指「自我犧牲者」，經常用來指稱主要在一九五〇年代攻擊以色列人的游擊戰士。自稱自由戰士的他們從約旦和埃及邊界潛入，攻擊以色列村落與城鎮。

Fellahin——阿拉伯文，指「農民」或「勞工」。

Gush Emunim（忠信社群）——希伯來文，指「忠信社群」，是一九七四年發起的政治運動，核心宗旨為在一九六七年後的占領區建立定居點。

ha'avarah（轉移協定）——希伯來文中意指「轉移」，用來指哈伊姆．阿羅索洛夫與納粹談判達成的「轉移協定」，這個與德國政府間的複雜協議，讓離開德國的猶太人得以保留他們的資產。

Haganah（哈加納）——希伯來文，指「防禦」，一九二一年由依舒夫領袖創立，藉由防止與擊退阿拉伯人的攻擊，保護猶太農場與居民。後來發展成為以色列國防軍。

Halakhah——指「猶太律法」。

Hamtanah——希伯來文，意為「等待期」，指一九六七年六月的六日戰爭前為期三週的時間，這段時間內，以色列與其領導層已經知道與阿拉伯鄰國間即將再次爆發戰爭。以色列為最壞情況做了準備，將旅館改建為醫院，公園改造為集體墳場。

Hanukkah（光明節）——猶太節日，紀念馬加比家族在公元前一六四年為反抗希臘統治的成功起義。這個節日為期八天，最主要的慶祝方式是點燃有七或九根蠟燭的大燭台。

Haredim（哈雷迪）——希伯來文，指「顫抖者」，一般用以指稱極端正統派猶太人。哈雷迪猶太人通常對於猶太國抱持反對或模稜兩可的態度，今天是以色列重要的政治經濟勢力。

Hashomer（哈紹莫）——希伯來文，意為「守望者」，是依舒夫為了保護猶太人與其村莊所創立，第一個有組織的防禦團體。

Hasid（哈西迪）——源自希伯來文中Hesed（「慈愛」）一字，指創立於十八世紀東歐的猶太教極端正統支派成員。

Haskalah（哈斯卡拉）——指猶太啟蒙運動，發生在十八世紀晚期至十九世紀晚期的西歐。這個運動旨在將啟蒙時代的價值觀與想法應用到猶太教，並使猶太人融入世俗社會，對許多早期錫安主義思想家有深遠影響。

Hatikvah——希伯來文中指「希望」，是以色列國歌的歌名。寫於一八七八年。

Herut（自由黨）——希伯來文中指「自由」，是貝京所屬政黨的名字。一九四八年成立，後來與其他政黨合併成為聯合黨（Likud Party，或稱利庫德黨）。

Histadrut——依舒夫最主要的工會。後來成為以色列強大的政治勢力。

Hovevei Zion——希伯來文，指「愛錫安的人」，是歐洲最早促成猶太人移民到巴勒斯坦的組織之一。在第一次回歸期間協助滿懷理想的東歐猶太人來到巴勒斯坦。

intifada——阿拉伯文中「甩掉」之意，用以指以色列受到攻擊的時期，發動者主要為以色列一九六七年占領地區的巴勒斯坦人。第一次在一九八七到一九九一年間，第二次從二〇〇〇年持續到二〇〇四年。

Irgun（伊爾貢）——Irgun Tsva'i Leumi 指地下戰鬥團體「民族軍事組織」，通常稱為 Irgun。也以其希伯來文中的縮略語 Etzel 為人所知。成立於一九三一年，由哈加納戰士領導，他們深受賈博廷斯基的意識形態影響，也因哈加納克己自制的政策而挫折不滿。伊爾貢一直是獨立的作戰部隊，直到獨立戰爭期間以色列國防軍成立為止。

kibbutz（基布茲）——kibbutz（複數型 kibbutzim）指集體社區，一開始主要基於社會主義理念所建立，並以農業工作為根基。基布茲成為以色列前數十年的代表性體制。不過，雖然蓬勃發展，基布茲所占人口比率從未超過總數的七％。

kippah——希伯來文，指猶太男性所戴的傳統圓頂小帽。

Knesset——以色列國會，有一百二十個席位，沿用錫安主義大會使用的比例代表制。第一屆Knesset於一九四九年選出。

Kotel——希伯來文中「牆」的意思，用以指稱西牆或哭牆，是第二聖殿唯一的遺跡。這裡是猶太人的聖地，也是相互競爭的宗教意識形態戰場。

Kristallnacht——德文用語，大致意思為「碎玻璃之夜」，指一九三八年十一月九日至十日在德國與奧地利發生的反猶暴亂。猶太商家與會堂被焚燒破壞，許多猶太人遭殺害或受傷。

Lechi（萊希）——Lochamei Cherut Yisrael（「以色列自由戰士」）縮略語，指一九四〇年由亞伯拉罕·斯特恩成立的地下民兵組織。斯特恩原為伊爾貢成員，後脫離成立自己的作戰團體。

Likud（聯合黨／利庫德）——希伯來文，意指「整合」，是貝京與其他幾個右翼政黨領袖於一九七三年成立的政治黨派。一九七七年在貝京領導下首度成為以色列執政黨。

ma'abarot——轉運營，提供給獨立戰爭後湧入以色列的新移民的臨時居所。原本是為了在政府能提供移民「真正」的住宅之前，緩解移民營中惡劣的生活條件所建，但是這裡的生活條件很快也變得同樣惡劣。

ma'apilim——希伯來文，用以指稱英國託管下嚴格限制移民時來到依舒夫的非法移民。有些ma'apilim闖關成功，有些則被英國人捕獲，關入拘留營。

mamlachtiyut——最接近的翻譯為「國家主義」或「國家意識」，是大衛·本—古里昂為使國家成為以色列文化與政策的中心所推動的觀念。

Mapai——希伯來文中「以色列地工人黨」的縮略語，這是以色列世俗左派政黨，後與另一個左傾小黨合併，於一九六八年成為以色列工黨。Mapai與工黨是一九四八至一九七七年間先後的執政黨。

Mizrachi（米茲拉希）——指羅馬人將猶太人逐出猶大地後，居住在東方的猶太人（複數型Mizrachim），多數在北非與中東。千百年間，他們發展出獨特的宗教與文化傳統。

moshav（莫夏夫）——希伯來文中的意思為「村莊」或「聚落」（複數型moshavim），指以色列農業地區的合作型農業社區。許多莫夏夫成立於早期的猶太人回歸。

Mossad（摩薩德）——字面意思為「機構」，是以色列的國家情報單位。

Nakba——阿拉伯文中「大災」之意，巴勒斯坦阿拉伯人用以指稱一九四八年的獨立戰爭。

Palmach（帕爾馬赫）——希伯來文中「攻擊部隊」的縮略語，成立於一九四一年的哈加納內部精英單位。帕爾馬赫原為因應德國入侵巴勒斯坦的可能而成立，由英國部隊訓練，成員中包括依舒夫許多最出色的戰士。

Poalei Zion——意思是「錫安的工人」，指十九、二十世紀之交於東歐各地建立的馬克思主義—錫安主義工人運動。

Saison——法文中「季節」之意，指一九四四年十一月至一九四五年三月間的一段時期，亦稱「狩獵季節」（Hunting Season）。哈加納精英部隊在這段期間搜捕伊爾貢與萊希成員，將他們交給英國人。

Sephardi（塞法迪）——希伯來文中「西班牙人」之意（複數型Sephardim），指被羅馬人放逐後在伊比利亞定居的猶太人以及西班牙的海外猶太人。他們在那裡建立了自己的社區，發展出自己的宗教與文化傳統。

Shas（沙斯黨）——源自一段希伯來經文的縮略語，意為「塞法迪守衛者」，是一九八四年創立的政治黨派名稱。其領導者為拉比歐瓦迪亞・尤瑟夫，曾是以色列塞法迪猶太人首席拉比，為代表以色列的米茲拉希猶太人口而成立沙斯黨。

Shehecheyanu——希伯來文中意指「賜我們生命之人」，是常見的猶太祝禱，經常在改變生命的重大時刻使用。這個祝禱肯定某個時刻的偉大，也感謝上帝保守我們直到這個時刻。

Shoah——聖經用語，出自《西番雅書》，意指「災難」，是希伯來文中用以指稱大屠殺的字。

shofar——公羊角號，這個古老的樂器會在猶太新年與贖罪日結束時於猶太會堂吹響。

Sinai（Mount）（西奈山）——根據聖經，上帝在西奈山將《妥拉》啟示給猶太人。

shtetl——意第緒語，指猶太人口眾多的小村莊或城鎮，主要存在於第二次世界大戰前的東歐與中歐。

Talmud（塔木德）——拉比猶太教的中心文本。由流亡巴比倫的猶太人於大約公元二〇〇至五〇〇年間編纂而成，是聖經時期後猶太人最重要的文本，至今仍是世界各地傳統猶太人研讀的主要宗教文本。

Torah（《妥拉》）——傳統猶太教用語，用以指稱從《創世紀》至《申命記》的《摩西五經》。《妥拉》講述猶太民族起源，以及他們從在埃及為奴前往應許之地的旅程故事。

yeshiva——正統派猶太男子的中心學習機構，課程內容主要為《巴比倫塔木德》。

Yiddish——意第緒語由阿什肯納茲猶太人所創造，主要融合了德語、希伯來語和亞蘭語。許多移民到巴勒斯坦的猶太人，包括錫安主義和以色列最偉大的一些領袖人物，母語都是意第緒語。

Yishuv（依舒夫）——希伯來文中「屯墾區」之意，經常用來指稱以色列建國前的巴勒斯坦猶太社區。依舒夫擁有自己的政府與軍隊，後來成為以色列國。

Yom Kippur（贖罪日）——這是猶太曆一年中最神聖的一天。這個節日以懺悔與自省為中心，通常以禁食二十五小時和在會堂中敬拜一整日度過。

附錄三

《以色列獨立宣言》

一九四八年五月十四日（五七〇八年以珥月五日）於特拉維夫發布

猶太民族誕生於以色列地*。在這裡，他們的精神、宗教和政治認同被塑造成形。在這裡，他們首次獲得國家地位，創造了具有民族和普世意義的文化價值，並為世界貢獻了永恆的書中之書。

遭暴力逐出他們的土地後，流散到世界各地的猶太人仍對故土忠心不渝，從未停止祈禱和盼望返回故土，在那裡重新獲得政治自由。

在這樣的歷史和傳統牽繫驅動下，世世代代的猶太人一直奮鬥不息，以求重新立足於他們的古老家園。在最近數十年中，他們返回的人數眾多。這些拓荒者、ma'apilim（違反英國禁令抵達的新移民）與保衛者，使沙漠開出了花朵，復興了希伯來語，建造了村莊與城鎮，更創造了一個欣欣向榮的社群，形塑著自己的經濟和文化，在尋求和平的同時保衛自身，為該地區所有居民帶來進步的福祉，並且志在獲得獨立國家地位。

猶太曆五六五七年（公元一八九七年），第一屆錫安主義大會在猶太國精神之父西奧多・赫茨爾號召下召開，宣告猶太民族有權在自己的國土上恢復國家。

這一權利為一九一七年十一月二日的《貝爾福宣言》所承認，後來又為國際聯盟的委任統治所再確認；委任統治是對猶太民族與以色列地的歷史聯繫，以及猶太民族重建民族家園的權利之國際認可。

近年降臨在猶太民族身上的災難——即歐洲數百萬猶太人慘遭屠殺——再一次清楚顯示，為解決猶太民族無家可歸的問題，在以色列地重建猶太人國家刻不容緩。這個猶太人的國家將對所有猶太人敞開大門，並且賦予猶太民族在國際大家庭中的成員地位，享有完整權利。

歐洲納粹大屠殺的倖存者，以及世界其他地方的猶太人，持續遷徙至以色列地，並未因困難、限制與危險而卻步，也從未停止主張他們有權在其民族家園過著有尊嚴、自由和誠實勞動的生活。

在第二次世界大戰期間，以色列故土的猶太人全力以赴，參加了愛好自由和平的人民反對邪惡納粹勢力的抗爭。他們以自己戰士的鮮血和對戰爭勝利的貢獻，贏得了和其他諸民族共創聯合國的權利。

一九四七年十一月二十九日，聯合國大會通過決議，要求在以色列地建立一個猶太人國家；大會並要求這一地區的居民採取落實這項決議的必要措施。聯合國承認猶太民族建立自己國家的權利，這項承認不容改變。

這個權利，是猶太民族和所有其他民族一樣，在自己的主權國家裡主宰自己命運的自然權利。

為此，我們，人民議會的成員，代表以色列地的猶太人民和錫安主義運動，在英國委任統治結束之日，在這裡集會，以我們天生與歷史賦予的權利，並根據聯合國大會的決議，在此宣告於以色

---

* 英文譯文取自以色列國家網站並稍加修改（《以色列獨立宣言》原以希伯來文寫成）。幾乎所有英文翻譯版本都保留了Eretz Israel這個名字，以顯示這份宣言中所指的並非以色列國的土地，而是構成猶太民族古老家園的土地。本書作者在其譯文中為方便讀者閱讀，仍選擇譯為Land of Israel（「以色列地」）。

列地建立一個猶太人的國家，名為以色列國。

我們宣告，從委任統治在今夜，安息日前夕，猶太曆五七〇八年以珥月六日（一九四八年五月十五日）零時結束之時起，到根據憲法產生的民選國家機關建立為止（憲法應由民選制憲大會於一九四八年十月一日前通過採行），人民議會將行使國家臨時議會的職權，而它的執行機關人民行政單位將行使猶太人國家臨時政府的職權。這一猶太人國家取名為「以色列」。

以色列國將向猶太移民開放，供流亡者聚集；將促進國家發展以造福所有居民；將按照以色列先知所憧憬的自由、正義與和平為立國基礎；將確保全體居民，不分宗教、種族和性別，享有最充分的社會和政治平等權；將保證宗教、信仰、語言、教育和文化的自由；將守護所有宗教的聖地；並將恪守聯合國憲章的各項原則。

以色列國準備和聯合國的專門機構和代表合作，履行一九四七年十一月二十九日大會決議，並將採取措施以達成整個以色列地的經濟一體。

我們請求聯合國協助猶太民族建立他們的國家，並接納以色列加入國際的敦睦情誼中。

我們請求——在幾個月來承受的猛烈攻擊中——生活在以色列國的阿拉伯居民維護和平，並在享有完整與平等公民權利，以及在各種臨時和永久機關中擁有相應代表權的基礎上，參與國家的發展建設。

我們向所有鄰邦及其人民伸出和平與和睦友邦之手，敦請他們與已經在自己故土上獲得主權的猶太民族建立合作與互助的關係。以色列國準備在為整個中東的進步而共同努力中貢獻己力。

我們請求散居在世界各國的猶太人團結在以色列地的猶太人周圍，協助移民和建設的工作，並支持他們偉大的奮鬥，以實現世代以來的夢想——以色列的自由獨立。

懷著對「以色列磐石」的信念，我們在今天，安息日前夕，猶太曆五七〇八年以珥月五日（一九四八年五月十四日），在故鄉的土地上，在特拉維夫城，在國家臨時議會的這次會議上，共同簽署這份宣言。

大衛·本—古里昂
丹尼爾·奧斯特
莫德凱·本托夫
薩迪亞·柯巴西
拉比伊扎克梅爾·列文
大衛·若梅茲
貝若·熱珀特
伊扎克·古魯恩鮑姆
亞伯拉罕·格拉諾夫斯基博士
納丘姆·尼爾
茲維·席格
拉比耶胡達—萊布·哈柯恩·費許曼
大衛·茲維·平卡斯

瑞秋·柯恩
拉比卡曼·卡哈納
艾利澤·卡普蘭
亞伯拉罕·卡茲尼爾森
菲利克斯·羅森布魯瑟
拉比沃夫·戈德
梅爾·格拉伯夫斯基
茲維·路里亞
果爾達·梅耶森
摩西·夏皮拉
摩西·謝爾托克
澤拉赫·瓦拉夫提格

阿倫·茲林
摩西·柯羅德尼
伊扎克·本·茲維
伊萊亞胡·貝爾里尼
弗利茲·伯恩斯坦
梅爾·大衛·洛文斯坦
莫德凱·夏特納
本·錫安·斯特恩伯格
貝克爾·席特里特
伊萊亞胡·杜伯金
梅爾·威爾納—科夫納
赫茨爾·瓦爾迪

附錄四

以色列歷任總理暨其任內之美國及以色列總統

	以色列總理	美國總統	以色列總統（主要為榮譽職）
一九四八	大衛·本—古里昂 一九四八年五月十四日— 一九五四年一月二十六日	哈利·S·杜魯門 一九四五年四月十二日— 一九五三年一月二十日	哈伊姆·魏茨曼 一九四九年二月十七日— 一九五二年十一月九日
一九四九			
一九五〇			
一九五一			
一九五二			
一九五三		德懷特·D·艾森豪 一九五三年一月二十日— 一九六一年一月二十日	伊札克·本—茲維 一九五二年十二月十六日— 一九六三年四月二十三日
一九五四	摩西·夏里特 一九五四年一月二十六日— 一九五五年十一月三日		
一九五五			
一九五六	大衛·本—古里昂 一九五五年十一月三日— 一九六三年六月二十六日		
一九五七			
一九五八			
一九五九			
一九六〇			
一九六一		約翰·F·甘迺迪 一九六一年一月二十日— 一九六三年十一月二十二日	
一九六二			
一九六三			

一九六四	一九六五	一九六六	一九六七	一九六八	一九六九	一九七〇	一九七一	一九七二	一九七三	一九七四	一九七五	一九七六	一九七七	一九七八	一九七九	一九八〇	一九八一	一九八二	一九八三

列維·艾希科爾 一九六三年六月二十六日—一九六九年二月二十六日	注：伊加爾·阿隆自二月二十六日至三月七日任臨時總理。	果爾達·梅爾 一九六九年三月十七日—一九七四年六月三日	伊扎克·拉賓 一九七四年六月三日—一九七七年六月二十日	梅納赫姆·貝京 一九七七年六月二十日—一九八三年十月十日	
林登·B·詹森 一九六三年十一月二十二日—一九六九年一月二十日	理查·尼克森 一九六九年一月二十日—一九七四年八月九日	傑拉德·福特 一九七四年八月九日—一九七七年一月二十日	吉米·卡特 一九七七年一月二十日—一九八一年一月二十日	羅納德·雷根 一九八一年一月二十日—一九八九年一月二十日	
扎爾曼·夏扎爾 一九六三年五月二十一日—一九七三年五月二十四日	伊弗雷姆·卡齊爾 一九七三年五月二十四日—一九七八年五月二十九日	伊札克·納馮 一九七八年五月二十九日—一九八三年五月五日			

一九八四	**伊扎克・沙米爾** 一九八三年十月十日— 一九八四年九月十三日	**羅納德・雷根** 一九八一年一月二十日— 一九八九年一月二十日	**哈伊姆・赫爾佐克** 一九八三年五月五日— 一九九三年五月十三日
一九八五	**西蒙・裴瑞斯** 一九八四年九月十三日— 一九八六年十月二十日		
一九八六			
一九八七	**伊扎克・沙米爾** 一九八六年十月二十日— 一九九二年七月十三日		
一九八八			
一九八九		**喬治・H・W・布希** 一九八九年一月二十日— 一九九三年一月二十日	
一九九〇			
一九九一			
一九九二	**伊扎克・拉賓** 一九九二年七月十三日— 一九九五年十一月四日	**比爾・柯林頓** 一九九三年一月二十日— 二〇〇一年一月二十日	
一九九三			
一九九四			**埃澤爾・魏茨曼** 一九九三年五月十三日— 二〇〇〇年七月十三日
一九九五			
一九九六	注：裴瑞斯自十一月四日至十一月二十二日任臨時總理。 **西蒙・裴瑞斯** 一九九五年十一月二十二日— 一九九六年六月十八日		

年份	以色列總理	美國總統	以色列總統
一九九七	**班傑明・納坦雅胡** 一九九六年六月十八日— 一九九九年七月六日		
一九九八			
一九九九			
二〇〇〇	**埃胡德・巴拉克** 一九九九年七月六日— 二〇〇一年三月七日		
二〇〇一		**喬治・W・布希** 二〇〇一年一月二十日— 二〇〇九年一月二十日	**摩西・卡察夫** 二〇〇一年八月一日— 二〇〇七年七月一日
二〇〇二	**艾里爾・夏隆** 二〇〇一年三月七日— 二〇〇六年四月十四日 注：夏隆於二〇〇六年一月四日陷入昏迷；歐默特任代理總理。		
二〇〇三			
二〇〇四			
二〇〇五			
二〇〇六			
二〇〇七	**埃胡德・歐默特** 二〇〇六年四月十四日— 二〇〇九年三月三十一日		
二〇〇八			**西蒙・裴瑞斯** 二〇〇七年七月十五日— 二〇一四年七月二十四日
二〇〇九	**班傑明・納坦雅胡** 二〇〇九年三月三十一日— 二〇二一年六月三十日	**巴拉克・歐巴馬** 二〇〇九年一月二十日— 二〇一七年一月二十日	
二〇一〇			
二〇一一			
二〇一二			
二〇一三			
二〇一四			
二〇一五			**魯文・李佛林** 二〇一四年七月二十四日— 二〇二一年七月九日
二〇一六			

二〇一七		**唐納·川普** 二〇一七年一月二十日— 二〇二一年一月二十日	
二〇一八			
二〇一九			
二〇二〇			
二〇二一	**納夫塔利·貝內特** 二〇二一年六月十三日— 二〇二二年七月一日	**喬·拜登** 二〇二一年一月二十日— 現任	**艾薩克·赫爾佐格** 二〇二一年七月九日— 現任
二〇二二	**亞伊爾·拉皮德** 二〇二二年七月一日— 二〇二二年十二月二十九日 注：貝內特辭任後接任看守總理。		
二〇二三	**班傑明·納坦雅胡** 二〇二二年十二月二十九日— 現任		

* 譯注：原文只列至二〇一六年，後為譯者續編。

附錄五 以色列政治黨派及其變動中的權力平衡

以色列政治黨派創立、消失與合併的頻率極高，因此追蹤主要左翼和右翼陣營的命運起伏並非易事。今天的兩大陣營通稱為工黨與利庫德陣營，分別為下列政黨合併的產物，這些政黨許多都出現在本書內。

右派

- **赫魯特（Herut，意為自由黨）**：一九四八—一九六五年（貝京所屬政黨）。
- **加哈爾集團（Gahal，意為自由派陣營黨）**：一九六五—一九七三年（由赫魯特與另一自由黨〔Liberal Party〕合併而成）。
- **利庫德（Likud，意為聯合黨）**：一九七三年至今（由加哈爾、自由中心〔Free Centre〕、民族名單〔National List〕與大以色列運動黨〔Movement for Greater Israel〕合併而成）。

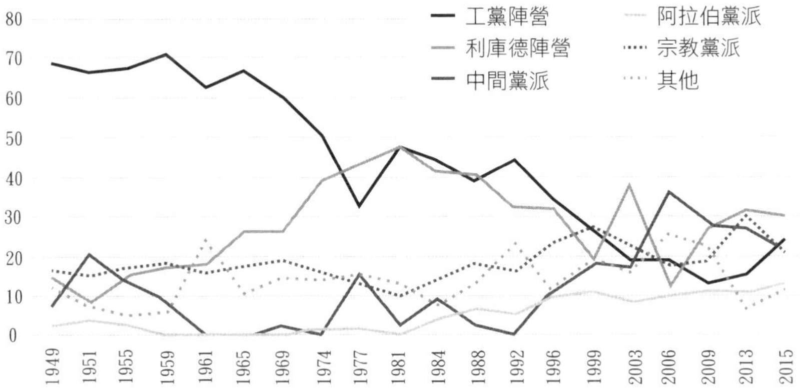

左派

- **以色列地工人黨（Mapai）**：一九四八－一九六八年（大衛・本－古里昂所屬政黨）。
- **勞工聯盟（Labor Alignment）**：一九六五－一九六八年（由以色列地工人黨與勞工團結黨〔Ahdut HaAvoda〕合併而成）；本－古里昂脫離以色列地工人黨另組以色列勞工名單黨（Rafi Party）。
- **以色列勞工黨（Israeli Labor Party）**：一九六八－二〇一四年（勞工聯盟與以色列勞工名單黨合併而成）。
- **一個以色列黨（One Israel）**：一九九一－二〇〇一年（以色列勞工黨、橋黨〔Gesher〕與猶太民主國黨〔Meimad〕合併而成；猶太民主國黨為一具社會意識的自由派宗教政黨）。
- **錫安主義聯盟（Zionist Union）**：二〇一四年至今（以色列勞工黨與運動黨〔Hatnuah〕合併而成，後者是齊皮・利夫尼〔Tzipi Livni〕成立的新政黨）。

附錄六
延伸閱讀

從本質上而言，這樣一本書只能以鳥瞰觀點敘述以色列歷史。這些頁面中討論的每一個事件、議題和人物，都是曾經受到廣泛研究與著述的對象。有許多好書以單一主題為焦點，得以更為仔細地審視書中觸及議題。

進一步閱讀的建議書單與線上資源，請見我的個人網站：https://danielgordis.org/wp-content/uploads/2017/12/For-Further-Reading-Gordis-Israel-A-Concise-History.pdf。

注釋

序言 一則浩大的人類故事

1. 這句話是本—古里昂於一九五六年二月三日接受美國CBS電視台記者愛德華・R・莫瑞（Edward R. Murrow）訪談時所說，https://www.youtube.com/watch?v=4Oo75OQmHAw [Last viewed on March 15, 2016].
2. Mark Twain, "Concerning the Jews," *Harper's Magazine*, March 1898.

第一章 詩歌與政治：尋覓家園的猶太民族

1. Lawrence Epstein, *The Dream of Zion: The Story of the First Zionist Congress* (Lanham, MD: Rowman and Littlefield, 2016), p. 16.
2. Robert M. Seltzer, *Jewish People, Jewish Thought: The Jewish Experience in History* (New York: Macmillan Publishing, 1980), p. 632.
3. Yaacov Shavit and Jehuda Reinharz, *Glorious, Accursed Europe* (Waltham, MA: Brandeis University Press, 2010), p. 88.
4. Walter Laqueur, *A History of Zionism* (New York: Schocken Books, 1976), p. 60.
5. David Patterson, "Introduction," in Abraham Mapu, trans. Joseph Marymount, *The Love of Zion & Other Writings* (Israel: Toby Press, 2006), p. xvi.
6. Alex Bein, trans. Maurice Samuel, *Theodor Herzl: A Biography* (Philadelphia: Jewish Publication Society of America, 1940), p. 232.
7. Shlomo Avineri, trans. Haim Watzman, *Herzl: Theodor Herzl and the Foundation of the Jewish State* (London: Weidenfeld & Nicolson, 2008), p. 33.
8. Amos Elon, *The Pity of It All: A Portrait of the German-Jewish Epoch 1743—1933* (New York: Picador, 2002), p. 213.
9. Bein, trans. Samuel, *Theodor Herzl*, p. 37.
10. Avineri, trans. Watzman, *Herzl*, p. 85 (quoting Herzl's diary).
11. Bein, trans. Samuel, *Theodor Herzl*, p. 19.
12. Yoram Hazony, *The Jewish State: The Struggle for Israel's Soul* (New York: Basic Books, 2000), pp. 84—85.
13. 作者與加拿大多倫多的大衛・馬特洛（David Matlow）之間談話。See also Raphael Patai, *The Jews of Hungary: History, Culture, Psychology* (Detroit: Wayne State University Press, 1996), p. 347.
14. Avineri, trans. Watzman, *Herzl*, pp. 61—62.
15. 同上，p. 78。
16. 同上，p. 69。
17. Theodor Herzl, *The Jewish State* (New York: Dover Publications, 1989), p. 47.
18. 同上，pp. 92—93。
19. 同上，p. 76。
20. 同上。
21. Hazony, *The Jewish State*, pp. 99—100.
22. Avineri, trans. Watzman, *Herzl*, p. 116.
23. Patterson, "Introduction," in Mapu, trans. Marymount, *The Love of Zion*, p. xiv.
24. 長久以來都有人主張赫斯的太太西碧・佩許（Sibylle Pesch）曾以賣淫維生，赫斯娶她是為男人長久以來剝削貧窮女性而贖罪，但有關佩許出身的這個說法現已有學者提出不同看法。
25. Moses Hess, *The Revival of Israel: Rome and Jerusalem, the Last Nationalist Question* (Lincoln: University of Nebraska Press, 1995), p. x.
26. 許多人誤以為赫斯書名中的羅馬指的是羅馬共和國；事實上他的主張是，現代義大利的民族主義應該透過巴勒斯坦的猶太民族運動來詮釋。見Epstein, *The Dream of Zion*, p. 6。
27. Eric Cohen, "The Spirit of Jewish Conservatism," *Mosaic* (April 6, 2015), http://mosaicmagazine.com/essay/2015/04/the-spirit-of-jewish-conservatism/ [Last viewed April 6, 2015].

28. Laqueur, *A History of Zionism*, p. 54.
29. 同上，p. 53。
30. Arthur Hertzberg, ed., *The Zionist Idea* (Philadelphia: Jewish Publication Society, 1997), p. 32.
31. 同上，p. 188。
32. 同上，p. 195。
33. Bein, trans. Samuel, *Theodor Herzl*, p. 226.
34. 同上，p. 230。
35. Ze'ev Tzahor, "Chaim Arlosoroff and His Attitude toward the Rise of Nazism," *Jewish Social Studies*, Vol. 46, No. 3/4 (Summer—Autumn 1984), p. 322.
36. Epstein, *The Dream of Zion*, p. 86.
37. Avineri, trans. Watzman, *Herzl*, p. 141.
38. 同上，p. 1。
39. Epstein, *The Dream of Zion*, p. 83.
40. Theodor Herzl, *Old New Land* (Princeton, NJ: Markus Wiener Publishers, 1997), p. 248.
41. 同上，p. 174。
42. Avineri, trans. Watzman, *Herzl*, p. 167.

第二章 故土的某一處

1. George Eliot, *Daniel Deronda*, introduction by Edmund White, notes by Dr. Hugh Osborne (New York: Modern Library, 2002), page 15.《丹尼爾·戴蘭達》最早由 William Blackwood and Sons 出版社自一八七六年二月至九月間分八部分出版。後於一八七八年十二月重新出版，修訂處主要都是與猶太生活與習俗相關的段落。
2. Genesis 12:1.
3. Genesis 12:7.
4. Exodus 1:9—10. 這個用語（go up）可有不同詮釋。猶太出版學會（JPS）譯本將這個詞譯為「從地面升起」，顯然參考了聖經學者埃爾利希（Arnold Ehrlich）的著作 Mikrah Kifshuto（「從字面意義解讀聖經」）。《巴比倫塔木德》（Sotah 11a）指出法老的意思可能是「主宰這片土地」，但這個解讀模糊了這段經文的淺白原義，此外，這個原義也與《創世紀》前面章節中核心的流散概念較為前後一致。在此例中，最簡單的翻譯最適用。
5. Deuteronomy 7:1.
6. Alex Bein, trans. Maurice Samuel, *Theodor Herzl: A Biography* (Philadelphia: Jewish Publication Society of America, 1940), p. 232.
7. Jeremiah 29:5—6.
8. Psalms 137:1.
9. Psalms 126:1—6.
10. II Chronicles 36:23.
11. J. Maxwell Miller and John H. Hayes, *A History of Ancient Israel and Judah* (Louisville, KY: Westminster John Knox Press, 2006), p. 509.
12. Jerome Murphy-O'Connor and Barry Cunliffe, *The Holy Land: An Oxford Archaeological Guide*, 5th ed. (New York: Oxford University Press, 2008), pp. 378—381.
13. Hayim Ben-Sasson, ed., *A History of the Jewish People* (Cambridge, MA: Harvard University Press, 1976), p. 332.
14. Bein, trans. Samuel, *Theodor Herzl*, p. 232.

第三章 是對話而非意識形態：錫安主義者在世紀之交的分歧

1. Monty Noam Penkower, "The Kishinev Pogrom of 1903," *Modern Judaism*, Vol. 24, No. 3 (2004), p. 199. 除非另作說明，本章所述歷史皆以 Penkower 有關基希涅夫的著作為資料來源。
2. Winston Churchill, "MIT Mid-Century Convocation, March 31, 1949," *MIT Institute Archives*, https://libraries.mit.edu/archives/exhibits/midcentury/mid-cent-churchill.html [Last viewed December 7, 2015].

3. Penkower, "The Kishinev Pogrom of 1903," p. 187.
4. 同上。
5. 同上，p. 188。
6. 同上。
7. 同上，p. 211。
8. David G. Roskies, ed., *The Literature of Destruction: Jewish Responses to Catastrophe* (Philadelphia: Jewish Publication Society, 1988), p. 162.
9. Penkower, "The Kishinev Pogrom of 1903," p. 199.
10. 同上。
11. Lawrence Epstein, *The Dream of Zion: The Story of the First Zionist Congress* (Lanham, MD: Rowman and Littlefield, 2016), p. 97.
12. Shlomo Avineri, trans. Haim Watzman, *Herzl: Theodor Herzl and the Foundation of the Jewish State* (London: Weidenfeld & Nicolson, 2008), p. 241.
13. Penkower, "The Kishinev Pogrom of 1903," p. 199.
14. Avineri, trans. Watzman, Herzl, p. 245.
15. 同上，p. 259。
16. Ella Florsheim, "Giving Herzl His Due," *Azure*, No. 21 (Summer 5765/2005), p. 21, http://azure.org.il/include/print.php?id=182 [Last viewed May 1, 2016].
17. Penkower, "The Kishinev Pogrom of 1903," p. 194.
18. Steven J. Zipperstein, *Elusive Prophet: Ahad Ha'am and the Origins of Zionism* (Berkeley: University of California Press, 1993), p. 11.
19. 同上，p. 14。
20. 同上，pp. 18—19。
21. Ahad Ha'am, "The Jewish State and the Jewish Problem," in Arthur Hertzberg, *The Zionist Idea* (Philadelphia: Jewish Publication Society, 1997), p. 268.
22. Yoram Hazony, *The Jewish State: The Struggle for Israel's Soul* (New York: Basic Books, 2000), p. 127.
23. Zipperstein, Elusive Prophet, p. 129.
24. Arthur Hertzberg, ed., *The Zionist Idea* (Philadelphia: Jewish Publication Society, 1997), pp. 54—55.
25. Isaiah 2:3.
26. Alan Dowty, "Much Ado About Little: Ahad Ha'Am's 'Truth from Eretz Yisrael,' Zionism, and the Arabs," *Israel Studies*, Vol. 5, No. 2 (Fall 2000), p. 161（引述阿哈德·哈阿姆語）。粗體為作者所加。
27. Max Nordau, "Jewry of Muscle," in Paul Mendes-Flohr and Yehuda Reinharz, *The Jew in the Modern World: A Documentary History*, 2nd ed. (Oxford: Oxford University Press, 1995), pp. 547—548.
28. Penkower, "The Kishinev Pogrom of 1903," p. 209.
29. Ze'ev (Vladimir) Jabotinsky, "The Basis of the Betarian Viewpoint Consists of One Idea: The Jewish State: The Ideology of Betar," *World Zionist Organization*, http://www.wzo.org.il/index.php?dir=site&page=articles&op=item&cs=3360&langpage=eng&category=3122&mode=print [Last viewed December 7, 2015].
30. Raymond P. Scheindlin, *A Short History of the Jewish People: From Legendary Times to Modern Statehood* (Oxford and New York: Oxford University Press, 2000), p. 224.
31. A. D. Gordon, "Logic for the Future (1910)," in Hertzberg, *The Zionist Idea*, p. 373.
32. Yehudah Mirsky, *Rav Kook: Mystic in a Time of Revolution* (New Haven: Yale University Press, 2014), p. 65.
33. Hertzberg, *The Zionist Idea*, pp. 291—292.
34. Micah Joseph Berdyczewski, "Wrecking and Building," in Hertzberg, *The Zionist Idea*, p. 293.
35. Babylonian Talmud, Ketubbot 111a.
36. Alan Nadler, "Piety and Politics: The Case of the Satmar Rebbe," *Judaism*, Vol. 31 (Spring 1982), p. 40.
37. Alan Lelchuk and Gershon Shaked, *8 Great Hebrew Short Novels* (New Milford, CT: Toby Press, 2012), Kindle Edition, Location 1029.

第四章 從夢想到實現的微光

1. 這段話經常被引用。以色列總理夏隆在演講中使用的例子請見：http://www.pmo.gov.il/English/MediaCenter/Speeches/Pages/speech040105.aspx.
2. Hani A. Faris, "Israel Zangwill's Challenge to Zionism," *Journal of Palestine Studies*, Vol. 4, No. 3 (Spring 1975), p. 81.
3. 同上。
4. Howard M. Sachar, *A History of Israel: From the Rise of Zionism to Our Time* (New York: Alfred A. Knopf, 1979), p. 23.
5. Anita Shapira, trans. Anthony Berris, *Israel: A History* (Waltham, MA: Brandeis University Press, 2012), p. 28.
6. Benny Morris, *1948: The First Arab-Israeli War* (New Haven and London: Yale University Press, 2008), p. 6.
7. David Fromkin, *A Peace to End All Peace: The Fall of the Ottoman Empire and the Creation of the Modern Middle East* (New York: Henry Holt, 2009), p. 36.
8. Yehudah Mirsky, *Rav Kook: Mystic in a Time of Revolution* (New Haven: Yale University Press, 2014), p. 59.
9. 同上，pp. 59—60。
10. 同上，p. 50。
11. Sachar, *A History of Israel*, p. 82.
12. Yaffah Berlovitz, *Inventing a Land, Inventing a People* (Tel Aviv: Hotza'at HaKibbutz HaMeuchad, 1996), p. 55 [In Hebrew].
13. Theodor Herzl, trans. I. M. Lask, *The Jewish State* (Tel Aviv: M. Newman Publishing House, 1954), p. 134.
14. Mirsky, *Rav Kook*, p. 54.
15. 同上，pp. 53—54。
16. Berlovitz, *Inventing a Land*, pp. 18—19.
17. 同上，p. 20。
18. Mirsky, *Rav Kook*, p. 66.
19. Ruth Kark, "Changing Patterns of Landownership in Nineteenth-Century Palestine: The European influence," *Journal of Historical Geography*, Vol. 10, No. 4 (1984), pp. 357—384.
20. Nurit Govrin, *Roots and Tops: The Imprint of the First Aliyah in Hebrew Literature* (Tel Aviv: Papyrus and Tel Aviv University, 1981), p. 43 [In Hebrew].
21. Mirsky, *Rav Kook*, p. 68.
22. 同上，pp. 68—69。
23. Shapira, trans. Berris, *Israel: A History*, p. 46.
24. Tali Asher, "The Growing Silence of the Poetess Rachel," in Ruth Kark, Margarit Shilo, and Galit Hasan-Rokem, eds., *Jewish Women in Pre-State Israel: Life History, Politics, and Culture* (Waltham, MA: Brandeis University Press, 2008), p. 245.
25. Rachel Bluwstein, "Perhaps," *Palestine-Israel Journal*, Vol. 3, Nos. 3 and 4 (1996), http://www.pij.org/details.php?id=536 [Last viewed December 7, 2015].
26. S. Ilan Troen, *Imagining Zion: Dreams, Designs, and Realities in a Century of Jewish Settlement* (New Haven and London: Yale University Press, 2003), Kindle Edition, Locations 1358—1361.
27. 同上，Locations 1368—1369。
28. Tom Segev, *1967: Israel, the War, and the Year That Transformed the Middle East* (New York: Henry Holt, 2007), p. 442.
29. Troen, *Imagining Zion*, Location 1541.
30. 同上，Location 1566。
31. 同上，Location 1609。
32. Sachar, *A History of Israel*, p. 83.
33. Troen, *Imagining Zion*, Location 1609.
34. Martin Gilbert, *Israel: A History* (New York: Harper Perennial, 1998), p. 24.

第五章 《貝爾福宣言》：帝國為建國背書

1. Shmuel Katz, *Lone Wolf: A Biography of Vladimir (Ze'ev) Jabotinsky* (Fort Lee, NJ: Barricade Books, 1995), p. 136.

2. Edward Grey, Viscount of Fallodon, *Twenty-Five Years 1892—1916* (New York: Frederick A. Stokes Company, 1925), p. 20.
3. 赫茨爾還在世時曾與統治當地的土耳其人接觸，提出在巴勒斯坦建立猶太屯墾區的想法，但是遭到斷然拒絕——土耳其人擔心「讓中東又多一個非穆斯林因素，會為歐洲人干預提供進一步理由。」Anita Shapira, trans. Anthony Berris, *Israel: A History* (Waltham, MA: Brandeis University Press, 2012), p. 22.
4. Katz, *Lone Wolf*, p. 177.
5. 這段引言出現在魏茨曼雷荷弗特故居博物館的一處展示區。
6. Shapira, trans. Berris, *Israel: A History*, p. 71.
7. Jonathan Schneer, *The Balfour Declaration: The Origins of the Arab-Israeli Conflict* (New York: Random House Trade Paperbacks, 2012), p. 197.
8. John Bew, "The Tragic Cycle: Western Powers and the Middle East," *New Statesman* (August 21, 2014), http://www.newstatesman.com/world-affairs/2014/08/tragic-cycle-western-powers-and-middle-east [Last viewed December 7, 2015].
9. Shapira, trans. Berris, *Israel: A History*, p. 73.
10. Cecil Bloom, "Sir Mark Sykes: British Diplomat and a Convert to Zionism," *Jewish Historical Studies*, Vol. 43 (2011), p. 142.
11. Walter Laqueur, *A History of Zionism* (New York: Schocken Books, 1976), p. 186. 雖然這是普遍看法，但並非所有人都認同丙酮與《貝爾福宣言》有任何關係，有些學者認為把兩者連在一起純粹是都市傳說。
12. Arthur James Balfour, "Balfour Declaration" (1917), *The Avalon Project*, http://avalon.law.yale.edu/20th_century/balfour.asp [Last viewed December 7, 2015].
13. Shapira, trans. Berris, *Israel: A History*, p. 73.
14. Eitan Bar Yosef, "The Last Crusade? British Propaganda and the Palestine Campaign, 1917—18," *Journal of Contemporary History*, Vol. 36, No. 1 (January 2001), p. 100.
15. 斯科普斯山建址在一九一四年即購得——但是第一次世界大戰使得興建工程到一九一八年才展開。
16. Seth M. Siegel, *Let There Be Water: Israel's Solution for a Water-Starved World* (New York: Thomas Dunne Books, 2015), p. 22.
17. Martin Gilbert, *Israel: A History* (New York: Harper Perennial, 1998), p. 9.
18. 同上，pp. 45—46。
19. Siegel, *Let There Be Water*, p. 28.
20. Shlomo Avineri，二〇一四年十二月三十日於耶路撒冷夏扎爾中心（Shazar Center）的演講。
21. Anita Shapira, trans. Anthony Berris, *Ben-Gurion: Father of Modern Israel* (New Haven and London: Yale University Press, 2014), p. 28.
22. Michael Makovsky, *Churchill's Promised Land: Zionism and Statecraft* (New Haven: Yale University Press, 2007), Kindle Edition, Location 1463.
23. Martin Gilbert, *Churchill and the Jews: A Lifelong Friendship* (New York: Henry Holt, 2007), p. 50.
24. Tom Segev, trans. Haim Watzman, *One Palestine, Complete: Jews and Arabs Under the British Mandate* (New York: Little, Brown, 2000), p. 104.
25. Howard M. Sachar, *A History of Israel: From the Rise of Zionism to Our Time* (New York: Alfred A. Knopf, 1979), p. 186.
26. Ze'ev Jabotinsky, "The Iron Wall," Jewish Virtual Library, http://www.jewishvirtuallibrary.org/jsource/Zionism/ironwall.html [Last viewed December 7, 2015].
27. 同上。
28. Hillel Cohen, *Year Zero of the Arab-Israeli Conflict, 1929* (Waltham, MA: Brandeis University Press, 2015), p. xvii.
29. Jeffrey Goldberg, "The Paranoid, Supremacist, Roots of the Stabbing Intifada," *Atlantic* (October 16, 2015), http://www.theatlantic.com/international/archive/2015/10/the-roots-of-the-palestinian-uprising-against-israel/410944/ [Last viewed December 7, 2015].
30. Schneer, *The Balfour Declaration*, p. 375.
31. Benny Morris, *Righteous Victims: A History of the Zionist-Arab Conflict, 1881—2001* (New York: Vintage Books, 2001), Kindle Edition, Location 2481.
32. Yoram Hazony, *The Jewish State: The Struggle for Israel's Soul* (New York: Basic Books, 2000), p. 210.
33. Daniel Gordis, *Menachem Begin: The Battle for Israel's Soul* (New York: Knopf Doubleday, 2014), p. 36.

第六章 即使能離開，他們也無處可去

1. Adolf Hitler, *Mein Kampf* (Boring, OR: CPA Book Publisher, 2000), p. 184.
2. Tuvia Friling, trans. Ora Cummings, *Arrows in the Dark: David Ben-Gurion, the Yishuv Leadership, and Rescue Attempts during the Holocaust*, Volume I (Madison:

University of Wisconsin Press, 2005), p. 16.
3. Hava Eshkoli-Wagman, "Yishuv Zionism: Its Attitude to Nazism and the Third Reich Reconsidered," *Modern Judaism*, Vol. 19, No. 1 (February 1999), p. 26.
4. Colin Shindler, "Zionist History's Murder Mystery," *Jewish Chronicle Online* (June 16, 2013), http://www.thejc.com/comment-and-debate/comment/108596/zionist-historys-murder-mystery [Last viewed December 7, 2015].
5. Tom Segev, trans. Haim Watzman, *The Seventh Million: The Israelis and the Holocaust* (New York: Henry Holt, 1991), p. 21.
6. 同上，p. 25.
7. Nina S. Spiegel, *Embodying Hebrew Culture* (Detroit: Wayne State University Press, 2013), p. 22.
8. 同上，p. 135。
9. 同上，p. 7。
10. Abba Hillel Silver, Moshe Shertok, and Chaim Weizmann, "Before the United Nations: October 1947," p. 7. 作者存檔。
11. Benny Morris, *One State, Two States: Resolving the Israel/Palestine Conflict* (New York: Vintage Books, 2001), Kindle Edition, Location 523.
12. 烏里・茲維・葛林伯格詩作〈真理唯「不二」〉英譯出自 Neta Stahl, "Jesus and the Pharisees Through the Eyes of Two Hebrew Writers: A Contrarian Perspective," *Hebrew Studies*, Vol. 56, No. 1 (December 11, 2015)。
13. Yoram Hazony, *The Jewish State: The Struggle for Israel's Soul* (New York: Basic Books, 2000), p. 231.
14. 同上，p. 232。
15. Friling, trans. Cummings, *Arrows in the Dark*, p. 19.
16. 同上。
17. Howard M. Sachar, *A History of Israel: From the Rise of Zionism to Our Time* (New York: Alfred A. Knopf, 1979), p. 219.
18. Dina Porat, *The Blue and the Yellow Stars of David: The Zionist Leadership in Palestine and the Holocaust, 1939—1945* (Cambridge, MA, and London: Harvard University Press, 1990), p. 2.
19. Zephaniah 1:15.
20. Sachar, *A History of Israel*, p. 226.
21. Jack L. Schwartzwald, *Nine Lives of Israel: A Nation's History Through the Lives of Its Foremost Leaders* (Jefferson, NC: McFarland, 2012), p. 33.
22. Martin Gilbert, *Israel: A History* (New York: Harper Perennial, 1998), p. 101.
23. Mike Lanchin, "SS St Louis: The Ship of Jewish Refugees Nobody Wanted," *BBC World Service* (May 13, 2014), http://www.bbc.com/news/magazine-27373131 [Last viewed December 7, 2015].
24. Alan Guggenheim and Adam Guggenheim, "Doomed from the Start," *Naval History*, Vol. 18, No. 1 (February 2004), pp. 46—51.
25. Douglas Frantz and Catherine Collins, *Death on the Black Sea: The Untold Story of the Struma and World War II's Holocaust at Sea* (London: HarperCollins, 2003), p. 254.
26. Benny Morris, *Righteous Victims: A History of the Zionist-Arab Conflict, 1881—2001* (New York: Vintage Books, 2001), Kindle Edition, Locations 4035—4037.
27. Geneviève Pitot, trans. Donna Edouard, *The Story of the Jewish Detainees in Mauritius 1940—1945* (Lanham, MD: Rowman and Littlefield, 1998), p. 129.
28. Gilbert, *Israel: A History*, p. 151. 本尼・莫里斯在其著作中提及的數字較低，見 Morris, *Righteous Victims*, p. 22。
29. Segev, trans. Watzman, *The Seventh Million*, p. 22.
30. Friling, trans. Cummings, *Arrows in the Dark*, p. 47.
31. Morris, *Righteous Victims*, pp. 162—163.
32. Gilbert, *Israel: A History*, p. 112.

第七章 依舒夫反抗英國人，阿拉伯人反對分治

1. Menachem Begin, trans. Samuel Katz, *The Revolt* (1951; reprint Bnei Brak, Israel: Steimatzky, 2007), pp. 59—60.
2. 二〇一三年四月十八日與作者訪談。
3. Bruce Hoffman, *Anonymous Soldiers: The Struggle for Israel: 1917—1947* (New York: Alfred A. Knopf, 2015), p. 333.

4. 各方說法不一。Martin Gilbert (*Israel: A History* [New York: Harper Perennial, 1998], pp. 118—119) 認為莫恩勛爵於六日遇刺，而漢娜．西納什於四日遭處決，但其他說法則指出她是在莫恩遇刺前一天身亡。當然，兩者間並無因果關係。
5. Anita Shapira, trans. Anthony Berris, *Ben-Gurion: Father of Modern Israel* (New Haven and London: Yale University Press, 2014), p. 138.
6. Lawrence Epstein, *The Dream of Zion: The Story of the First Zionist Congress* (Lanham, MD: Rowman and Littlefield, 2016), p. 120.
7. Eric Lichtblau, "Surviving the Nazis, Only to Be Jailed by America," *New York Times* (February 7, 2015), http://www.nytimes.com/2015/02/08/sunday-review/surviving-the-nazis-only-to-be-jailed-by-america.html [Last viewed December 7, 2015].
8. 同上。
9. Gilbert, *Israel: A History*, p. 121.
10. Yehuda Avner, 二〇一二年十月二十四日與作者訪談。
11. Gilbert, *Israel: A History*, pp. 138—139.
12. Hoffman, *Anonymous Soldiers*, p. 379.
13. Gilbert, *Israel: A History*, p. 145.
14. 同上。
15. 不同學者提出的數字略有不同——科林．辛德勒提出的數字為猶太人五十三萬八千人，阿拉伯人三十九萬七千人。Colin Shindler, *A History of Modern Israel*, 2nd ed. (New York: Cambridge University Press, 2013), p. 45.
16. Gilbert, *Israel: A History*, p. 149.
17. "CIA Report on the Consequences of the Partition of Palestine," p. 18. 作者存檔。
18. David McCullough, *Truman* (New York: Simon & Schuster, 1993), Kindle Edition, Locations 11804—11836.
19. Gilbert, *Israel: A History*, p. 150.
20. iCenter, "The Story of a Vote, Nov. 29, 1947," *iCenter* (November 4, 2012), http://www.theicenter.org/voice/story-vote-nov-29-1947.
21. 各方對時間順序的說法不一。阿巴．埃班在其自傳中寫道，投票在十一月二十六日（星期二）與十一月二十七日（星期三）兩度延後，原因分別是訴願請求和冗長辯論。因為感恩節（星期四）而第三度延宕後，表決終於在十一月二十九日（星期五）舉行。阿薩夫．悉尼佛爾（Asaf Siniver）在他的埃班傳記中指出，表決於星期三遭延後，但最後於星期六舉行。阿妮塔．夏皮拉（Anita Shapira）指出投票在週五舉行，而莫里斯（Benny Morris）則說投票日期為週六。
22. Asaf Siniver, *Abba Eban: A Biography* (New York and London: Overlook Duckworth, 2015), p. 91.
23. Shlomo Avineri, trans. Haim Watzman, *Herzl: Theodor Herzl and the Foundation of the Jewish State* (London: Weidenfeld and Nicolson, 2008), p. 141（引用赫茨爾的日記）。
24. A.A.P., "U.N.O. Passes Palestine Partition Plan," *Morning Herald* (December 1, 1947), http://trove.nla.gov.au/ndp/del/article/134238148 [Last viewed December 7, 2015].
25. Amos Oz, trans. Nicholas de Lange, *A Tale of Love and Darkness* (Orlando: Harcourt, 2004), p. 359.
26. 同上。
27. Michael Bar-Zohar, trans. Peretz Kidron, *Ben-Gurion: A Biography, The New Millennium Edition* (Israel: Weidenfeld and Nicolson, 2013), Kindle Edition, Location 3028.
28. Daniel Gordis, *Saving Israel: How the Jewish People Can Win a War That May Never End* (Hoboken, NJ: Wiley, 2009), p. 170. 根據《國土報》（*Ha'aretz*），這段話是魏茨曼於一九四七年十二月十五日所說，此前兩星期聯合國才剛表決通過巴勒斯坦分治決議。
29. Exodus 19:15.
30. Exodus 19:10.
31. Nadav Shragai, "The Legend of Ambushed Palmach Squad '35,'" *Ha'aretz* (April 27, 2009), http://www.haaretz.com/the-legend-of-ambushed-palmach-squad-35-1.274876 [Last viewed December 7, 2015]. 最早的版本係根據本—古里昂在攻擊事件後幾天對他所屬的以色列地工人黨所發表的悼詞。本—古里昂的消息顯然來自一名當時在場但並未參與屠殺的阿拉伯人。後來的版本在六十一年後才出現，講述者是生於卡法埃齊翁，因為戰爭而成為孤兒的尤察南．本—雅阿科夫（Yochanan Ben-Ya'akov）。
32. Tamar S. Drukker, "'I Am a Civil War': The Poetry of Haim Gouri," in Hugh Kennedy, ed., *Warfare and Poetry in the Middle East* (London: I. B. Tauris, 2013), pp.

242—243.
33. Mati Alon, *Holocaust and Redemption* (Victoria, BC: Trafford Publishing, 2013), p. 168.
34. Yossi Melman, "Jews, Just Like Arabs, Hid Weapons in Immoral Places," *Ha'aretz* (January 27, 2011).
35. Shapira, trans. Berris, *Israel: A History*, p. 161.
36. 同上，pp. 157—158。
37. Benny Morris, *Righteous Victims: A History of the Zionist-Arab Conflict, 1881—2001* (New York: Vintage Books, 2001), Kindle Edition, Location 6208.
38. 享譽國際的以色列「新史學家」本尼·莫里斯（Benny Morris）針對以色列過度使用軍力多所著述，但他認為有關強暴的指控是子虛烏有。多數當代歷史學者估計的喪生人數在一百到一百二十人之間。即使是阿拉伯歷史學者也改變了他們的說法：一九八七年，西岸城市拉馬拉附近的比爾翟特大學（Birzeit University）兩名巴勒斯坦學者在多次訪談證人後發表了一份報告。報告中載明的死亡人數為一百零七人，且沒有提及強暴行為。他們的結論與貝京的若合符節。參見 Benny Morris, "The Historiography of Deir Yassin," *Journal of Israeli History: Politics, Society, Culture*, Vol. 24, No. 1 (August 2006), p. 87。我對這場戰役以及不同的人如何利用它有更詳細的描述，見 *Menachem Begin: The Battle for Israel's Soul* (New York: Knopf Doubleday, 2014), Chapter 6, "Deadly Road to Jerusalem"。
39. Gilbert, *Israel: A History*, pp. 179—180.

第八章　獨立建國：以色列誕生

1. Bruce Hoffman, *Anonymous Soldiers: The Struggle for Israel: 1917—1947* (New York: Alfred A. Knopf, 2015) Kindle Edition, Location 8282.
2. Ariel Feldestein, "One Meeting—Many Descriptions: The Resolution on the Establishment of the State of Israel," *Israel Studies Forum*, Vol. 23, No. 2 (Winter 2008), p. 104.
3. 同上。
4. Benny Morris, *1948: The First Arab-Israeli War* (New Haven and London: Yale University Press, 2008), p. 177.
5. 同上，p. 178。
6. "Israel's Declaration of Independence 1948," *Avalon Project*, http://avalon.law.yale.edu/20th_century/israel.asp [Last viewed December 7, 2015].
7. Anita Shapira, trans. Anthony Berris, *Israel: A History* (Waltham, MA: Brandeis University Press, 2012), p. 180.
8. II Samuel 23:3.
9. Yehudah Mirsky, "What Is a Nation-State For?" *Marginalia* (March 11, 2015), http://marginalia.lareviewofbooks.org/nation-state-yehudah-mirsky/ [Last viewed December 7, 2015].
10. Genesis 32:28.
11. Shapira, trans. Berris, *Israel: A History*, p. 164.
12. Amira Lam, "Peres Recalls Declaration of Independence: We Didn't Have Time to Celebrate," Ynetnews.com (December 21, 2014), http://www.ynetnews.com/articles/0,7340,L-4606090,00.html.
13. 一九九八年於以色列 Channel 1 首播的電視影集 *Tekumah*（「重生：前五十年」）第三集第二十九分二十五秒處。
14. Martin Gilbert, *Israel: A History* (New York: Harper Perennial, 1998), p. 192.
15. Morris, *1948*, p. 237.
16. Shapira, trans. Berris, *Israel: A History*, p. 165.
17. Colin Shindler, *A History of Modern Israel*, 2nd ed. (New York: Cambridge University Press, 2013), p. 55.
18. Gilbert, *Israel: A History*, pp. 207—208.
19. Morris, *1948*, p. 142.
20. 同上，p. 159。
21. 同上。
22. 同上，p. 365。
23. 同上，p. 266。

24. 同上，p. 268。
25. 阿亞隆博物館的展示中提到了捷克軍火上出現納粹卐符號的奇事，莫里斯教授在寫給作者的電郵中也證實此事有可能。「來自捷克的軍火是標準的德國毛瑟步槍與ＭＧ機關槍——可以想像許多上面都有卐符號，因為是在一九四五年五月之前替德國人製造的（正如捷克人生產的梅塞施密特戰鬥機原本也都有這個符號）。」電郵日期為二〇一六年五月一日，作者存檔。
26. See, for example, Eliezer Cohen, trans. Yonatan Gordis, *Israel's Best Defense: The First Full Story of the Israeli Air Force* (New York: Orion Books, 1993), pp. 7—60. See also *Above and Beyond* (Playmount Productions and Katahdin Productions, produced by Nancy Spielberg, 2015) at 15:20.
27. *Above and Beyond* at 38:20.
28. *Above and Beyond* at 43:00.
29. *Above and Beyond* at 50:40.
30. *Above and Beyond* at 51:30.
31. Translation by the author. Photograph of the memorandum on file with the author.
32. Jerold S. Auerbach, *Brothers at War: Israel and the Tragedy of the Altalena* (New Orleans: Quid Pro Books, 2011), p. 50.
33. Yehuda Lapidot, trans. Chaya Galai, "The *Altalena* Affair," *Etzel*, http://www.etzel.org.il/english/ac20.htm [Last viewed December 7, 2015].
34. Zvi Harry Hurwitz, *Begin: His Life, Words, and Deeds* (Jerusalem: Gefen Publishing, 2004), p. 27.
35. Avi Shilon, trans. Danielle Zilberberg and Yoram Sharett, *Menachem Begin: A Life* (New Haven and London: Yale University Press, 2007), p. 130.
36. Auerbach, *Brothers at War*, p. 109.
37. Michael Oren, "Did Israel Want the Six Day War?," *Azure* (Spring 5759/1999), p. 47.
38. 同上。
39. Ilan Pappe, "A Post-Zionist Critique of Israel and the Palestinians, Part II: The Media," in *Journal of Palestine Studies* (Spring 1997), pp. 37—43, cited in Oren, "Did Israel Want the Six Day War?," p. 48.
40. Ari Shavit, *My Promised Land: The Triumph and Tragedy of Israel* (New York: Spiegel & Grau, 2013), p. 108.
41. 同上，p. 132。
42. See Martin Kramer, "What Happened at Lydda," *Mosaic* (July 1, 2014), http://mosaicmagazine.com/essay/2014/07/what-happened-at-lydda/.
43. Benny Morris, "Zionism's 'Black Boxes,'" *Mosaic* (July 13, 2014), http://mosaicmagazine.com/response/2014/07/zionisms-black-boxes/ [Last viewed December 7, 2015].
44. Gilbert, *Israel: A History*, p. 218.
45. Nadav Man, "1st IDF Parade from Behind the Lens," Ynetnews.com (December 13, 2008), http://www.ynetnews.com/articles/0,7340,L-3637748,00.html [Last viewed December 7, 2015].
46. Ari Shavit, "Survival of the Fittest? An Interview with Benny Morris," *Ha'aretz* (January 8, 2004), http://www.haaretz.com/survival-of-the-fittest-1.61345 [Last viewed December 7, 2015].
47. Shilon, trans. Zilberberg and Sharett, *Menachem Begin: A Life*, p. 137.
48. Shapira, trans. Berris, *Israel: A History*, p. 172.
49. Morris, *1948*, p. 406.

第九章　立國夢想成真後的建國現實

1. Pinhas Alpert and Dotan Goren, eds., *Diary of a Muchtar in Jerusalem: The History of the Beit Yisrael Neighborhood and its Surroundings in the Writings of Rabbi Moshe Yekutiel Alpert (1938—1952)* (Ramat Gan, Israel: Bar Ilan University Press, 2013), pp. 173—174 [In Hebrew]. English translation from Vered Kellner, "Longings and Disappointments: A Voter in Exile in New York," *Ha'aretz* (January 18, 2013), http://www.haaretz.com/opinion/longings-and-disappointments-a-voter-in-exile-in-new-york.premium-1.494743 [Last viewed August 5, 2016].
2. Vered Kellner, "Longings and Disappointments: A Voter in Exile in New York," *Ha'aretz* (January 18, 2013), online at http://www.haaretz.com/opinion/longings-and-disappointments-a-voter-in-exile-in-new-york.premium-1.494743 [Last viewed August 5, 2016]

3. Jewish Telegraphic Agency, "Israel to Vote Today in First National Elections; Campaign Reaches High Peak" (January 25, 1949), http://www.jta.org/1949/01/25/archive/israel-to-vote-today-in-first-national-elections-campaign-reaches-high-peak [Last viewed December 7, 2015].
4. 一九九八年於以色列 Channel 1 首播的電視影集 *Tekumah*（「重生：前五十年」）第二十一集〇分三十五秒處。
5. "Moving Ceremony Marks Reburial of Herzl's Remains; Israeli Cabinet in Full Attendance," *Jewish Telegraphic Agency*, http://www.jta.org/1949/08/18/archive/moving-ceremony-marks-reburial-of-herzls-remains-israeli-cabinet-in-full-attendance.
6. Theodor Herzl, trans. I. M. Lask, *The Jewish State* (Tel Aviv: M. Newman Publishing House, 1954), p. 137.
7. 同上，p. 151。
8. JTA, "Of Weizmann's Address Opening Session of Israeli Constituent Assembly" (February 15, 1949), http://www.jta.org/1949/02/15/archive/of-chaim-weizmanns-address-opening-session-of-israeli-constituent-assembly [Last viewed December 7, 2015].
9. 同上。
10. 同上。
11. Robert Frost, "The Death of the Hired Man" (North of Boston, 1915), *Bartleby.com*, http://www.bartleby.com/118/3.html [Last viewed December 7, 2015].
12. Anita Shapira, trans. Anthony Berris, *Israel: A History* (Waltham, MA: Brandeis University Press, 2012), p. 208.
13. "Displacement of Jews from Arab Countries 1948—2012,"*Justice for Jews from Arab Countries*, http://www.justiceforjews.com/main_facts.html [Last viewed December 7, 2015].
14. Colin Shindler, *A History of Modern Israel*, 2nd ed. (New York: Cambridge University Press, 2013), p. 64.
15. Shapira, trans. Berris, *Israel: A History*, Kindle Edition, Locations 5437—5443.
16. Shindler, *A History of Modern Israel*, p. 93.
17. Golda Meir, *My Life* (New York: Dell Publishing, 1975), pp. 250—251.
18. Esther Meir-Glitzenstein, "Operation Magic Carpet: Constructing the Myth of the Magical Immigration of Yemenite Jews to Israel," *Israel Studies*, Vol. 16, No. 3 (Fall 2011), p. 150.
19. Shapira, trans. Berris, *Israel: A History*, Kindle Edition, Location 5453.
20. Israel Ministry of Foreign Affairs, "Fifty Years of Education in the State of Israel," http://www.mfa.gov.il/mfa/aboutisrael/israelat50/pages/fifty%20years%20of%20education%20in%20the%20state%20of%20israel.aspx.
21. Herzl, trans. Lask, *The Jewish State*, p. 16.
22. Shindler, *A History of Modern Israel*, p. 94.
23. Shapira, trans. Berris, *Israel: A History*, p. 231.
24. Seth J. Frantzman, "David Ben-Gurion, Israel's Segregationist Founder," *Forward* (May 18, 2015), http://forward.com/opinion/israel/308306/ben-gurion-israels-segregationist-founder/ [Last viewed December 8, 2015].
25. 同上。
26. Nir Kedar, "Ben-Gurion's Mamlakhtiyut: Etymological and Theoretical Roots," *Israel Studies*, Vol. 7, No. 3 (Fall 2002), p. 129.
27. *Tekumah* 第十七集十二分鐘處。
28. Shapira, trans. Berris, *Israel: A History*, p. 199.
29. Tamara Traubman, "A Mystery That Defies Solution," *Ha'aretz* (November 5, 2001), http://www.haaretz.com/print-edition/news/a-mystery-that-defies-solution-1.73913 [Last viewed December 8, 2015].
30. Moshe Reinfeld, "State Commission: Missing Yemenite Babies Not Kidnapped," *Ha'aretz* (November 4, 2001), http://www.haaretz.com/news/state-commission-missing-yemenite-babies-not-kidnapped-1.73778 [Last viewed December 8, 2015].
31. "15,000% Growth in Army Exemptions for Yeshiva Students since 1948," Hiddush website, http://hiddush.org/article-2338—0—15000Growth_in_army_exemptions_for_ yeshiva_students_since_1948.aspx [Last viewed December 9, 2015].
32. *Tekumah* 第十一集三十一分四十五秒處。
33. *Tekumah* 第十一集二十分十五秒處。

34. Shapira, trans. Berris, *Israel: A History*, p. 197.
35. David Ben-Gurion, *Like Stars and Dust: Essays from Israel's Government Year Book* (Ramat Gan, Israel: Masada Press, 1976), p. 147. The translation from the Hebrew by the author. This passage also appears in my *Saving Israel: How the Jewish People Can Win a War That May Never End* (Hoboken, NJ: Wiley, 2009), p. 154.
36. Jacob Blaustein, "The Voice of Reason: Address by Jacob Blaustein, President, The American Jewish Committee, at the Meeting of Its Executive Committee, April 29, 1950," *American Jewish Committee Archives*, http://www.ajcarchives.org/AJC_DATA/Files/507.PDF), p. 11. [Last viewed December 8, 2015]. 粗體依照原文標示，p. 9。
37. Walter Isaacson, *Einstein: His Life and Universe* (New York: Simon & Schuster Paperbacks, 2007), p. 520.
38. 同上。
39. Blaustein, "The Voice of Reason," p. 11. 粗體依照原文標示。
40. 同上，p. 10。粗體依照原文標示。
41. Shapira, trans. Berris, *Israel: A History*, p. 179.

第十章 以色列登上國際舞台

1. Anita Shapira, trans. Anthony Berris, *Israel: A History* (Waltham, MA: Brandeis University Press, 2012), p. 274.
2. 以色列死亡人數備受爭議。馬丁．吉伯特（Martin Gilbert）宣稱有九百六十七名以色列人死於這些攻擊 (Martin Gilbert, *The Routledge Atlas of the Arab-Israeli Conflict* [New York: Routledge, 2005], p. 58)。但莫里斯（Benny Morris）稱此數字為「無稽之談」。（見 Benny Morris, *Israel's Border Wars, 1949—1956: Arab Infiltration, Israeli Retaliation, and the Countdown to the Suez War* [Oxford: Oxford University Press: 1993], p. 101。）保守估計為數百人。
3. Morris, *Israel's Border Wars, 1949—1956*, Kindle Edition, Locations 3037—3049.
4. 同上，Locations 3123—3128。
5. Martin Gilbert, *Israel: A History* (New York: Harper Perennial, 1998), pp. 289—290.
6. S. Yizhar, trans. Nicolas de Lange and Yaacob Dweck, *Khirbet Khizeh: A Novel* (New York: Farrar, Straus and Giroux, 2014), p. 100.
7. 同上，pp. 103—104。
8. Noah Efron, "The Price of Return," *Ha'aretz* (November 23, 2008), http://www.haaretz.com/news/the-price-of-return-1.258035 [Last viewed December 8, 2015].
9. Robert Slater, *Warrior Statesman: The Life of Moshe Dayan* (New York: St. Martin's Press, 1991), p. 149.
10. Morris, *Israel's Border Wars, 1949—1956*, Locations 3037—3049.
11. David Landau, *Arik: The Life of Ariel Sharon* (New York: Alfred A. Knopf, 2013), p. 7.
12. Gilbert, *Israel: A History*, p. 292.
13. Zvi Ganin, *An Uneasy Relationship: American Jewish Leadership and Israel, 1948—1957* (Syracuse, NY: Syracuse University Press, 2005), pp. 190—191.
14. Landau, *Arik*, pp. 26—27.
15. Morris, *Israel's Border Wars, 1949—1956*, Locations 3293—3299.
16. Translation from Mitch Ginsburg, "When Moshe Dayan Delivered the Defining Speech of Zionism," *Times of Israel* (April 26, 2016), http://www.timesofisrael.com/when-moshe-dayan-delivered-the-defining-speech-of-zionism/ [Last viewed on May 8, 2016]. See also Aluf Benn, "Doomed to Fight" (May 9, 2011), *Ha'aretz*, http://www.haaretz.com/weekend/week-s-end/doomed-to -fight-1.360698 [Last viewed December 8, 2015].
17. Ginsburg, "When Moshe Dayan Delivered the Defining Speech of Zionism." See also Chemi Shalev, "Moshe Dayan's Enduring Gaza Eulogy: This Is the Fate of Our Generation," *Ha'aretz* (July 20, 2014), http://www.haaretz.com/blogs/west-of-eden/.premium-1.606258 [Last viewed December 8, 2015].
18. Morris, *Israel's Border Wars, 1949—1956*, Locations 208—213.
19. 同上。
20. Howard M. Sachar, *A History of Israel: From the Rise of Zionism to Our Time* (New York: Alfred A. Knopf, 1979), p. 486.
21. 同上，p. 487。
22. Gilbert, *Israel: A History*, p. 315.
23. 同上，p. 317。

24. Morris, *Israel's Border Wars, 1949—1956*, Location 7962.
25. Michael B. Oren, "The Second War of Independence," *Azure*, No. 27 (Winter 5767/2007).
26. Sachar, A History of Israel, p. 483.
27. Gilbert, *Israel: A History*, pp. 326—327.
28. Golda Meir, *My Life* (New York: Dell Publishing, 1975), p. 59.
29. Yehuda Avner, *The Prime Ministers: An Intimate Narrative of Israeli Leadership* (Jerusalem: Toby Press, 2010), Kindle Edition, Locations 1822—1829.
30. 同上。

第十一章 以色列直視大屠殺

1. David Mikics, "Holocaust Pulp Fiction," *Tablet Magazine* (April 19, 2012), http://www.tabletmag.com/jewish-arts-and-culture/books/97160/ka-tzetnik.
2. Deborah E. Lipstadt, *The Eichmann Trial* (New York: Knopf Doubleday, 2011), p. 3.
3. 同上，pp. 21—22。
4. 同上，pp. 24—25。
5. 同上，p. 29。
6. Martin Gilbert, *Israel: A History* (New York: Harper Perennial, 1998), p. 337.
7. George Lavy, *Germany and Israel: Moral Debt and National Interest* (London: Frank Cass, 1996), p. 7.
8. Menachem Begin, *White Nights: The Story of a Prisoner in Russia* (New York: HarperCollins, 1979), p. 265.
9. Daniel Gordis, *Menachem Begin: The Battle for Israel's Soul* (New York: Knopf Doubleday, 2014), p. 104.
10. Gilbert, *Israel: A History*, p. 280.
11. Seth M. Siegel, *Let There Be Water: Israel's Solution for a Water-Starved World* (New York: Thomas Dunne Books, 2015), p. 40.
12. Seth M. Siegel, "50 Years Later, National Water Carrier Still an Inspiration," Ynetnews.com (September 6, 2014), http://www.ynetnews.com/articles/0,7340,L-4528200,00.html [Last viewed on May 10, 2016].
13. *Tekumah* 第十七集二十分十五秒處。
14. Assaf Inbari, *HaBaita* (Tel Aviv: Yediyot Sefarim, 2009), pp. 169—170, 178 [Translations by Daniel Gordis].
15. Elad Zeret,"Kastner's Killer: I Would Never Have Shot Him Today,"Ynetnews.com (October 29, 2014), http://www.ynetnews.com/articles/0,7340,L-4585767,00.html [Last viewed December 8, 2015].
16. Yossi Klein Halevi, *Like Dreamers: The Story of the Israeli Paratroopers Who Reunited Jerusalem and Divided a Nation* (New York: Harper-Collins, 2013), p. 42.
17. Ari Shavit, *My Promised Land: The Triumph and Tragedy of Israel* (New York: Spiegel & Grau, 2013), pp. 179—180.
18. Lipstadt, *The Eichmann Trial*, p. 34.
19. David Ben-Gurion, "The Eichmann Case as Seen by Ben-Gurion," *New York Times* (December 18, 1960), http://timesmachine.nytimes.com/timesmachine/1960/12/18/99904385.html?pageNumber=182 [Last viewed December 8, 2015].
20. Lipstadt, *The Eichmann Trial*, p. 36.
21. 同上，p. 53。
22. 同上，p. 78。
23. 同上。
24. 同上，pp. 97—98。
25. 同上。
26. "Planet Auschwitz"（葉赫爾・迪—努爾在艾希曼審判上的錄影證詞），https://www.youtube.com/watch?v=o0T9tZiKYl4。
27. Oz Almog, *The Sabra* (Berkeley: University of California Press, 2000), p. 84.
28. Yair Lapid, trans. Evan Fallenberg, *Memories After My Death: The Joseph (Tommy) Lapid Story* (London: Elliott & Thompson Limited, 2011), pp. 131—132.
29. 同上。

30. Lipstadt, *The Eichmann Trial*, pp. 80—81.
31. Haim Hazaz, *The Sermon and Other Stories* (Jerusalem: Toby Press, 2005), p. 237.

第十二章 永遠改變一個國家的六日戰爭

1. Jewish Agency, "The Massive Immigration," http://www.jewishagency.org/he/historical-aliyah/content/22097 [Last viewed December 10, 2015] [In Hebrew].
2. 這首歌有許多已發表的英譯版本，此處中譯係根據作者英譯版本。
3. 二〇〇四年臨終時，舍莫爾坦承她寫的旋律主要根據一首巴斯克搖籃曲而來。Tom Segev, "In Letter, Naomi Shemer Admitted Lifting 'Jerusalem of Gold' Tune," *Ha'aretz* (May 5, 2005), http://www.haaretz.com/news/in-letter-naomi-shemer-admitted-lifting-jerusalem-of-gold-tune-1.157851 [Last viewed December 8, 2015].
4. Yossi Klein Halevi, *Like Dreamers: The Story of the Israeli Paratroopers Who Reunited Jerusalem and Divided a Nation* (New York: Harper-Collins, 2013), p. 58.
5. 同上，p. 31。
6. 同上，p. 34。
7. Michael B. Oren, *Six Days of War: June 1967 and the Making of the Modern Middle East* (Oxford: Oxford University Press, 2002), p. 63.
8. 同上。
9. 同上，p. 368。
10. Abba Eban, *Abba Eban: An Autobiography* (Lexington, MA: Plunkett Lake Press, 2015), Kindle Edition, Location 7223.
11. 同上，Location 7352。
12. Oren, *Six Days of War*, p. 133.
13. Yehuda Avner, *The Prime Ministers: An Intimate Narrative of Israeli Leadership* (Jerusalem: Toby Press, 2010), p. 148.
14. 同上。
15. Oren, *Six Days of War*, p. 132.
16. Avner, *The Prime Ministers*, p. 148.
17. Oren, *Six Days of War*, p. 134.
18. Martin Gilbert, *Israel: A History* (New York: Harper Perennial, 1998), p. 377.
19. Avraham Avi-hai, "The POSTman Knocks Twice: Yitzhak Rabin, Man of Contradictions," *Jerusalem Post* (September 11, 2014), http://www.jpost.com/Opinion/The-POSTman-Knocks-Twice-Yitzhak-Rabin-man-of-contradictions-375134 [Last viewed March 23, 2016].
20. Halevi, *Like Dreamers*, p. 57.
21. Samuel G. Freedman, *Jew vs. Jew: The Struggle for the Soul of American Jewry* (New York: Simon & Schuster, 2001), p. 164. Michael Oren, *Power, Faith, and Fantasy: America in the Middle East, 1776 to the Present* (New York: W. W. Norton, 2007), p. 536.
22. 同上，p. 319。
23. Gilbert, *Israel: A History*, p. 373.
24. Anita Shapira, trans. Anthony Berris, *Israel: A History* (Waltham, MA: Brandeis University Press, 2012), p. 298.
25. Avner, *The Prime Ministers*, p. 135.
26. Tom Segev, trans. Jessica Cohen, *1967: Israel, the War, and the Year That Transformed the Middle East* (New York: Henry Holt, 2005), p. 15. I have altered Segev's translation of the Hebrew slightly.
27. Gilbert, *Israel: A History*, p. 378.
28. 關於發生了什麼事情、何時發生，各方說法略有出入。比較 Shapira、Oren 與 Gilbert 的說法可看出差異。此處的描述係根據麥可・歐倫（Michael Oren）版本的時間順序。
29. Daniel Gordis, *Menachem Begin: The Battle for Israel's Soul* (New York: Knopf Doubleday, 2014), p. 126.
30. Oren, *Six Days of War*, p. 176.
31. Avner, *The Prime Ministers*, pp. 156—158.

32. Halevi, *Like Dreamers*, p. 69.
33. Oren, *Six Days of War*, p. 222.
34. 同上，p. 88。
35. Gilbert, *Israel: A History*, p. 391.
36. 同上，p. 392。
37. 同上。
38. Oren, *Six Days of War*, p. 307.
39. Gershom Gorenberg, *The Accidental Empire: Israel and the Birth of the Settlements, 1967—1977* (New York: Henry Holt, 2006), p. 2.
40. Michael Oren, "Did Israel Want the Six Day War?," *Azure* (Spring 5759/1999), p. 49.
41. 同上，p. 50。
42. 同上，p. 51。
43. *Tekumah* 第十九集二十分三十五秒處。
44. *Tekumah* 第二十集二十五分四十五秒處。
45. Halevi, *Like Dreamers*, p. 98.

第十三章 占領的包袱

1. Yossi Klein Halevi, *Like Dreamers: The Story of the Israeli Paratroopers Who Reunited Jerusalem and Divided a Nation* (New York: Harper-Collins, 2013), p. 111.
2. Gershom Gorenberg, *The Accidental Empire: Israel and the Birth of the Settlements, 1967—1977* (New York: Henry Holt, 2006), p. 86.
3. 同上，p. 43。
4. 同上，p. 85。
5. Tsur Ehrlich, "Nathan the Wise," *Azure*, No. 28 (Spring 5767/2007), http://azure.org.il/include/print.php?id=445 [Last viewed December 8, 2015].
6. Halevi, *Like Dreamers*, p. 119.
7. 萊博維茲的原信可以在幾個網站上看到，中譯係根據作者英譯版本。
8. Halevi, *Like Dreamers*, p. 94.
9. 同上，p. 152。
10. 同上，pp. 140—142。
11. Gorenberg, *The Accidental Empire*, p. 113.
12. Halevi, *Like Dreamers*, pp. 145—146.
13. 同上。
14. Benny Morris, *Righteous Victims: A History of the Zionist-Arab Conflict, 1881—2001* (New York: Vintage Books, 2001), p. 335.
15. *Tekumah* 第十四集四分五十秒處。
16. Halevi, *Like Dreamers*, pp. 96—97.
17. 同上，p. 101。
18. 中譯係根據作者英譯。
19. Martin Gilbert, *Israel: A History* (New York: Harper Perennial, 1998), p. 393.
20. Gorenberg, *The Accidental Empire*, pp. 61—62.
21. Ghassan Kanafani, *Palestine's Children: Returning to Haifa and Other Stories* (Boulder, CO: Lynne Rienner, 2000), p. 151.
22. 哈馬斯憲章在網路上許多地方都能找到。譯本有些微不同。此處中譯本所根據的英譯版本取自猶太虛擬圖書館（Jewish Virtual Library）。
23. Mahmoud Darwish, "Identity Card," http://www.barghouti.com/poets/darwish/bitaqa.asp.
24. "The Khartoum Resolutions," Ministry of Foreign Affairs of Israel (September 1, 1967), http://www.mfa.gov.il/mfa/foreignpolicy/peace/guide/pages/the%20khartoum%20resolutions.aspx [Last viewed December 8, 2015].

第十四章 贖罪日戰爭：被擊碎的自信

1. Martin Gilbert, *Israel: A History* (New York: HarperPerennial, 1998), p. 423.
2. Howard M. Sachar, *A History of Israel: From the Rise of Zionism to Our Time* (New York: Alfred A. Knopf, 1979), p. 744.
3. David Landau, *Arik: The Life of Ariel Sharon* (New York: Alfred A. Knopf, 2013), p. 75.
4. Zeev Schiff, *A History of the Israeli Army: 1874 to the Present* (London: Macmillan, 1985), p. 246.
5. *Tekumah* 第九集三十六分二十秒處。
6. Anita Shapira, trans. Anthony Berris, *Israel: A History* (Waltham, MA: Brandeis University Press, 2012), Kindle Edition, Locations 7794—7795.
7. Sachar, *A History of Israel*, p. 748.
8. *Tekumah* 第九集四十三分十八秒處。
9. William B. Quandt, *Peace Process: American Diplomacy and the Arab-Israeli Conflict Since 1967* (Washington, DC: Brookings Institution, 2005), p. 101.
10. "Kissinger and Ismail Conduct Secret Meetings," Center for Israel Education, http://israeled.org/kissinger-ismail-conduct-secret-meetings/ [Last viewed December 8, 2015].
11. Quandt, *Peace Process*, p. 455.
12. Mordechai Bar-On, *Moshe Dayan: Israel's Controversial Hero* (New Haven and London: Yale University Press, 2012), p. 156.
13. *Tekumah* 第十集八分七秒處。
14. Mitch Ginsburg, "Mossad's Tip-Off Ahead of Yom Kippur War Did Not Reach Prime Minister, Newly Released Papers Show," *Times of Israel* (September 20, 2012), http://www.timesofisrael .com/newly-released-papers-detail-depth-of-mishandling-of-yom-kippur-war-warnings/ [Last viewed December 8, 2015].
15. Gilbert, *Israel: A History*, p. 432.
16. Landau, *Arik*, p. 98.
17. Benny Morris, *Righteous Victims: A History of the Zionist-Arab Conflict, 1881—2001* (New York: Vintage Books, 2001), p. 416.
18. Shapira, trans. Berris, *Israel: A History*, p. 330.
19. Gilbert, *Israel: A History*, p. 440.
20. Herbert Druks, *The Uncertain Alliance: The U.S. and Israel from Kennedy to the Peace Process* (Westport, CT: Greenwood Press, 2001), p. 113.
21. Amir Oren, "CIA Report on Yom Kippur War: Israel Had Nuclear Arsenal," *Ha'aretz* (February 13, 2013), http://www.haaretz.com/news/diplomacy-defense/cia-report-on-yom-kippur-war-israel-had-nuclear-arsenal.premium-1.501101 [Last viewed December 8, 2015].
22. *Tekumah* 第十集三十二分處。
23. Gilbert, *Israel: A History*, p. 442.
24. Abraham Rabinovich, *The Yom Kippur War: The Epic Encounter That Transformed the Middle East* (New York: Schocken Books, 2004), p. 497.
25. Gilbert, *Israel: A History*, p. 460.
26. Motti Regev and Edwin Seroussi, *Popular Music and National Culture in Israel* (Berkeley: University of California Press, 2004), p. 67.
27. 英文由作者譯自希伯來文。
28. Rabinovich, *The Yom Kippur War*, p. 499.
29. Robert Slater, *Rabin: 20 Years After* (Israel: KIP-Kotarim International Publishing, 2015).
30. *Tekumah* 第二十集三十七分五十五秒處。
31. *Tekumah* 第七集四十五分三十秒處。
32. Assaf Inbari, *HaBaita* (Tel Aviv: Yediyot Sefarim, 2009), p. 242 [Translations by Daniel Gordis].
33. 一九八二年曾有短暫的例外，當時以色列部隊與敘利亞軍隊正面交鋒，但未導致真正開戰。
34. *Tekumah* 第十三集十一分四十秒處。
35. Gil Troy, *Moynihan's Moment: America's Fight Against Zionism as Racism* (Oxford: Oxford University Press, 2013), p. 18.

第十五章 革命裡的革命：以色列政治右派的崛起與復仇

1. Yehuda Avner, *The Prime Ministers: An Intimate Narrative of Israeli Leadership* (Jerusalem: Toby Press, 2010), p. 606.
2. Ben Shalev, "Zohar Argov's Flower That Launched a Million Cassettes," *Ha'aretz* (May 4, 2012), http://www.haaretz.com/weekend/week-s-end/zohar-argov-s-flower-that-launched-a-million-cassettes-1.428235 [Last viewed December 8, 2015].
3. Nir Hasson, "Jerusalem Neighborhood to Name Streets in Honor of Mizrahi Black Panthers," *Ha'aretz* (June 14, 2011), http://www.haaretz.com/jerusalem-neighborhood-to-name-streets-in-honor-of-mizrahi-black-panthers-1.369313 [Last viewed March 23, 2016].
4. Albert Einstein, "New Palestine Poetry: Visit of Menachem Begin and Aims of Political Movement Discussed," *New York Times* (December 4, 1948), https://archive.org/details/AlbertEinsteinLetterToTheNewYorkTimes.December41948.
5. 在第五屆以色列國會，貝京提出對阿拉伯人口眾多地區逐漸解除軍法統治。在他的想法中，軍法統治侵犯個人自由，也是以色列國家性格上的汙點。「一個自由國家的立國原則之一，」他主張，「就是軍人應由軍事領袖監督，而平民應受平民監督。」Avi Shilon, trans. Danielle Zilberberg and Yoram Sharett, *Menachem Begin: A Life* (New Haven and London: Yale University Press, 2007), p. 191.
6. Daniel Gordis, *Menachem Begin: The Battle for Israel's Soul* (New York: Knopf Doubleday, 2014), p. 88.
7. Menachem Begin, trans. Shmuel Katz, ed. Ivan M. Greenberg, *The Revolt: Story of the Irgun* (Bnei-Brak, Israel: Steimatzky Group, 1952), p. 78.
8. Ned Temko, *To Win or to Die: A Personal Portrait of Menachem Begin* (New York: William Morrow, 1987), p. 146.
9. Anita Shapira, trans. Anthony Berris, *Israel: A History* (Waltham, MA: Brandeis University Press, 2012), p. 357.
10. Assaf Inbari, *HaBaita* (Tel Aviv: Yediyot Sefarim, 2009), p. 248 [Translations by Daniel Gordis].
11. Israeli Broadcasting Authority (IBA), May 30, 1977. 原文是希伯來文，譯為「一個好猶太人的風格」或是「一個好的猶太人風格」都正確。
12. Benjamin Beit Halachmi, *Despair and Deliverance: Private Salvation in Contemporary Israel* (Albany: State University of New York Press, 1992), p. 55.
13. Gordis, *Menachem Begin*, p. 159.
14. Martin Gilbert, *Israel: A History* (New York: Harper Perennial, 1998), p. 489.
15. Shapira, trans. Berris, *Israel: A History*, p. 367.
16. Gordis, *Menachem Begin*, p. 171.
17. Ofer Grosbard, *Menachem Begin: The Absent Leader* (Haifa: Strategic Research and Policy Center, National Defense College, IDF, 2007), p. 271.
18. Mohamed Fadel Fahmy, "30 Years Later, Questions Remain Over Sadat Killing, Peace with Israel," CNN (October 7, 2011), http://edition.cnn.com/2011/10/06/world/meast/egypt-sadat-assassination/ [Last viewed December 8, 2015].
19. 諷刺的是，反抗者多數不是該鎮居民。
20. Gershom Gorenberg, *The Accidental Empire: Israel and the Birth of the Settlements, 1967—1977* (New York: Henry Holt, 2006), p. 361.
21. Temko, *To Win or to Die*, p. 198.
22. Hal Brands and David Palkki, "Saddam, Israel, and the Bomb: Nuclear Alarmism Justified?" *International Security*, Vol. 36, No. 1 (Summer 2011), p. 133.
23. 同上，p. 146。
24. "Israel's Illusion," *New York Times* (June 9, 1981), http://www.nytimes.com/1981/06/09/opinion/israel-s-illusion.html [Last viewed December 8, 2015].
25. Gordis, *Menachem Begin*, p. 192.
26. Joseph Kraft, "For Begin, the End? He Should Be Voted Out for Raid That Further Isolates Israel," *Los Angeles Times* (June 11, 1981).
27. "United Nations Security Council Resolution 487 (1981)," United Nations, http://www.un.org/documents/ga/res/36/a36r027.htm [Last viewed December 8, 2015].
28. Moshe Fuksman-Sha'al, ed., trans. Ruchie Avital, "Dick Cheney Letter to Menachem Begin," *Israel's Strike Against the Iraqi Nuclear Reactor 7 June 1981* (Jerusalem: Menachem Begin Heritage Center, 2003), p. 77.
29. Dan Raviv and Yossi Melman, *Spies Against Armageddon: The Mossad and the Intelligence Community* (Israel: Yediot Ahronoth Books, 2012), p. 334.
30. Gadi Bloom and Nir Hefez, *Ariel Sharon: A Life* (New York: Random House, 2006), p. 213.
31. "Middle East: A Sabbath of Terror," *Time* (March 20, 1978), http://www.time.com/time/magazine/article/0,9171,919454,00.html.
32. Avner, *The Prime Ministers*, p. 606.
33. Temko, *To Win or to Die*, pp. 283—284.

34. Thomas L. Friedman, *From Beirut to Jerusalem* (New York: Farrar, Straus and Giroux, 1989), p. 162.
35. *Tekumah* 第二十集四十五分五〇秒處。說話者是 Ms. 雜誌創始編輯萊蒂・柯亭・波格瑞彬（Letty Cottin Pogrebin）。
36. Gadi Bloom and Nir Hefez, *Ariel Sharon: A Life* (New York: Random House, 2006), pp. 246—247.
37. Matti Friedman, *Pumpkin Flowers: A Soldier's Story* (Chapel Hill, NC: Algonquin, 2016), p. 188.
38. 指出以色列發射照明彈的人包括湯瑪斯・佛里曼。Thomas Friedman, *From Beirut to Jerusalem*, p. 161.
39. Nirit Anderman, "Israeli Film on Lebanon War 'Waltz with Bashir' Shown in Beirut," *Ha'aretz* (January 21, 2009), http://www.haaretz.com/news/israeli-film-on-lebanon-war-waltz -with-bashir-shown-in-beirut-1.268524 [Last viewed December 8, 2015].
40. 丹・梅里多（Dan Meridor）與作者訪談，二〇一三年一月二日。
41. Michael B. Oren, *Ally: My Journey Across the American-Israeli Divide* (New York: Random House, 2015), p. 27.
42. Shilon, trans. Zilberberg and Sharett, *Menachem Begin: A Life*, pp. 374—375.

第十六章 師法錫安主義：巴勒斯坦民族主義興起

1. Ari Shavit, *My Promised Land: The Triumph and Tragedy of Israel* (New York: Spiegel & Grau, 2013), p. 276.
2. 同上，p. 278。
3. Nathan Brown, Amr Hamzawy, and Marina Ottaway, "Islamist Movements and the Democratic Process in the Arab World: Exploring the Gray Zones," *Carnegie Papers*, No. 67 (March 2006), http://carnegieendowment.org/files/CP67.Brown.FINAL.pdf [Last viewed December 9, 2015].
4. 哈馬斯憲章在網路上很容易搜尋到。比如，見 http://www.acpr.org.il/resources/hamascharter.html.
5. Benny Morris, *Righteous Victims: A History of the Zionist-Arab Conflict, 1881—2001* (New York: Vintage Books, 2001), Kindle Edition, Locations 13929—13937.
6. *Tekumah* 第十八集三分五十秒處。
7. *Tekumah* 第十八集十六分二十五秒處。
8. Martin Gilbert, *Israel: A History* (New York: Harper Perennial, 1998), pp. 533—534.
9. Morris, *Righteous Victims*, Location 6313.
10. 同上，Locations 14578—14596。See also http://www.nytimes.com/1988/08/01/world/hussein-surrenders-claims-west-bank-plo-us-peace-plan-jeopardy-internal-tensions.html.
11. Morris, *Righteous Victims*, Locations 14501—14503.
12. Gilbert, *Israel: A History*, pp. 538—539.
13. Joel Greenberg, "Yeshayahu Leibowitz, 91, Iconoclastic Israeli Thinker," *New York Times* (August 19, 1994), http://www.ny times.com/1994/08/19/obituaries/yeshayahu-leibowitz-91-icono clastic-israeli-thinker.html [Last viewed December 9, 2015].
14. David Ellenson and Daniel Gordis, ed. Aron Rodrigue and Steven J. Zipperstein, *Pledges of Jewish Allegiance: Conversion, Law, and Policymaking in Nineteenth- and Twentieth-Century Orthodox Responsa* (Stanford, CA: Stanford University Press, 2012), pp. 151—158.
15. Howard M. Lenhoff and Jerry L. Weaver, *Black Jews, Jews, and Other Heroes: How Grassroots Activism Led to the Rescue of the Ethiopian Jews* (Jerusalem: Gefen Publishing House, 2007), pp. 42—43.
16. Daniel Gordis, *Menachem Begin: The Battle for Israel's Soul* (New York: Knopf Doubleday, 2014), pp. 144—145.
17. Gilbert, *Israel: A History*, p. 552.
18. Jeff Jacoby, "Would Rabin Have Pulled the Plug on a 'Peace Process' That Failed?" *Boston Globe* (October 22, 2015), http://www.bostonglobe.com/opinion/2015/10/22/would-rabin-have-pulled-plug-peace-process-that-failed/fgHF1Y8bkh7leSbtgHf leL/story.html [Last viewed December 9, 2015].
19. Moshe Ya'alon, *The Longer Shorter Way* (Tel Aviv: Yedioth Ahronoth Books and Chemed Books, 2007). p. 82 [In Hebrew]. Also discussed in English in David M. Weinberg, "Yitzhak Rabin Was 'Close to Stopping the Oslo Process,'" *Jerusalem Post* (October 17, 2013), http://www.jpost.com/Opinion/Columnists/Yitzhak-Rabin-was-close-to-stopping-the-Oslo-process-329064.
20. Weinberg, "Yitzhak Rabin Was 'Close to Stopping the Oslo Process.'"
21. Gilbert, *Israel: A History*, pp. 569—570.

22. 同上，p. 572。
23. 同上，p. 584。
24. *Tekumah* 第二十二集零分二十秒處。
25. Gilbert, *Israel: A History*, p 587.
26. 同上。

第十七章 和平進程延滯

1. 胡笙國王於拉賓葬禮悼詞，一九九五年十一月六日。全文見 http://www.mfa.gov.il/mfa/mfa-archive/1995/pages/rabin%20funeral-%20eulogy%20by%20king%20hussein.aspx.
2. "Clinton to Lead U.S. Delegation," CNN (November 5, 1995), http://edition.cnn.com/WORLD/9511/rabin/clinton/index.html [Last viewed December 9, 2015].
3. Jeff Jacoby, "Would Rabin Have Pulled the Plug on a 'Peace Process' That Failed?" *Boston Globe* (October 22, 2015), http://www .bostonglobe.com/opinion/2015/10/22/would-rabin-have-pulled-plug-peace-process-that-failed/fgHF1Y8bkh7leSbtgHfleL/story.html [Last viewed December 9, 2015].
4. Martin Gilbert, *Israel: A History* (New York: Harper Perennial, 1998), p. 593.
5. Matti Friedman, *Pumpkin Flowers* (Chapel Hill: Algonquin Books, 2016), p. 155.
6. 同上。
7. 同上，p. 181。
8. "Dennis Ross and Gidi Grinstein, Reply by Hussein Agha and Robert Malley," *New York Review of Books* (September 20, 2001), http://www.nybooks.com/articles/archives/2001/sep/20/camp-david-an-exchange/ [Last viewed December 9, 2015].
9. 不意外地，各方對於和談破裂的原因看法不一。即使在以色列人之間，也有一些學者認為巴拉克應該負責，並且不接受羅斯與巴拉克對和談的說法。
10. Colin Shindler, *A History of Modern Israel*, 2nd ed. (New York: Cambridge University Press, 2013), p. 283.
11. Benny Morris, *Righteous Victims: A History of the Zionist-Arab Conflict, 1881—2001* (New York: Vintage Books, 2001), Kindle Edition, Locations 15878—15883.
12. Dan Rabinowitz, "October 2000, Revisited," *Ha'aretz* (October 19, 2004), http://www.haaretz.com/print-edition/opinion/october -2000-revisited-1.137855 [Last viewed December 9, 2015].
13. Jack Khoury, "Israeli Arabs Mark Fifteenth Anniversary of October 2000 Riots," *Ha'aretz* (January 10, 2015), http://www.haaretz.com/israel-news/.premium-1.678344 [Last viewed December 9, 2015].
14. Jewish National Fund, Tree Planting Center, http://www.jnf.org/support/tree-planting-center/.
15. Bill Clinton, *My Life* (New York: Vintage Press, 2005), p. 946.
16. 同上，pp. 296—297。
17. Dennis Ross, *Doomed to Succeed: The U.S.-Israel Relationships from Truman to Obama* (New York: Farrar, Straus and Giroux, 2015), p. 297.
18. II Samuel 2:26.
19. Benny Morris, "Peace? No Chance," *Guardian* (February 21, 2002), http://www.theguardian.com/world/2002/feb/21/israel2 [Last viewed January 10, 2016].
20. Ross, *Doomed to Succeed*, p. 312.
21. 瑞秋．葛林斯潘（Rachel Greenspan）與尤西．克萊恩．哈列維（Yossi Klein Halevi）訪談，二〇一五年十二月十五日。
22. Benny Morris, "Exposing Abbas," *National Interest* (May 19, 2011), http://nationalinterest.org/commentary/exposing-abbas-5335 [Last viewed December 9, 2015].
23. Gilbert, *Israel: A History*, p. 627.
24. "Exchange of Letters Between PM Sharon and President Bush," Ministry of Foreign Affairs of Israel website (April 14, 2004), http://www.mfa.gov.il/mfa/foreignpolicy/peace/mfadocuments/pages/exchange%20of%20letters%20sharon-bush%2014-apr-2004.aspx [Last viewed December 9, 2015].
25. Gilbert, *Israel: A History*, p. 637.
26. 同上，p. 638。
27. Yagil Levy, *The Hierarchy of Military Death*, Open University of Israel (Lisbon, April 14—19, 2009), https://ecpr.eu/Filestore/PaperProposal/2cfd87af-cab2-4374-b84d-eb03fbbc3cd1.pdf. 11.

28. Dan Senor and Saul Singer, *Start-Up Nation: The Story of Israel's Economic Miracle* (New York: Twelve, 2012), p. 15.
29. The World Bank, "GDP Growth (annual %)," http://data.worldbank.org/indicator/NY.GDP.MKTP.KD.ZG?page=1.
30. Senor and Singer, *Start-Up Nation*, p. 11.
31. 同上，pp. 11, 13。
32. 同上，pp. 11—12。
33. 同上，p. 129。
34. 同上，p. 181。
35. 同上，p. 182。
36. Manfred Gerstenfeld, *The War of a Million Cuts: The Struggle Against the Delegitimization of Israel and the Jews, and the Growth of New Anti-Semitism* (Jerusalem: JCPA, 2015), p. 250.
37. Daniel Freedman, "The World's Deadly Obsession with Israel," *Forbes* (June 24, 2010), http://www.forbes.com/2010/06/23/israel-hamas-middle-east-opinions-columnists-daniel-freedman.html.
38. Gerstenfeld, *The War of a Million Cuts*, pp. 13—14.
39. Joshua Muravchik, "Muslims and Terror: The Real Story," *Commentary* (February 1, 2015), https://www.commentarymagazine.com/articles/muslims-and-terror-the-real-story-1/ [Last viewed December 9, 2015].
40. "Human Rights Actions," *Human Rights Voices*, http://www.humanrightsvoices.org/EYEontheUN/priorities/actions/body/?ua=1&ya=1&sa=1&tp=1 [Last viewed January 10, 2016].
41. Michal Navoth, "Israel's Relationship with the UN Human Rights Council: Is There Hope for Change?" *Institute for Contemporary Affairs*, No. 601 (May—June 2014), http://jcpa.org/article/israels-relationship-un-human-rights-council/ [Last viewed January 10, 2016].
42. Irwin Cotler, "Israel and the United Nations," *Jerusalem Post* (August 15, 2013), http://www.jpost.com/Opinion/Op-Ed-Contributors/Israel-and-the-United-Nations-323252 [Last viewed January 10, 2016].
43. Gerstenfeld, *The War of a Million Cuts*, p. 254.
44. 同上。
45. Richard Kemp, "The U.N.'s Gaza Report Is Flawed and Dangerous," http://www.nytimes.com/2015/06/26/opinion/the-uns-gaza-report-is-flawed-and-dangerous.html.
46. 同上。
47. Samantha Power, *Remarks at the Israel Middle East Model United Nations Conference on "Building a More Model UN,"* transcript (February 15, 2016), http://usun.state.gov/remarks/7138 [Last viewed March 23, 2016].
48. Robert L. Bernstein, "Rights Watchdog, Lost in the Mideast," *New York Times* (October 19, 2009), http://www.nytimes.com/2009/10/20/opinion/20bernstein.html [Last viewed December 9, 2015].
49. The Forward and Nathan Guttman, "Want to Delegitimize Israel? Be Careful Who You Mess With," *Ha'aretz* (April 13, 2010), http://www.haaretz .com/news/want-to-delegitimize-israel-be-careful-who-you-mess-with-1.284184 [Last viewed December 9, 2015].
50. Gerstenfeld, *The War of a Million Cuts*, p. 252.
51. Aron Heller, "Western Europe Jewish Migration to Israel Hits All-Time High," Associated Press (January 14, 2016), http://bigstory.ap.org/article/164bbc1445aa42fc883ee85e4439523a/western-europe-jewish-migration-israel-hits-all-time-high [Last viewed March 23, 2016].
52. David Makovsky, "The Silent Strike: How Israel Bombed a Syrian Nuclear Installation and Kept It Secret," *New Yorker* (September 17, 2012), http://www.newyorker.com/magazine/2012/09/17/the -si lent-strike [Last viewed January 10, 2016].
53. Gilbert, *Israel: A History*, p. 635.
54. "PM Says Iran's Chief of Staff Vowed Sunday to Eliminate Israel," *Times of Israel* (May 21, 2012), http://www.timesofisrael.com/pm-says-irans-chief-of-staff-vowed-sunday-to-eliminate-israel/ [Last viewed December 9, 2015].
55. Henry Kissinger and George P. Shultz, "The Iran Deal and Its Consequences," *Wall Street Journal* (April 7, 2015), http://www.wsj .com/articles/the-iran-deal-and-its-consequences-1428447582 [Last viewed December 9, 2015].

56. Michael B. Oren, *Ally: My Journey Across the American-Israeli Divide* (New York: Random House, 2015), p. 360.
57. 同上，p. 183。

第十八章　猶太國裡的猶太教復興

1. Rami Kleinstein, "Small Gifts," on the album of the same name. First verse. Translation is mine.
2. "Israel Election Updates Yesh Atid to Announce Openly Gay Candidate," *Ha'aretz* (January 26, 2015), http://www.haaretz.com/israel-news/elections/1.639040 [Last viewed December 9, 2015].
3. This translation of Calderon's speech is taken from Ruth Calderon, "The Heritage of All Israel," *Jewish Week* (February 14, 2013), http://www.thejewishweek.com/editorial-opinion/opinion/heritage-all-israel#tz8I4YxxRBluZ53i.99 [Last viewed December 9, 2015].
4. The phrase is Paul Cowan's. Paul Cowan, *An Orphan in History: One Man's Triumphant Search for His Jewish Roots* (Woodstock, VT: Jewish Lights Publishing, 2002).
5. Yair Lapid, trans. Evan Fallenberg, *Memories After My Death: The Joseph (Tommy) Lapid Story* (London: Elliott & Thompson Limited, 2011), page 23.
6. Malka Shaked, *I'll Play You Forever: The Bible in Modern Hebrew Poetry* (Tel Aviv: Yediot Achronot, 2005).
7. Ruth Gavison,"No'Israeliness'Instead of'Jewishness,"*Liberal Magazine*, Vol. 15 (January 2015), http://theliberal.co.il/ruth-gavi son-israeliness-instead-jewishness/ [Last viewed December 9, 2015].
8. Meir Buzaglo, Safa La-Ne'emanim [Hebrew]. *A Language for the Faithful: Reflection on Tradition* (Tel Aviv and Jerusalem: Keter Publishing and Mandel Foundation, 2009).
9. Robert Alter, ed., *The Poetry of Yehuda Amichai* (New York: Farrar, Straus and Giroux, 2015), p. 299.
10. Elli Fischer, "Why I Defy the Israeli Chief Rabbinate," *Jewish Review of Books* (Winter 2016), https://jewishreviewofbooks.com/articles/1917/why-i-defy-the-israeli-chief-rabbinate/.
11. Akiva Eldar, "Border Control Getting in a State Over the UN Vote," *Ha'aretz* (September 13, 2011), http://www.haaretz.com/print-edition/features/border-control-getting-in-a-state-over-the-un-vote-1.384135 [Last viewed March 23, 2016].
12. "Israel's Haredi Population: Progress and Challenges," Myers-JDC-Brookdale (October 2015), http://brookdale.jdc.org.il/_Uploads/dbsAttachedFiles/Israels-Haredi-Population-2015—10-FINAL.pdf [Last viewed December 9, 2015].
13. Gwen Ackerman and Alisa Odenheimer, "Israel Prosperity Seen Unsustainable as Haredim Refuse to Work," *Bloomberg Business* (August 2, 2010), http://www.bloomberg.com/news/articles/2010—08—01/israel-prosperity-seen-unsustainable-as-haredim-refusal-to-work-takes-toll [Last viewed December 9, 2015].
14. Jessica Steinberg, "TV show 'Shtisel' Subtly Changes Ultra-Orthodox Perceptions," *Times of Israel* (January 13, 2016), http://www .timesofisrael.com/tv-show-shtisel-subtly-changes-ultra-orthodox-perceptions/ [Last viewed March 23, 2016].
15. Noah Feldman, "Violence in the Name of the Messiah," *Bloomberg View* (November 1, 2015), http://www.bloombergview.com/articles/2015—11—01/violence-in-the-name-of-the-messiah [Last viewed December 9, 2015].
16. The Forward and Daniel Estrin, "The King's Torah: A Rabbinic Text or a Call to Terror?" *Ha'aretz* (January 22, 2010,), http://www.haaretz.com/jewish/2.209/the-king-s-torah-a-rabbinic-text-or-a-call-to-terror-1.261930 [Last viewed December 9, 2015].
17. Jeremy Sharon, "'Torat Hamelech' Authors Will Not Be Indicted," *Jerusalem Post* (May 28, 2012), http://www.jpost.com/National-News/A-G-Torat-Hamelech-authors-will-not-be-indicted [Last viewed December 9, 2015].

結論《貝爾福宣言》一世紀後——「猶太人的民族家園」

1. Ari Shavit, *My Promised Land: The Triumph and Tragedy of Israel* (New York: Spiegel & Grau, 2013), p. 419.
2. "Israel Turns 68 with 8.5 Million People, 10 Times More Than in 1948," *Times of Israel* (May 9, 2016), http://www.timesofisrael.com/israel-turns-68-with-8-5-million-people-10-times-more-than-in-1948/.
3. Barbara Tuchman, "Israel: Land of Unlimited Impossibilities," in *Practicing History* (New York: Ballantine Books, 1981), p. 134.
4. Vice President Joe Biden, "Remarks by Vice President Biden: The Enduring Partnership Between the United States and Israel" (March 11, 2010), White House, Office of the Vice President,https://www.whitehouse.gov/the-press-office/remarks-vice-president-biden-enduring-partnership-between-united-states-and-israel [Last viewed

December 7, 2015].

5. Charles Krauthammer, "At Last, Zion," *Jewish Ideas Daily* (September 21, 2012), http://www.jewishideasdaily.com/5057/features/at-last-zion/ [Last viewed March 23, 2016].
6. Jewish National Fund, "Forestry & Green Innovations," http://www.jnf.org/work-we-do/our-projects/forestry-ecology/ [Lastviewed March 23, 2016].
7. Richard Kemp, "The U.N.'s Gaza Report Is Flawed and Dangerous," *New York Times* (June 25 2010), http://www.nytimes.com/2015/06/26/opinion/the-uns-gaza-report-is-f lawed-and-dangerous.html; Samantha Power, *Remarks at the Israel Middle East Model United Nations Conference on "Building a More Model UN,"* transcript (February 15, 2016), http://usun.state.gov/remarks/7138 [Last viewed March 23, 2016].
8. Academic Ranking of World Universities 2015, http://www.shanghairanking.com/ARWU2015.html [Last viewed August 10, 2016].
9. "Speech by Jimmy Carter on White House Lawn, Washington, D.C., July 19, 1977." Cited in Daniel Gordis, *Menachem Begin: The Battle for Israel's Soul* (New York: Knopf Doubleday, 2014), p. 143.
10. "Speech by Menachem Begin on White House Lawn, Washington, D.C., July 19, 1977." Cited in Daniel Gordis, *Menachem Begin: The Battle for Israel's Soul* (New York: Knopf Doubleday, 2014), p. 143.
11. Martin Kramer, "Fouad Ajami Goes to Israel," *Mosaic* (January 8, 2015), http://mosaicmagazine.com/observation/2015/01/fouad-ajami-goes-to-israel/ [Last viewed March 23, 2016].
12. Fouad Ajami, "A Reality Check as Israel Turns 60," *U.S. News & World Report* (May 7, 2008), http://www.usnews.com/opinion/fajami/articles/2008/05/07/a-reality-check-as-israel-turns-60 [Last viewed March 23, 2016].
13. Tsur Ehrlich, "Nathan the Wise," *Azure*, No. 28 (Spring 5767/2007), p. 77, http://azure.org.il/include/print.php?id=445 [Last viewed May 1, 2016].

引用文獻

A.A.P. "U.N.O. Passes Palestine Partition Plan." *Morning Herald* (December 1, 1947), http://trove.nla.gov.au/ndp/del/article/134238148 [Last viewed December 7, 2015].

"About the Organization." HaShomer HaHadash website, http://www.shomer-israel.org/index.php?option=com_content&view= article&id=100&Itemid=62 [Translation by Daniel Gordis] [Last viewed December 9, 2015].

Above and Beyond. Playmount Productions and Katahdin Productions, produced by Nancy Spielberg, 2015.

Ackerman, Gwen, and Alisa Odenheimer. "Israel Prosperity Seen Unsustainable as Haredim Refuse to Work." *Bloomberg Business* (August 2, 2010), http://www.bloomberg.com/news/articles/2010—08—01/israel-prosperity-seen-unsustainable-as-haredim-refusal-to-work-takes-toll [Last viewed December 9, 2015].

Ahad Ha'am. "The Jewish State and the Jewish Problem." In *The Zionist Idea,* ed. Arthur Hertzberg. Philadelphia: Jewish Publication Society, 1997.

Ajami, Fouad. "A Reality Check as Israel Turns 60." *U.S. News & World Report* (May 7, 2008), http://www.usnews.com/opinion/fajami/articles/2008/05/07/a-reality-check-as-israel-turns-60 [Last viewed March 23, 2016].

Almog, Oz. *The Sabra.* Berkeley: University of California Press, 2000.

Alon, Mati. *Holocaust and Redemption.* Victoria, BC: Trafford Publishing, 2013.

Alpert, Pinhas, and Goren Dotan, eds. *Diary of a Muchtar in Jerusalem: The History of the Beit Yisrael Neighborhood and its Surroundings in the Writings of Rabbi Moshe Yekutiel Alpert (1938—1952).* (Ramat Gan, Israel: Bar Ilan University Press, 2013) [In Hebrew].

Alter, Robert, ed. *The Poetry of Yehuda Amichai.* New York: Farrar, Straus and Giroux, 2015.

Anderman, Nirit. "Israeli Film on Lebanon War 'Waltz with Bashir' Shown in Beirut." *Ha'aretz* (January 21, 2009), http://www.haaretz.com/news/israeli-film-on-lebanon-war-waltz-with-bashir-shown-in-beirut-1.268524 [Last viewed December 8, 2015].

Asher, Tali. "The Growing Silence of the Poetess Rachel." In *Jewish Women in Pre-State Israel: Life History, Politics, and Culture*, ed. Ruth Kark, Margarit Shilo, and Galit Hasan-Rokem. Waltham, MA: Brandeis University Press, 2008.

Auerbach, Jerold S. *Brothers at War: Israel and the Tragedy of the* Altalena. New Orleans: Quid Pro Books, 2011.

Avi-hai, Avraham. "The POSTman Knocks Twice: Yitzhak Rabin, Man of Contradictions." *Jerusalem Post* (September 11, 2014), http://www.jpost.com/Opinion/The-POSTman-Knocks-Twice-Yitzhak-Rabin-man-of-contradictions-375134 [Last viewed March 23, 2016].

Avineri, Shlomo, trans. Haim Watzman. *Herzl: Theodor Herzl and the Foundation of the Jewish State.* London: Weidenfeld & Nicolson, 2008.

Avner, Yehuda. *The Prime Ministers: An Intimate Narrative of Israeli Leadership.* Jerusalem: Toby Press, 2010.

Baker, Amb. Alan. "The Legal Basis of Israel's Rights in the Disputed Territories." Jerusalem Center for Public Affairs (January 8, 2013), http://jcpa.org/ten-basic-points-summarizing-israels-rights-in-judea-and-samaria/[Last viewed May 1, 2016].

Balfour, Arthur James. "Balfour Declaration." *Avalon Project* (1917), http://avalon.law.yale.edu/20th_century/balfour.asp [Lastviewed May 1, 2016].

Bar-On, Mordechai. *Moshe Dayan: Israel's Controversial Hero.* New Haven and London: Yale University Press, 2012.

Bar-Zohar, Michael, trans. Peretz Kidron. *Ben-Gurion: A Biography, The New Millennium Edition.* Israel: Weidenfeld Nicolson, 2013.

Begin, Menachem. *White Nights: The Story of a Prisoner in Russia.* New York: HarperCollins, 1979.

——, trans. Samuel Katz, ed. Ivan M. Greenberg. *The Revolt: Story of the Irgun.* Bnei-Brak, Israel: Steimatzky Group, 1952.

Bein, Alex, trans. Maurice Samuel. *Theodor Herzl: A Biography.* Philadelphia: Jewish Publication Society of America, 1940.

Ben-Gurion, David. "The Eichmann Case as Seen by Ben-Gurion." *New York Times* (December 18, 1960), http://timesmachine.nytimes.com/timesmachine/1960/12/18/99904385.html?pageNumber=182 [Last viewed December 8, 2015].

——. *Like Stars and Dust: Essays from Israel's Government Year Book.* Ramat Gan, Israel: Masada Press, 1976.

Benn, Aluf. "Doomed to Fight." *Ha'aretz* (May 9, 2011), http://www.haaretz.com/weekend/week-s-end/doomed-to-fight-1.360698 [Last viewed December 8, 2015].

Ben Hurin, Yitzhak. "Horrifying Details of Murder of Athletes in Munich Revealed: 'They Were Tortured in Front of Their Friends." *Ynet.co.il* (December 1, 2015), http://www.ynet.co.il/articles/0,7340,L-4733681,00.html [Last viewed May 1, 2016].

Ben-Sasson, Hayim, ed. *A History of the Jewish People.* Cambridge: Harvard University Press, 1976.

Berdyczewski, Micah Joseph. "Wrecking and Building." In *The Zionist Idea,* ed. Arthur Hertzberg. Philadelphia: Jewish Publication Society, 1997.

Berlovitz, Yaffah. *Inventing a Land, Inventing a People.* Tel Aviv: Hotza'at HaKibbutz HaMeuchad, 1996.

Bernstein, Robert L. "Rights Watchdog, Lost in the Mideast." *New York Times* (October 19, 2009), http://www.nytimes.com/2009/10/20/opinion/20bernstein.html [Last viewed December 9, 2015].

Bew, John. "The Tragic Cycle: Western Powers and the Middle East." *New Statesman* (August 21, 2014), http://www.newstatesman.com/world-affairs/2014/08/tragic-cycle-western-powers-and-middle-east [Last viewed May 1 , 2016].

Biden, Joe. "Remarks by Vice President Biden: The Enduring Partnership Between the United States and Israel." White House, Office of the Vice President (March 11, 2010), https://www.whitehouse.gov/the-press-office/remarks-vice-president-biden-enduring-partnership-between-united-states-and-israel [Last viewed December 7, 2015].

Billings, Lee. "'Beyond: Our Future in Space,' by Chris Impey." *New York Times* (April 30, 2015), http://www.nytimes.com/2015/05/03/books/review/beyond-our-future-in-space-by-chris-impey.html [Last viewed December 7, 2015].

Bishop, Patrick. *The Reckoning: Death and Intrigue in the Promised Land, A True Detective Story.* New York: HarperCollins, 2014.

Blaustein, Jacob. "The Voice of Reason: Address by Jacob Blaustein, President, The American Jewish Committee, at the Meeting of Its Executive Committee, April 29, 1950," *American Jewish Committee Archives,* http://www.ajcarchives.org/AJC_DATA/Files/507.PDF [Last viewed December 8, 2015].

Bloom, Cecil. "Sir Mark Sykes: British Diplomat and a Convert to Zionism." *Jewish Historical Studies,* Vol. 43 (2011).

Bloom, Gadi, and Nir Hefez. *Ariel Sharon: A Life.* New York: Random House, 2006.

Bluwstein, Rachel. "Perhaps." *Palestine-Israel Journal,* Vol. 3, Nos. 3 and 4 (1996), http://www.pij.org/details.php?id=536 [Last viewed December 7, 2015].

Borden, Sam. "Long-Hidden Details Reveal Cruelty of 1972 Munich Attackers." *New York Times* (December 1, 2015), http://www.ny times.com/2015/12/02/sports/long-hidden-details-reveal-cruelty-of-1972-munich-attackers.html.

Brands, Hal, and David Palkki. "Saddam, Israel, and the Bomb: Nuclear Alarmism Justified?" *International Security,* Vol. 36, No. 1 (Summer 2011).

Brown, Nathan, Amr Hamzawy, and Marina Ottaway. "Islamist Movements and the Democratic Process in the Arab World: Exploring the Gray Zones." *Carnegie Papers,* No. 67 (March 2006), http://carn egieendowment.org/files/CP67.Brown.FINAL.pdf [Last viewed December 9, 2015].

Buzaglo, Meir. *Safa La-Ne'emanim* [Hebrew]. *A Language for the Faithful: Reflection on Tradition.* Tel Aviv and Jerusalem: Keter Publishing and Mandel Foundation, 2009.

Calderon, Ruth. "The Heritage of All Israel." *Jewish Week* (February 14, 2013), http://www.thejewishweek.com/editorial-opinion/opinion/heritage-all-israel#tz8I4YxxRBluZ53i.99 [Last viewed December 9, 2015].

Churchill, Winston. "MIT Mid-Century Convocation, March 31, 1949." *MIT Institute Archives,* https://libraries.mit.edu/archives/exhibits/mid century/mid-cent-churchill.html [Last viewed December 7, 2015].

"CIA Report on the Consequences of the Partition of Palestine." Copy on file with the author.

"Clinton to Lead U.S. Delegation." CNN (November 5, 1995), http://edition.cnn.com/WORLD/9511/rabin/clinton/index.html [Last viewed December 9, 2015].

Clinton, Bill. *My Life.* New York: Vintage Press, 2005.

Cohel, Eric. "The Spirit of Jewish Conservatism." *Mosaic,* http://mosaic magazine.com/essay/2015/04/the-spirit-of-jewish-conservatism/.

Cohen, Eliezer, trans. Yonatan Gordis. *Israel's Best Defense: The First Full Story of the Israeli Air Force.* New York: Orion Books, 1993.

Cohen, Hillel, trans. Haim Watzman. *Year Zero of the Arab-Israeli Conflict: 1929.* Waltham, MA: Brandeis University Press, 2015.

Cotler, Irwin. "Israel and the United Nations." *Jerusalem Post* (August 15, 2013), http://www.jpost.com/Opinion/Op-Ed-Contributors/Israel-and-the-United-Nations-323252 [Last viewed January 10, 2016].

Cowan, Paul. *An Orphan in History: One Man's Triumphant Search for His Jewish Roots.* Woodstock, VT: Jewish Lights Publishing, 2002.

Cunliffe, Barry, and Jerome Murphy-O'Connor. *The Holy Land: An Oxford Archaeological Guide from Earliest Times to 1700.* Oxford: Oxford University Press, 2008.

Darwish, Mahmoud. "Identity Card," 1964. http://www.barghouti.com/poets/darwish/bitaqa.asp [Last viewed May 1, 2016].

David, Assaf, and Asaf Siniver, eds. "Jordan's War That Never Was." In *The Yom Kippur War: Politics, Legacy, Diplomacy.* Oxford: Oxford University Press, 2013.

"Dennis Ross and Gidi Grinstein, Reply by Hussein Agha and Rob ert Malley." *New York Review of Books* (September 20, 2001), http://www.nybooks.com/articles/archives/2001/sep/20/camp-david-an-exchange/[Last viewed December 9, 2015].

Dermer, Ron. "Israeli Ambassador: The Four Major Problems with the Iran Deal." *Washington Post* (July 14, 2015), https://www.washingtonpost.com/opinions/a-bad-deal-today-a-worse-deal-tomorrow/2015/07/14/5d34ba00—2a39—11e5-a250—42bd812efc 09_story.html [Last viewed December 9, 2015].

"Displacement of Jews from Arab Countries 1948—2012." *Justice for Jews from Arab Countries*, http://www.justiceforjews.com/main_facts.html [Last viewed December 7, 2015].

Dowty, Alan. "Much Ado About Little: Ahad Ha'Am's 'Truth from Eretz Yisrael,' Zionism, and the Arabs." *Israel Studies*, Vol. 5, No. 2. Bloomington: Indiana University Press, 2000.

Drukker, Tamar S. "'I Am a Civil War': The Poetry of Haim Gouri." In *Warfare and Poetry in the Middle East*, ed. Hugh Kennedy. London: B. Tauris, 2013.

Druks, Herbert. *The Uncertain Alliance: The U.S. and Israel from Kennedy to the Peace Process.* Westport, CT: Greenwood Press, 2001.

Dunstan, Simon. *The Yom Kippur War: The Arab-Israeli War of 1973.* Oxford: Osprey Publishing, 2007.

Eban, Abba. *Abba Eban: An Autobiography.* Lexington, MA: Plunkett Lake Press, 2015.

Efron, Noah. "The Price of Return." *Ha'aretz* (November 23, 2008), http://www.haaretz.com/news/the-price-of-return-1.258035 [Last viewed December 8, 2015].

Eglash, Ruth. "Ten Years On, Pain of Dolphinarium Bombing Still Strong." *Jerusalem Post* (May 29, 2011), http://www.jpost.com/National-News/Ten-years-on-pain-of-Dolphinarium-bombing-still-strong [Last viewed December 9, 2015].

Ehrlich, Tsur. "Nathan the Wise." *Azure*, No. 28 (Spring 5767/2007), http://azure.org.il/include/print.php?id=445.

Eldar, Akiva. "Border Control Getting in a State Over the UN Vote." *Ha'aretz* (September 13, 2011), http://www.haaretz.com/print-edition/features/border-control-getting-in-a-state-over-the-un-vote-1.384135 [Last viewed March 23, 2016].

Eliot, George. *Daniel Deronda.* Introduction by Edmund White, Notes by Dr. Hugh Osborne. New York: Modern Library, 2002.

Ellenson, David, and Daniel Gordis. *Pledges of Jewish Allegiance: Conversion, Law, and Policymaking in Nineteenthand Twentieth-Century Orthodox Responsa.* Stanford Studies in Jewish History and Culture, edited by Aron Rodrigue and Steven J. Zipperstein. Stanford, CA: Stanford University Press, 2012.

Elon, Amos. *The Pity of It All: A Portrait of the German-Jewish Epoch 1743—1933.* New York: Picador, 2002.

Epstein, Lawrence. *The Dream of Zion: The Story of the First Zionist Congress.* Lanham, MD: Rowman and Littlefield, 2016.

Eshkoli-Wagman, Hava. "Yishuv Zionism: Its Attitude to Nazism and the Third Reich Reconsidered." *Modern Judaism*, Vol. 19, No. 1 (February 1999).

"Exchange of Letters between PM Sharon and President Bush." Ministry of Foreign Affairs of Israel website (April 14, 2004), http://www.mfa.gov.il/mfa/foreignpolicy/peace/mfadocuments/pages/exchange%20of%20letters%20sharon-bush%2014-apr-2004.aspx [Last viewed December 9, 2015].

Fahmy, Mohamed Fadel. "30 Years Later, Questions Remain Over Sadat Killing, Peace with Israel." CNN (October 7, 2011), http://edition.cnn.com/2011/10/06/world/meast/egypt-sadat-assassination/[Last viewed December 8, 2015].

Fallows, James. "Who Shot Muhammed Al-Dura." *Atlantic* (June 2003), http://www.theatlantic.com/magazine/archive/2003/06/who-shot-mohammed-al-dura/302735/[Last viewed January 10, 2016].

Faris, Hani A. "Israel Zangwill's Challenge to Zionism." *Journal of Palestine Studies*, Vol. 4, No. 3 (1975).

Feldestein, Ariel. "One Meeting—Many Descriptions: The Resolution on the Establishment of the State of Israel." *Israel Studies Forum*, Vol. 23, No. 2 (Winter 2008), p. 104.

Feldman, Noah "Violence in the Name of the Messiah." *Bloomberg View* (November 1, 2015), http://www.bloombergview.com/arti cles/2015—11—01/violence-in-the-name-of-the-messiah [Last viewed December 9, 2015].

"15,000% Growth in Army Exemptions for Yeshiva Students Since 1948." Hiddush (February 8, 2012), http://hiddush.org/article-2338—0—15000_Growth_in_army_exemptions_for_yeshiva_students_since_1948.aspx [Last viewed December 9, 2015].

Fischer, Elli. "Why I Defy the Israeli Chief Rabbinate." *Jewish Review of Books* (Winter 2016), https://jewishreviewof books.com/arti cles/1917/why-i-defy-the-israeli-chief-rabbinate/.

Florsheim, Ella. "Giving Herzl His Due." *Azure*, No. 21 (Summer 5765/2005).

"Forestry & Green Innovations." Jewish National Fund, http://www.jnf.org/work-we-do/our-projects/forestry-ecology/[Last viewed March 23, 2016].

The Forward and Daniel Estrin. "The King's Torah: A Rabbinic Text or a Call to Terror?" *Ha'aretz* (January 22, 2010), http://www.haaretz.com/jewish/2.209/the-king-s-torah-a-rabbinic-text-or-a-call-to-terror-1.261930 [Last viewed December 9, 2015].

The Forward and Nathan Guttman. "Want to Delegitimize Israel? Be Careful Who You Mess With." *Ha'aretz* (April 13, 2010), http://www.haaretz.com/news/want-to-delegitimize-israel-be-careful-who-you-mess-with-1.284184 [Last viewed December 9, 2015].

Frantz, Douglas, and Catherine Collins. *Death on the Black Sea: The Untold Story of the* Struma *and World War II's Holocaust at Sea.* London: HarperCollins, 2003.

Frantzman, Seth J. "David Ben-Gurion, Israel's Segregationist Founder." *Forward* (May 18, 2015), http://forward.com/opinion/israel/308306/ben-gurion-israels-segregationist-founder/[Last viewed December 8, 2015].

Freedman, Daniel. "The World's Deadly Obsession with Israel." *Forbes* (June 24, 2010), http://www.forbes.com/2010/06/23/israel-hamas-middle-east-opinions-columnists-daniel-freedman.html.

Freedman, Samuel G. *Jew vs. Jew: The Struggle for the Soul of American Jewry.* New York: Simon & Schuster, 2001.

Friedman, Matti. "Mizrahi Nation." *Mosaic* (June 1, 2014), http://mo saicmagazine.com/essay/2014/06/mizrahi-nation/[Last viewed December 9, 2015].

——. *Pumpkin Flowers.* Chapel Hill, NC: Algonquin Books, 2016.

Friedman, Thomas L. *From Beirut to Jerusalem.* New York: Farrar, Straus and Giroux, 1989.

Friling, Tuvia, trans. Ora Cummings. *Arrows in the Dark: David BenGurion, the Yishuv Leadership, and Rescue Attempts During the Holocaust,* Volume 1. Madison: University of Wisconsin Press, 2005.

Fromkin, David. *A Peace to End All Peace: The Fall of the Ottoman Empire and the Creation of the Modern Middle East.* New York: Henry Holt, 2009.

Frost, Robert. "The Death of the Hired Man." (North of Boston, 1915), *Bartleby.com,* http://www.bartleby.com/118/3.html [Last viewed December 7, 2015].

Fuksman-Sha'al, Moshe, ed., trans. Ruchie Avital. "Dick Cheney Letter to Menachem Begin." *Israel's Strike Against the Iraqi Nuclear Reactor 7 June 1981.* Jerusalem: Menachem Begin Heritage Center, 2003.

Ganin, Zvi. *An Uneasy Relationship: American Jewish Leadership and Israel, 1948—1957.* Syracuse, NY: Syracuse University Press, 2005.

Gavison, Ruth. "No 'Israeliness' instead of 'Jewishness.'" *Liberal Magazine,* Vol. 15 (January 2015), http://theliberal.co.il/ruth-gavison-israeliness-instead-jewishness/[Last viewed December 9, 2015].

"GDP Growth (annual %)." World Bank, http://data.worldbank.org/indicator/NY.GDP.MKTP.KD.ZG?page=1.

Gerstenfeld, Manfred. *The War of a Million Cuts: The Struggle Against the Delegitimization of Israel and the Jews, and the Growth of New AntiSemitism.* Jerusalem: JCPA, 2015.

Gilad, Elon. "Why Is Israel Called Israel?" *Haaretz* (April 20, 2015), http://www.haaretz.com/israel-news/.premium-1.652699.

Gilbert, Martin. *Churchill and the Jews: A Lifelong Friendship.* New York: Henry Holt, 2007.

——. *Israel: A History.* New York: HarperPerennial, 1998.

——. *The Routledge Atlas of the Arab-Israeli Conflict.* New York: Routledge, 2005.

Ginor, Zvia Ben-Yoseph. "'Meteor-Yid': Abba Kovner's Poetic Confrontation with Jewish History." *Judaism,* Vol. 48, No. 1 (Winter 1999).

Ginsburg, Mitch. "Mossad's Tip-Off Ahead of Yom Kippur War Did Not Reach Prime Minister, Newly Released Papers Show." *Times of Israel* (September 20, 2012), http://www.timesofisrael.com/newly-released-papers-detail-depth-of-mishandling-of-yom-kippur-war-warnings/[Last viewed December 8, 2015].

——. "When Moshe Dayan Delivered the Defining Speech of Zionism," *Times of Israel* (April 26, 2016), http://www.timesofisrael.com/when-moshe-dayan-delivered-the-defining-speech-of-zionism/.

Goldberg, Jeffrey. "The Paranoid, Supremacist, Roots of the Stabbing Intifada." *Atlantic* (October 16, 2015), http://www.theatlantic.com/international/archive/2015/10/the-roots-of-the-palestinian-uprising-against-israel/410944/.

Gorali, Moshe. "How God and Democracy Were Left Out." *Ha'aretz* (May 5, 2003), http://www.haaretz.com/print-edition/features/how-god-and-democracy-were-left-out-1.11023 [Last viewed December 9, 2015].

Gordis, Daniel. *Menachem Begin: The Battle for Israel's Soul.* New York: Knopf Doubleday, 2014.

——. *Saving Israel: How the Jewish People Can Win a War That May Never End.* Hoboken, NJ: Wiley, 2010.

Gordon, A. D. "Logic for the Future (1910)." In *The Zionist Idea*, ed. Arthur Hertzberg. Philadelphia: Jewish Publication Society, 1997.

Govrin, Nurit. *Roots and Tops: The Imprint of the First Aliyah in Hebrew Literature.* Tel Aviv: Papyrus and Tel Aviv University, 1981. [In Hebrew].

Grayzel, Solomon. *A History of the Jews.* Philadelphia: Jewish Publica-tion Society of America, 1947.

Greenberg, Joel. "Yeshayahu Leibowitz, 91, Iconoclastic Israeli Thinker." *New York Times* (August 19, 1994), http://www.nytimes.com/1994/08/19/obituaries/yeshayahu-leibowitz-91-iconoclastic-israeli-thinker.html [Last viewed December 9, 2015].

Greenberg, Uri Zvi, trans. Neta Stahl. "One Truth and Not Two." In "Jesus and the Pharisees Through the Eyes of Two Hebrew Writers: A Contrarian Perspective." *Hebrew Studies,* Vol. 56, No. 1 (December 11, 2015).

Grey, Edward, Viscount Grey of Fallodon. *Twenty-Five Years 1892—1916.* New York: Frederick A. Stokes Company, 1925.

Groenberg, Gershom. *The Accidental Empire: Israel and the Birth of the Settlements, 1967—1977.* New York: Henry Holt, 2006.

Grosbard, Ofer. *Menachem Begin: The Absent Leader.* Haifa: Strategic Research and Policy Center, National Defense College, IDF, 2007.

Guggenheim, Alan, and Adam Guggenheim. "Doomed from the Start." *Naval History,* Vol. 18, No. 1 (February 2004).

Halachmi, Benjamin Beit. *Despair and Deliverance: Private Salvation in Contemporary Israel.* Albany: State University of New York Press, 1992.

Halevi, Efraim. "Introduction." In *The Millions That Changed the Middle East: Immigrants from the Former USSR,* ed. Lily Galili and Roman Bronfman, http://matarbooks.co.il/printbook.php?book=1808&nav=4 [Last viewed December 7, 2015] [In Hebrew].

Halevi, Yossi Klein. *Like Dreamers: The Story of the Israeli Paratroopers Who Reunited Jerusalem and Divided a Nation.* New York: HarperCollins, 2013.

Halkin, Hillel. *Jabotinsky: A Life.* New Haven and London: Yale University Press, 2014.

Hartman, Ben. "'Gov't' Failed Gaza Evacuees." *Jerusalem Post* (June 16, 2010), http://www.jpost.com/Israel/Govt-failed-Gaza-evacuees [Last viewed December 9, 2015].

Hasson, Nir. "Jerusalem Neighborhood to Name Streets in Honor of Mizrahi Black Panthers." *Ha'aretz* (June 14, 2011), http://www.haaretz.com/jerusalem-neighborhood-to-name-streets-in-honor-of-mizrahi-black-panthers-1.369313 [Last viewed: March 23, 2016].

Hazaz, Haim. *The Sermon and Other Stories.* Jerusalem: Toby Press, 2005.

Hazony, Yoram. *The Jewish State: The Struggle for Israel's Soul.* New York: Basic Books, 2000.

Heller, Aron. "Western Europe Jewish Migration to Israel Hits AllTime High." *Associated Press* (January14, 2016), http://bigstory.ap.org/article/164bbc1445aa42fc883ee85e4439523a/western-europe-jewish-migration-israel-hits-all-time-high [Last viewed March 23, 2016].

Helm, Sarah. "Yemeni Jews Describe Their Holocaust: Sarah Helm in Yehud Reports on Claims That Israelis Stole 4,500 Children from Immigrants." *Independent* (October 23, 2011), http://www.independent.co.uk/news/world/yemeni-jews-describe-their-holocaust-sarah-helm-in-yehud-reports-on-claims-that-israelis-stole-4500-children-from-immigrants-1370515.html [Last viewed December 8, 2015].

Hersh, Seymour. *The Samson Option: Israel's Nuclear Arsenal and America's Foreign Policy.* New York: Random House, 1991.

Hertzberg, Arthur. *The Zionist Idea.* Philadelphia: Jewish Publication Society, 1997.

Herzl, Theodor. *Old New Land.* Princeton, NJ: Markus Wiener Publishers, 1997.

——, trans. I. M. Lask. *The Jewish State.* Tel Aviv: M. Newman Publishing House, 1954.

Hess, Moses. *The Revival of Israel: Rome and Jerusalem, the Last Nationalist Questions.* Lincoln: University of Nebraska Press, 1995.

Hitler, Adolf. *Mein Kampf.* Boring, OR: CPA Book Publisher, 2000.

Hoffman, Bruce. *Anonymous Soldiers: The Struggle for Israel: 1917—1947.* New York: Alfred A. Knopf, 2015.

Hoffman, Gil Stern. "Dov Lipman to Direct WZO Department." *Jerusalem Post* (October 12, 2015), http://www.jpost.com/Israel-News/Politics-And-Diplomacy/Dov-Lipman-to-head-WZO-department-437000.

The Holy Bible (King James Version). Cambridge Edition, 1769.

Holtzman, Avner. "A New Truth from the Land of Israel: On the New Self Awareness in Second Aliyah Literature." In *The Second Aliyah: Studies,* ed. Israel Bartel. Jerusalem: Yad Yitzhak Ben-Zvi, 1997. [In Hebrew].

"Human Rights Actions." *Human Rights Voices,* http://www.humanrightsvoices.org/EYEontheUN/priorities/actions/body/?ua=1&ya=1&sa=1&tp=1 [Last viewed January 10, 2016].

Hurwitz, Zvi Harry. *Begin: His Life, Words, and Deeds.* Jerusalem: Gefen Publishing, 2004.

iCenter, "The Story of a Vote: Nov. 29, 1947." *iCenter* (November 1, 2012), http://www.theicenter.org/voice/story-vote-nov-29-1947 [Last viewed May 1, 2016].

IDF Spokesman and Israel Police. "Gaza Strip Evacuation." Israel Ministry of Foreign Affairs (August 17, 2005), http://www.mfa.gov.il/mfa/pressroom/2005/pages/start%20of%20gaza%20strip%20 evacuation%2017-aug-2005.aspx [Last viewed January 10, 2016].

Inbari, Assaf. *HaBaita.* Tel Aviv: Yediyot Sefarim, 2009. [Translations by Daniel Gordis].

Isaacson, Walter. *Einstein: His Life and Universe.* New York: Simon & Schuster Paperbacks, 2007.

"Israel's Declaration of Independence 1948." *Avalon Project,* http://avalon.law.yale.edu/20th_century/israel.asp [Last viewed December 7, 2015].

"Israel's Haredi Population: Progress and Challenges." Myers-JDCBrookdale (October 2015), http://brookdale.jdc.org.il/_Uploads/dbsAttachedFiles/Israels-Haredi-Population-2015—10-FINAL.pdf [Last viewed December 9, 2015].

"Israel's Illusion." *New York Times* (June 9, 1981), http://www.nytimes.com/1981/06/09/opinion/israel-s-illusion.html [Last viewed December 8, 2015].

"Israel Turns 68 with 8.5 Million People, 10 Times More Than in 1948." *Times of Israel* (May 9, 2016), http://www.timesofisrael.com/israel-turns-68-with-8-5-million-people-10-times-more-than-in-1948/.

Jabotinsky, Ze'ev (Vladimir). "The Basis of the Betarian Viewpoint Consists of One Idea: The Jewish State: The Ideology of Betar." World Zionist Organization, http://www.wzo.org.il/index.php?dir=site&page=articles&op=item&cs=3360&langpage=eng&catego ry=3122&mode=print [Last viewed December 7, 2015].

——. "The Iron Wall." *Jewish Virtual Library,* http://www.jewishvir tuallibrary.org/jsource/Zionism/ironwall.html [Last viewed December 7, 2015].

Jacoby, Jeff. "Would Rabin Have Pulled the Plug on a 'Peace Process' That Failed?" *Boston Globe* (October 22, 2015), http://www.bostonglobe.com/opinion/2015/10/22/would-rabin-have-pulled-plug-peace-process-that-failed/fgHF1Y8bkh7leSbtgHfleL/story.html [Last viewed December 9, 2015].

Jewish Agency. "BeBayit BeYachad: Shiputz Mo'adon Olim BeBeit Brodsky." http://www.jewishagency.org/he/blog/7606/arti cle/11706 [Last viewed December 7, 2015] [In Hebrew].

Johnson, Paul. *A History of the Jews.* New York: HarperPerennial, 1988.

JTA."Israelto Vote Todayin First National Elections;Campaign Reaches High Peak." (January 25, 1949), http://www.jta.org/1949/01/25/archive/israel-to-vote-today-in-first-national-elections-campaign-reaches-high-peak [Last viewed December 7, 2015].

——. "Of Weizmann's Address Opening Session of Israeli Constituent Assembly."(February 15, 1949), http://www.jta.org/1949/02/15/archive/of-chaim-weizmanns-address-opening-session-of-israeli-constituent-assembly [Last viewed December 7, 2015].

Judis, John B. "Seeds of Doubt: Harry Truman's Concerns About Israel and Palestine Were Prescient—And Forgotten." *New Republic* (January 16, 2014), http://www.newrepublic.com/article/116215/was-harry-truman-zionist.

Kanafani, Ghassan. *Palestine's Children: Returning to Haifa and Other Stories.* Boulder, CO: Lynne Rienner, 2000.

Kark, Ruth. "Changing Patterns of Landownership in NineteenthCentury Palestine: The European Influence." *Journal of Historical Geography,* Vol. 10, No. 4 (1984).

Katz, Shmuel. *Lone Wolf: A Biography of Vladimir (Ze'ev) Jabotinsky.* Fort Lee, NJ: Barricade Books, 1995.

Kaya, Furkan. "Minority Policies of Turkey and Wealth Tax of 1942." Yeditepe University (February 12, 2014), http://mpra.ub.uni-muenchen.de/53617/1/MPRA_paper_53617.pdf.

Kedar, Nir. "Ben-Gurion's Mamlakhtiyut: Etymological and Theoretical Roots." *Israel Studies,* Vol. 7, No. 3 (Fall 2002).

Kellner, Vered. "Longings and Disappointments: A Voter in Exile in New York." *Ha'aretz* (January 18, 2003), http://www.haaretz.com/misc/iphone-article/longings-and-disappointments-a-voter-in-exile-in-new-york.premium-1.494743 [Last viewed December 7, 2015].

Kemp,Richard."The U.N.'s Gaza Report Is Flawedand Dangerous." *New York Times* (June 25, 2015), (http://www.nytimes.com/2015/06/26/opinion/the-uns-gaza-report-is-flawed-and-dangerous.html.

Kershner, Isabel. "Israel to Phase Out Religious Exemptions." *New York Times* (March 12, 2014), http://www.nytimes.com/2014/03/13/world/middleeast/israel-restricts-exemptions-from-military-service.html?_r=0 [Last viewed December 8, 2015].

"The Khartoum Resolutions." Ministry of Foreign Affairs of Israel (September 1, 1967), http://www.mfa.gov.il/mfa/foreignpolicy/peace/guide/pages/the%20khartoum%20resolutions.aspx [Last viewed December 8, 2015].

Khoury, Jack. "Israeli Arabs Mark Fifteenth Anniversary of October 2000 Riots." *Ha'aretz* (January 10, 2015), http://www.haaretz.com/israel-news/.premium-1.678344 [Last viewed December 9, 2015].

King James Bible Online, 2016. http://www.kingjamesbibleonline.org.

"Kissinger and Ismail Conduct Secret Meetings." *Center for Israel Educa-tion,* http://israeled.org/kissinger-ismail-conduct-secret-meetings/[Last viewed December 8, 2015].

Kissinger, Henry, and George P. Shultz. "The Iran Deal and Its Consequences." *Wall Street Journal* (April 7, 2015), http://www.wsj.com/articles/the-iran-deal-and-its-consequences-1428447582 [Last viewed December 9, 2015].

Kraft, Joseph. "For Begin, the End? He Should Be Voted Out for Raid That Further Isolates Israel." *Los Angeles Times* (June 11, 1981).

Kramer, Martin. "Fouad Ajami Goes to Israel." *Mosaic* (January 8, 2015), http://mosaicmagazine.com/observation/2015/01/fouad-ajami-goes-to-israel/[Last viewed March 23, 2016].

——. "What Happened at Lydda." *Mosaic,* (July 1, 2014), http://mosaicmagazine.com/essay/2014/07/what-happened-at-lydda/[Last viewed December 7, 2015].

Krauthammer, Charles. "At Last, Zion." *Jewish Ideas Daily* (September 21, 2012), http://www.jewishideasdaily.com/5057/features/at-last-zion/[Last viewed March 23, 2016].

Lam, Amira. "Peres Recalls Declaration of Independence: We Didn't Have Time to Celebrate." *Ynetnews.com* (December 21, 2014), http://www.ynetnews.com/articles/0,7340,L-4606090,00.html [Last viewed May 1, 2016].

Lanchin, Mike. "SS *St Louis*: The Ship of Jewish Refugees Nobody Wanted." *BBC World Service* (May 13, 2014), http://www.bbc.com/news/magazine-27373131 [Last viewed December 7, 2015].

Landau, David. *Arik: The Life of Ariel Sharon.* New York: Alfred A. Knopf, 2013.

Lapid, Yair, trans. Evan Fallenberg. *Memories After My Death: The Joseph (Tommy) Lapid Story.* London: Elliott & Thompson Limited, 2011.

Lapidot, Yehuda, trans. Chaya Galai. "The *Altalena* Affair." *Etzel,* http://www.etzel.org.il/english/ac20.htm [Last viewed December 7, 2015].

Lapin, Yaakov. "Katsav Entering Prison: 'You're Burying a Man Alive.'" *Jerusalem Post* (December 8, 2011), http://www.jpost.com/National-News/Katsav-entering-prison-Youre-burying-a-man-alive [Last viewed March 23, 2016].

Laqueur, Walter. *A History of Zionism.* New York: Schocken Books, 1976.
Lavy, George. *Germany and Israel: Moral Debt and National Interest.* Lon-don: Frank Cass, 1996.
Lazaroff, Tovah. "2012 Settler Population Grew Almost Three Times as Fast as National Rate." *Jerusalem Post* (September 7, 2013), http://www.jpost.com/National-News/2012-West-Bank-settler-popula tion-growing-almost-three-times-as-fast-as-national-rate-326309 [Last viewed December 8, 2015].
Lelchuk, Alan, and Gershon Shaked. *8 Great Hebrew Short Novels.* New Milford, CT: Toby Press, 2012.
Lenhoff, Howard M., and Jerry L. Weaver. *Black Jews, Jews, and Other Heroes: How Grassroots Activism Led to the Rescue of the Ethiopian Jews.* Jerusalem: Gefen Publishing House, 2007.
Levy, Yagil. *The Hierarchy of Military Death.* Open University of Israel (Lisbon, April 14—19, 2009), https://ecpr.eu/Filestore/PaperProposal/2cfd87af-cab2—4374-b84d-eb03fbbc3cd1.pdf [Last viewed May 1, 2016].
Lichtblau, Eric. "Surviving the Nazis, Only to Be Jailed by America." *New York Times* (February 7, 2015), http://www.nytimes.com/2015/02/08/sunday-review/surviving-the-nazis-only-to-be-jailed-by-america.html [Last viewed December 7, 2015].
Lipstadt, Deborah E. *The Eichmann Trial.* New York: Knopf Doubleday, 2011.
Lis, Jonathan, and Yarden Skop. "Israel Election Updates Yesh Atid to Announce Openly Gay Candidate." *Ha'aretz* (January 26, 2015), http://www.haaretz.com/israel-news/elections/1.639040 [Last viewed December 9, 2015].
Little, Douglas. *American Orientalism: The United States and the Middle East Since 1945.* London: I. B. Tauris, 2002.
Lord, Amnon. "Intelligence Failure or Paralysis." *Jewish Political Studies Review,* Vol. 24, No. 3—4 (Fall 2012).
Makovsky, David. "The Silent Strike: How Israel Bombed a Syrian Nuclear Installation and Kept It Secret." *New Yorker* (September 17, 2012), http://www.newyorker.com/magazine/2012/09/17/the-silent-strike [Last viewed January 10, 2016].
——. *Churchill's Promised Land: Zionism and Statecraft.* New Haven: Yale University Press, 2007.
Man, Nadav. "1st IDF Parade from Behind the Lens." *Ynet news.com* (December 13, 2008), http://www.ynetnews.com/articles/0,7340,L-3637748,00.html [Last viewed December 7, 2015].
Mapu, Abraham, trans. Joseph Marymount. *The Love of Zion & Other Writings.* Israel: Toby Press, 2006.
"The Massive Immigration." Jewish Agency website, http://www.jewishagency.org/he/historical-aliyah/content/22097 [Last viewed December 10, 2015] [In Hebrew].
McCullough, David. *Truman.* New York: Simon & Schuster, 1993.
Meir, Golda. *My Life.* New York: Dell Publishing, 1975.
Meir-Glitzenstein, Esther. "Operation Magic Carpet: Constructing the Myth of the Magical Immigration of Yemenite Jews to Israel." *Israel Studies.* Vol. 16, No. 3 (Fall 2011).
Melman, Yossi. "Jews, Just Like Arabs, Hid Weapons in Immoral Places." *Ha'aretz* (January 27, 2011), http://www.haaretz.com/print-edition/features/jews-just-like-arabs-hid-weapons-in-immoral-places-1.339432.
Mendes-Flohr, Paul, and Yehuda Reinharz. *The Jew in the Modern World: A Documentary History,* 2nd ed. Oxford: Oxford University Press, 1995.
"Menendez Delivers Remarks on Iran Nuclear Deal at Seton Hall University's School of Diplomacy and International Relations." Bob Menendez for New Jersey (August 18, 2015), http://www.menendez.senate.gov/news-and-events/press/menendez-delivers-remarks-on-iran-nuclear-deal-at-seton-hall-universitys-school-of-diplomacy-and-international-relations [Last viewed January 10, 2016].
"Middle East: A Sabbath of Terror." *Time* (March 20, 1978), http://www.time.com/time/magazine/article/0,9171,919454,00.html.
Mikics, David. "Holocaust Pulp Fiction." *Tablet* (April 19, 2012), http://www.tabletmag.com/jewish-arts-and-culture/books/97160/ka-tzetnik [Last viewed March 23, 2015]
Miller, J. Maxwell, and John H. Hayes. *A History of Ancient Israel and Judah.* Louisville, KY: Westminster John Knox Press, 2006.
Mintz, Alan. "Kishinev and the Twentieth Century." *Prooftests,* Vol. 25, No. 1—2. (Winter/Spring 2005)
Mirsky, Yehudah. "What Is a Nation-State For?" *Marginalia* (March 11, 2015), http://marginalia.lareviewof books.org/nation-state-yehudah-mirsky/[Last viewed May 1, 2016].
——. *Rav Kook: Mystic in a Time of Revolution.* New Haven: Yale University Press, 2014.
Mizrahi World Movement. "The First Ever Israeli Elections." http://mizrachi.org/the-first-ever-israeli-elections/[Last viewed December 7, 2015].
Morris, Benny. "Exposing Abbas." *National Interest* (May 19, 2011), http://nationalinterest.org/commentary/exposing-abbas-5335 [Last viewed December 9, 2015].
——."The Historiography of Deir Yassin." *Journal of Israeli History: Politics, Society, Culture,* Vol. 24, No. 1 (August 2006).
——. "Peace? No Chance." *Guardian* (February 21, 2002), http://www.theguardian.com/world/2002/feb/21/israel2 [Last viewed January 10, 2016].
——. "Zionism's 'Black Boxes'." *Mosaic* (July 13, 2014), http://mo saicmagazine.com/response/2014/07/zionisms-black-boxes/[Last viewed December 7, 2015].
——. *1948: The First Arab-Israeli War.* New Haven and London: Yale University Press, 2008.

——. *Israel's Border Wars 1949—1956: Arab Infiltration, Israeli Retaliation, and the Countdown to the Suez War.* Oxford: Oxford University Press, 1993.

——. *One State, Two States: Resolving the Israel/Palestine Conflict.* New Haven: Yale University Press, 2010.

——. *Righteous Victims: A History of the Zionist-Arab Conflict, 1881—2001.* New York: Vintage Books, 2001.

——. *The Road to Jerusalem: Glubb Pasha, Palestine, and the Jews.* London: I. B. Tauris, 2003.

"Moving Ceremony Marks Reburial of Herzl's Remains; Israeli Cabinet in Full Attendance," *Jewish Telegraphic Agency* (August 18, 1949), http://www.jta.org/1949/08/18/archive/moving-ceremony-marks-reburial-of-herzls-remains-israeli-cabinet-in-full-attendance.

Muravchik, Joshua. "Muslims and Terror: The Real Story." *Commentary* (February 1, 2015), https://www.commentarymagazine.com/articles/muslims-and-terror-the-real-story-1/[Last viewed December 9, 2015].

Nadler, Alan. "Piety and Politics: The Case of the Satmar Rebbe." *Judaism,* Vol. 31 (1982).

Navoth, Michal. "Israel's Relationship with the UN Human Rights Council: Is There Hope for Change?" *Institute for Contemporary Affairs,* No. 601 (May—June 2014), http://jcpa.org/article/israels-relationship-un-human-rights-council/[Last viewed January 10, 2016].

Nordau, Max. "Jewry of Muscle." In *The Jew in the Modern World: A Documentary History,* 2nd ed., edited by Paul Mendes-Flohr and Yehuda Reinharz. Oxford: Oxford University Press, 1995.

Oren, Amir. "CIA Report on Yom Kippur War: Israel Had Nuclear Arsenal." *Ha'aretz* (February 13, 2013), http://www.haaretz.com/news/diplomacy-defense/cia-report-on-yom-kippur-war-israel-had-nuclear-arsenal.premium-1.501101 [Last viewed December 8, 2015].

Oren, Michael B. "Did Israel Want the Six Day War?" *Azure,* No. 7 (Spring 5759/1999).

——. "The Second War of Independence." *Azure,* No. 27 (Winter 5767/2006).

——. *Ally: My Journey Across the American-Israeli Divide.* New York: Random House, 2015.

——. *Power, Faith, and Fantasy: America in the Middle East, 1776 to the Present.* New York: W. W. Norton, 2007.

——. *Six Days of War: June 1967 and the Making of the Modern Middle East.* Oxford: Oxford University Press, 2002.

Oz, Amos, trans. Nicholas de Lange. *A Tale of Love and Darkness.* Orlando: Harcourt, 2004.

Pappe, Ilan. "A Post-Zionist Critique of Israel and the Palestinians, Part II: The Media." in *Journal of Palestine Studies* (Spring 1997), pp. 37—43, cited in Michael Oren, "Did Israel Want the Six Day War? *Azure,* No. 7 (Spring 5759/1999), p. 48.

Parker, Richard Bordeaux, ed. *The October War: A Retrospective.* Gainsville: University Press of Florida, 2001.

Patai, Raphael. *The Jews of Hungary: History, Culture, Psychology.* Detroit: Wayne State University Press, 1996.

Patterson, David. "Introduction." In *The Love of Zion & Other Writings*, ed. Abraham Mapu, trans. Joseph Marymount. Israel: Toby Press, 2006.

Penkower, Monty Noam. "The Kishinev Pogrom of 1903." *Modern Judaism,* Vol. 24, No. 3 (2004).

Peres, Shimon, in conversation with David Landau. *Ben-Gurion: A Political Life.* New York: Schocken Books, 2011.

Persico, Tomer. "The Privatization of Religion and the Sanctification of the Nation: A History of the Collapse of Zionist Collectivism." *Akdamut,* No. 30 (February 2015).

Pianko, Noam. *Zionism and the Roads Not Taken: Rawidowicz, Kaplan, Kohn.* Bloomington: Indiana University Press, 2010.

Piper, Franciszek. "Gas Chambers and Crematoria." Jerusalem: Yad Vashem: The Holocaust Martyrs' and Heroes' Remembrance Authority, 2008.

Pitot, Geneviève, trans. Donna Edouard. *The Story of the Jewish Detainees in Mauritius 1940—1945.* Lanham, MD: Rowman and Littlefield, 1998.

"Planet Auschwitz." Testimony of Yehiel De-Nur at Eichmann trial, https://www.youtube.com/watch?v=o0T9tZiKYl4 [Last viewed May 1, 2016].

"PM Says Iran's Chief of Staff Vowed Sunday to Eliminate Israel." *Times of Israel* (May 21, 2012), http://www.timesofisrael.com/pm-says-irans-chief-of-staff-vowed-sunday-to-eliminate-israel/ [Last viewed December 9, 2015].

Porat, Dina. *The Blue and the Yellow Stars of David: The Zionist Leader-ship in Palestine and the Holocaust, 1939—1945.* Cambridge and London: Harvard University Press, 1990.

Power, Samantha. *Remarks at the Israel Middle East Model United Nations Conference on "Building a More Model UN."* Transcript (February 15, 2016), http://usun.state.gov/remarks/7138 [Last viewed March 23, 2016].

Quandt, William B. *Peace Process: American Diplomacy and the ArabIsraeli Conflict Since 1967.* Washington, DC: Brookings Institution, 2005.

Rabinovich, Abraham. *The Yom Kippur War: The Epic Encounter That Transformed the Middle East.* New York: Schocken Books, 2004.

Rabinowitz, Dan. "October 2000, Revisited." *Ha'aretz* (October 19, 2004), http://www.haaretz.com/print-edition/opinion/october-2000-revisited-1.137855 [Last viewed December 9, 2015].

Raviv, Dan, and Yossi Melman. *Spies Against Armageddon: The Mossad and the Intelligence Community.* Israel: Yediot Ahronoth Books, 2012.

Regev, Motti, and Edwin Seroussi. *Popular Music and National Culture in Israel.* Berkeley: University of California Press, 2004.

Reinfeld, Moshe. "State Commission: Missing Yemenite Babies Not Kidnapped." *Ha'aretz Service* (November 4, 2001), http://www.haaretz.com/news/state-commission-missing-yemenite-babies-not-kidnapped-1.73778 [Last viewed December 8, 2015].

Rosenberg, Yair. "Watch Orthodox Rabbi Benny Lau's Powerful Denunciation of Homophobia Justified in the Name of God." *Tab let* (August 3, 2015), http://www.tabletmag.com/scroll/192649/watch-orthodox-rabbi-benny-laus-powerful-denunciation-of-homophobia-justified-in-the-name-of-god [Last viewed December 9, 2015].

Roskies, David G., ed. *The Literature of Destruction: Jewish Responses to Catastrophe.* Philadelphia: Jewish Publication Society, 1988.

Ross, Dennis. *Doomed to Succeed: The U.S.-Israel Relationships from Truman to Obama.* New York: Farrar, Straus and Giroux, 2015.

Rovner, Adam. *In the Shadows of Zion: Promised Lands Before Israel.* New York: New York University Press, 2014.

Sachar, Howard M. *A History of Israel: From the Rise of Zionism to Our Time.* New York: Alfred A. Knopf, 1979.

Samuel, Maurice, trans. *The New Palestine,* Vol. 8, No. 13 (March 27, 1925). Reproduced by Hebrew University in 2015 as commemorative issue. Copy on file with author.

Scheindlin, Raymond P. *A Short History of the Jewish People: From Legendary Times to Modern Statehood.* Oxford and New York: Oxford University Press, 2000.

Schiff, Zeev. *A History of the Israeli Army: 1874 to the Present.* London: Macmillan, 1985.

Schneer, Jonathan. *The Balfour Declaration: The Origins of the Arab-Israeli Conflict.* New York: Random House Trade Paperbacks, 2012.

Schwartzwald, Jack L. *Nine Lives of Israel: A Nation's History Through the Lives of Its Foremost Leaders.* Jefferson, NC: McFarland, 2012.

Segev, Tom. "In Letter, Naomi Shemer Admitted Lifting 'Jerusalem of Gold' Tune." *Ha'aretz* (May 5, 2005), http://www.haaretz.com/news/in-letter-naomi-shemer-admitted-lifting-jerusalem-of-gold-tune-1.157851 [Last viewed December 8, 2015].

——, trans. Haim Watzman. *One Palestine, Complete: Jews and Arabs Under the British Mandate.* New York: Little, Brown, 2000.

——, trans. Haim Watzman. *The Seventh Million: The Israelis and the Holocaust.* New York: Henry Holt, 1991.

——, trans. Jessica Cohen. *1967: Israel, the War, and the Year That Transformed the Middle East.* New York: Henry Holt, 2005.

Seltzer, Robert M. *Jewish People, Jewish Thought: The Jewish Experience in History.* New York: Macmillan Publishing, 1980.

Senor, Dan, and Saul Singer. *Start-Up Nation: The Story of Israel's Economic Miracle.* New York: Twelve, 2012.

Shaked, Malka. *I'll Play You Forever: The Bible in Modern Hebrew Poetry.* Tel Aviv: Yediot Achronot, 2005.

Shalev, Ben. "Zohar Argov's Flower That Launched a Million Cassettes." *Ha'aretz* (May 4, 2012), http://www.haaretz.com/weekend/week-s-end/zohar-argov-s-f lower-that-launched-a-million-cassettes-1.428235 [Last viewed December 8, 2015].

Shalev, Chemi. "Moshe Dayan's Enduring Gaza Eulogy: This Is the Fate of Our Generation." *Ha'aretz (*July 20, 2014), http://www.haaretz.com/blogs/west-of-eden/.premium-1.606258 [Last viewed December 8, 2015].

——. "Sharon's Gaza Disengagement Was a Necessary Act of SelfPreservation." *Ha'aretz* (July 29, 2015), http://www.haaretz.com/israel-news/.premium-1.667443 [Last viewed December 9, 2015].

Shapira, Anita, trans. Anthony Berris. *Ben-Gurion: Father of Modern Israel.* New Haven and London: Yale University Press, 2014.

——. *Israel: A History.* Waltham, MA: Brandeis University Press, 2012.

Sharon, Jeremy. "'Torat Hamelech' Authors Will Not Be Indicted." *Jerusalem Post* (May 28, 2012), http://www.jpost.com/National-News/A-G-Torat-Hamelech-authors-will-not-be-indicted [Last viewed December 9, 2015].

Shavit, Ari. *My Promised Land: The Triumph and Tragedy of Israel.* New York: Spiegel & Grau, 2013.

——. "Survival of the Fittest? An Interview with Benny Morris." *Ha'aretz* (January 8, 2004), http://www.haaretz.com/survival-of-the-fittest-1.61345 [Last viewed December 7, 2015].

Shavit, Yaacov, and Jehuda Reinharz. *Glorious, Accursed Europe.* Waltham, MA: Brandeis University Press, 2010.

Shilon, Avi, trans. Danielle Zilberberg and Yoram Sharett. *Menachem Begin: A Life.* New Haven and London: Yale University Press, 2007.

Shimoni, Gideon. *The Zionist Ideology.* Waltham, MA: Brandeis University Press, 1995.

Shindler, Colin. "Zionist History's Murder Mystery." *Jewish Chroni cle Online* (June 16, 2013), http://www.thejc.com/comment-and-debate/comment/108596/zionist-historys-murder-mystery [Last viewed December 7, 2015].

——. *A History of Modern Israel,* 2nd ed. New York: Cambridge University Press, 2013.

"Shmuel Gonen, 73, An Ex-Israeli General." *New York Times* (October 2, 1991), http://www.nytimes.com/1991/10/02/obituaries/shmuel-gonen-73-an-ex-israeli-general.html [Last viewed December 8, 2015].

Shragai, Nadav. "The Legend of Ambushed Palmach Squad '35.'" *Ha'aretz* (April 27, 2009), http://www.haaretz.com/the-legend-of-ambushed-palmach-squad-35-1.274876.

Shtull-Trauring, Asaf. "Hebrew University Climbs to 57th Place on Global Ranking List." *Ha'aretz* (August 18, 2011), http://www.haaretz.com/print-edition/news/hebrew-university-climbs-to-57th-place-on-global-ranking-list-1.379203 [Last viewed November 20, 2011].

Siegel, Seth M. *Let There Be Water: Israel's Solution for a Water-Starved World.* New York: Thomas Dunne Books, 2015.

——. "50 Years Later, National Water Carrier Still an Inspiration." *Ynetnews.com* (September 6, 2014), http://www.ynetnews.com/articles/0,7340,L-4528200,00.html [Last viewed May 1, 2016].

Silver, Abba Hillel, Moshe Shertok, and Chaim Weizmann. "Before the United Nations: October 1947." Copy on file with the author.

Silver, Eric. *Begin: The Haunted Prophet.* New York: Random House, 1984.

Siniver, Asaf. *Abba Eban: A Biography.* New York and London: Overlook Duckworth, 2015.

Slater, Robert. *Rabin: 20 Years After.* Israel: KIP Kotarim International Publishing, 2015.

——. *Warrior Statesman: The Life of Moshe Dayan.* New York: St. Martin's Press, 1991.

Solnit, Rebecca. "Easy Chair: The War of the World." *Harper's Magazine* (February 2015).

Spiegel, Nina S. *Embodying Hebrew Culture.* Detroit: Wayne State University Press, 2013.

Steinberg, Jessica. "TV Show 'Shtisel' Subtly Changes Ultra-Orthodox Perceptions." *Times of Israel* (January 13, 2016), http://www.times ofisrael.com/tv-show-shtisel-subtly-changes-ultra-orthodox-perceptions/[Last viewed March 23, 2016].

Tekumah. [Hebrew] *Rebirth: The First Fifty Years.* An Israeli television series, Channel 1, first broadcast 1998.

Temko, Ned. *To Win or to Die: A Personal Portrait of Menachem Begin.* New York: William Morrow, 1987.

Teveth, Shabtai. *Ben Gurion's Spy: The Story of the Political Scandal That Shaped Modern Israel.* New York: Columbia University Press, 1996.

Traubman, Tamara. "A Mystery That Defies Solution." *Ha'aretz* (November 5, 2001), http://www.haaretz.com/print-edition/news/a-mystery-that-defies-solution-1.73913 [Last viewed December 8, 2015].

Troen, S. Ilan. *Imagining Zion: Dreams, Designs, and Realities in a Century of Jewish Settlement.* New Haven and London: Yale University Press, 2003.

Troy, Gil. "Happy Birthday, Mr. Kissinger." *Tablet* (May 23, 2013), http://www.tabletmag.com/jewish-news-and-politics/132819/happy-birthday-mr-kissinger#xCoSwz6BrWoHxhzI.99 [Lastviewed December 8, 2015].

——. *Moynihan's Moment: America's Fight Against Zionism as Racism.* Oxford: Oxford University Press, 2013.

Tuchman, Barbara. "Israel: Land of Unlimited Impossibilities." In *Practicing History.* New York: Ballantine Books, 1981.

Twain, Mark. "Concerning the Jews." *Harper's Magazine,* Vol. 99 (March 1898).

Tzahor, Ze'ev. "Chaim Arlosoroff and His Attitude Toward the Rise of Nazism." *Jewish Social Studies,* Vol. 46, No. 3—4 (Summer—Autumn 1984).

UN Refugee Agency. "The State of the World's Refugees 2000: Fifty Years of Humanitarian Action" (January 1, 2000), http://www.unhcr.org/3ebf9bab0.pdf [Last viewed December 7, 2015].

"United Nations Security Council Resolution 487 (1981)." United Nations, http://www.un.org/documents/ga/res/36/a36r027.htm [Last viewed December 8, 2015].

Weinberg, David M. "Yitzhak Rabin Was 'Close to Stopping the Oslo Process.'" *Jerusalem Post* (October 17, 2013), http://www.jpost.com/Opinion/Columnists/Yitzhak-Rabin-was-close-to-stopping-the-Oslo-process-329064 [Last viewed March 23, 2016].

Winer, Stuart. "Uproar as Ethiopia-Born MK Denied Chance to Give Blood." *Times of Israel* (December 11, 2013), http://www.timesofisrael.com/uproar-as-ethiopian-mk-denied-chance-to-give-blood/[Last viewed December 9, 2015].

Ya'alon, Moshe. *The Longer Shorter Way.* Tel Aviv: Yedioth Ahronoth Books and Chemed Books, 2007.

Yizhar, S., trans. Nicolas de Lange and Yaacob Dweck. *Khirbet Khizeh: A Novel.* New York: Farrar, Straus and Giroux, 2014.

Yosef, Eitan Bar. "The Last Crusade? British Propaganda and the Palestine Campaign, 1917—18." *Journal of Contemporary History,* Vol. 36, No. 1. (January 2001).

Zeret, Elad. "Kastner's Killer: I Would Never Have Shot Him Today." *Ynetnews.com* (October 29, 2014), http://www.ynetnews.com/articles/0,7340,L-4585767,00.html [Last viewed December 8, 2015].

Zipperstein, Steven J. *Elusive Prophet: Ahad Ha'am and the Origins of Zi-onism.* Berkeley: University of California Press, 1993.

全球視野
以色列：猶太民族的千年建國之路

2023年5月初版　　定價：新臺幣600元
有著作權・翻印必究
Printed in Taiwan.

著者	Daniel Gordis
譯者	胡宗香
叢書主編	王盈婷
校對	馬文穎
內文排版	菩薩蠻
封面設計	兒日

出版者	聯經出版事業股份有限公司
地址	新北市汐止區大同路一段369號1樓
叢書主編電話	(02)86925588轉5316
台北聯經書房	台北市新生南路三段94號
電話	(02)23620308
台中辦事處	(04)22312023
台中電子信箱	e-mail：linking2@ms42.hinet.net
郵政劃撥帳戶第0100559-3號	
郵撥電話	(02)23620308
印刷者	文聯彩色製版印刷有限公司
總經銷	聯合發行股份有限公司
發行所	新北市新店區寶橋路235巷6弄6號2樓
電話	(02)29178022

副總編輯	陳逸華
總編輯	涂豐恩
總經理	陳芝宇
社長	羅國俊
發行人	林載爵

行政院新聞局出版事業登記證局版臺業字第0130號

本書如有缺頁，破損，倒裝請寄回台北聯經書房更換。　ISBN　978-957-08-6898-2 (平裝)
聯經網址：www.linkingbooks.com.tw
電子信箱：linking@udngroup.com

國家圖書館出版品預行編目資料

以色列：猶太民族的千年建國之路/Daniel Gordis著．胡宗香譯．
初版．新北市．聯經．2023年5月．472面＋8面彩色．17×23公分
（全球視野）
譯自：Israel: a concise history of a nation reborn.
ISBN 978-957-08-6898-2（平裝）

1.CST：以色列史

735.31 112005655